David Sedaris, Wer's findet, dem gehört's

DAVID SEDARIS

WER'S FINDET, DEM GEHÖRT'S

MEINE TAGEBÜCHER UND ICH

Aus dem Amerikanischen
von Georg Deggerich

BLESSING

Originaltitel: *Theft By Finding*
Originalverlag: Little, Brown and Company,
Hachette Book Group, New York

Sollte diese Publikation Links auf Webseiten Dritter enthalten,
so übernehmen wir für deren Inhalte keine Haftung,
da wir uns diese nicht zu eigen machen,
sondern lediglich auf deren Stand
zum Zeitpunkt der Erstveröffentlichung verweisen.

Verlagsgruppe Random House FSC® N001967

1. Auflage, 2017
Copyright © 2016 by David Sedaris
Copyright © 2017 by Karl Blessing Verlag, München,
in der Verlagsgruppe Random House GmbH,
Neumarkter Str. 28, 81673 München
Umschlaggestaltung: Geviert, Grafik & Typografie
nach einem Entwurf von Jeffrey Jenkins
Satz: Leingärtner, Nabburg
Druck und Einband: GGP Media GmbH, Pößneck
Printed in Germany
ISBN: 978-3-89667-574-3

www.blessing-verlag.de

Für Dawn »Friendship Flower« Erickson

Anmerkung des Autors:

In diesem Buch habe ich vereinzelt die Namen von Personen verändert oder ihre äußere Gestalt leicht abgewandelt. In einigen Fällen habe ich Personennamen ausgetauscht, weil bereits im vorherigen Eintrag ein Jim oder eine Mary auftauchten und ich Verwechslungen vermeiden wollte. (Wieso gibt es in meinem Leben so viele Steves und nur eine einzige Thelma?)

Überarbeitungen habe ich dort vorgenommen, wo der Text unklar war oder, vor allem in Hinblick auf die frühen Jahre, wo mir der Stil schwerfällig und wenig ansprechend erschien.

Einleitung

Kurz nachdem ich beschlossen hatte, ein Buch mit Tagebucheinträgen zu veröffentlichen, fand ich einen Fünf-Pfund-Schein. Ich war dabei, entlang einer Landstraße in West Sussex Müll einzusammeln, als ich ihn zwischen einer Tüte Kartoffelchips und einer halb vollen Bierdose mit lauter ertrunkenen Schnecken entdeckte. Nach dem damaligen Wechselkurs war der Schein etwa $8.15 wert, also »immerhin was«, wie meine Mutter gesagt hätte. Ein paar Tage später traf ich meine Freundin Pam in London. Irgendwie kamen wir auf Glücksfunde zu sprechen, und als ich den Geldschein erwähnte, fragte sie, ob ich ihn ausgegeben hätte.

»Na klar«, sagte ich.

»Wenn man in Großbritannien etwas Wertvolles findet und es behält, nennt man das Fundunterschlagung«, erklärte sie mir.

»Man muss Nachforschungen anstellen, ob jemand es verloren hat oder es gestohlen wurde, aber wenn es wie bei dir bloß um fünf Pfund geht, ist das natürlich nicht nötig.«

Fundunterschlagung. Wer's findet, dem gehört's. Das erschien mir der perfekte Titel für mein Buch. Was den Inhalt angeht, sind alle Tagebuchschreiber verschieden. Ich war nie jemand, der über seine Gefühle schreibt, zum Teil deshalb, weil sie nicht besonders interessant sind (selbst für mich nicht), vor allem aber, weil sie sich laufend verändern. Wenn es aber um die Gefühle anderer geht, sieht die Sache schon ganz anders aus. Hat jemand mit seiner Stiefmutter oder mit dem Chef, für den er bis gestern gearbeitet hat, ein Hühnchen zu rupfen? Bitte, lassen Sie uns drüber reden!

Nicht zuletzt zeigt einem ein Tagebuch, wofür man sich interessiert. Am Anfang beschränkt man sich vielleicht auf soziales Unrecht oder auf die unglücklichen Menschen, die in der Türkei oder in Italien oder wo auch immer zuletzt die Erde gebebt hat unter Schutt begraben liegen. Man schreibt ein Vorzeigetagebuch von der Art, dass, fiele es deiner Mutter oder deinem Mitbewohner im Studentenwohnheim in die Hände, sie denken würden, *Ach, wenn ich doch nur so sozial eingestellt/großherzig/ tiefsinnig wäre wie Edward!*

Nach einem Jahr wird einem bewusst, wie zeitaufwendig es ist, das Unrecht in der Welt anzuklagen, und dass man diese Zeit viel besser darauf verwenden könnte, über Fonduerezepte nachzudenken oder die Frettchen zu beschreiben, die man sich nicht leisten konnte. Es sei denn, soziales Unrecht ist dein Ding. In dem Fall tue man sich keinen Zwang an! Das Entscheidende ist herauszufinden, wer man ist, und dieser Person treu zu bleiben. Denn häufig gelingt einem das nicht. *Werden sich die Leute nicht von mir abwenden, wenn sie mein wahres Ich kennen?*, fragt man sich. *Die Person, die ihr eigenes Kind hasst und den Hund hat einschläfern lassen, obwohl er kerngesund war? Die Person, die insgeheim überzeugt ist, dass die Fernsehserie* The Wire* *überschätzt wurde?*

Ich schreibe am Ende – oder neuerdings am Anfang – des Tages bevorzugt über Ereignisse, die ich beobachtet habe (Handgreiflichkeiten, Unfälle, Leute, die sich mit einem voll bepackten Einkaufswagen an der Expresskasse anstellen), aufgeschnappte Unterhaltungen und überraschende Dinge, die andere mir erzählt haben. Das können Freunde sein, aber ebenso gut der Friseur, Sitznachbarn im Flugzeug oder Kassiererinnen. Einige dieser Geschichten stellen sich im Nachhinein als moderne Legenden

---

* Ich glaube übrigens nicht, dass *The Wire* überschätzt wurde.

heraus, wie die Geschichte vom Nachbarn eines Verwandten, dessen tote Katze aus dem Kofferraum gestohlen wurde etc. Ich hoffe, diese Dinge aussortiert zu haben. Und dann sind da die Witze, die ich über die Jahre auf Partys oder bei Lesungen gehört habe. Natürlich hat sie sich irgendwer ausgedacht, aber ihre Urheber bleiben beim Weitererzählen in der Regel unerwähnt.

Bei der Lektüre meiner vierzig Jahre umfassenden Tagebücher ist mir außerdem aufgefallen, dass viele Datierungen falsch sind. Beispielsweise kann es vorkommen, dass es den 1. Oktober 1982 gleich dreimal gibt. Wahrscheinlich weil ich einfach nicht wusste, welches Datum wir hatten. Wenn man keinen Job hat, neigt die Zeit dazu, zu einem diffusen Brei zu zerfließen. In jener Zeit vor der Erfindung des Laptops musste man eine Zeitung oder einen Kalender zur Hand nehmen, um herauszufinden, ob es sich um Mittwoch, den achten, oder Donnerstag, den neunten, handelte. Dazu musste man aufstehen, wozu ich meistens zu faul war und mich aufs Raten verlegte. Ziemlich oft lag ich sogar mit dem Monat falsch.

Auf den ersten Blick sieht es so aus, als bestehe ein durchschnittlicher Tagebucheintrag aus nicht mehr als sieben Sätzen, dabei habe ich tatsächlich sehr viel Zeit mit dem Schreiben über meinen Tag verwendet, gewöhnlich etwa fünfundvierzig Minuten. Wenn nichts Größeres vorgefallen war, schrieb ich über Dinge, die ich in der Zeitung gelesen oder im Radio gehört hatte. Ich bin nicht besonders gut darin, mich über das Wetter auszulassen, habe aber grundsätzlich nichts dagegen. Wenn sonst nichts passiert, kann ich auch einfach aus dem Fenster schauen und die Farbe des Himmels beschreiben. Das führt dann meistens zu anderen Beobachtungen, einem Streit unter Vögeln beispielsweise oder dem Geräusch eines Flugzeugs.

Ab etwa 1979 begann ich damit, meine Einträge zu nummerieren. Eine Gewohnheit, die ich bis heute beibehalten habe.

28. Dezember 2016
Eins. Erst Dezember und schon …
Zwei. Dad rief zu meinem Geburtstag an. »Ich versuche mir vorzustellen, wie es bei dir aussieht«, sagte er. »Gibt es in der Gegend viele Strommasten?«
Drei. Hugh stürmte gestern aus der Küche und ließ mich, Candy, Amy und Ingrid zurück, die gerade eine Geschichte über ihre Mutter erzählte.
Vier. Im Waitrose zufällig Michael begegnet …
Fünf. Carrie Fisher ist gestern gestorben …
Sechs. Hugh kam gerade herein und erzählte …

Die Höhlenmenschen haben das vor der Erfindung des Absatzes so gemacht, und ich weiß auch nicht, warum ich den Text nicht einfach einrücke oder zweimal auf die Leertaste drücke.

Als eine weitere altmodische Angewohnheit gehe ich nie ohne ein kleines Notizbuch in meiner Hemdtasche aus dem Haus. Darin notiere ich kurz und knapp all die Dinge, die mir unterwegs auffallen. Am nächsten Morgen sehe ich mir meine Notizen an und suche den bedeutendsten Augenblick des Vortags heraus, an dem ich mich ganz und gar gegenwärtig fühlte. Das kann die Begegnung mit einem alten Freund sein oder auch bloß der Anblick eines Fremden, der mit geschlossenen Augen in ein Sandwich beißt. (Das ist mir neulich erst passiert, und es war absolut fesselnd.)

Hin und wieder schreibe ich etwas auf, das für andere unterhaltsam oder lehrreich sein kann, und diese Notizen hebe ich auf. Schon lange hatte ich vor, irgendwann ein Buch mit Tagebuchaufzeichnungen zu veröffentlichen, aber als der Manuskriptstapel auf über zwanzig Zentimeter anwuchs, entschied ich, dass es sinnvoller wäre, zwei Bände daraus zu machen – wovon der zweite die Jahre 2003 bis 2017 umfassen wird. Ich sollte vielleicht auch erwähnen, dass es sich um *meine* Textauswahl handelt. Von den grob acht Millionen Wörtern, die ich seit dem 5. September 1977 per Hand oder Maschine in mein Tagebuch geschrieben habe, ist hier nur ein kleiner Teil wiedergegeben. Aus dem gleichen Material hätte man auch ein ganz anderes Buch machen können, das mich als durch und durch bösen, egoistischen, großherzigen oder sogar feinfühligen Menschen zeigen würde. An jedem beliebigen Tag bin ich alles das und noch mehr: dumm, fröhlich, misanthropisch, grausam, aufgeschlossen, kleinlich – die Liste ließe sich beliebig fortsetzen.

Eine andere und zweifellos genauere Bearbeitung hätte vorausgesetzt, mein Tagebuch jemand anderem zu übergeben, etwas, das mir schlichtweg unvorstellbar erscheint, es sei denn, es handelte sich um einen Journalisten. (Sie gelangen nie über die dritte Seite hinaus, die sie gewöhnlich »die Mitte« nennen, so wie in »Eigentlich wollte ich es vor unserem Gespräch gelesen haben, aber ich bin nur bis zur Mitte gekommen!«)

Abgesehen davon erwarte ich nicht, dass irgendwer alles von Anfang bis Ende liest. Es ist eher die Sorte Buch, die man mal hier und mal dort aufschlägt, wie das College-Jahrbuch eines Freundes oder eine Witzesammlung.

Es war nicht einfach, meine mittlerweile 156 Bände umfassenden Tagebücher noch einmal durchzugehen. Ich habe meine Lektüre auf ein oder zwei Monate pro Tag beschränkt, aber nachdem ich über mich gelesen hatte, musste ich für den Rest des Tages auch noch Ich *sein*. Ich kann mich nicht erinnern, jemals etwas Anstrengenderes gemacht zu haben. Hugh saß im Zimmer nebenan und hörte mich Dinge rufen wie »Nun halt doch endlich den Mund!« oder »Wen interessiert schon dein bescheuertes Einstecktuch!«

»Mit wem redest du da?«, fragte er.

»Mit mir im Jahr 2001«, antwortete ich.

Zu dem Zeitpunkt sah ich endlich Licht am Ende des Tunnels. Die trostlosesten Jahre waren die Zeit von 1977 bis 1983. Damals schrieb ich mein Tagebuch noch mit der Hand. Die Schrift war winzig klein, und ein typischer Eintrag ging, von Meth befeuert, über mehrere Seiten, eine wuchtige Wand aus Wörtern, und jedes einzelne völliger Schwachsinn. Ich habe davon nur sehr wenig in dieses Buch aufgenommen. Es ist, als würde man einem Irren zuhören. Ein kurzer Eindruck davon genügt.

Der Ton wurde optimistischer, als ich nach Chicago zog, einmal, weil ich jetzt in einer Großstadt war, aber vor allem, weil ich mich dort sehr viel besser fühlte. Endlich hatte ich wahr gemacht, wovon ich seit vielen Jahren geredet hatte: Ich hatte die Stadt verlassen, in der ich groß geworden war. Ich war zurück ans College gegangen und hatte meinen Abschluss gemacht. Noch mehr Grund, mich gut zu fühlen, gab es im Herbst 1990, als ich nach New York zog. Ich schrieb damals nur nachts, entweder volltrunken oder auf dem Weg dorthin. Man würde denken, ich hätte mein Trinken in der Privatheit meines Tagebuchs angesprochen, aber davon ist nur ganz am Rande die Rede. Das bloße Wort »Alkoholiker« aufzuschreiben hätte die Sache real gemacht, weshalb ich die Standpauken von Hugh und einigen hilfreichen Mitgliedern meiner Familie nicht erwähnte.

Ähnlich erging es mir in den Neunzehnsiebzigerjahren mit dem Wort »schwul«. »Oh, bitte«, sagte ich laut zu meinem zwanzigjährigen Alter Ego, während ich in meinen frühen Tagebüchern las. »Wem willst du hier was vormachen?«

Dieses Projekt brachte sämtliche Phasen ans Licht, die ich in all den Jahren durchlaufen habe, und zwar überdeutlich. Oh, wie viel Tinte wurde darüber vergossen, die Telefonnummer von jemandem herauszubekommen, der mir – und das aus gutem Grund – eine falsche gegeben hatte, übers Abnehmen oder über meine Französischhausaufgaben. Später fing ich mit Begeisterung Fliegen und verfütterte sie an Spinnen, und all das führt mich zu der Frage, *Was kommt als Nächstes?* Der Vergangenheit nach zu urteilen, ist alles möglich: Haare sammeln, eine Nagetierzucht im Keller, wer weiß?

Verblüfft hat mich bei der Lektüre meiner Tagebücher auch, mit wie vielen der Leute, die ich 1980 kannte, ich heute noch befreundet bin. Es ist äußerst schwierig vorherzusagen, welche Freundschaften halten werden und welche sich verlaufen. Oft konnte ich nach einem Umzug die Hälfte der Namen in meinem Adressbuch streichen, darunter viele Leute, von denen ich geglaubt hätte, sie würden mich für den Rest meines Lebens begleiten. Und das nicht, weil wir uns auseinandergelebt hätten. Sie konnten sich einfach nicht dazu aufraffen, eine Briefmarke auf den Umschlag zu kleben. Oder ich konnte es nicht. Mit E-Mail ist heute natürlich alles viel leichter.

Es war interessant, bei der Lektüre der Tagebücher auf Namen von Leuten zu stoßen, die eine bedeutende Rolle für mich spielen sollten, die irgendwann aus dem Nichts auftauchten und mein Leben in neue Bahnen lenkten: Hugh, Jim McManus, Meryl Vladimer, Geoff Kloske, Ira Glass, Andy Ward. Ich hätte gedacht, unsere ersten Begegnungen wären außergewöhnliche Momente gewesen und ich hätte sofort erkannt, dass hier meine Rettung nahte – »Endlich bist du da!« –, aber weit häufiger war es so, dass wir uns bloß die Hand gaben und ich nachher am Schreibtisch saß und überlegte, *Wie war noch gleich der Name?* Bei Hugh war das anders. An ihn erinnerte ich mich. Und bei den anderen ist es in gewisser Weise auch ermutigend. Man weiß nie, wem man da gerade die Hand schüttelt.

Und dann waren da diejenigen, die inzwischen gestorben sind: meine Mutter, meine Schwester Tiffany, Don Congdon, der unvergleichliche David Rakoff. Wenn ich heute meine Aufzeichnungen über sie lese, verfluche ich mich, dass ich nicht mehr über sie geschrieben habe. Warum habe ich nicht jedes ihrer Worte festgehalten? Und sollte ich mich nicht jetzt endlich sputen, damit ich bei zukünftigen Todesfällen von Freunden oder in der Familie ausreichend Material habe, auf das ich zurückgreifen kann? Aber genau das ist der springende Punkt bei einem Tagebuch. Um sein Leben aufzuzeichnen, muss man es erst einmal leben. Nicht hinterm Schreibtisch, sondern jenseits davon. Draußen in der Welt, die so großartig und chaotisch und schmerzhaft ist, dass man sich manchmal hinsetzen und darüber schreiben muss.

1977

5. September 1977
Sacramento, Kalifornien
Ronnie und ich wurden von Lonnie und Tammy mitgenommen, die zum Mount Shasta wollen. Die State Fair ist in der Stadt, und Shari Lewis tritt auf. Wir schliefen im Freien am Ufer des American River.

8. September 1977
Mount Hood, Oregon
Abstecher auf dem Weg nach Yakima. Wir trafen ein Paar namens Pops und Jeannie, die uns morgen früh um sechs zu einer Obstplantage mitnehmen wollen. Pops, der sich selbst als »Obst-Tramp« bezeichnet, meint, Ronnie und ich könnten bis zum Ende der Saison zusammen $300 verdienen.

Wir übernachten auf einem Golfplatz. Ich fühle mich wie immer vor Beginn eines neuen Jobs – nervös.

11. September 1977
Odell, Oregon
Ich frage mich, wie lange drei Minuten sind? Auf dem Holzofen steht ein kleiner Topf mit weich gekochten Eiern. Heute ist Sonntag, unser freier Tag. Es regnet. Ronnie und ich wohnen in einer Blockhütte mit einem durchgelegenen Bett mit Messinggestell, einem Kühlschrank, vier Stühlen, einem Tisch und jeder Menge Holzscheite. Manchmal kommt eine Katze vorbei und

ich füttere sie (oder ihn?) mit Hot Dogs. Meine Socken trocknen, der Boden müsste gefegt werden, und das Paar im Wohnwagen nebenan sitzt beim Essen. Heute Morgen habe ich die Frau im Bademantel zum Klohäuschen schlurfen sehen.
Wir arbeiten für einen Mann namens Norm. Seine Freunde nennen ihn Peewee. Es ist so kalt, dass ich meinen Atem sehe. Eicheln prasseln auf unser Dach.

20. Oktober 1977
Vancouver, British Columbia
Nach einem Hotel für $8.50 die Nacht haben Ronnie und ich ein Apartment für uns beide für $30 die Woche gefunden. Ich mache mir Sorgen ums Geld, aber was weg ist, ist weg. Ich habe meine erste Zigarette geraucht. So peinlich es ist, aber einem wird davon schwindlig. Zumindest mir, auf der Davie Street.

25. Oktober 1977
Vancouver
Ich habe jetzt eine schwarze Jacke und eine schwere braune Wollhose, die mir bis über den Nabel reicht und unten an den Knöcheln zugeknöpft wird. Eine kanadische Armeehose? Was Kleidung angeht, braucht mir nur jemand zu sagen, »Das steht Ihnen gut«, und schon kaufe ich es. Als ich nachher glücklich mit meiner neuen Uniform die Straße entlanglief, starrte ein Typ mich an und sagte zu seinem Kumpel: »Was ist das für eine Schwuchtel?«

Im gleichen Moment kam ich mir wie ein Idiot mit bescheuertem Outfit vor. Ronnie und ich fahren morgen weiter. Ich bin froh wegzukommen.

Die Trockner kosten in Kanada 10 Cent für eine Viertelstunde.

26. Oktober 1977
Everett, Washington
Im Beehive Café kostet ein Ei 25 Cent. Bei Denny's kostet ein Ei $2.

Gestern trampten wir mit zwei Fischern, Ed und Reilly. Anschließend wurden wir von Mark mitgenommen, der uns in seinem Wohnwagen übernachten ließ. Um sechs Uhr früh sprang er nackt in den Wohnraum und sagte: »Auf geht's!«

Er befand sich auf der Rückfahrt vom Klassentreffen seiner Highschool. Er hat dort in der Kapelle mitgespielt.

27. Oktober 1977
Blaine, Oregon
Irgendein Arschloch blieb gestern Abend stehen, zeigte auf Ronnie und sagte: »Ich nehme das Mädchen.«

29. Oktober 1977
Portland, Oregon
Ronnie und ich sind im Broadway Hotel untergekommen, einer billigen und deprimierenden Absteige. Beängstigend. Es gibt echte Armut und funky Armut. Das hier ist die echte Sorte. Die Lobby ist voll von sterbenden alten Leuten, Krüppeln und einem Mädchen, das einen Hamburger nach dem anderen aß und sich auf jeden Bissen Ketchup spritzte. Die Toiletten befinden sich am Ende des Flurs. Auf unserem Teppich sind Kotzflecken. Wir haben einen zerfetzten Küchenstuhl und ein widerliches Bett. Im ersten Stock riecht es nach Doughnuts, aber bei uns stinkt es nach Kotze und Pisse. Unsere Zimmernachbarn, allesamt Penner und Gestrandete, sind diejenigen, vor denen uns unsere Eltern immer gewarnt haben.

6. November 1977
San Francisco, Kalifornien
Ich habe zu Hause angerufen und mit Mom gesprochen. Es war schön, ihre Stimme zu hören, und ich wollte nicht wieder auflegen. Sie sagte, Paul sei gekränkt, weil ich ihm nicht geschrieben habe, dabei habe ich das erst vor ein paar Tagen gemacht.

9. November 1977
Bakersfield, Kalifornien
Endlich haben wir es bis Bakersfield geschafft. Die Landschaft ist flach und voller struppiger Büsche. Ein Typ namens Doug nahm uns ein gutes Stück mit und erzählte uns von seinem Cousin, der niedergestochen wurde.

Gestern Nacht, als wir in unseren Schlafsäcken auf einer Weide lagen und zu den Sternen hinaufsahen, habe ich mein Herz ausgeschüttet und Dinge gesagt, die ich kaum mir selbst einzugestehen wagte. Aber es fühlte sich gut an und ganz und gar nicht so hoffnungslos, wie ich befürchtet hatte. Alles das steckte schon viel zu lange in mir drin.

11. November 1977
Kingman, Arizona
Gestern Nacht krochen wir zum Schlafen in das trockene, sandige Flussbett neben der Texaco-Tankstelle gegenüber der Liberty Bell Lounge. Die Luft ist warm, und wir warten auf Al, den Apachen, der uns vom Hoover-Damm gerettet hat. Ronnie und ich hingen für Stunden da rum. Einmal hielt ein Polizist und sagte, das sei ein ungünstiger Platz zum Trampen. Ach ja?

Es wurde dunkel. Um einen Schlafplatz zu finden, mussten wir über lauter scharfkantige Felsen klettern. Neben dem Cola-

Automaten am Mead-Lake-Aussichtspunkt aßen wir eine Dose Kidneybohnen. Ich weiß nicht mehr, von welcher Firma. Kein Kleingeld, also keine Cola. Dann hielten Al und Phil an. Ihr Wagen war bis oben hin bepackt, aber Al sagte, er könne es nicht ertragen, jemanden an einem so gottverlassenen Ort gestrandet zu sehen. Sie verbrachten die Nacht im B&R Motel, versprachen aber, uns am nächsten Morgen abzuholen und mit nach Phoenix zu nehmen.

Vor ein paar Tagen sagte jemand, »Was auch immer ihr macht, bleibt bloß nicht in Kingman hängen«, aber Phil meint, »Man soll nicht alles glauben, was man hört, und nur die Hälfte von dem, was man sieht.«

12. November 1977
Tuscon, Arizona
In Tuscon treiben sich jede Menge älterer Tramper herum. Im Pissoir traf ich Jimmy Buck. Er bot uns eine Fahrt nach Texas an – knapp eintausend Kilometer –, wenn wir ihm helfen würden, einen Lkw mit Trauben zu entladen. Das taten wir und sind nun unterwegs.

16. November 1977
Temple, Texas
Zivilisation heißt, nicht fünf Stunden auf die nächste Mitfahrgelegenheit warten zu müssen. Round Rock ist zivilisiert, Austin auch, aber bei Temple bin ich mir nicht so sicher.

Gleich nachdem ich das aufgeschrieben hatte, hielt ein Scientologe in einem Rambler an, ein Wandmaler aus Dallas. Ein netter Typ. Ronnie ließ nachher ihre Gitarre im Wagen liegen. Tschüss, Gitarre. Der Scientologe hörte Kassetten beim Fahren. Wir rauchten Gras. In Austin wurden wir von einem Alkoholiker mitgenommen. Er war schon viermal wegen

Trunkenheit am Steuer im Gefängnis. »LMAA«, sagte er, »Leck mich am Arsch.« Er sagte, im Augenblick wäre er nicht betrunken, aber wenn er jetzt pusten müsste, würden sie ihn garantiert wieder einbuchten.

21. November 1977
West Virginia?
Ronnie und ich haben uns in Cullowhee getrennt. Sie ist unterwegs nach Raleigh, während ich unter einer Autobahnbrücke darauf warte, dass der Regen aufhört. Schon mehrmals haben heute Fahrer angehalten und sind dann lachend weitergefahren, wenn ich mich dankbar und erleichtert ihrem Wagen näherte. Hier unten gibt es jede Menge toter Vögel. Ich fühle mich kribbelig.

23. November 1977
Kent, Ohio
Ich bin gestern Nachmittag hier angekommen. Dann haben Todd und ich je drei Zuckerwürfel mit Acid eingeworfen. Zu viel. Es war ein echt beschissener Trip, der reinste Horror, und hätte ausgereicht, sich zum Christentum zu bekehren. Ich bin seit zwei Tagen auf den Beinen.

Beim Trampen von Cullowhee hierher bin ich zum ersten Mal ins falsche Auto gestiegen – zu einem Fünfunddreißigjährigen mit Flaggenstickern auf der Windschutzscheibe seines Pick-ups. Ray T. war sein Name. Er lud mich in Knoxville ein und sagte, er würde mich gut sechzig Kilometer weit mitnehmen. Zuerst spielte er drei Stunden lang Billard und trank Bier. Ich saß draußen in einem Schaukelstuhl und rauchte einen Joint. Ich hätte verschwinden sollen, aber der Highway war gottverlassen. Kein Auto weit und breit, und bis zur nächsten Interstate waren es dreißig Kilometer.

Als Ray T. aus der Bar kam, torkelte er und konnte nicht mehr klar reden. Ich beschloss, an der nächsten belebten Straße auszusteigen, schließlich fährt niemand gerne mit einem Betrunkenen. Es war schwierig, seiner Unterhaltung zu folgen, und alle paar Kilometer hielt er an, um zu pinkeln oder eine Zigarette zu rauchen. Zwischendurch entdeckte er zwei Anhalterinnen am Straßenrand und brachte sie bis vor ihre Haustür. Dann aß er einen Cheeseburger. Es fing wieder an zu regnen. Als wir die Interstate erreichten, sagte ich: »Sie können mich hier rauslassen.«

Er weigerte sich und sagte, er könne mich unmöglich bei diesem Wetter trampen lassen. Stattdessen sollte ich die Nacht mit ihm verbringen. Er war betrunken und grölte: »Ray T. bekommt immer, was er will, und genau das will ich.«

Ich bat ihn erneut, mich aussteigen zu lassen, doch wieder lehnte er ab. Dann begann er mir Fragen zu stellen. »Wann hast du dir zuletzt einen runtergeholt? Kriegst du schon mal einen Steifen, wenn du bloß dran denkst?« Er forderte mich auf, näher zu ihm zu rücken, und als ich mich weigerte, packte er mich, zerrte mich zu sich und steckte seine Hand in meine Hose. Ich hatte Angst. Es war spät, es regnete, und er fuhr schnell und war betrunken. Wenn ich ihn schlug oder mich ihm zu entwinden versuchte, würden wir womöglich einen Unfall bauen. Ich war verängstigt und beschämt. Als er in eine schmalere Straße einbog, riss ich die Tür auf und sprang raus. Er hielt an, und ich schnappte meinen nassen Rucksack von der Ladefläche und rannte davon.

Es war kalt, und ich hörte, wie er hinter mir herrannte. Dann ging er zu seinem Wagen zurück, und als ich ihn in meine Richtung fahren sah, versteckte ich mich. Nachdem er weggefahren war, drehte ich mich um, rannte zur Interstate und fuchtelte wild mit den Armen. Wenige Minuten später hielten drei Arschlöcher an und nahmen mich mit nach Cincinnati. Sie kamen aus Illinois und warfen Dosen aus dem Fenster. Einer sagte, Nigger sollten immer noch Sklaven sein. Ich dachte nur, *Au Mann, was für ein Tag.*

1. Dezember 1977
West Virginia

Ich sitze in einer Fischbude und trinke Kaffee. Ich muss zurück nach Raleigh, aber bislang sind die Mitfahrgelegenheiten spärlich. Ich habe einen Joint und $3. Ich erinnere mich, wie entsetzt ich war, als David Larson mit einem Dollar in der Tasche nach North Carolina trampte, und jetzt brauche ich mich nur selbst anzusehen. Ich brach heute früh mit einem Keramikschwein auf, ließ es aber später liegen, als mir die Schlepperei zu lästig wurde.

15. Dezember 1977
Chapel Hill, North Carolina

Ich habe heute einen Job gefunden, so wie ich es mir vorgenommen hatte. Für drei Dollar die Stunde spüle ich Geschirr im Carolina Coffee Shop.

1978

13. Januar 1978
Chapel Hill
1. Mir ist kalt.
2. Mir ist langweilig.
3. Ich habe ein volles Glas Ginger Ale auf den Boden gekippt und habe nichts, womit ich es aufwischen könnte.
4. Ich bin beim Lebensmittelhändler gewesen und habe $5.37 für totalen Scheiß ausgegeben.
5. Ich habe auf meiner Kochplatte Bohnen und Würstchen heiß gemacht, bis es ein einziger matschiger Brei war.
6. Ich möchte zur Schule gehen.
7. Mein Radio ist defekt, nachdem ich darauf eingeschlafen bin.

23. Februar 1978
Chapel Hill
Ich bin total frustriert und kann nichts dagegen machen. Nichts, worauf ich zurückgreifen könnte, und nichts, worauf ich mich freuen könnte.

? 1978
Raleigh, North Carolina
Gestern Abend wurde ich von Dad kalt erwischt, als er mich bat, fortzugehen und nicht wiederzukommen. Wir schaffen es einfach nicht, miteinander zu reden. Ich warf ihm üble Dinge

an den Kopf, und er sagte, er wolle mich ersticken. Ich weinte und bin froh darüber. Gretchen sagt, die drei besten Gelegenheiten für eine Zigarette sind:
1. nach dem Essen
2. nach dem Sex
3. wenn man geweint hat

Seit ich mit dem Rauchen angefangen habe, hatte ich nicht mehr geweint, und sie hatte recht – es war eine großartige Zigarette. Danach weinte Gretchen. Sie steht mir immer bei. Was würde ich nur ohne sie machen? Mom weinte auch, und Lisa. Alle weinten, bis auf Dad. Jetzt sagt er, er wolle Donnerstagabend mit mir reden. Ich vermute, es wird dabei um Selbstachtung gehen.

19. April 1978
Chapel Hill

Ah Ah Ah Ah Ah Ah Ah Ah Ah Ah Ah Ah Ah Ah Ah Ah
Ah Ah Ah Ah Ah Ah Ah Ah Ah Ah Ah Ah Ah Ah Ah Ah
Ah Ah Ah Ah Ah Ah Ah Ah Ah Ah Ah Ah Ah Ah Ah Ah
Ah Ah Ah Ah Ah Ah Ah Ah Ah Ah Ah Ah Ah Ah Ah Ah
Ah Ah Ah Ah Ah Ah Ah Ah Ah Ah Ah Ah Ah Ah Ah Ah
Ah Ah Ah Ah Ah Ah Ah Ah Ah Ah Ah Ah Ah Ah Ah Ah
Ah Ah Ah Ah Ah Ah Ah Ah Ah Ah Ah Ah Ah Ah Ah Ah
Ah Ah Ah Ah Ah Ah Ah Ah Ah Ah Ah Ah Ah Ah Ah Ah
Ah Ah Ah Ah Ah Ah Ah Ah Ah Ah Ah Ah Ah Ah Ah Ah
Ah Ah Ah Ah Ah Ah Ah Ah Ah Ah Ah Ah Ah Ah Ah Ah
Ah Ah Ah Ah Ah Ah Ah Ah Ah Ah Ah Ah Ah Ah Ah Ah
Ah Ah Ah Ah Ah Ah Ah Ah Ah Ah Ah Ah Ah Ah Ah Ah

14. Juni 1978
Atlantic Beach, North Carolina

Aufgeschnappt:
»Ich habe immer geglaubt, nahe bei Gott zu sein, aber

dort oben im Gebirge war ich ihm tatsächlich noch näher.«

»Wenn das Sozialamt diesen Niggern eine Limousine finanziert, dann können sie einem armen weißen Kind auch ein Pferd kaufen.«

23. Juni 1978
Chapel Hill
Ich habe $211, und das ergibt absolut keinen Sinn.

6. September 1978
Odell
Endlich bin ich wieder in Odell. Diesmal im Wohnwagen anstatt in der Blockhütte. Aufgestiegen? Norm beginnt viele Sätze mit den Worten »Ein Typ sollte ...« Er erzählte mir, die Kirschernte sei gut gewesen und sein Hund Ringo sei gestorben. In fünf Tagen beginnt die Apfelernte.

10. September 1978
Odell
Ich habe den Boden meines Wohnwagens mit Industriereiniger geschrubbt und dabei Radio gehört, vor allem Countrymusic. Mit Rodrigo gesprochen, der das Wort *comebackir* in der Bedeutung des englischen Verbs »to back« benutzt. *Nosotros comebackamos.* »Wir kommen zurück.«

13. September 1978
Odell
Die Apfelernte hat begonnen. Apple Betty, die mir zugelaufene Katze, frisst einen Teebeutel, und ich bin zu müde, ihn ihr wegzunehmen.

18. September 1978
Odell

Norm kam ziemlich betrunken vorbei. Wir rauchen beide Menthol-Zigaretten.

Er hält einem gerne Vorträge über die Landwirtschaft. Er sagt immer: »Verdammt noch mal, Dave …« »Verdammt noch mal, Dave, du solltest im Sommer zum Wandern und Zelten herkommen.«

Er vertraut meinen Pflückkünsten, auch wenn ich ziemlich viel fallen lasse und manchmal Zweige abbreche. Zweige zu knicken wird als *abholzen* bezeichnet. *Wildern* bedeutet, das tief hängende Obst am Baum eines anderen zu pflücken. Norm sagt dazu Erntehelfer-Taktik.

22. September 1978
Odell

Heute haben wir mit der Ernte der Boscs-Flaschenbirne begonnen, nur ich und Jesus. Norm hat alle anderen gefeuert, ausschließlich Mexikaner. Sie haben abends noch ein wenig gefeiert, im Licht ihrer Autoscheinwerfer und zur Musik aus dem Radio. Heute Morgen erschienen sie zur spät zur Arbeit, und das war's dann – alle gefeuert.

Heute Abend war ich im Lebensmittelgeschäft. Ich musste $6.50 zahlen und hatte gerade einmal $1 in der Tasche.

26. September 1978
Odell

Während des Pflückens heute dachte ich über die Todesstrafe, Alaska, Eudora Welty und Blindheit nach.

Wenn man mit den Leuten redet, bekommt man alles, was man will.

Den Bee Gees kann man einfach nicht entkommen,
weder im Radio noch an der Jukebox.

Ich war schon einmal nahe dran, Farrah Fawcett wegen
Eindringens in die Privatsphäre zu verklagen. Es verging kaum
ein Tag, an dem sie mir nicht auf einem Zeitschriftencover,
einer Werbung oder einem Poster begegnete. Sie zerstörte mein
Leben, aber inzwischen ist sie okay.

Ronnie war die erste Person in meinem Bekanntenkreis, die nicht
mehr zu Hause lebte. Damals in Cullowhee sahen wir meinen
Lieblingsfilm im Kino, *Der Tag der Heuschrecke*. Der Mann an
der Kasse gab uns einen Preisnachlass und sagte: »Für einen Film
ohne Handlung kann ich nicht den vollen Preis nehmen!«

28. September 1978
Odell
1951 arbeitete Norm in einem Sägewerk und bekam von
einem Typen namens Barney Bailey den Spitznamen Peewee
verpasst. Heute nennt ihn jeder so. Barney Bailey nennt seine
Frau Buffalo Grass. Buffalo Grass Bailey. Nachdem wir die
letzte Kiste Birnen gefüllt hatten, tranken Norm, Jesus und ich
Bier. Ich habe in dieser Saison $211.24 verdient. In Raleigh
habe ich noch $150 Rücklagen. Das macht zusammen $361.24.

Ich bin zuversichtlich, dass sich alles zum Guten wenden
wird und ich eines Tages mit dem abgezählten Geld in New
York City an der Bushaltestelle sitzen werde.

29. September 1978
Odell
Ich trampte zur Arbeitsvermittlung in Hood River und redete
mit einer Frau namens Sylvia. Sie schickt mich zu einem Obst-

Verpackungsbetrieb – $3,41 die Stunde, um die faulen von den guten Äpfeln zu trennen. Sie sagte: »Ich muss Sie allerdings warnen, das ist sterbenslangweilig.« Die Schichten sind von vier Uhr nachmittags bis Mitternacht.

1. Oktober 1978
Newport, Oregon
Von Hood River aus wurde ich von einem Mann namens John mitgenommen, der mir anbot, für ihn Jade zu schleifen und zu polieren und die Steine auf den Kunstgewerbemärkten in Portland zu verkaufen. Außerdem könnte ich seinen Pool reinigen, ihm beim Bau seines Segelboots zur Hand gehen und Solarzellen auf seinem Dach installieren. Während der Fahrt sagte er unter anderem:
1. »Du hast nicht gelebt, bevor du nicht gesegelt bist.«
2. »Ich habe mir eine Überdachung draufsetzen lassen.«
3. »Es kommt der Tag, da will man heiraten.«
4. »Ich habe zwei Holzbeine.«
Er hat mich für Dienstagmorgen in seine Werkstatt eingeladen.

2. Oktober 1978
Odell
Gestern war einer dieser schwarzen Tage fürs Trampen. Ich brauchte fast dreizehn Stunden von Teds Haus in Newport bis nach Hause, einen Großteil davon zu Fuß. Als Erstes wurde ich von einem katholischen Priester mitgenommen. Er trug sein Messgewand und hatte ein Gewehr auf dem Rücksitz liegen. Als ich später abseits der Straße pinkelte, entdeckte ich im Wald uneingeschweißte schwule Sexmagazine im Wert von $14,50. Was lässt sich aus den Bildern schließen? Ich glaube, sämtliche der abgebildeten Typen haben irgendwann schon

mal gesessen. Sie sind alle dürr und haben picklige Haut, und es ist ziemlich eindeutig, dass sie nicht viel Spaß an der Sache haben.

3. Oktober 1978
Odell
Ich war bei John und habe seine Künstlerwerkstatt gesehen. Er hat mir sämtliche Werkzeuge erklärt und vorgeschlagen, mich mit Weihnachtsgeschenken zu bezahlen. Wenn er einen Pool, zwei Autos, zwei Streamline-Wohnanhänger und ein Haus mit zwei offenen Kaminen besitzt, kann er mich auch mit echtem Geld bezahlen. Ich glaube, seine Frau mag mich nicht besonders. Christen sind seltsame Menschen.

Um vier ging ich zur Verpackungsfirma. Die Sortiermaschine ist kaputt, deshalb geht es erst am Donnerstag los.

4. Oktober 1978
Odell
John möchte, dass ich mit ihm und seiner Familie am Wochenende in den Gottesdienst gehe. Er sagt, mein Leben sei leer, aber das stimmt nicht ganz, denn ich habe heute etwas Gras gekauft.

5. Oktober 1978
Odell
Nach der Hälfte meines ersten Arbeitstags bei der Verpackungsfirma wurde mir klar, dass der Job langweiliger ist, als ich mir je hätte träumen lassen. Ich pflücke Blätter von Birnen ab und werfe sie auf einen feuchten, ständig wachsenden Haufen. Alle Arbeiter tragen Plastikhandschuhe und stieren ausdruckslos in die Gegend. Im Pausenraum unterhalten sich die Frauen über das Einmachen der Früchte in ihrem Garten.

12. Oktober 1978
Odell

Ich bin jetzt ein Teamster, Mitgliedsnummer 607. Ich hatte keine Wahl. Ich fragte die Frauen am Förderband, worum es genau geht, aber keine konnte es mir vernünftig erklären. Die Aufnahmegebühr beträgt $25; der Monatsbeitrag $12,50. Man hat Anspruch auf freie medizinische und zahnärztliche Versorgung, aber erst nach drei Jahren, doch bis dahin ist man längst wahnsinnig geworden.

16. Oktober 1978
Odell

Nachdem ich meine Aufnahmegebühr und den ersten Monatsbeitrag gezahlt hatte, reduzierte Duckwall-Pooley die Zahl der Nachtarbeiter. Die sechzehn Jobs am Sortierband gingen an die, die am längsten dabei sind, also bin ich bis mindestens Mitte November arbeitslos und werde von Johns zwei Dollar pro Stunde leben müssen.

Auf dem Nachhauseweg traf ich einen sturzbetrunkenen Mexikaner, dessen Auto im Graben lag. Es war Jesus' Bruder, und weil ich mir nicht anders zu helfen wusste, nahm ich ihn mit zu meinem Wohnwagen. Ich kramte mein Spanisch aus der Highschool hervor, und wir unterhielten uns bis vier Uhr früh. Jetzt ist es sieben. Ich sitze in Scottys Café, und er schläft in meinem Bett.

Nach meiner Entlassung mache ich mir ernste Geldsorgen. Zwei Fabrikarbeiter erzählten mir von einem Job als Champignonpflücker unter der Erde mit einem Grubenhelm auf dem Kopf. Bei John weiß ich nicht so recht, woran ich bin. Sonntag nahm er mich mit zur Kirche. Die Leute wiegten sich in ihren Reihen hin und her und priesen laut Seinen Namen. Anschließend war ich bei ihm zu Hause zum Mittagessen. Sie verbieten ihren Kindern, an Halloween von Tür zu Tür zu gehen. Auf dem Nachhauseweg erzählte er mir, wie er seine Beine verloren hat. Dann schnallte er eins ab und zeigte mir den Stumpf, der mich an einen abgenagten Hähnchenflügel erinnerte.

17. Oktober 1978
Odell

Heute sind meine Schuhe doppelt so schwer. Außerdem sind sie grün. Alles ist grün von dem Chromoxid, mit dem ich Johns Jade poliere. Mein Ohrinneres ist grün, genau wie mein Rotz.

John hat einen viereinhalb mal viereinhalb Meter großen Jadeklotz, der ursprünglich General Perón aus Argentinien gehörte und für eine Statue seiner Frau Eva bestimmt war. John sagt, der Stein sei $100 000 wert. Abzüglich der $14, die er mir heute für das Polieren einiger dünner Splitter des Steins bezahlt hat.

30. Oktober 1978
Odell

Sylvia aus der Arbeitsvermittlung hat mich zum Essen mit ihrer Familie eingeladen. Jeder aß etwas anderes: ihr Mann Hackbraten, ihr Enkel ein Schweinekotelett, ich einen Hamburger und sie Hüttenkäse. Sie spielte die Musik von *Anatevka* und tanzte dazu durch die Küche. Was für eine entzückende Frau.

John taten heute bei der Arbeit die Beine weh, also nahm er sie ab und kurvte im Rollstuhl durch die Werkstatt. Er war bei der Handelsmarine. Inzwischen soll die Fabrik wieder Arbeiter einstellen.

31. Oktober 1978
Odell
Ich gab einem Typen bei der Fabrik meine Adresse, und gestern Abend kam er vorbei. Tom hat auf der Schulter eine Rose und auf dem Unterarm zwei Herzen tätowiert. Wir gingen zu dem Wohnwagen, in dem er mit seiner Mutter lebt, und irgendwann werde ich vielleicht davon schreiben, was dort passiert ist. Im Moment möchte ich einfach nur in einen Bus nach Kent steigen. Ich möchte bei meinen Freunden sein, anstatt mit John in die Kirche zu gehen oder mir Toms Dildosammlung anzuschauen. Die Entscheidung liegt bei mir. In einer Woche könnte ich in Ohio sein oder ich könnte immer noch hier sein.

9. November 1978
Odell
Tom kam stinkwütend zu mir. »Ich dachte, wir wären Freunde«, sagte er. Dann sagte er, Freunde hätten Sex, egal, ob ich das wollte oder nicht. Ich sollte es einfach deshalb tun, weil *er* es wolle. Bevor er ging, sagte er noch, ich würde nie jemanden zum Lieben finden.

Zum Teufel mit ihm. Ich spare mich bis zur Hochzeit auf.

Meine Verwirrung scheint jeden Tag größer zu werden. Manchmal denke ich, dass es in Chapel Hill oder Kent besser war, wo man sich einfach nur zudröhnen und rumhängen konnte.

Außerdem ist es hier so arschkalt, dass man bloß vor dem Heizlüfter sitzen kann. Im Augenblick trage ich lange Unterwäsche, ein Flanellhemd, eine Pyjamajacke, einen Pullover, eine Jacke, einen Mantel und eine Mütze. Drinnen.

Später:
Ich habe noch einen zweiten Heizlüfter eingestöpselt. Nach zwei Minuten flog die Sicherung raus. Dann war es wieder eisig und obendrein stockdunkel. Ich versuchte zu weinen, aber es kamen keine Tränen, also hustete ich.

Heute Morgen hat Norm die Sicherung repariert, und ich habe verschärft daran gearbeitet, meinen Wohnwagen winterfest zu machen.

30. November 1978
Odell
John hat in seiner Werkstatt ein Schild mit der Aufschrift JESUS IST HIER DER HERR aufgehängt. Die gute Nachricht ist, dass ich am Montag wieder bei Duckwall-Pooley anfangen kann. Zwei Wochen später sitze ich im Bus nach Hause.

5. Dezember 1978
Odell
Ich pflücke nicht mehr Blätter von Äpfeln und Birnen. Ich bin jetzt bei der Kistenreparatur. Meine Hände sehen aus wie blutige Fetzen. Ich schleppe, staple und nagle die 150 Pfund schweren Kisten zusammen, in denen das Obst angeliefert wird. Wenn es nichts zu tun gibt, muss ich nicht so tun, als wäre ich beschäftigt. Es ist beschämend, immer geschäftig tun zu müssen.

Ich bin in letzter Zeit viel mit Mexikanern im Auto gefahren, besonders mit jungen Leuten. Es ist so schwer, das alles im Moment richtig einzuordnen. In ein paar Jahren werde ich vielleicht aus diesem Herbst in Oregon schlau werden. Das hier sind bloß Notizen. Dann jedoch werde ich sehnsüchtig darauf zurückblicken.

16. Dezember 1978
Odell

Ich habe alle meine Bücher aus der Leihbücherei zurückgebracht und der Plantagen-Katze zu Weihnachten eine große Dose Hundefutter gekauft. Meine letzte Fahrt von der Arbeit nach Hause war im Wagen eines Mautkassierers der Bridge of the Gods. Er sah aus wie eine Kasperlpuppe und sagte, im Sommer mache sich der Job bezahlt, weil die jungen Frauen dann knapp bekleidet seien und man nie zu alt sei, einen Blick zu riskieren. John fragte, ob ich für ihn ein Päckchen nach Cheyenne mitnähme, überlegte es sich dann aber anders. Das war's dann. Als Nächstes werde ich in meinem Bett in Raleigh schlafen.

1979

1. Januar 1979
Raleigh
Am Silvesterabend haben Ronnies Freund Avi und ich mit Valium auf die Straße geschrieben. Später sind wir bei seiner Freundin Julia gewesen. Sie hat einen Rotkardinal im Kühlschrank. Ich habe ihn selbst gesehen.

18. Januar 1979
Raleigh
Ich habe einige Tage im Empire gearbeitet (mein neuer Name für Moms und Dads Mietshäuser). Heute hat Mom geholfen, und wir haben uns über Schulgebete unterhalten. Sie ist Agnostikerin. Die *Phil Donahue Show* hat sie zum Nachdenken gebracht. Heute sagte sie: »Das Frauenbild in der Bibel ist das Allerletzte.«

19. Januar 1979
Raleigh
Amy geht babysitten und stöbert in den Häusern nach Sexmagazinen, die sie mit nach Hause bringt. Sie ist einfach göttlich für ihr Alter (siebzehn). Als ich heute die Einfahrt freischaufelte, fragte sie, was ich für das schweinischste Wort halte. Ich sagte Fotze. Ihres ist Fickgesicht. Sie sagte, sie bekomme eine Gänsehaut, wenn sie es höre. Vor ein paar Tagen waren wir in *Midnight Express*. Während der Folter-

szenen wand sie sich auf ihrem Sitz und rief laut: »Scheiße, oh, Scheiße.«

20. Januar 1979
Raleigh
Heute traf ich Eduardo, einen achtundzwanzigjährigen Costa Ricaner, der jetzt in Raleigh lebt, und ging mit ihm nach Hause. Es ist witzig, die Wohnungen anderer Leute zu sehen. Eduardo hat jede Menge Schwarzlichtposter an den Wänden. Ich hätte nie gedacht, dass ich so etwas tun würde – mit einem Fremden mitzugehen –, aber es ist okay, wenn es der richtige Fremde ist.

24. Januar 1979
Raleigh
Zum x-ten Mal schwöre ich, die Finger von Drogen zu lassen. Lili und ich haben Acid eingeworfen und uns anschließend das Zahnfleisch mit Methylendianilin eingerieben. In ihrer Wohnung habe ich mich großartig gefühlt. Nachher sind wir zu einer Dinnerparty gegangen und haben anschließend *Pink Flamingos* gesehen. Danach wieder zurück zu ihr, wo ich gebetet habe, bis ich einschlief. Lektion: Nimm niemals Acid an einem Ort, an dem du nicht sein willst.

29. Januar 1979
Raleigh
Heute habe ich im Empire an Gloria Pennys Abflussrohr gearbeitet. Ihr ganzer Garten war verdreckt mit Scheißklumpen und grünem Toilettenpapier.

An aktuellen Ereignissen hat ein Sechzehnjähriger in San Diego auf dem Pausenhof einer Grundschule mit einer M16 und 250 Schuss Munition das Feuer eröffnet. Der Papst ist in Mexiko.

1. März 1979
Raleigh
Ich bin deprimiert, weil ich $75 von meinem Sparkonto abgehoben habe. Ich habe dieses Sparbuch seit 1966 und bin erst auf der dritten Seite!

8. März 1979
New York, New York
Überall in der Stadt hängen Plakate mit der Aufschrift

>Ärztliche Warnung:
>Tödliche Krankheit.
>Aussatzerkrankung.
>Halten Sie sich fern von
>Frauen auf der Straße
>Männer wurden
>von Frauen auf der Straße
>mit Aussatz
>und Tuberkulose infiziert.
>Sie gefährden sich
>und Ihre Familie mit
>einer tödlichen Krankheit.
>Halten Sie sich fern von
>Frauen auf der Straße
>oder Sie landen auf einer Pflegestation
>und leiden bis an Ihr Lebensende entsetzlich
>an Tuberkulose und Aussatz.

11. März 1979
Raleigh
Auf der Rückfahrt von New York besuchten wir Edith's Shopping Bag in Baltimore und holten uns ein Autogramm von Edie Massey. Sie hat in *Pink Flamingos* und *Female Trouble* mitgespielt und tritt auch in *Polyester* auf, der noch nicht angelaufen ist. Ich kaufte ein Magazin und Lil einen Button. Als wir Edie sagten, sie sehe gut aus, zog sie ihr prächtiges Haar vom Kopf und kreischte, »Das ist eine Perücke.«

Die Leute auf der Straße waren alle alt und ungepflegt und sahen aus, als wären sie unterwegs zu einem Sexshop.

28. März 1979
Raleigh
Ich habe einen Job gefunden. Heute werde ich zum ersten Mal seit Dezember richtig arbeiten. Ich habe eine Anstellung als Kellner in einem kleinen Restaurant namens Breakfast House neben dem Arthur Murray Dance Studio und bin um fünf Uhr früh aufgestanden. Als ich das letzte Mal um fünf wach war, hatte ich die Nacht durchgemacht.

29. März 1979
Raleigh
Die Leute bei meinem Job sind alle sehr freundlich. Besonders Mary, die Köchin. Ich habe $13 Trinkgeld verdient, größtenteils Dimes und Quarters.

Gestern hat es im Kernkraftwerk von Three Mile Island einen Unfall gegeben, über den viel geredet wurde.

16. April 1979
Raleigh
Dad über Freundschaft: »Klar, es gibt nette Leute. Richtig nette Leute. Nett wie Fußmatten, auf denen die anderen sich die Füße abtreten.«

3. Mai 1979
Raleigh
Ich habe Ärger mit Lisas Vermieterin Cleo. Gestern Abend kam D. mit einem Freund zu Besuch. Sie machten Lärm im Treppenhaus. Cleo wurde davon wach, rief mich an und sagte: »Hör zu, Andrew. Das geht so nicht.«
»Tut mir leid«, sagte ich. »Es kommt nicht–«
»Das geht so einfach nicht.«
Ich hoffe, ich habe Lisa jetzt nicht vor die Tür gesetzt. Sie ist zwar jeden Abend bei Bob, aber es ist dennoch ihre Wohnung. Die anderen Mieter sind alle alt und regen sich über alles auf. Sie erinnern mich an Mrs Covington, die jeden Tag ins Breakfast House kommt. Sie beschwert sich, wenn ich ihre Kaffeetasse nicht randvoll mache, und wenn ich es mache, beschwert sie sich, sie sei zu voll.
Ich habe also Ärger und muss bis nächsten Freitag eine Wohnung finden.

7. Mai 1979
Raleigh
Ronnie und ich haben uns den ganzen Tag Wohnungen angeschaut. Die beste ist in einem Haus gleich neben dem International House of Pancakes (IHOP), mit Kamin, einer verglasten Veranda, die ich als Schlafzimmer nutzen kann, einem Wohnzimmer und einer kleinen Küche. Die Badewanne ist allerdings winzig.

Wir redeten mit einem Hausbesitzer auf der Ashe Ave.
Er sagte, er würde an mich vermieten, wenn ich:
1. kein Atheist sei
2. nicht »zechte«
3. kein Haschisch rauchte
4. keine Partys feierte (für jeden »Knaben«, den ich einlade, sind $50 Strafe fällig)
5. ich keine schwarzen Freunde habe
6. meine Freunde nicht irgendwelchen Fanatikern wie der NAACP (National Association for the Advancement of Colored People) angehörten, die uns Weiße als *honkies* bezeichnen
7. ich nicht schwanger werde (unverheiratete schwangere Frauen setzt er vor die Tür)

Das alles sagte er mit vollem Ernst, und nachher schenkte Ronnie mir eine von ihren Hosen.

12. Mai 1979
Raleigh
Gestern bin ich in meine neue Wohnung neben dem IHOP gezogen. Sie ist größer, als ich zunächst gedacht hatte. Sie fühlt sich angenehm und leer an, und nachdem ich drin war, nahm ich etwas LSD – nicht genug, um Gott zu sehen, und nicht genug, um zu viel zu denken.

17. Mai 1979
Raleigh
Benzin kostet in vier Bundesstaaten mehr als $1 pro Gallone. Ich würde gerne an einer Tankstelle arbeiten, um die Leute meckern zu hören. Das Leben in meiner Wohnung gefällt mir. Ich benutze mein Bügelbrett als Küchentisch.

21. Mai 1979
Raleigh

Nell Styron ist die Wirtin im Upstairs Restaurant. Heute habe ich sie zum ersten Mal ohne Schleife im Haar gesehen. Ronnie und ich haben nachmittags dort gegessen. Wir hatten etwas Acid eingeworfen und wegen seiner hübschen Farbe Borscht bestellt. Ich habe in letzter Zeit Angst, sie könnte verletzt oder getötet werden. Was würde ich ohne sie machen?

24. Mai 1979
Raleigh

Etwas Grausames:
Gestern fing ich eine Wespe und sperrte sie im Wohnzimmer in ein Marmeladenglas. Später legte ich noch eine tote Biene hinzu, und die Wespe fraß sie. Gestern Abend goss ich etwas Ginger Ale und Badezimmerreiniger hinzu. Die Wespe rollte auf den Rücken, strampelte mit den Beinen und war einige Minuten später tot. Danach fühlte ich mich richtig schlecht. Viele Menschen töten Wespen, aber ich hatte sie gequält. Andererseits war sie ziemlich groß, und ich dachte, entweder sie oder ich.

Ich strenge mich an, vor zehn Uhr abends kein Gras zu rauchen, aber wenn es vor meiner Nase liegt, vergesse ich, wie elendig ich mich danach fühle. Mir wird schlecht, und ich bewege mich weniger. Abends jedoch nehme ich ein Bad und höre Radio. Abends ist es großartig.

1. Juni 1979
Raleigh
Unterhaltungen am Arbeitsplatz:

Ich: Bist du Italiener?
Italiener: Mach deine Arbeit und kümmere dich um deinen eigenen Dreck.

3. Juni 1979
Raleigh
Gespräch, das ich im IHOP aufgeschnappt habe:

Frau: Entschuldigung, darf ich mich einen Moment zu Ihnen setzen?
Billy (der blind ist und keine dunkle Brille trägt): Ja doch, Ma'am.
Frau: Sie können mich nicht sehen. Ich bin bloß eine alte Frau, die Sie um einen Gefallen bitten möchte.
Billy: Ja?
Frau: Ich möchte Ihre Mahlzeit bezahlen. Ich bin aus Durham.
Billy: Haben Sie Ihr ganzes Leben in Durham verbracht?
Frau: Ja, mein Mann ist unerwartet verstorben. Hier ist ein Zehn-Dollar-Schein.
Billy: Ich bin von Geburt an blind.
Frau: Vertrauen Sie dem Herrn, Er ist unser Heil.
Billy: Ja, unser Heil.
Frau: Ja.
Billy: Ja.
Frau: Haben Sie gefragt, wie alt ich bin?
Billy: Nein.
Frau: Nun denn, Gott schütze Sie.
Billy: Ja, Sie auch.

6. Juni 1979
Raleigh
Ein Witz, den Jane mir bei der Arbeit erzählt hat:

Mann zu einer Frau, die er gerade gevögelt hat: Hätte ich gewusst, dass du noch Jungfrau bist, hätte ich mir mehr Zeit genommen.
Frau: Hätte ich gewusst, dass du mehr Zeit hast, hätte ich meine Strumpfhose ausgezogen.

13. Juni 1979
Raleigh
Auf dem Nachhauseweg beugte sich jemand aus einem vorbeifahrenden Wagen und spuckte mir mitten ins Gesicht.

Ich lese gerade *Garp und wie er die Welt sah*.

14. Juni 1979
Raleigh
Gestern Vormittag im Bus D. getroffen, der einen Irokesenkamm hat und morgen wegen Trunkenheit und Randalierens in zwei Fällen, unbefugten Betretens eines Grundstücks und weil er einer Frau aufs Bein uriniert hat, vor Gericht erscheinen muss. Sie hatte ihm versprochen, mit ihm zu schlafen, wenn er ihr Bier kaufte, was er auch tat. Anschließend wollte sie mit ihren Freundinnen verschwinden, doch er stellte sie und pinkelte ihr auf den Rock.

21. Juni 1979
Raleigh
Heute Morgen fand ich $6 auf dem Parkplatz vor dem Arthur Murray Dance Studio. In der neunten Klasse habe ich einmal

$1 gefunden, aber danach nur noch Kleingeld. Jane hat sich heute auf der Arbeit krankgemeldet, sodass ich ganz allein war und $25 verdient habe, wovon ich mir umgehend ein Tütchen Gras und später vom Rest Farben gekauft habe.

29. Juni 1979
Raleigh
Miss Woodward war meine Lehrerin in der dritten Klasse. Sie war auch die Lehrerin von Paul und Amy. Als sie am 7. Juni in den Ruhestand ging, feierte die Schule sie als Heldin. Einmal machte sich ein Junge in einer Erdkundestunde in die Hose, und sie erzählte der Klasse, Steve sei so begeistert vom Lernen. Schon 1964 fand ich das witzig.

1. Juli 1979
Raleigh
Ich komme erst heute wieder zum Schreiben. Freitagabend nahm ich LSD und stellte fünf gelbe Kodak-Filmpackungen in den Vorgarten. Es war gutes Acid. Ich konnte Farben intensiver wahrnehmen und lesen, ohne depressiv zu werden. Samstag nahm ich Crystal und verbrachte die ganze Nacht damit, Pauszeichnungen von Briefumschlägen anzufertigen. Für die nächsten drei Tage bin ich abgemeldet.

Ich habe herausgefunden, dass Jack und Mary, die Nachtmanager im Breakfast House, mich hinter meinem Rücken als »Drogenheini« bezeichnet haben. Gott, wie mich das ärgert.

6. Juli 1979
Raleigh
Gestern Nachmittag winkten mich drei schwarze Frauen zu ihrem Wagen und sagten, mein Hosenschlitz sei offen.

Ich bedankte mich bei ihnen, weil einem so etwas sonst niemand sagt.

7. Juli 1979
Raleigh
Nachdem ich gestern Abend ein Bad genommen und gebügelt hatte, ging ich ins Captain Corral (eine Schwulenbar) und traf dort L., der älter als ich war – fünfunddreißig vielleicht. Wir redeten über alltägliche Dinge und gingen dann zu mir nach Hause. Er sagte kein Wort über meine Kunst, sondern schlug sofort vor, wir sollten uns in Unterhose aufs Bett setzen. Allerdings trug L. keine Unterhose. Stattdessen hatte er Windeln und eine Gummihose an.
    Ich kam damit nicht klar.
    L.s Lieblingsausdruck war »voll der Antörner«.
    Windeln waren »voll der Antörner«, genau wie angepinkelt zu werden und fünf zu sein. »Daddy«, sagte er, »wenn ich dein kleiner Junge wäre, wie würdest du mich anziehen? Würdest du meine kleine Gummihose ordentlich stramm ziehen?«
    Ich war mit den Nerven am Ende. L. war enttäuscht, dass ich nicht mitspielen wollte, auch wenn von meiner Seite ziemlich klar war, dass ich mir nur wünschte, er möge nach Hause krabbeln. Ich blieb längere Zeit in der Küche, und als ich zurück ins Schlafzimmer kam, war er eingeschlafen.

1. September 1979
Raleigh
Meine liebste Art, Crystal zu schnupfen: Ich sitze rücklings auf dem Toilettendeckel, mit dem Gesicht zur Wand, das grüne Jadekästchen, das ich in Oregon gemacht habe, vor mir auf dem Deckel des Wasserkastens. Ich schneide den Speed immer

auf dem Patti-Smith-Album *Radio Ethiopia*. Ich benutze dazu eine Rasierklinge, ziehe den Stoff durch einen Strohhalm ein, und wenn ich fertig bin, stehe ich vor dem Badezimmer und denke, wie entzückend mein Jadekästchen ist.

17. September 1979
Ithaca, New York
Dies ist der dritte Herbst in Folge, in dem ich Äpfel pflücke. Avi und ich brachen am Dienstag mit seinem Volvo von Raleigh aus auf, fuhren durch Virginia und übernachteten bei seinen Eltern in Pittsburgh. Gestern kamen wir in Ithaca an. Gestern Abend haben wir auf dem Campus *Manhattan* gesehen und auf einem Friedhof unter einem Grabstein mit der Aufschrift *BOYS* geschlafen.

Unterwegs nahmen wir einen Tramper mit, einen Typ aus Queens, der nach Buffalo wollte. Jetzt sind Avis Reiseschecks verschwunden, also werden wir Anzeige bei der Polizei erstatten.

24. September 1979
Knowlesville, New York
Avi und ich haben uns in diesem Hotel in Knowlesville zwei Zimmer genommen. Es wird von einem Mann namens Brad geführt, der neun Kinder aus zwei Ehen hat. Hier sind seine drei Regeln:
1. Freitags und samstagabends kein ausgiebiges Duschen. Das heißt nicht, dass man gar nicht duschen darf, aber es muss kurz sein. Am Wochenende wird in der Bar Country und Western gespielt, und wenn wir das heiße Wasser aufbrauchen, ist nicht mehr genug für »die Bräute in der Damentoilette« da. »Hey«, sagte er, »versetzt euch nur in meine Lage.«

2. »Es ist in Ordnung, wenn ihr eine Tusse für eine Nacht mit aufs Zimmer nehmt, aber, hey, zwei oder drei Nächte, und ihr müsst dafür zahlen. Versetzt euch nur in meine Lage.«
3. Bezahlt wird im Voraus.

Gestern Abend haben wir auf der Suche nach dem Hotel einen Hund angefahren. Avi schwört, es sei ein Terrier gewesen, aber für mich sah er nach einem Pudel aus. Auf der Suche nach dem Besitzer klopften wir an sieben Türen an, die meisten davon Wohnwagentüren, hinter denen laut der Fernseher lief. »Nein, der gehört uns nicht«, sagten die Leute. »Wir haben einen Retriever.« »Wir haben einen Collie.« »Die Lady unten an der Straße hält Hunde. Vielleicht hundert. Vielleicht fünfzig. Die bellen nachts so laut, dass man Ohrstöpsel braucht. Aber wir haben uns dran gewöhnt. Nacht, Jungs.«

Wir gelangen der Nase nach zu dem Haus, das nach Hundescheiße stinkt. »Wie viele haben Sie?«, fragt Avi die Frau. »Genug«, antwortet sie.

Sie sagt, der von uns angefahrene Pudel oder Terrier gehöre ihr nicht. Wir fahren zurück, aber der Hund liegt nicht mehr neben der Straße. Er ist weggelaufen. Also geben wir es auf.

1. Oktober 1979
Knowlesville

Avi und ich fuhren über das Wochenende nach Rochester und hatten einen Autounfall – mein erster. Ich war enttäuscht: kein Blut. Ein dünnes Rinnsal hätte mir gefallen. Zuerst hielt Avi den Schaltknüppel in der Hand, und wir verbrachten den Tag im Haus von Georges Bruder. George ist Pflücker und sein Bruder Automechaniker. Ich saß die ganze Zeit auf einem Klappstuhl und trank Traubensaft. Es war ganz in Ordnung. Später dann öffnete sich während der Fahrt die Haube.

Avi konnte nichts mehr sehen, und als wir gegen einen Telefonmast prallten, schlug mein Kopf gegen die Windschutzscheibe und sie zerbrach. Aber kein Blut. Nicht ein Tropfen.

14. Oktober 1979
Knowlesville
Gestern Abend gab es einen größeren Streit im Hotel zwischen dem Besitzer Brad und seiner Tochter Ginger, die achtzehn ist:

Brad: Wo ist meine gottverdammte Hose?
Ginger: Im Trockner.
Brad: Nein, ist sie nicht. Irgendwer hat meine verdammte Hose geklaut.
Ginger: Ich war's nicht.
Brad: Warst du doch. *(Das Geräusch von Schlägen ins Gesicht.)* Miststück.
Ginger: Nur zu, fessel und knebel mich, so wie du es mit Mom gemacht hast.
Brad: (Weitere Schläge.) Miststück, Hure.
Ginger: (Schluchzen.) Ich hasse dich. Ich hasse diesen beschissenen Ort und ich habe es satt, eine Hure genannt zu werden.
Brad: Wer hat dich eine Hure genannt?
Ginger: Drei Leute. Ich verschwinde von hier. Lieber lebe ich auf der Straße. Wenn du mich schon für eine Hure hältst, will ich auch wie eine leben.
Brad: (Weitere Schläge.) Ich hasse dich.
Ginger: Ich hasse *dich*.
Brad: Dir ist alles egal.
Ginger: Mir ist alles egal. Ich gehe nach Albion oder Medina.
(Abgang Brad. Die Stiefmutter tritt auf.)

Stiefmutter: Nur weil alle dich eine Hure nennen, brauchst du dich nicht wie eine zu benehmen.
Ginger: Ich habe es satt. Ich will für ihn nicht mehr kellnern. Alle nennen mich eine Hure, bloß weil ich große Titten habe.
Stiefmutter: Wer hat dich so genannt?
Ginger: Sugar. Sugar war's. Der kann sich schon mal auf 'ne Tracht Prügel freuen.
(Weitere Schluchzer.)

Letzte Woche hat unter Avis Fenster ein Mann von der Hotelbar eine Frau geschlagen, weil sie mit einem anderen Mann getanzt hatte. Als wir Brad davon erzählten, sagte er, wenn sie mit einem anderen getanzt hat, hätte sie die Schläge verdient.

19. Oktober 1979
Knowlesville
Heute haben wir mit der Ernte des Golden Delicious begonnen, der empfindlichsten Sorte. Ich war am Ende der Reihe, neben der Pappelallee, und dachte während der Arbeit an meine Schwester Amy. In der Mittagspause nahmen Avi und ich fünfunddreißig Äpfel und schickten sie in einem Karton an die Bande in Raleigh. Jeden Apfel wickelten wir in irgendwas ein: einen Socken, einen Handschuh, ein Blatt mit einem fotokopierten Apfel. Die Sorten waren McIntosh, Macoun, Golden Delicious und Northern Spy, und an jeden banden wir mit einem Faden ein Namensschild.

Heute gab's Lohn. Bis jetzt habe ich $400 gespart.

26. Oktober 1979
Knowlesville
Heute muss es zwölf Mal geschneit haben, aber nie länger als drei Minuten am Stück. Vom Pflücken hat uns das nicht abgehalten.

Unsere Kellnerin Doreen, die uns letzten Monat erzählt hatte, ihr Vater habe sie mit sechs Jahren vergewaltigt, verkündete heute früh beim Kaffee, dass sie einmal in einer Spielbude auf der Kirmes gearbeitet habe und inzwischen Lesbe sei und mit ihrer Freundin Ricky in einem Wohnwagen lebe.

Ich sagte, ich sei ebenfalls schwul, worüber sie erfreut schien und mich auf andere schwule Gäste aufmerksam machte. »Siehst du die Frau da drüben, die wie ein Mann gekleidet ist? Das ist eine Lesbe, die einen Truck fährt und Peewee heißt.«

Doreen trägt Rockys Konterfei als Schlüsselanhänger und erzählte mir, sie hätten letztes Jahr in einer Kirche für gleichgeschlechtliche Paare in Florida geheiratet.

28. Oktober 1979
Knowlesville
Jean und George, zwei Pflücker, heute Vormittag im Gespräch:

> *Jean:* Du pflückst zu langsam, George. Wenn du dich beeilst, können wir von hier verschwinden.
> *George:* Du bist der Langsame.
> *Jean:* Mein Frühstück macht sich noch nicht bemerkbar.
> *George:* Honey, dein Frühstück ist in meiner Hose.

6. November 1979
Knowlesville
Die Saison ist vorbei. Es fühlt sich an wie das Ende vom Ferienlager. In der Scheune wurde gefeiert. Es wurde eine lange Tischreihe aufgebaut, und ich sah mit Freuden zu, wie alle außer mir sich volllaufen ließen. Jede Menge blöder Reden. Es ist interessant, fast sechs Wochen lang mit Leuten zu arbeiten, aber sie nie alle gemeinsam zu sehen.

8. Dezember 1979
Raleigh
Ich habe heute wieder im Breakfast House angefangen und erfahren, dass mein Gasunternehmen meine Kreditwürdigkeit auf Stufe B herabgesetzt hat. War gestern den ganzen Tag krank. Wenn das Meth dich einholt, sieht man, dass man seiner Strafe nicht entgeht. Wenn ich auf der Rolle bin, habe ich das Gefühl, ich könne ohne Folgen drei Schachteln Zigaretten rauchen, nichts essen und kreuz und quer durch die Stadt rennen.

1980

1. Januar 1980
Raleigh
Gestern habe ich mein gesamtes Meth verschenkt. Entweder höre ich damit auf, oder ich werde abhängig und mir fallen sämtliche Haare und Zähne aus. Ich schlafe und esse auch kaum noch. Ich gehe niemals vor die Tür.

26. Januar 1980
Raleigh
Seit einem Monat bin ich ein reifer dreiundzwanzigjähriger Erwachsener. Letzte Nacht lag ich von drei bis halb fünf Uhr früh wach im Bett und spürte eine wachsende Panik. Ein bisschen Meth heute früh, ein bisschen jetzt. Den Rest will ich verschenken, denn nach mehreren Tagen und Nächten wird es brenzlig. Immerhin habe ich eine Menge geschafft – zehn Valentinskarten gebastelt, mit einem Leichentuch begonnen, eine Grillpfanne mit Eierkartons und einem tollen Foto von einem Huhn aus der *Washington Post* beklebt. Das ganze Zeug in meinem Schrank fand plötzlich zueinander.

Seit Neustem pinkle ich in der Küche in leere Gläser, schraube den Deckel drauf und stelle sie ins Regal. Ich überlege, die Menge eines ganzen Monats zu sammeln.

7. Februar 1980
Raleigh

Letzte Nacht bis fünf Uhr früh aufgeblieben. Ich habe vier weitere Obstkisten fertiggestellt. Im Laufe des Tages viel zu viel Speed genommen und heute den ganzen Tag gebraucht, um langsam runterzukommen. Bis mittags geschlafen und dann ein Bad genommen, ohne vorher die dicke Schicht Badreiniger am Wannenboden wegzuspülen. Bis um vier wieder ins Bett. Danach noch ein Bad und den Tag begonnen. Babyfläschchen, Zahnpasta und Aspirin gekauft.

26. Februar 1980
Raleigh

Beide Obstkisten, die ich zur Biennale am North Carolina Museum eingereicht habe, sind angenommen worden. Beide. Nicht eine, sondern zwei. Insgesamt gab es tausendvierhundert Einlieferungen, und nur fünfundvierzig wurden genommen.

8. März 1980
Raleigh

Tiffany war gestern Abend im Fernsehen. Es war eine Sendung über Schulen für schwer erziehbare Jugendliche, wie die Élan School, in die man sie gesteckt hat. In ihrem kurzen Auftritt stand sie in einem Boxring mit einem schwarzen Balken über den Augen. Seit sie fort ist, habe ich ihr mehrere Briefe geschrieben, aber sie hat bloß geantwortet, ich solle damit aufhören.

Ich werde bei der Arbeit benutzte Servietten sammeln.

9. März 1980
Raleigh

Gestern Abend meine erste Quaalude genommen, und, oh Mann, hat die mich umgehauen. Ich war völlig neben der Spur – es fühlt sich anders an, als betrunken zu sein, aber so ähnlich. Man spürt keine Übelkeit, sondern ist einfach nur völlig entspannt. Entspannt bis zum Schwachsinn. Als ich nach Hause kam, stolperte ich auf den Treppenstufen. Anschließend stürzte ich zweimal in meiner Wohnung und beschloss, auf dem Boden sei es sicherer, kroch zu meinem Wecker, stellte ihn, und krabbelte ins Bett.

18. März 1980
Raleigh

Ich habe gerade Amphetamine eingeworfen, die ich im Drugstore geklaut habe. Man gibt sie hyperaktiven Kindern, damit sie noch hyperaktiver werden, irgendwann ermüden und umfallen und den Eltern eine Pause gönnen.

Gestern Abend bin ich vollkommen durchgedreht. Ich musste mehrere Anrufe erledigen und telefonierte fünf Stunden lang mit den gleichen zwei Dime-Münzen, bis ich dahinterkam, dass alle drei Freunde am gleichen Ort waren, sich prima amüsierten und über mich herzogen. Ich stiefelte im Raum umher, veranstaltete ein furchtbares Durcheinander, briet zuletzt ein paar Schweinekoteletts und versuchte, mich mit Zeitschriften abzulenken.

8. April 1980
Raleigh

Ich bin auf reinem Meth, das ich von W.s Freundin Liz bekommen habe. Es ist feucht und schmeckt faulig, superstark, und ich habe bislang noch nicht die richtige Dosis herausgefunden.

Allyn von unten hat es auch schon probiert. Anschließend haben sie und ich eine Party geschmissen, die gut lief, bis zwei betrunkene Typen aus dem IHOP herüberkamen und zu Dee Dees neunjähriger Tochter, die nebenan schlief, ins Bett krochen.

11. April 1980
Raleigh
Ich habe $12, keinen Job und bin mit der Miete im Rückstand. Ich bin deprimiert, blank und bald ohne Drogenvorrat. Ich komme mir schmierig und billig vor. Immerhin sind zwei Skulpturen von mir im Kunstmuseum.

25. April 1980
Raleigh
Ich habe eine Art Job im Irregardless Mittagsimbiss in der Stadt gefunden. Für zweieinhalb Stunden am Tag. Die Leute bestellen am Tresen, und ich bringe ihnen ihre Tabletts an den Tisch. Das Schwierigste ist, sich zu überlegen, was man zu ihnen sagen soll. Zuletzt habe ich mich für »Bitte sehr!« entschieden. Es fühlte sich gut an, irgendwo sein zu müssen und von jemandem erwartet zu werden.

29. April 1980
Raleigh
Ich habe heute im Empire gearbeitet und einen Garten von Kudzu-Ranken befreit. Dad fuhr mich nachher nach Hause. »Ich bin ein achtundfünfzigjähriger Mann mit dem Geist eines Einundzwanzigjährigen«, sagte er im Wagen.

Eine Stunde später habe ich mit Allyn von unten Opium geraucht. Da wir nicht viel spürten, legten wir Musik von Ravi Shankar auf und stöpselten ein paar bunte Lichter ein, in der Hoffnung, dass es was bringen würde, aber das tat es nicht.

6. Mai 1980
Raleigh

Ronnies neue Mitbewohnerin K. isst nur Rohkost. Sie will sich damit trotz ihres hohen Drogenkonsums fit halten. Gestern Abend erzählte sie, es sei nur eine Frage der Zeit, bis die Supermärkte Menschenfleisch verkaufen würden. Sie glaubt tatsächlich daran.

7. Juli 1980
Raleigh

Ich wurde bei der SECCA-Show (Southeastern Center for Contemporary Art) angenommen. Mein Name wird im Katalog erscheinen, sodass ich ihn erneut gedruckt sehen kann. Als Nächstes möchte ich gerne ins Telefonbuch.

30. Juli 1980
Raleigh

Drei Tage lang getobt und deshalb dankbar, als H. mir eine halbe Quaalude gab, die ich gleich zum Empfang der SECCA-Ausstellung einwerfen werde. Vermutlich ist das ein Fehler.

7. August 1980
Raleigh

Seit einer Woche nichts mehr geschrieben. Hier kurz die wichtigsten Neuigkeiten:
Ich habe alles in meine Obstkisten gepackt und sie nach unten
 geschleppt. Allyn und ich haben ein paar Tage zusammen-
 gewohnt. Dann ist sie nach Pittsburgh gezogen. Gretchen
 ist in meine alte Wohnung gezogen.
Julia ist nach New York gezogen.
Am Abend des SECCA-Empfangs müssen es mindestens
 38 °C gewesen sein. Es war schön, meine Fotos wieder-

zusehen. Die Quaalude war zuletzt doch keine so schlechte Idee.

Tulip, Ronnies Pflegehund, hat den Chihuahua des Nachbarn getötet. Ronnie ist völlig fertig, Tulip tut, als sei nichts gewesen.

Am 2. August fuhr ich für fünf Tage mit der Familie ans Meer. Wir hatten eine Wohnung mit Klimaanlage, und ich bin mit Sonnenbräune wiedergekommen.

Allyn geht in Pittsburgh zur Schule. Ich überlege ebenfalls, zurück ans College zu gehen, vielleicht ans Art Institute of Chicago. Sich aufzuraffen und eine Bewerbung zu schreiben wäre bereits ein Erfolg. Wenn ich mit Lyn rede, merke ich, wie jung ich noch bin.

1. Oktober 1980
Raleigh
Gretchen und ihr Freund Carl haben heute auf dem Bürgersteig bei der NC State einen Hundefötus gefunden. Jetzt liegt er oben bei ihr im Kühlschrank, und sie hat ihm den Namen Pokey gegeben.

Irgendein Spinner hat zu Hause angerufen und zu Mom gesagt, er möchte ihre Muschi schlecken – seine Worte, nicht meine. »Ist das nicht krank?«, sagte sie zu mir. »Ich bin eine fünfzigjährige Frau.«

Wenn mich nicht alles täuscht, ist sie einundfünfzig.

9. Oktober 1980
Raleigh
Wenn ich der Telefongesellschaft bis Montag nicht $79 gezahlt habe, klemmen sie mich ab und machen mir das Leben schwer, bis sie ihr Geld kriegen. Ich war besser dran, als ich oben

wohnte und den Münzapparat vor dem IHOP benutzt habe, außer dass die Leute mich nicht anrufen konnten.

10. Oktober 1980
Raleigh

Ich habe mein Telefon schon wieder fallen gelassen. Jetzt klingelt es nicht mehr, und ich muss raten, ob jemand mich anzurufen versucht.

19. Oktober 1980
Raleigh

Randall, der schwule Alkoholiker von nebenan, späht dreist durchs Fenster in meine Wohnung. »Junge, du schaukelst ordentlich in deinem Stuhl«, sagte er letzte Woche, sein Gesicht an meine Scheibe gepresst.

Dieses Mal lag ich mit Katherines Katzen auf dem Bett. Ich passe auf sie auf, während sie verreist ist. Ich kann sehr schmusig sein, und er sah zu, wie ich sie küsste und ihnen sagte, alle Katzen in der Nachbarschaft seien neidisch auf ihre Schönheit. Plötzlich hörte ich: »David. David. Ich bin's, Randall. Hör mal, ich bin knapp bei Kasse und habe mich gefragt, ob du mir vielleicht fünfunddreißig Cent für Zigaretten leihen kannst.«

Er muss mindestens vierzig sein.

20. Dezember 1980
Raleigh

Ein Mädchen, das früher bei uns in der Straße wohnte, hat geheiratet. Dad erinnert mich daran, dass nicht nur Andrea einen College-Abschluss hat, sondern auch ihr Ehemann, und beide mit ausgezeichneten Noten. Nach dem Empfang kamen Mom und Dad leicht beschwipst auf einen Kaffee vorbei. Es war das erste Mal, dass sie mich gemeinsam besuchten.

1981

6. Januar 1981
Raleigh
Ronnie und ich arbeiteten gestern Abend an einer Performance mit dem Titel *HUD* (für Housing and Urban Detectives). Ich habe mir für zwei Wochen Pauls Schreibmaschine geliehen und bei Irregardless gekündigt. Mein letzter Arbeitstag ist der 16. Januar. Die Performance findet am Samstag statt. In der Zwischenzeit habe ich mich beim Tammy-Lynn-Heim für geistig Behinderte als Aushilfslehrer beworben.

1. Februar 1981
Raleigh
Gestern Abend bei Lance zum Abendessen eingeladen und erfahren, dass er eine tote Klapperschlange im Kühlschrank hat. Er hat sie irgendwo auf dem Highway gefunden. Die Schlange ist bis auf ein paar Gedärme intakt und sieht selbst im tiefgefrorenen Zustand lebendig aus. Margaret will sie in meiner frisch gestrichenen Wohnung fotografieren, aber ich habe Angst, sie auch nur aus der Tüte zu holen. Mein Dad würde bei ihrem Anblick glatt einen Herzinfarkt erleiden und tot umfallen – rums, keine weiteren Fragen. Die Hälfte meiner Bekannten hat tote Tiere im Kühlschrank: Reptilien, Vögel, Säugetiere. Ist das normal?

17. Februar 1981
Raleigh
Mom lud mich zum Mittagessen ins IHOP ein und sagte mir, ich solle mir um die $20 Schulden bei ihr keinen Kopf machen. Heute ist ihr Geburtstag.

20. Februar 1981
Raleigh
Ich ging heute Abend ins Winn-Dixie auf der Person Street, gleich gegenüber vom Krispy Kreme. Es ist ein Armeleuteviertel, genau auf der Grenze zwischen den Wohngebieten der weißen und der schwarzen Bevölkerung der Stadt. Ich lief über den Parkplatz zum Eingang, als ich einen Mann hineingehen sah. Er war groß und schwarz, eindeutig betrunken, und wurde von zwei Mädchen verfolgt, die lachten und mit dem Finger auf ihn zeigten. Der Mann schob einen leeren Wagen vor sich her, und gleich hinter der Tür blieb er mit dem Fuß am Bodenbelag hängen. Er fiel auf die Knie, und im nächsten Moment kippte auch der Wagen um, auf den er sein ganzes Gewicht gestützt hatte. Seines Halts beraubt, schlug er mit dem Gesicht voran auf den Boden. Ich war knapp zwanzig Fuß entfernt, eilte ihm aber nicht zu Hilfe. Niemand half ihm. Ich wollte Zeitschriften kaufen und beschloss kurzfristig, es gegenüber bei Fast Fare zu versuchen. Nachdem ich dort nicht fündig wurde, ging ich zum Winn-Dixie zurück, wo der Mann immer noch am Boden lag. Das war mir unangenehm, sodass ich beschloss, auf die Zeitschriften zu verzichten und stattdessen zu Krispy Kreme zu gehen.

25. Februar 1981
Raleigh
Jean Harris wurde wegen Mordes mit bedingtem Vorsatz verurteilt. Ich mochte sie irgendwie.

26. Februar 1981
Raleigh
Mom kam heute Morgen vorbei und brachte für mindestens $60 Lebensmittel mit: Schweinekoteletts, Hähnchen, Hamburgerfleisch, Salami, Käse, Müsli, Eier, Öl, Pfannkuchenmischung, Brokkoli, Dosentomaten, Mais, Bohnen, Nudeln, Brot, Sirup, Haferflocken. Ich fühlte mich schuldig und dankbar.

Später ging ich zur Schule für Design und sah Komar und Melamid, die beiden russischen Künstler und Dissidenten, die sehr lustig sind. Sie zeigten ein Foto von einem menschlichen Totenschädel, den sie auf ein Pferdeskelett gesetzt hatten, und behaupteten, es sei ein Minotaur. Dann präsentierten sie drei aneinandergeklebte Knochen und sagten, es sei ein Triangladon. Ich verkaufte ihnen für $1 meine Seele.

17. März 1981
Raleigh
Ich holte meine Skulpturen ab, die von der Wake-County-Ausstellung abgelehnt worden waren. »Ach ja«, sagte die Frau, als ich meinen Namen nannte, »Sie sind der mit den kleinen Pappkartons.«

»Ja, das bin ich.« Ich wollte nur mitmachen, um Leute wie sie vor den Kopf zu stoßen.

Zum Mittagessen gibt es wieder Maisbrot. Gestern Abend hatte ich ein Omelett gefüllt mit altem Reis.

5. April 1981
Raleigh
Die Performance am Mittwoch lief ausgezeichnet – vierundsechzig Zuschauer. Ich hätte geschworen, es würden nur acht

kommen. Alle waren nachher sehr herzlich und anerkennend. Am Freitag fühlte ich mich vom Geschehen abgeschnitten. Ich weiß nicht, ob das Publikum es bemerkt hat. An dem Abend waren es neunundsechzig Zuschauer gewesen. Nachher eine große Party mit vielen Leuten, die Hälfte davon Fremde. Ich trank vier Scotch und sackte weg, bevor ich irgendein Aufsehen erregen konnte.

6. April 1981
Raleigh
Nähere mich in Geldfragen in Windeseile dem Nullpunkt. Ich habe noch keine Miete bezahlt. Heute Abend habe ich eine Packung Pfannkuchenmischung, ein Dutzend Eier und einen halben Liter Milch gekauft. Ich besitze noch ganze $5, und selbst die sind geliehen.

7. April 1981
Raleigh
»Einfaches Metall. Keine Spur Gold.« Ich ging mit der Anstecknadel der Studentenverbindung, die ich letztes Jahr gefunden hatte, zu zwei Pfandhäusern, in der Hoffnung, mit dem Geld meine Telefonrechnung bezahlen zu können. Zum jetzigen Zeitpunkt wollen sie $65. Jedes Mal, wenn ich mich nach einer Barzahlung erkundige, lassen sie mich die 2 wählen. Dann werde ich mit jemandem verbunden, der mich nach Strich und Faden niedermacht und mir erklärt, ich säße jetzt nicht in der Klemme, wenn ich meine Rechnungen immer pünktlich bezahlt hätte. Heute wollte ich $5 anzahlen, aber die Frau lachte mich bloß aus und gab mir bis Freitag.

Auf dem Nachhauseweg rief ich Joe an, der vielleicht Arbeit für mich hat. Danach rief ich Lou Stark an und vereinbarte, für $20 + Verpflegung ihr Wohnzimmer zu streichen. Ich bekomme

$159 von der Steuer zurück, wenn es also hart auf hart kommt, kann ich Mom bitten, mir das Geld vorzustrecken.

8. April 1981
Raleigh

Ich habe heute für Joe gearbeitet und Fenster in einem Passiv-Solarhaus geputzt, das einem Eheberater und seiner Frau, einer Hauswirtschaftslehrerin, gehört. Auch morgen hat er einen Job für mich. Auf der Fahrt nach Hause mit S. im Auto einen Joint geraucht. Für mich war es zu früh, aber ich konnte schlecht Nein sagen. Mit dem Ergebnis, dass ich um drei Uhr nachmittags high war. Später bin ich mit dem Fahrrad in die Stadt gefahren und fühlte mich etwas frischer. Temperafarben und etwas Milch gekauft.

> Ein Telefongespräch:
> *Frau:* Hallo David?
> *Ich:* Ja.
> *Frau:* Hier ist Sandra.
> *Ich:* Kenne ich dich?
> *Frau:* Ja, du kennst mich.
> *Ich:* Woher?
> *Frau:* Oh, komm schon, du hast gestern bei mir übernachtet.
> *Ich:* Das muss ein anderer David gewesen sein. Ich bin David Sedaris.
> *Frau:* Ich weiß. Du hast hier geschlafen und dein Suspensorium vergessen.
> *Ich:* Ich besitze gar kein Suspensorium.
> *Frau:* Du klingst irgendwie nach Schwuchtel für mich.
> (Sie legt auf, was unfair ist, weil ich nicht darauf antworten kann.)

12. April 1981
Raleigh

Freitagabend waren wir in der Villa Capri essen. Mom verfuhr sich auf dem Weg dorthin. Sie bog zwei- oder dreimal falsch ab und fuhr zuletzt über den Mittelstreifen, als sie bemerkte, dass sie sich auf der falschen Spur befand und ein Wagen genau auf uns zukam. Ihre Entschuldigung war, dass sie noch kein Glas getrunken hatte.

16. April 1981
Raleigh

Ich habe heute für Susans Zeichenkurs Modell gesessen und das unangenehme Gefühl gehabt, alle würden mich anstarren. Eine halbe Stunde 30-Sekunden-Posen, dann noch einmal anderthalb Stunden 5-Minuten-Posen. Die Kursteilnehmer wurden aufgefordert, Kopf, Gesicht und Schultern zu betonen. Ich hatte mir alle möglichen Tricks und Verkleidungen überlegt. Ich popelte in der Nase, lutschte am Daumen, schmollte, trug einen Zylinder auf dem Kopf, betete und zog wirklich alle Register. Ich würde niemals nackt Modell sitzen, aber bekleidet ist es okay.

17. April 1981
Raleigh

Heute habe ich einen Graben ausgehoben, und als es zu regnen anfing, habe ich Lou Starks Wohnzimmer zu Ende angestrichen. Sie gab mir $20, Veggieburger-Mix und vier Truthahnkeulen. Eine davon brachte ich nach oben zu Gretchens Katze Neil, die auf einer Decke schlief und begeistert schnurrte.

21. April 1981
Raleigh

Ich dachte, ich wäre mal wieder bei Pfannkuchen gelandet. Es ist nichts, worauf man sich freuen könnte, aber eine Packung Fertigmischung (nur Wasser hinzufügen) kostet bei Big Star bloß $1.05. Ich hatte gerade eine Ladung umgerührt, als Mom mit Lebensmitteln vorbeikam. Ich nahm sie widerwillig an – »Ach, das war doch nicht nötig« –, aber ich bin ihr von Herzen dankbar. In der Tüte waren ein Hähnchen, ein Block tiefgefrorene Flunder, Orangensaft, eine Dose Pfirsiche, ein Laib Brot und eine Dose Pintobohnen. Die einzige Möglichkeit, mein Schuldgefühl zu beschwichtigen, ist, für nächsten Sonntag einen superschönen Pappmaschee-Hasen für sie zu basteln. Vor einigen Tagen habe ich damit angefangen, aber bis jetzt sieht er mehr nach einem Hund als nach einem griechischen Osterhasen aus.

3. Juli 1981
Raleigh

Es gibt eine neue Art Krebs, den nur homosexuelle Männer kriegen. Ich habe davon gestern Abend im Radio gehört.

13. Juli 1981
Raleigh

Joe führte gestern ein Bewerbungsgespräch mit einem Schreiner und fragte zum Schluss: »Nun, wollen Sie noch etwas von *mir* wissen?«

»Ja«, sagte T.W., »haben Sie gestern eine Frau flachgelegt?«

14. Juli 1981
Raleigh

Ich habe die Schnauze voll von der Arbeit auf dem Bau. Heute bin ich:
in drei Nägel getreten
von einer Biene gestochen worden
von der Ladefläche eines Lkw gefallen
vor aller Augen mit einer Schubkarre vor einen Baum gefahren
Der Tag fing damit an, dass ich mit Joe zum Sammelpunkt für Tagelöhner gefahren bin, wo wir einen Mann namens Luther einluden, einen Schwarzen mit fünf Kindern. Er kann spielend eine Schubkarre eine Rampe hinauffahren. Und er kann sechzehn Kanthölzer auf einmal schleppen. »Ich habe fünf Kinder, ich kann alles«, sagte er ständig. Seine einzige Frage, die er den ganzen Tag wiederholte, war: »Was macht der hier?« Damit meinte er mich.

Luther lachte am lautesten, als ich vom Lkw fiel. Als ich Krampen aus dem Transporter holte, sagte er, ich sei so lang weg gewesen, dass er geglaubt habe, ich sei in die Stadt gegangen. Dafür erntete er großes Gelächter. Insgesamt machte er sich drei Mal über mich lustig.

Nachdem ich zu Hause sauber gemacht hatte, ging ich ins IHOP nebenan, wo ich zur Krönung des Tages von allen Kellnerinnen ignoriert wurde, die aus irgendeinem Grund sauer auf mich sind.

17. Juli 1981
Raleigh

T. W., der Schreiner, sieht aus wie Hänsel aus dem Märchen. Nicht Hänsel als Erwachsener, sondern Hänsel in Groß. Er hat einen Pottschnitt und war 1968 in Vietnam. »Hast du schon mal einen Ameisenbär gesehen?«, fragt er.

»Nein.«

»Und dein Onkel?«

T.W. ist mit Candy verheiratet und hat mit ihr zwei Töchter, Raelyn und Lacey. Sie dürfen erst mit Jungen ausgehen, wenn sie sechzehn sind. So lautet die Regel, über die sich die Ältere beklagt hat. »Sie ist heiß wie eine Niggerbraut«, sagt T.W. Zu Mittag hatte er heute einen Little Debbie Cake, ein Mello Yello und eine Dose Beanee Weenees.

20. Juli 1981
Raleigh
Heute habe ich Robs Wasserboiler mit einer Wärmeisolierung versehen. Er ist der Besitzer des Hauses, an dem wir arbeiten, und kann manchmal ganz schön fies sein. »Na, das ist ein echter Jude«, sagte Bobby, einer der Schreiner.

Um ihn verlegen zu machen, erzählte ich ihm, ich sei ebenfalls Jude. Daraufhin erklärte Bobby mir, dass es zwei Arten von Juden gibt. »Es gibt Juden, und es gibt *Juden*«, sagte er.

Bobbys Frau musste sich einmal aus einem brennenden Wohnwagen retten. In seiner Familie gibt es elf Kinder. Ich fragte ihn, warum er ständig das Wort *Nigger* benutze, woraufhin er und T.W. es umso häufiger sagten, bloß um mich zu ärgern.

2. August 1981
Raleigh
Ronnie ist aufgebracht wegen der Hochzeit von Lady Di und Prinz Charles. »Wusstest du, dass der Stoff für ihr Kleid von Seidenraupen stammt?«

»Jedes Seidenkleid stammt von Seidenraupen«, erklärte ich ihr. »So wird Seide hergestellt.«

Sie hat irgendwo gelesen, dass vierhundert Bären getötet

und zu Fellmützen verarbeitet wurden. Wir gingen ins Kino, und ich fragte mich die ganze Zeit, *Wo in aller Welt schnappt sie solches Zeug auf?*

12. August 1981
Raleigh
Heute arbeiteten T.W. und ich alleine an der Außenverkleidung des Pratts-Hauses. Ich machte mehrere Fehler, die er geduldig ertrug, bis ich Maß nahm und die Stelle auf dem Maßband anstatt auf dem Brett markierte. Er fragte mich, ob ich glaubte, je zu irgendetwas gut zu sein. Sein Ton suggerierte, sollte ich dies tatsächlich glauben, würde ich mich selbst täuschen.

T.W. gibt unablässig Kommentare zu jeder Frau ab, die ihm über den Weg läuft. Zu Mittag gingen wir ins Golden Skillet. Als eine Kellnerin sich vorbeugte und über den Tisch wischte, schnalzte er die Lippen und sagte laut, worauf er jetzt viel mehr Appetit hätte.

Niggerbräute haben schöne Beine, sagt er. »Drüben im Niggerladen arbeitet ein hübsches schwarzes Ding. Die würde ich gerne mit nach Hause nehmen und zu meiner Frau sagen, ›Bitte schön! Behandle sie wie eine Schwester.‹ Ich steh auf schwarze Muschis.«

»Der Affe und der Pavian vergnügen sich im Zoo. Der Affe steckt dem Pavian den Finger in den Po.«

»Früher bekam man die Weiber leichter ins Bett, als sie noch keine eigenen Autos hatten und auf die Männer angewiesen waren.«

»Flutschig wie ein Welpenpimmel.«

»Bring mir einen Granny-Rosinenkuchen mit. Da ist ein Bild von 'ner Großmutter mit 'nem Dutt drauf. Wenn sie den nicht haben, nehme ich einen männlichen Hershey-Riegel – du weißt schon, den mit den Nüssen.«

Einem fünfzehnjährigen Mädchen ruft er zu: »Komm her, damit ich sie riechen kann.«

Nach Feierabend erklärt er, ich sei zu schüchtern gegenüber Weibern.

13. August 1981
Raleigh

Heute fragte T.W., »Na, gestern was vor die Flinte bekommen?« Über ein vorbeigehendes Mädchen sagt er: »Bei der würde sich eine Bulldogge von der Kette reißen.« Als eine junge Frau auf dem Fahrrad vorbeifährt, ruft er ihr hinterher: »He, hast du Lust, bei mir auf der Stange mitzufahren?«

14. August 1981
Raleigh

Heute habe ich T.W. dabei geholfen, Werkzeuge einzuladen. Er sagt, mein Problem sei, dass ich auf dem College gewesen sei und es besser gewesen wäre, alle Studenten an der Kent State in eine Reihe zu stellen und zu erschießen. T.W. ist Mitglied des Ku-Klux-Klan von Johnston County. Heute Mittag sagte er, er sei so hungrig, dass er einen in Teer gebratenen Pferdepimmel essen könnte. Unser Mittagessen kauften wir im Big Star. Ich kaufe dort immer ein und hätte vor Scham versinken können, als er eine Frau wie ein Hündchen anbellte.

T.W.s beste Jagdhündin ist gestorben. Auf dem Vordersitz seines Lkw hatte er ein Marmeladenglas mit den Nieren und der Milz. Nach der Arbeit wollte er damit zum Tierarzt.

27. August 1981
Emerald Isle, North Carolina

Dad möchte ein Strandhaus kaufen und es Apedia nennen, nach Yia Yias Heimatdorf in Griechenland. Jedes Jahr macht er uns mit dieser Idee verrückt. Gleich zu Beginn unserer Ferien erklärte ihm der Immobilienmakler, die Zeiten eines privaten Strandhauses seien vorbei und ob er sich nicht vorstellen könnte, stattdessen eine Ferienwohnung zu kaufen. Eine unserer Wohnungen steht zum Verkauf, und Mom sitzt abends lange im Wohnzimmer, trinkt Wein und überlegt sich, wie die Einrichtung aussehen wird. Wenn wir eine Wohnung kaufen, müssen wir sie mindestens zehn Wochen im Jahr vermieten. Das bedeutet, Möbel anzuschaffen, bei denen wir keine Träne vergießen, falls sie beschädigt oder gestohlen werden.

Dad sagt: »Ein Mann braucht einen Ort, an dem er aufs Meer schauen und einen klaren Kopf bekommen kann.« Eine Wohnung am Ende der Straße mit Blick aufs Meer ist teurer, aber er meint, egal, nur keine halben Sachen.

Heute habe ich mir Strandschuhe von Gold Seal Sea Dogs gekauft.

30. August 1981
Raleigh

An unserem letzten Abend haben wir gegen drei Uhr früh angefangen, uns gegenseitig mit nassen Waschlappen zu bewerfen. Das Geräusch, wenn jemandem ein Waschlappen ins Gesicht oder auf den Rücken klatschte, war göttlich. Tiffany und ich sind in dieser Woche bestens miteinander ausgekommen. Jeden Abend haben wir uns am Strand bekifft und Küsten-Limericks geschmiedet. Heute Vormittag hat Dad uns im heißen Wagen warten lassen, während er den Schlüssel bei Carteret County Realty abgegeben und mit jemandem über die Finanzierung der Wohnung gesprochen hat, zu deren Kauf er fest entschlossen ist. Er war zwanzig Minuten weg. Die Wohnung soll $110 000 kosten. Ich kann es nicht glauben, dass wir wieder einmal darauf reinfallen.

17. September 1981
Raleigh
Briggs Haushaltswarengeschäft kann mir gestohlen bleiben. Als sie mich heute fragten, was ich wünschte, wusste ich wieder einmal nichts zu sagen. »Irgendwas aus Holz«, hatte ich früher gesagt. »Irgendetwas Glänzendes.«

Ich möchte kein Werkzeug, um irgendetwas zu bearbeiten; ich suche nach etwas zum Zeichnen. In der Spielwarenabteilung ließ ich mir einen Springteufel zeigen. Die Verkäuferin wurde schnippisch, als ich ihn nicht kaufen wollte, und als ich nach meinem Rucksack griff und sagte, ich könne es ihr erklären, erwiderte sie: »Verschonen Sie mich mit Ihrem alten Krempel.«

Als ich mich umdrehte und gehen wollte, sah ich, dass alle Angestellten an der Eingangstheke standen und über mich redeten. Sie glauben, sie wären die große Nummer, weil der Laden im *National Geographic* abgebildet war.

Anschließend ging ich zu Monroe Tire & Service. Auch hier kein Glück, und als ich ging, kam ein Mann mit einem furchtbar verbrannten Gesicht herein.

26. September 1981
Raleigh
Als ich gestern Abend von Lyn auf dem Nachhauseweg die Hillsborough Street entlangging, hielt ein Wagen mit lauter betrunkenen Typen an, die mich beschimpften. »Scheiß Schwuchtel!«, brüllten sie. »Wir machen dich fertig.« Sie eiferten sich mächtig und taten so, als ob ich ihnen oder ihren Müttern etwas getan hätte. Einmal war ich sicher, sie würden jeden Moment aussteigen und irgendwas anfangen. Ich überlegte, ob es zu würdelos wäre, wegzulaufen und im

Hilton Schutz zu suchen. Zuletzt ignorierte ich sie, bis sie weiterfuhren. »Schwuchtel.« In letzter Zeit scheint es mir ins Gesicht geschrieben.

1. Oktober 1981
Raleigh
Morgen arbeite ich weiter am Haus von Mrs Winters. Im Frühling habe ich ihre Veranda gestrichen, und jetzt soll ich die Tropfen abkratzen. Wahrscheinlich wird sie die ganze Zeit danebenstehen und mir erklären, wie ich es machen soll, genau wie damals, als ich ihre Winterfenster herausgenommen habe. Im Radio wird WPJL (We Proclaim Jesus Lord) laufen und sie wird in einem fort auf mir herumhacken.

Sie und ihr Mann haben vierzig Jahre lang Trailways-Busse geputzt, und weil sie schwarz sind, kennen sie vermutlich jede gängige Beleidigung.

Heute Abend habe ich im IHOP neben vier Studenten von der NC State gesessen. Einer wollte mit seiner Freundin Schluss machen, weil sie mit einem anderen Typen geredet hatte. Ein anderer war knapp bei Kasse, und seine Freunde boten ihm an, seine Rechnung zu übernehmen, wenn er die gesamte Flasche Himbeersirup trinken würde. Ich war bereit, noch 50 Cent draufzulegen, sollte er es ohne sich zu übergeben schaffen.

Ich habe momentan wieder eine Talk-Radio-Phase. Gestern Abend hörte ich *Open Line*, wo Hap Hansen, der Wetteransager von Channel 28, zu Gast war und erklärte, wie er vierzig Pfund abgenommen habe. Die meisten Anrufer waren Freunde von ihm.

6. Oktober 1981
Raleigh

Nachdem ich meine Miete und meine Telefonrechnung bezahlt habe, bleiben mir noch 43 Cent. Am späten Nachmittag fuhr ich mit Mom und Dad zu einem Doppelhaus auf der Clark Avenue, das sie als Mietobjekt kaufen wollen – anstelle des Strandhauses, das alles nur Gerede war. Die aktuellen Mieter waren nicht zu Hause, und während ich mich umsah und fast schon ein wenig schnüffelte, entdeckte ich ein Kätzchen, das in einem roten NC-State-Sitzsack schlief.

Bei *Open Line* waren gestern Abend Vertreter der Anti-Defamation League zu Gast. Mitglieder vom Ku-Klux-Klan und andere Arschlöcher riefen an und sagten, sie würden die jüdischen Schwindler aus dem Süden vertreiben und dorthin zurückjagen, wo sie herkämen. Ich bin ein großer Fan von *Open Line*.

7. Oktober 1981
Raleigh

Lisa und ich nehmen seit Kurzem Griechischunterricht in der Gemeinde. Unser Lehrer heißt Jimmy Nixon, und wir sind neun Schüler. Sechs davon sind Kinder, auch wenn ich nicht weiß, warum sie dabei sind. Die meisten klingen für meine Ohren perfekt, aber was weiß ich schon davon? Der Unterricht dauert zwei Stunden. In der Fünfzehn-Minuten-Pause rennen Lisa und ich nach draußen und rauchen. Es gibt eine vollblütige Amerikanerin im Kurs, die daran teilnimmt, um ihrem Mann zu gefallen.

9. Oktober 1981
Raleigh
Zum Frühstück einen Cheeseburger gegessen und dann Daisy Leachs Flur verputzt. An ihrem Kühlschrank hängt ein Rezept für »Omas Bibelkuchen«. Die Zutaten finden sich in Johannes Kapitel 12 bis 18, Matthäus Kapitel 3 und eine Messerspitze Leviticus.

Miss Leach will ihre Küche gelb streichen, so wie ihre Nachbarin Mrs McGillis.

Als ich Mrs McGillis davon erzählte, sagte sie: »Was der Affe sieht, macht er nach.«

12. Oktober 1981
Raleigh
Ich habe mit der jetzt leer stehenden Jernigan-Wohnung angefangen. An der Badezimmertür hat irgendwer einen Zettel mit der Aufschrift hinterlassen, MÄNNER: DECKEL BEIM PINKELN HOCHKLAPPEN.

Außerdem haben sie ein Neon-Poster mit astrologischen Sexstellungen dagelassen, was mich an ein Bild erinnerte, das Gretchen und ich beim Ausräumen einer Wohnung ein paar Türen weiter gefunden hatten. Es war eine primitive Zeichnung, auf der ein Mann eine Frau von hinten bumste, und darunter stand: DREH DICH UM, REHLEIN.

In den Empire-Apartments gibt es immer irgendwelche Schätze zu finden.

19. Oktober 1981
Raleigh
Auf dem Weg zu Mom und Dads Mietshäusern an der Colleton gibt es keine Lebensmittelgeschäfte. Man kommt an ein paar Kiosken vorbei, aber keiner davon führt richtige

Lebensmittel. Wenn ich einen 800 Meter langen Umweg mache, kann ich im Winn-Dixie auf der Person Street einkaufen.

Alles Obst und Gemüse ist dort eingeschweißt, sodass man keine einzelne Zwiebel, Zitrone oder Süßkartoffel kaufen kann. Durch die Plastikfolie kann man nicht einmal prüfen, ob das Obst reif ist. Ihre Dosen-Sonderangebote sind ein Witz. Wie kann man zwei kleine Dosen Tomaten für $1 als Angebot bezeichnen? Die Preise sind aberwitzig, was mich kolossal ärgert, da dies eines der ärmsten Viertel der Stadt ist. Die Kassiererinnen sind weiß und jung und tragen Van-Halen-T-Shirts unter ihrem Arbeitskittel. Beim Hinausgehen kam ich an einem der Mädchen vorbei, das in der Mittagspause auf dem dreckigen Boden neben dem Eingang hockte. In diesem Winn-Dixie gibt es nicht einmal Halb-Liter-Packungen Milch – man muss gleich für viel Geld eine ganze Gallone nehmen.

23. Oktober 1981
Raleigh
Als ich gestern Abend nach dem Anstreichen mit dem Fahrrad von der Colleton nach Hause fuhr, wurde ich von drei schwarzen Typen mit Steinen und Flaschen beworfen. Wieder musste ich eine Entscheidung treffen: *Entweder ihnen die Freude gönnen und in die Pedale treten oder ganz normal weiterfahren und so tun, als gäbe es sie gar nicht.* Ich vermute, wenn mich eine der Flaschen am Kopf getroffen hätte und ich auf die Straße geknallt wäre, hätten sie bloß gelacht und wären davongelaufen.

Heute Morgen wäre Lou Stark auf dem Fußgängerübergang vor Jimmy's Market beinahe von einem Mädchen im Wagen angefahren worden. Lou war geistesgegenwärtig genug, sich das Nummernschild zu notieren. Dann rief sie die Eltern des Mädchens an.

Offenbar kommt sie aus Mount Olive, und Lou hat ihr ordentlich Ärger eingebrockt.

Die drei Typen, die mit Steinen und Flaschen nach mir geworfen haben, waren zu Fuß, also konnte ich ihnen keinen Ärger einbrocken.

25. Oktober 1981
Raleigh
Gestern bin ich wieder bei Lyn gewesen und habe mit ihr *The PTL* (Praise the Lord) *Club* gesehen. Jim Bakker, der Komoderator, will unbedingt $50 Millionen Spenden zusammenbekommen. Er sieht aus wie ein Babyäffchen. Nicht bloß wie ein Baby. Nicht bloß wie ein Äffchen.

29. Oktober 1981
Raleigh
Als Gretchen an die Rhode Island School of Design ging, hat sie ihre Katze Neil zurückgelassen, die sie erst wenige Monate zuvor von Randall übernommen hatte. Nachdem ich geschworen hatte, das wäre nicht mein Problem, habe ich sie in meine Wohnung gelassen. Inzwischen bereue ich das jeden Tag. Neil hält sich an keine Haustierregel. Wenn sie ein Mensch wäre, würde sie am Trailways-Bahnhof herumlungern.

6. November 1981
Raleigh
Ich habe für Joe Kästen für Solarfenster angestrichen, die aussehen wie Särge und im Laufe der Woche in einkommensschwachen Wohnvierteln installiert werden sollen.

Neil muss dafür büßen, dass sie auf die Küchentheke gesprungen ist und mein rohes Rührei verspeist hat. Morgen werde ich sie wahrscheinlich wieder losbinden.

10. November 1981
Raleigh

Wir haben damit begonnen, die Solarkästen in Garner zu installieren, wo in jedem Garten entweder Keramiktiere oder Schrottautos stehen. Als Erstes waren wir bei einer Frau, die mit ihrem Mann und ihrem krebskranken Vater in einem Haus lebt. Sie erzählte uns, dass sie mit einer Schleimbeutelentzündung in beiden Schultern ihre Fenster nur sehr schwer aufbekäme, und Pa sei mit seinem Krebs natürlich auch keine Hilfe. Als wir eintrafen, sperrte sie zwei von ihren drei Hunden im Keller ein. Die Hunde fingen an zu bellen, und sie brüllte: »Peanut und Pee Wee, aus jetzt!« Schließlich öffnete sie einen Spaltbreit die Tür, und als die beiden Hunde ihre Köpfe hindurchsteckten, trat sie nach ihnen. Einer schnappte den Slipper von ihrem Fuß, was sie noch rasender machte.

Die Frau sagte, wenn sie früher $100 fürs Heizöl bezahlt habe, koste es jetzt $175, und sie wisse nicht, was zum Teufel Ronald Reagan mit uns armen Leuten mache. Ob wir es ihr sagen könnten, fragte sie.

Unsere letzte Adresse war hinter dem Purina-Werk. Ich war noch nie in dieser Gegend gewesen. In allen Häusern, in denen wir waren, lief der Fernseher.

Die Fensterkästen sind einfach anzubringen. Morgen machen wir weiter. Heute war es der Jahreszeit entsprechend kalt und der Himmel war weiß.

11. November 1981
Raleigh

In allen Häusern auf dem Land, wo wir heute waren, trugen die Männer Overalls. Einer gab Bobby eine Tüte Kohl. Kohl auf dem Teller sorgt für guten Sex, sagte er.

Eine Frau in Garner erzählte uns, sie gebe sich Mühe, dem Herrn zu dienen, aber dies seien harte Zeiten für Christen. Bevor wir gingen, bat sie uns, ihre Fliegengittertür zu reparieren, damit sie auf die Landschaft schauen könne, mit der Gott sie beschenkt hat.

21. November 1981
Raleigh
Ein Freund von Susan Toplikar wurde von einem Hohlziegel getroffen, der von einem vorbeifahrenden Lkw fiel. Er lief am Straßenrand, und der Ziegel brach ihm mehrere Rippen. Nachdem er sich zur Veranda eines Hauses geschleppt hatte, klopfte er an die Tür, aber niemand öffnete, bis er bewusstlos wurde.

1982

4. Januar 1982
Raleigh
Schon vor Monaten habe ich aufgehört, meine Telefonrechnungen zu öffnen. Dennoch starren sie mich vom Wandschrank über der Spüle vorwurfsvoll an. Die letzte Rechnung habe ich Ende letzten Sommer bezahlt, und weil der heute eintreffende Umschlag leicht war, habe ich ihn geöffnet. Leichte Umschläge bedeuten, dass sie es aufgegeben haben. In dem Brief hieß es, falls ich bis morgen nicht $65 bezahlte, nähmen sie mir mein Telefon weg.

Als ich anrief, um zu verhandeln, schnauzte die Frau mich an: »Warum in aller Welt zahlen Sie nicht monatlich?«

»Ich weiß nicht.« Ich flehte inständig, und sie gab mir Zeit bis Donnerstag, den siebten. Bis dahin habe ich genug fürs Telefon, aber noch nichts für die ebenfalls ausstehende Miete.

Ich überlegte, warum es um meine Miete und die Telefonrechnungen immer so verzweifelt steht. Dann ging mir auf, dass ich die Situation so verzweifelt mache. Ich *bin* verzweifelt.

In der Zeitung sah ich eine Stellenanzeige für einen Kellner im Capital Club. Aber ich bewarb mich nicht, denn wenn sie mich nähmen, würde ich jeden Abend *All Things Considered* verpassen. Außerdem habe ich weder das entsprechende Outfit noch das Aussehen für ein Bewerbungsgespräch.

Als ich in San Francisco lebte, war ich genauso verzweifelt, so sehr, dass ich mich als Kellner in einem Laden namens

Henry Africa's vorstellte. Für den Job musste man mindestens einundzwanzig sein. Ich war jünger, aber ich sagte, ich wär einundzwanzig. Der Typ, der das Gespräch führte, sagte, ich solle am nächsten Tag mit meiner Geburtsurkunde wiederkommen. Er trug ein Safari-Outfit.

8. Januar 1982
Raleigh
Ich verbrachte drei Tage damit, unter dem Haus der Ewings herumzukrabbeln und eine positive Sache zu finden, die sich darüber sagen ließe. Eine ganze Weile harkte ich auf Händen und Knien Müll zusammen. Dabei stieß ich auf zwei pornografische Romane ohne Umschlag. Sie stammten aus den späten Fünfzigerjahren und waren für heutige Verhältnisse ziemlich lahm. In einem waren Schwarz-Weiß-Fotografien von Frauen. Meistens waren ihre Hintern abgebildet. Unter jedem Bild stand ein kurzer Text, in dem der Autor versuchte, witzig zu sein. Die Modelle waren eher mollig.

Ich gab die Bücher Bobby und seinem besten Freund Dougie, der in dieser Woche mit uns arbeitet. Nachmittags ging ich in den Garten und sah, wie sie mit einer Dose Mountain Dew in der Hand die Fotos inspizierten. »Die hier hat hübsche kleine Titten«, hörte ich Dougie sagen. Er hat rote Haare, eine Exfrau und eine dreijährige Tochter.

Heute habe ich eine Harke, eine Schaufel und einen Hammer kaputt gemacht – jedes Werkzeug, das man mir in die Hand gegeben hat. Unter dem Haus waren jede Menge Tausendfüßler. Nachdem ich durch einen Haufen Katzenscheiße gekrochen war, hatte ich die Schnauze voll und ging nach Hause.

10. Januar 1982
Raleigh

Neil hat irgendeine Flüssigkeit auf dem Bett hinterlassen. Sie riecht nicht unangenehm. Es ist einfach nur eine Flüssigkeit.

11. Januar 1982
Raleigh

Heute entdeckte ich erneut die Flüssigkeit auf meiner Geburtstagsdecke. Diesmal rieb ich Neils Nase daran und sperrte sie eine Weile vor die Tür. Bei ihr wird alles zur Gewohnheit.

13. Januar 1982
Raleigh

Mein Telefon ist tot, also rief ich bei Southern Bell an. Die Frau an der Leitung sagte, es würde erst wieder angeschlossen, wenn ich meine Rechnung bezahlte.

»Aber ich *habe* sie bezahlt«, sagte ich. »Fünfundsiebzig Dollar, erst letzte Woche.«

Weil sie es nicht überprüfen konnten, stöberte ich im Abfalleimer und fand schließlich die Quittung in einer Dose Limabohnen. Sie war in einen rostfarbenen Saft getränkt. Die Frau von der Telefongesellschaft redete mich die ganze Zeit mit »Mrs Sedaris« an, bis ich es nicht mehr ertrug und sie korrigierte. Das passiert mir andauernd. Sie denken, ich sei eine Frau – eine Frau mit Vornamen David.

14. Januar 1982
Raleigh

Lisa, Bob und ich fuhren trotz vereister Straßen ins Kino, um *Body Heat* zu sehen. Es war nett von ihnen, mich mitzunehmen und überhaupt bei diesem Wetter zu fahren. Das Problem ist, dass Lisa bei jedem Film ununterbrochen laut redet, über

Dinge, die mit der Handlung auf der Leinwand nichts zu tun haben. Heute Abend legte sie mir im spannendsten Moment des Films, als William Hurt die mit einem Sprengsatz präparierte Tür zum Bootshaus öffnet, die Hand auf die Schulter und beugte sich zu mir. »Weißt du noch, was *Schneemann* auf Griechisch heißt?«, fragte sie. »Ich habe es seit unserer letzten Unterrichtstunde vergessen und es macht mich fast verrückt.«

Nachher spielten sie und Bobby noch eine Runde Space Invaders in der Lobby. Der Film schien sie ganz und gar nicht so zu verfolgen wie mich, und als wir das Auto erreichten, war *Body Heat* für sie vergessen.

19. Januar 1982
Raleigh
Heute habe ich bei Kälte und Regen Gräben ausgehoben. Nach der Arbeit traf ich James im Waschsalon. Er ist schwarz und etwas älter als ich, und hier sind ein paar Dinge, die er gesagt hat:
»Ich wette, du bist sechzehn.«
»Ich möchte bloß freundlich sein und neue Leute
  kennenlernen.«
»Ich liebe jede Art von Musik.«
»Ich entspanne mich in South Carolina.«
»Warum macht deine Frau nicht die Wäsche?«
»Bist du kein Familienvater?«
»Ist es nicht einsam, so ganz allein zu leben?«
»Ich habe noch nie jemanden wie dich
  kennengelernt.«
Ich gab ihm meine Telefonnummer, weil er für mich kochen und mich zum Essen einladen will.

23. Januar 1982
Raleigh

James rief gestern Nacht um eins an. Er war auf der Suche nach einer Amoco-Tankstelle und fragte, ob ich Lust hätte mitzufahren. Ich war noch nicht müde und sagte Ja. Kurz darauf fuhr er in einem funkelnagelneuen blauen Viertürer vor. Fast eine Stunde lang klapperten wir sämtliche Tankstellen ab, von denen er wusste, dass sie geschlossen waren. Zuletzt fuhren wir vier Blocks von meiner Wohnung entfernt zu einer, die noch beleuchtet war.

Inzwischen war es zwei Uhr früh, und als wir zum Zahlen hineingingen, zuckte ein Kamerablitz auf. Sie machen das, um Diebe abzuschrecken. Nachher erzählte James über das Leben im Knast. Er selbst hat nie gesessen, aber einmal wurde er von einem Polizisten wegen zu schnellen Fahrens angehalten, was er als das schlimmste Erlebnis in seinem Leben bezeichnete.

Hardee's Schnellrestaurant auf der Edenton Street hatte geöffnet, also gingen wir rein und er kaufte eine mittelgroße Pepsi. Wir fuhren nach Apollo Heights, wo er mir sein Haus zeigte, aber wir gingen nicht rein. James wohnt mit seinem Bruder zusammen, zieht aber in Kürze in eine neue Wohnanlage für Schwarze aus der Mittelklasse in Fox Ridge. Die Miete wird drei Viertel seines Monatsgehalts verschlingen.

Als James' älterer Bruder in Vietnam getötet wurde, schickte die Regierung jemanden, der es der Familie sagen sollte. Das war 1967. Seine Mutter arbeitete in einer Schulkantine. Ich hatte tausend Fragen, und er beantwortete sie geduldig.

»Kann ich dir vertrauen?«, fragte er hinterm Steuer seines Wagens.

»Ich an deiner Stelle würde es nicht tun«, erwiderte ich.

Er fragte, ob wir Freunde sein könnten, und ich sagte, man sollte solche Fragen nicht stellen. Es klingt zu sehr nach drittem Schuljahr. Wenn es sich so ergibt, dann ist man befreundet. Es besteht keine Notwendigkeit, darüber zu reden.

James stellte viele Fragen, die man sich besser verkneifen sollte. Später beim Sex in der Wohnung dachte ich über alles Mögliche nach; meinen neuen Mülleimer, zum Beispiel, mit dem Fußpedal. Ich war tausend Kilometer entfernt und wünschte, ich hätte den Hörer nicht abgenommen.

1. Februar 1982
Raleigh
Vor dem A&P-Supermarkt sah ich eine Frau mit stämmigen, steifen Beinen, die einen leeren Einkaufswagen über den Parkplatz schob. Ihr Haar war zu Zöpfen geflochten, und sie drehte sich zu mir und sagte: »Verdammt, die haben vergessen, mir meine Einkäufe zu geben.« Ich folgte ihr ins Geschäft, ganz langsam. Sie lief wie der Tin Man aus *Der Zauberer von Oz*. Ich ging in den A&P, um nach Angeboten zu schauen, und als ich nichts fand, ging ich in den Big Star. Hühnchen sehen größer aus, wenn sie eng in Plastik eingeschweißt sind.

4. Februar 1982
Raleigh
Gestern Abend sagte Gretchen mir am Telefon, ich versauere in einer Bruchbude neben dem IHOP. Ich wurde wütend, weil sie recht hat, und kam schnell auf das nächste Weihnachten zu sprechen.

5. Februar 1982
Raleigh
Heute Vormittag trat ich in einen Nagel. Nachher musste ich ihn buchstäblich aus meinem Fuß puhlen. Ich meine, er saß bis zum Brett in meinem Fleisch. Jetzt ist mein Fuß geschwollen, und es tut weh, wenn ich durch die Wohnung humple.

Das Positive ist, dass es mich von meinem entzündeten Penis ablenkt. Vielleicht kann ich mir morgen ein paar Finger abschneiden, um die Aufmerksamkeit von meinem Fuß zu nehmen.

6. Februar 1982
Raleigh
Im Big Star gibt es Geflügel immer noch im Super-Sonderangebot: gemischte Hähnchenteile für 35 Cent das Pfund. Ich erzählte Dad davon, und er sagte, es sei Beschiss und sie würden einem nur Flügel, Rückenteile und Hälse geben.

Er lag beinahe richtig. Sie gaben auch noch Herz und Leber dazu.

Gestern Nacht glaubte ich, gar keinen Schlaf zu finden. Mein Fuß pochte. Bei der Wohlfahrt geben sie Leuten mit einem vorübergehenden Handicap Krücken, unter der Bedingung, dass man sie wieder zurückgibt, also ging ich mit Margaret hin und bekam ein Paar. Anschließend befestigte ich sie an meinem Lenker und fuhr damit zur Bücherei. Krücken sind echt lästig, aber ich mag es, wenn die Leute mir die Tür öffnen.

9. Februar 1982
Raleigh
Mein brennender Penis hat nichts mit Syphilis oder Tripper zu tun, sondern rührt von einer Blasenentzündung her. Das ist die

gute Nachricht. Die schlechte ist, dass sie mir jetzt auch noch das Gas abgedreht haben. Ich habe seit letzten Mai keine Rechnung mehr bezahlt, obwohl sich der Gesamtbetrag bloß auf $30 beläuft. Hinzu kommen $15 für den Wiederanschluss.

Mein Großvater war so wie ich. Er scherte sich nicht um Rechnungen und lieh sein Geld lieber Freunden. Mom wuchs mit einem Vater auf, der betrunken und ohne einen Cent in der Tasche nach Hause kam. Ich bin nicht betrunken oder großherzig, bloß ohne einen Cent in der Tasche.

10. Februar 1982
Raleigh
Nach einem verlängerten Wochenende habe ich auf der Arbeit gleich einen Ziegel auf den Kopf bekommen. Ich lag auf dem Rücken unter einem Haus und tackerte Teerpappe auf die Fußbodenbalken über mir. Der Ziegel war lose und landete auf meiner Augenbraue, wobei er ein paar Haare abrasierte und eine Beule hinterließ, die mir sogar gefällt, weil ich damit wie ein harter Bursche aussehe.

Nachmittags half ich einem Typen namens Pat beim Möbelschleppen. Es ärgert mich, wenn jemand glaubt, er sei stärker als ich, und ein drittes Paar Hände zu Hilfe holt. Ich bin kein Schwächling, bloß etwas unkoordiniert. Pat ist eine echte Quasselstrippe. Während des Schleppens erfuhr ich:
Er hat neun Geschwister.
Er stammt aus Wisconsin.
Einmal hat man ihm einen Stab in den Penis geschoben,
    um nach Narbengewebe zu suchen.
Er heiratete 1973 in Rhode Island.
Er war in Vietnam.
Er hat seine Kommode neu lackiert.
Er hat einen Taillenumfang von 86 cm.

Er hat einmal eine Kuchenvitrine in einer Autowerkstatt entdeckt.
Er hat die Zeitschrift *Workshop* abonniert.
Er hat seine Stereoanlage 1969 gekauft.
Charles ist inzwischen gefeuert worden. Sein Nachfolger ist ein Typ namens Tommy. Tommy ist Dougies Cousin und redet häufig davon, »an einer Muschi zu knabbern«.

Das klingt ziemlich wüst, daran zu knabbern. Tommys Schwester ist eine Lesbe. Sie macht daraus kein Geheimnis, und wenn sie ihre Freundinnen mit nach Hause bringt und der Familie vorstellt, küsst Tommys Vater sie auf den Mund, in der Hoffnung, so sein Sohn, »auf ihren Lippen den köstlichen Geschmack einer Muschi zu schmecken«.

Seit W.T. fort war, wurde auf der Baustelle nur noch wenig über Sex gesprochen. Jetzt ist das wieder anders. Ich höre zu, sage aber selbst nichts.

Auf der Fahrt nach Hause nach dem Griechischunterricht sahen wir einen torkelnden Betrunkenen auf der Straße. »Dieser Mann wohnt in meinem Wohnblock und hat mich einmal auf einen Drink in die Charles Lounge eingeladen«, erklärte Lisa mir. Sie zündete sich eine Zigarette an. »Ich wäre mitgegangen, wenn ich hätte sicher sein können, dass er auch zahlen würde.«

11. Februar 1982
Raleigh
Mrs Ewing war heute Nachmittag zu Hause. Sie arbeitet als Putzfrau im Haushalt eines Autoverkäufers und einer Versicherungsmaklerin. Ihre Schwiegertochter hat die Farbe für den Außenanstrich ausgesucht, und Gott sei Dank gefällt sie ihr. »Also, ich bin eine Dame und ich mag Damenfarben«,

sagte sie. »Mir gefallen Pink und Gelb.« Mrs Ewing beginnt Geschichten mit dem Satz »Sie werden es nicht glauben, aber einmal ...«

Ihr Sohn war in Vietnam und hatte seit seiner Rückkehr mehrere Nervenzusammenbrüche. »Es ist schwer für ihn, einen Job zu finden, sobald sie hören, dass er in einer Nervenklinik war«, sagte sie. Auch heute sagte sie beim Gehen wieder, »Ich bin weg.« Und genauso war es.

12. Februar 1982
Raleigh
Charlie Gaddy war im IHOP, und alle drehten die Köpfe nach ihm. Er ist der Anchorman bei *Eyewitness News* und eine lokale Berühmtheit. Im Restaurant lief eine Frau nach der anderen an seinem Tisch vorbei, um Hallo zu sagen. Eine fragte nach seinem Lieblingssirup und er sagte: »Ich mag am liebsten Blaubeere.«

Morgen fahren S. und ich zum Shoppen nach Chapel Hill. Ich will ein Geburtstagsgeschenk für Mom kaufen und bin bereit, $20 dafür auszugeben. Sie war mir in diesem Jahr eine sehr gute Mutter, deshalb will ich ihr eine Aufziehmaus aus Deutschland kaufen. Das wäre ein perfektes Geschenk.

Heute arbeitete ich mit einem Schwarzen namens Charles T., der beim Verlassen von Capital City Truck Rental beim Zurücksetzen mit unserem riesigen Tieflader gegen einen Transporter von Southern Bell knallte. Charles T. versteht kein einziges Wort eines Weißen. Nachdem er fünfzehn Mal »Was?« gefragt hatte, redete ich wie er, und er verstand mich sofort.

Charles T. spielt Karten in einem einstöckigen Backsteinhaus hinter der Mülldeponie. Letzte Woche verlor er $400. Als wir an den Wakefield Apartments vorbeifuhren, zeigte er auf eine Wohnung und sagte, zwei Brüder hätten dort beim Spielen vor einigen Tagen $9 000 verloren. »Der Schlüssel im Leben ist zu wissen, wann man aufhören muss«, sagte er. Zu Mittag hörte er auf zu arbeiten und verschwand. Ich vermute, um Karten zu spielen.

14. Februar 1982
Raleigh
Gestern Abend kam Dad zu Besuch. Er spazierte ohne anzuklopfen herein, lief geradewegs zu meinem Bett und streckte sich darauf aus. Dann schloss er seine Augen und war für längere Zeit weg. Wieder hatte er mit dem Kauf von Moms Valentinsgeschenk bis zur letzten Minute gewartet. Bevor er ging, sah er sich im Wohnzimmer und in der Küche um. Dann sagte er: »Na, das nenne ich häuslich.«

Nachdem er bereits auf der Straße war, kam er noch einmal zurück und fragte, ob es bei mir in der Wohnung immer so warm sei. Dann ging er, kehrte ein zweites Mal zurück und fragte, ob das Gebäude mit Gas oder Öl beheizt werde.

Als ich auf der Highschool war, kam Dad manchmal in mein Zimmer und legte sich auf mein Bett. Manchmal redete er mit mir, meistens aber schwieg er.

15. Februar 1982
Raleigh
Neues Wort: *bourgeois*, was Sex bedeutet. Tommy sagt, er sei froh, verheiratet zu sein und so viel bourgeois zu kriegen, wie er braucht, und nicht wie die Junggesellen den Weibern hinterherrennen zu müssen. Er redet oft davon, seiner Frau eine zu knallen. Er knallt ihr eine, wenn er nach Hause kommt und das Essen steht nicht auf dem Tisch. Er knallt ihr eine, wenn er

Lust auf bourgeois hat, aber sie nicht will. Heute trug er ein T-Shirt mit der Aufschrift *TIER*. Die Sache mit Tommy ist die, dass er mehr als bloß ein bisschen hässlich ist, vor allem verglichen mit Bobby, der kompakt und schnuckelig ist. Tommy und Dougie und Bobby reden über Misty und Debbie und Jackie. Mich behandeln sie mit einer Art distanziertem, herablassendem Humor, der mich vermutlich ärgern soll, es aber nicht tut.

Gestern Abend war ich heiß auf Marihuana. Ich war Jack Lemmon, der in *Days of Wine and Roses* das Gewächshaus auseinandernimmt. Ich suchte (und fand) Pot in der Mittelfalz von Plattencovern, auf denen ich vor ewigen Zeiten Samen in Unzen und Viertelunzen abgepflückt hatte. Ich fand welchen unter den Sofakissen. Dann zog ich die Couch von der Wand ab und sah unter der Heizung nach. Ich stellte die ganze Wohnung auf den Kopf und wurde sogar ein bisschen high, aber nicht sehr.

16. Februar 1982
Raleigh
Tommys Frau hatte Hühnchen mit Reis gekocht, also brauchte er ihr gestern Abend keine zu knallen. Als er nach Hause kam, stand das Essen bereits auf dem Tisch. Er posaunt das Wort *Nigger* laut und unbefangen durch die Gegend, was mich ärgert, weil wir hier nur Gäste sind. Was, wenn Mrs Ewing ihn hört? Sie wäre furchtbar verletzt.

17. Februar 1982
Raleigh
Gestern früh habe ich mir meinen linken Fuß verbrüht. Ich war gerade dabei, Kaffee zu machen, und sah aus dem Fenster nach

dem Typen aus der Wohnung nebenan, der einen Cowboyhut trug. Natürlich hörte ich sofort mit dem Gießen auf, als ich den Schmerz spürte. Während die Haut abpellte, fragte ich mich, wann diese Pechsträhne endlich aufhören würde.

19. Februar 1982
Raleigh
Jemand hat ein Hakenkreuz auf die Hauswand von Mrs Ewings Gartenterrasse gemalt und darunter *Unsterblichkeit* geschrieben.

»Ist das nicht das Dümmste, was einem je untergekommen ist?«, sagte sie, als ich es ihr zeigte. »Wir sind hier keine Nazis, und das ist ein Nazisymbol.« Sie lachte. »Wir sind keine Nazis, und wir sind auch keine Kommunisten.«

Nachdem sie zur Arbeit gegangen war, suchte ich nach der Tür zu ihrem Heißwasserboiler und entdeckte eine Zeitschrift mit dem Titel *Players' Exchange*. Es ist eine Zeitschrift für schwarze Swinger, nach Bundesstaaten geordnet. Unter North Carolina waren nur zwei Einträge. Einer war von einer devoten Lesbe, die angab, schon aufs Töpfchen zu gehen und gerne zu reisen.

Ich nehme an, die Zeitschrift gehört Mrs Ewings Sohn, der in Vietnam war und bei ihr wohnt.

28. Februar 1982
Raleigh
Gestern Abend bin ich mit Sally und Lyns Freund Mitch, der schwul und süß ist und einen pinken Sweater trug, im Kino gewesen. Er lebt in Atlanta. An seinem kleinen Finger trug er einen mit Edelsteinen besetzten Ring. Als der Film anfing, kippte er mir die Hälfte seines Popcorn-Eimers auf den Schoß und sagte, »Hier, David, nimm nur.«

Es war kein Versehen, aber ich war mir nicht sicher, wie laut ich lachen sollte. Ich weiß nicht, wie ich Mitch gegenüber reagieren soll.

11. März 1982
Raleigh
Mrs Ewing hat einen nicht angeschlossenen Kühlschrank auf ihrer Gartenterrasse. Gestern öffnete sie die Tür, und nachdem sie wegen des furchtbaren Gestanks würgen musste, sah sie einen Schwanz und schrie. Ich hielt mir eine Hand vors Gesicht und fand heraus, dass der Schwanz einem Eichhörnchen gehörte, das in einer Papiertüte vor sich hin faulte.

Mrs Ewing hielt sich ebenfalls eine Hand vor den Mund und erklärte, dass sie Angst vor Eichhörnchen habe. Wenn sie eins in ihrem Garten sieht, läuft sie davon. »Wie kommt das Ding in meinen Kühlschrank?«, fragte sie. »Und in diese Tüte!«

Ihr Sohn Chester, der in Vietnam war und Nervenprobleme hat, kam heraus, um sich über den Gestank zu beschweren, und erzählte seiner Mutter, er habe das Eichhörnchen in den Kühlschrank gesteckt, weil er gedacht habe, sie könne es kochen. Dann ging er zurück in sein Zimmer und schloss die Tür, ohne sich darum zu kümmern, die Schweinerei zu beseitigen.

»Ich habe in meinem ganzen Leben noch kein Eichhörnchen gekocht«, sagte Mrs Ewing, nachdem er fort war. »Wüsste nicht, wie, und hätte auch kein Interesse.«

Wir strichen ihr Schlafzimmer in Pink Whisper mit brauner Bordüre – ihre Idee. Das Esszimmer ist in einem Farbton gestrichen, der sich Zitrusschale nennt.

15. März 1982
Raleigh
Ich habe bis spät gearbeitet und wurde von den Kerwins zum Essen eingeladen. Ich sagte, ich hätte keine Zeit, weil ich zum Griechischunterricht müsste – was nicht stimmte, aber ich kenne sie nicht gut genug, um mit ihnen zu essen. Ich hätte zusagen sollen, weil ich bis Donnerstag blank bin und es bei mir Fertiggrießbrei gab.

17. März 1982
Raleigh
Dad rief gestern Abend an und fragte, ob ich mit ihm, Lisa und Paul nach Griechenland reisen wollte. Er zahlt für die Flugtickets und die Hotels, also sagte ich zu – was auch sonst? Die Reise soll zwei Wochen dauern, aber ich denke, ich werde länger bleiben. Ich muss mindestens $600 auftreiben. Und ich muss mich um jemanden für Neil kümmern, die jetzt ganz allein mir gehört.

25. März 1982
Raleigh
Gestern war Dougies Geburtstag, und er trug eine Kappe mit der Flagge der Konföderation. Und das in einer schwarzen Wohngegend, in der wir ohnehin nicht willkommen sind. Ich versteh's nicht. Ich war überrascht, dass er erst zweiundzwanzig ist, nicht weil er so jung aussieht, sondern weil er eine dreijährige Tochter hat, die bei seiner Exfrau lebt. Angeblich hat er eine reiche Frau des Geldes wegen geheiratet, was ich nur schwer glauben kann, weil er so abgrundtief hässlich ist.

Zur Feier seines Geburtstags ging Dougie mit Bobby und Tommy in einen Club namens Switch. Sie müssen sich ordentlich abgeschossen haben, denn der Einzige, der heute zur Arbeit kam, war Bobby, und das erst gegen Mittag. Er hatte eine Beule am Kopf und sagte, zwei Türsteher hätten ihm die Uhr abgenommen und ihn dann rausgeschmissen. Er schien nicht wütend darüber zu sein, bloß niedergeschlagen.

2. April 1982
Raleigh
Heute früh spazierte ein weiblicher Sheriff ohne anzuklopfen durch meine Wohnungstür. Ich ging in die Küche, und nachdem ich mich ausgewiesen hatte, entschuldigte sie sich. Sie suchte nach dem Apartment Nr. 6. Ich war froh, es ihr zu zeigen. Ich hoffe, sie nimmt die beiden mit und sperrt sie ein.

Heute bekam ich ein weiteres Ultimatum von der Telefongesellschaft. Sie forderten $60, also ging ich am Nachmittag hin und gab ihnen $30. Während ich in der Schlange wartete, sah ich Lloyd D., einen früheren Mieter von Mom und Dad, der ihnen bei seinem Auszug $600 Miete schuldete. Nachdem er seinen Räumungsbescheid erhalten hatte, bin ich ihm noch zweimal begegnet. Beide Male sagte er: »Wie kann dein Dad so etwas tun? Weiß er nicht, dass ich sein letzter weißer Mieter bin?«
  Lloyd ist Alkoholiker. Auch in der Geschäftsstelle der Telefongesellschaft war er betrunken und schwer zu verstehen. Er brauchte ewig am Schalter, redete über das Wetter und so weiter, und als er endlich ging, verdrehte die Kassiererin ihre Augen.

9. April 1982
Raleigh
Mom rief die Mieter in einem der Häuser auf der Colleton Road an, um ihnen mitzuteilen, dass ein Handwerker käme und den Boiler reparierte. Die Frau ging ans Telefon. Sie hat

eine hohe und zarte Stimme, sodass Mom – wie vermutlich viele Leute – sie für ein Kind hielt. »Kann ich bitte deinen Daddy sprechen?«, fragte sie.

»Nein, Wendy«, sagte seine Frau. »Tut mir leid, Baby.« Dann legte sie auf.

Als Mom es mir erzählte, konnten wir gar nicht mehr aufhören zu lachen. Wissen die Mieter, dass sie unser Tischgespräch sind?

10. April 1982
Raleigh
Mom hatte sich heute zu Hause ausgesperrt und musste unter dem Geländer hindurch auf die Sonnenterrasse kriechen. Sie ist weder eine sportliche Person noch irgendwie gelenkig, sodass es urkomisch ausgesehen haben muss, wie ihre Beine in der Luft baumelten.

13. April 1982
Raleigh
Tommy bricht in Drogerien ein, um Valium zu stehlen. So bessert er sein Einkommen auf. Er, Bobby und ich fuhren heute Nachmittag auf einen Snack zum Fast Fare. Da war ich nun in Begleitung von zwei Typen mit bloßem Oberkörper, die auf dem Weg nach draußen stehen blieben und erst einmal sechs Runden eines Videospiels namens Frogger spielten.

Auf dem Nachhauseweg brach ein Teil meines Lenkers ab. Noch eine Sache, um die ich mich kümmern muss.

15. April 1982
Raleigh
Bobby brachte heute seinen dreijährigen Sohn mit zur Arbeit. Ein unbeaufsichtigtes Kind auf einer Baustelle. Ich bekam

jedes Mal einen Krampf, wenn er sich einer Kreissäge näherte, aber Bobby hatte die richtige Einstellung. »Halt dir die Ohren zu, Brian!«, brüllte er. Brian aß Karamellbonbons. Sie klebten ihm überall an den Händen, und später auch an den Ohren.

17. April 1982
Raleigh
Gestern sahen Joe und ich auf dem Nachhauseweg eine Frau oben ohne die Edenton Street entlangrennen. Sie schien aus der Kirche gekommen zu sein und hielt ihre Arme gekreuzt vor ihre Brüste. Sie war etwa Ende zwanzig, mollig und trug eine abgeschnittene Jeans. Ein Mann lehnte an der Kirche und sah ihr lachend hinterher.

Später ging ich zur Schule für Design zu einer Kunstauktion. Mein Werk ging für $7 weg. Ich sage mir, dass die meisten der etwa dreißig Anwesenden Studenten mit wenig Geld waren, aber trotzdem, $7! Es war mir so peinlich, dass ich wieder ging und nach Hause fuhr. Ich schlief eine Weile und wachte deprimiert auf.

20. April 1982
Raleigh
Bobby hat bei einem Streit aus Versehen seiner Frau das Handgelenk gebrochen. Sie besuchte uns heute auf der Baustelle und erzählte davon, während sie eine Dose Mountain Dew in ihrer gesunden Hand hielt. Misty ist zierlich und hübsch in der Art einer Country-und-Western-Sängerin. Sie hat kürzlich am Hardbarger Business College einen Lehrgang zur Chefsekretärin begonnen. Es ist ihr erstes Semester, und sie besucht einen Rechtschreibkurs. »Machen wir einen kleinen Test«, sagte sie zu Joe. »Wie schreibt man Sammelklage?«

Ich hätte gedacht, sie würde ihm eine härtere Nuss geben, etwa *Schiedsgerichtsverfahren*.

24. April 1982
Raleigh

Tiffany ist von Raleigh zurück nach Élan, ihre ehemalige Besserungsanstalt in Maine, gegangen, um dort als Erzieherin zu arbeiten. Ich habe sie vermisst, deshalb war es gut, am Telefon mit ihr zu reden und etwas über ihr neues Leben zu erfahren. Einer ihrer Übeltäter hat zwei Kinder entführt, sie ertränkt, die Leichen in Plastiksäcke gesteckt und sie für die Müllabfuhr an die Straße gestellt.

Ich finde, Übeltäter ist dafür ein zu milder Ausdruck.

27. April 1982
Raleigh

Bobby lernte seine Frau Misty auf der Schlittschuhbahn kennen, wo wir als Kinder hingingen. Heute besuchte sie uns nach ihrem Rechtschreibkurs auf der Baustelle und wir gingen zu dritt zu Hardee's zum Mittagessen. Sie bestellten Roastbeef-Sandwiches und nahmen anschließend an einem Gewinnspiel teil. Der erste Preis ist eine Reise zur Weltausstellung, und beim Essen überlegten sie, wer im Falle eines Gewinns auf Brian aufpassen würde. Sie waren sich einig, am ehesten käme Mistys Schwester in Charlotte in Betracht, und nachdem sie Brian dort abgesetzt hätten, könnten sie die Nacht in Bobbys Truck verbringen.

Dann kamen wir irgendwie auf das Thema Rasieren zu sprechen, insbesondere auf das Rasieren der Beine. Hardee's war zur Mittagszeit zur Hälfte mit Schwarzen gefüllt, und nachdem Misty sich umgesehen hatte, bemerkte sie, die meisten Niggerfrauen hätten behaarte Beine. Bobby sagte,

Gorillas würden sich auch nicht rasieren. Ich zuckte eins ums andere zusammen, aber die beiden waren völlig unbekümmert und schienen beinahe arglos.

Susan Toplikar geht für ein Jahr nach New York. Ihre Wohnung ist größer und billiger als meine, und wir vereinbarten, dass ich ihre Wohnung in der Zeit übernehme. Die Nachbarschaft, Oakwood, ist etwas seriöser als meine. Nicht alles nur Studenten von der NC State.

30. April 1982
Raleigh
Joe und ich waren auf der Baustelle, als ein Schwarzer in einem schwarzen Wagen anhielt und uns anbrüllte. »Es ist unfair, dass Weiße hierherkommen und Jobs beim Bau unserer Häuser bekommen«, sagte er – ein durchaus berechtigter Vorwurf. Er fragte, wie hoch die Mieten für die entstehenden Wohnungen wären, und als wir ihm erklärten, es seien Eigentumswohnungen, beschimpfte er Joe auf üble Weise.
»Was haben Sie gesagt?«, fragte Joe.
»Ich habe keine Angst vor Ihnen«, sagte der Mann.
Dann fuhr er davon, und ich musste den ganzen Nachmittag über an ihn denken, bis mir eine Biene ins Auge flog.

10. Mai 1982
Raleigh
Ich habe ein Huhn gekocht, das schon vor zwei Tagen übel roch. Insgeheim wusste ich, dass es verdorben war, aber ich werde es trotzdem essen, weil ich hungrig bin. Zum Mittagessen hatte ich einen Hamburger, der nicht größer war als ein Susan-B.-Anthony-Dollar. Den ganzen Tag über habe ich Türknäufe angebracht. Der Job war ganz in Ordnung.

20. Mai 1982
Raleigh

Tiffany rief an und sagte, sie käme nach Hause. Sie fühlt sich nicht wohl in Élan. Während der letzten drei Tage bestand ihre Aufgabe darin, ein von den anderen isoliertes Mädchen zu beobachten, das sich mit einem Splitter Schimpfwörter in die Arme ritzt. »Ich bin nicht als Gefängniswärterin hierhergekommen«, sagte sie.

Sie hatte zunächst überlegt, in der Gegend zu bleiben und sich eine andere Arbeit zu suchen, beschloss dann aber, dass sie in einem Bundesstaat mit nur einer Postleitzahl nicht leben könne.

26. Mai 1982
Raleigh

Heute war die letzte Stunde unseres Griechischkurses. Die beiden Compos-Mädchen waren außer Rand und Band, aber es sind eben noch Kinder. Ich werde die wöchentliche Unterrichtsstunde mit Lisa vermissen.

27. Mai 1982
Raleigh

Tommy ist in der Shirley's Lounge, einer Biker-Bar, in eine Schlägerei verwickelt worden. Der Manager setzte ihn vor die Tür, woraufhin er in seinen Wagen sprang und den Manager überfuhr. Dabei war ihm bereits wegen Trunkenheit am Steuer der Führerschein entzogen worden und er hätte gar nicht fahren dürfen. Ein Zivilpolizist folgte ihm und zerschoss zwei Scheiben an seinem Wagen. Als der Polizist aus seinem Camaro ausstieg, überfuhr Tommy auch ihn. Beide Opfer befinden sich im Krankenhaus, und er ist im Gefängnis statt auf der Arbeit.

1. Juni 1982
Raleigh
Ich mache gerade meine alljährliche College-Panikphase durch. Das passiert mir jedes Jahr zur Prüfungszeit. Ich habe immer geglaubt, ich könnte mir alles nötige Wissen selbst beibringen, aber jetzt bin ich mir dessen nicht mehr so sicher. Ich wäre gerne gebildet und reif.

6. Juni 1982
Raleigh
Im Capital Corral traf ich einen Erstsemester namens Brant, der die Quaste vom Abschluss an der Highschool am Rückspiegel baumeln hatte. Er erzählte mir, seine Lieblingsband sei Heart, und beim Sex wiederholte er ständig, dass er mich liebe und mich heiraten wolle, vermutlich innerhalb der nächsten fünf Wochen, bevor er über die Ferien nach Norfolk zurückkehrt.

18. Juni 1982
Raleigh
Ich rief Brants Nummer an und stellte fest, dass er sie sich ausgedacht hatte. Dann rief ich im Wohnheim des Louisburg College an und erfuhr, es gebe dort keinen Brant. Wieder einmal reingelegt.

30. Juli 1982
Raleigh
Während ich meine Sachen packe, um sie in Susans Wohnung unterzustellen und nach Griechenland zu reisen, lädt mich das Southeastern Center for Contemporary Art in einem Brief zu einer Einzelausstellung im kommenden Jahr ein. Für mich ist das eine große Sache. Nachdem ich den Brief gelesen hatte, kaufte ich für $15 Katzenfutter.

6. August 1982
Athen, Griechenland
Seit Dad hier angekommen ist, hat er nichts anderes gemacht, als Leute anzuschreien. Er fragt Leute auf der Straße nach dem Weg, und dann erzählt er ihnen, sie hätten keine Ahnung, wovon sie redeten. Er spricht Kampf-Griechisch, und die Leute zahlen es ihm in gleicher Münze heim. Dennoch war ich froh, ihn und Lisa und Paul zu sehen. Drei Tage allein hier zu verbringen war keine gute Idee, vor allem nicht in einem Zimmer, das einem Glutofen gleicht. Ich habe mein Transistorradio mitgebracht. Es gibt einen ganz anständigen Jazzsender, aber alles andere ist traditionelle griechische Musik.

In Athen gibt es jede Menge Blinde. Heute Abend stieg ein Mann in den Zug, der aussah, als hätte er Mayonnaise in den Augen.

13. August 1982
Heraklion, Kreta
Dad kaufte uns Decktickets für die Fähre – die billigsten –, und während er und Lisa und Paul auf den Bänken schliefen, blieb ich auf und trank mit einer stämmigen Holländerin Retsina. Sie hatte kurze Haare wie ein Junge und sah mir beim Sprechen streng in die Augen.
Im Laufe des Abends erfuhr ich Folgendes:
1. Ihr Bruder starb vor drei Jahren bei einem Autounfall, und sie weinte zwei geschlagene Jahre um ihn.
2. Im letzten Jahr hatte sie eine Affäre mit einer Frau.
3. Eine Wohnung in Amsterdam ist sehr teuer.
4. Kürzlich lockte ein Grieche sie in seine Wohnung und wollte *bei* ihr Liebe machen. Genau so sagte sie es: »*Bei* mir Liebe machen.«

5. Die Deutschen sind furchtbare Leute. Das wiederholte sie immer wieder, sie bestand geradezu darauf. Da ich persönlich nichts gegen sie habe, sagte ich immer nur »Aha«.

Im Bus auf der Fahrt vom Hafen nach Heraklion traf ich Wally, der an der Columbia University Oper studiert. Wir unterhielten uns während der ganzen vierstündigen Fahrt, und als ich ihn später Dad vorstellte, sprach Wally ihn mit »Sir« an. Ich wollte mit ihm ins Bett gehen.

18. August 1982
Athen
Ich betrete ein Spielwarengeschäft und sage auf Griechisch: »Wie viel kostet der kleine Hund?« Ich bin bester Laune, denn ich gehe meiner Lieblingsbeschäftigung nach – Shoppen. Die Verkäuferin ist die unhöflichste Person, der ich bisher begegnet bin, und sie antwortet in perfektem Englisch, es sei ein Aufziehhund, aber er sei kaputt. Alt und kaputt.

»Das macht nichts«, sage ich.

Daraufhin tadelt sie mich, ein kaputtes Spielzeug haben zu wollen.

Ich verlasse das Geschäft und komme noch dreimal wieder, und jedes Mal ist sie fieser zu mir. Nachdem sie gegangen ist, kaufe ich den Hund bei ihrer Mitarbeiterin, die ihn mir deutlich billiger lässt. Was stört es mich, dass er kaputt ist?

20. August 1982
Athen/Patras
Dad, Paul und Lisa sind heute früh nach Raleigh zurückgeflogen. Ich begleitete sie zum Syntagma-Platz, wo sie in den Bus zum Flughafen stiegen. Jetzt bin ich einer der jungen Rucksacktouristen. Und Alleinreisender. Ich ging zur Post und danach zurück zum Hotel, um meine Sachen zu packen und

den Bus nach Patras zu nehmen. Von dort werde ich die Fähre nach Brindisi nehmen und entgegen Dads besserer Einsicht weiter nach Rom reisen. »Die italienischen Männer werden dich betrunken machen und dich ausrauben«, warnte er.

Beim Verlassen des Hotels hörte ich an der Rezeption einen Mann am Telefon, der seinen Flug umbuchen wollte. Er sagte, es handle sich um einen Notfall, seine Mutter sei gestorben und er müsse so schnell wie möglich zurück nach Amerika. Das konnte nur gelogen sein, oder?

Später:
Nach unserer Ankunft in Patras durfte ich dem Busfahrer dabei helfen, sämtlichen Müll, den die Fahrgäste hinterlassen hatten, einzusammeln und aus dem Fenster zu schmeißen. Diese Stadt ist das griechische Baltimore. Ich bekam ein Hotelzimmer mit vier Betten. Das war nicht weiter schlimm, bis drei weitere Leute auftauchten und die Betten besetzten. Zimmergenossen! Und duschen kostet extra. Neben dem Hotel ist ein Autoscooter. Pausenlos ist das dumpfe Pochen der gegeneinanderstoßenden Fahrzeuge zu hören.

Nach dem Abendessen trank ich an einer Tankstelle mit einem Tisch davor ein Bier. Die Besitzerin hielt eine lebende Ente in Händen. Als ich zum Zahlen hineinging, sah ich, wie sie ihr im Hinterzimmer den Hals umdrehte und dazu ein Lied im Radio mitsang. Fühle mich hier, als sei ich stoned.

30. August 1982
Athen
Von Rom wieder zurück in Athen. Die Busfahrt von Patras war trostlos. Ich hatte nichts mehr zu lesen und konnte nur aus dem Fenster starren. Nach unserer Ankunft am Bahnhof traf ich Rosa Rubio aus Madrid. Sie spricht nur Spanisch, und

nachdem wir uns mehrere Stunden unterhalten hatten, nahm ich sie mit zu meinem Hotel. Mein Zimmer hat drei Betten, und als ich ihr eins anbot, war sie ganz außer sich, weil sie seit Wochen nicht mehr auf einer Matratze geschlafen hatte, wie sie sagte. Ich schenkte ihr mein schwarz-weiß-gestreiftes Schiedsrichtertrikot, das mir ohnehin nicht stand. Ich kaufte uns etwas zu essen und zu trinken. Sie hatte seit vier Tagen mit keinem Menschen gesprochen und war sehr geduldig mit meinem Spanisch. Ich genoss ihre Gesellschaft, und es war angenehm, in der Lage zu sein, jemanden einzuladen.

20. September 1982
Raleigh
Ein aufgeschnappter Witz:

> *Frage:* Weißt du, wie man Toilettenpapier backt?
> *Antwort:* Nein, aber ich weiß, wie man es auf einer Seite anbräunt.

11. Oktober 1982
Raleigh
Ich fuhr mit dem Rad die Hillsborough Street entlang, als ein Wagen mit lauter Mädchen neben mir herfuhr. Sie brüllten mir etwas zu, das ich nicht verstand, und dann schlug eine mir mit einem Besen auf den Kopf und alle kreischten, als wäre es die lustigste Sache überhaupt. Ich fuhr mit hohem Tempo, und wäre ich gestürzt, wären sie ganz bestimmt einfach weitergefahren. Von heute an werde ich immer einen Stein in meinem Fahrradkorb mitnehmen. Zwischenfälle wie dieser werfen mich tagelang aus der Bahn.

21. November 1982
Raleigh

Gestern Abend traf ich zufällig Brant wieder, den Studenten vom Frühjahr, der mir dreimal gesagt hatte, er liebe mich, und mir dann eine falsche Telefonnummer gegeben hatte. Seit unserer letzten Begegnung hat er sich einen dünnen Flaum auf der Oberlippe wachsen lassen, der seinen ungesunden Teint hervorhebt und ihm ein spitzes Kinn verleiht. »Kennst du mich noch?«, fragte er. »Du heißt Brant, deine Lieblingsband ist Heart, du gehst zum Louisburg College und hast die Quaste vom Highschool-Abschluss am Rückspiegel hängen.«

Er sah mich einen Moment lang an und sagte; »Ich weiß nur noch, dass du Jude bist.«

Ich verbesserte ihn nicht, denn er spuckte das Wort *Jude* so aus, als hieße es *Aussätziger*. Dann gingen wir beide weiter, obwohl ich schwöre, dass ich den ersten Schritt machte.

19. Dezember 1982
Raleigh

Dienstag hat Lisa Geburtstag. Sie wird siebenundzwanzig. Ich habe mir immer gesagt, wenn ich so alt sei, würde es eine dramatische Wendung in meinem Leben geben. Ich weiß auch nicht, warum ausgerechnet mit siebenundzwanzig; vielleicht, weil Avi, Katherine und Allyn so alt waren, als ich sie kennenlernte.

1983

25. Januar 1983
Raleigh
Vor vier Tagen war Pauls Geburtstag, aber wir haben erst gestern Abend gefeiert. Ich habe ihm $6,50 geschenkt, was für einen Fünfzehnjährigen ganz schön viel ist. Mehr oder weniger.

Nachher von zu Hause aus R. angerufen, einmal mehr jemand, der mir eine falsche Nummer gegeben hat. Als wir uns trafen, sagte er, er wolle gerne Frau und Kinder haben und dass er tatsächlich schon einmal Sex mit einer Frau hatte. »Musstest du dich zwingen?«, fragte ich.

Er sagte Ja.

Ich empfinde viel mehr Respekt für Tansvestiten als für alle diese erwachsenen Männer, die nicht die Wahrheit sagen. Außerdem macht R. nie sein Bett, wer also braucht so jemanden?

14. Februar 1983
Raleigh
Blind Billy war heute Abend im IHOP. Er trägt keine dunkle Brille und seine Augen sehen furchterregend aus. Manchmal brüllt er einen an: »Noch etwas Eistee, bitte!« oder: »Ich glaube, es ist Zeit für den Nachtisch!« Wenn er hört, dass sich jemand an den Nebentisch setzt, fängt er normalerweise eine Unterhaltung über jede Art von Sport an, die mit einem Ball zu tun hat. Billy kommt meistens allein, aber heute Abend brachte

er einen anderen Blinden mit, der neu im IHOP und im YMCA ist, wo Billy seit zwölf Jahren wohnt. Der Neue spielt Blindenbasketball. Nachmittags geht er joggen, indem er ein Schuhband um sein Handgelenk und das eines Sehenden knotet.

Während des Essens fragte er Billy alle möglichen Dinge. »Wird man im Y in der Dusche belästigt? Gibt es morgens warmes Wasser?« Außerdem wollte er wissen, wie viel Rabatt Blinde im Taxi bekommen. »Soweit ich weiß, gilt das von acht Uhr früh bis sechs Uhr abends, stimmt's? Ich habe Freunde, die ich gerne besuchen möchte.«

Billy sagte, er könne es ihm nicht sagen. Er sei zum letzten Mal vor sechs Jahren Taxi gefahren.

Der Neue erzählte von der Blindenbücherei, wo er in letzter Zeit einige gute Bücher gehört habe. Er nannte einen Titel, und Billy fragte: »Hast du vom Spiel der Villanova Wildcats am Wochenende gehört? Also, das war was!« Er unterhält mit seiner Lautstärke den ganzen Laden. Er redete weiter über Sport, bis der Neue ein Hörbuch über den Zweiten Weltkrieg erwähnte. Daraufhin brüllte Billy: »Die Deutschen haben eine hässliche Sprache! Sie klingt, als könnten sie nur die übelsten Gemeinheiten sagen. Ich wette, die können einem die Hölle heißmachen. Genau wie die Japsen.«

18. Februar 1983
Raleigh
Gestern Abend war Moms Geburtstag. Manchmal kommt nicht die rechte Stimmung auf, und die Leute verschwinden nach dem Essen, aber gestern Abend lief es prima, und alle blieben noch mehrere Stunden am Tisch sitzen. Irgendwann sagte Mom aus heiterem Himmel zu Lisa, sie sei nicht die Erste, die es auf dem Rücksitz eines Wagens getrieben habe. »Und du wirst auch nicht die Letzte gewesen sein«, fügte sie hinzu.

26. Mai 1983
Raleigh
Ich habe den ganzen Tag für Dean gearbeitet und erst abends im IHOP bemerkt, dass meine Hände und Unterarme vom Walnussschalensaft ganz braun waren. Es sah fürchterlich aus, als hätte ich jemanden gefistet. Als die Bedienung kam, beugte ich mich vor und versteckte meine Arme unter dem Tisch. Als ich nach Hause kam, bemerkte ich, dass es in der Wohnung nach Katzenpisse roch.

5. Juni 1983
Raleigh
Gestern Abend auf dem Weg ins IHOP wurde ich von einem Pontiac überholt, in dem drei Schwarze saßen. Sie sagten, sie verkauften Pot, und fragten, ob ich eine Bulle sei.

»Klar doch«, sagte ich, woraufhin sich drei der vier Wagentüren öffneten. Wollten sie verschwinden oder mich zusammenschlagen, überlegte ich.

Ich sagte, ich hätte nur Spaß gemacht – »Sehe ich etwa wie eine Bulle aus?« –, und der Typ auf dem Beifahrersitz hielt einen kleinen Beutel Pot hoch, für den er $15 haben wollte.

Irgendetwas war mir nicht geheuer, und ich lehnte ab. Es ist vermutlich keine gute Idee, mitten auf der Straße Drogen zu kaufen. Wenn sie mein Geld genommen und weggefahren wären, hätte ich mich nirgends beschweren können.

26. Juni 1983
Raleigh
Ich habe die letzte Nacht mit Ferris verbracht, einem Studenten der UNC, der schon einmal einen Einbrecher in seinem Haus erschossen hat. Er war damals fünfzehn und sagte, er hätte dem Dieb einen glatten Durchschuss durch die Brust verpasst.

Ich weiß nicht, ob das stimmte, aber es klang auf jeden Fall gespenstisch. Ferris war stämmig, mit einem hübschen Gesicht. Heute früh führte er ein R-Gespräch mit seiner Mutter. Sie besitzt zwei Häuser und kauft ihm eine Eigentumswohnung in Chapel Hill. Wir hatten fünfmal Sex, und er blieb zum Kaffee.

27. Juni 1983
Raleigh
Als ich heute aus dem Winn-Dixie kam und über den Parkplatz nach Hause wollte, winkten mich vier Schwarze im Wagen zu sich. Es waren zwei junge Paare, eins vorne und eins hinten. »Hey«, sagte das Mädchen vorn, »du siehst aus wie Al Pacino.«

1. Juli 1983
Raleigh
Heute ist Freitag. Ich habe die ganze Woche hart gearbeitet und die Miete und meine Rechnungen bezahlt. Jetzt habe ich noch $60 und kann mich nicht beklagen. Zu Hause habe ich Radio gehört und etwas sauber gemacht. In *All Things Considered* ging es um eine Frau, die einen Ratgeber mit dem Titel *Wenn Sie schreiben möchten* vorstellte und hervorhob, wie wichtig es sei, Tagebuch zu führen. Es sei wertvoll, sagte sie, weil man nach einer Weile alle Gezwungenheit und Anmaßung verliere und seine Gedanken offen und ehrlich ausspreche.

Die ganze Woche über haben Dean und ich über Studienpläne gesprochen – er möchte seinen Magister machen und ich mein Vordiplom. Ich habe die School of the Art Institute of Chicago angeschrieben und um ein Vorlesungsverzeichnis gebeten. Es ist nur ein kleiner Schritt, aber immerhin etwas. Ich bin erst einmal in Chicago gewesen. Das war 1978. Ich war mit dem Bus nach Oregon unterwegs und hatte gerade genug Zeit, um ins Museum zu rennen und ein paar Postkarten zu kaufen.

12. Juli 1983
Raleigh
Susan kommt am 1. August zurück, also habe ich angefangen, mich nach einer neuen Wohnung umzusehen. Heute habe ich mich mit Mr H. getroffen, der mich mit »Sportsfreund« anredete und mir ein dunkles, heruntergekommenes Loch auf der Edenton Street zeigte. Als ich ihm sagte, die Wohnung sei sehr klein, schlug er vor, ich solle im Flur eine Sperrholzwand hochziehen und ein bisschen erweitern. »Oder du sprichst mit dem alten Mädchen von gegenüber. Die braucht ihr Wohnzimmer nicht oft und lässt dich vielleicht hin und wieder drin sitzen.«

Die Frau hörte Mr H.s Stimme und kam raus, um mit ihm zu reden. Sie ist klein, unter ein Meter fünfzig, vielleicht Indianerin, und muss nächste Woche offenbar vor Gericht erscheinen. »Ich fürchte nur, sie werden meine frühere Straftat gegen mich verwenden.«

»Sag Curtis von mir, wenn er gegen dich aussagt, fliegt seine Mutter hier raus, ehe sie bis drei zählen kann«, sagte Mr H. »Mir braucht keiner mit irgendwelcher Scheiße zu kommen.«

Scheiße war Mr H.s Lieblingswort, das er vierzehnmal verwendete, bis ich aufhörte zu zählen. »Scheiße, du könntest dein Bett in die Küche stellen.« »Scheiße, du hast eine Feuertreppe. Setz dich doch einfach nach draußen!« »Scheiße, besorg dir etwas Sperrholz und ein paar Hohlziegel und ruckzuck ist die Sache erledigt.«

An der Wohnungstür hing ein Schild mit der Aufschrift ACHTUNG, BEWOHNER HAT EINE WAFFE UND MACHT DAVON GEBRAUCH.

Ich erzählte Mr H., ich würde mich noch umsehen, und er gab mir die Hand und sagte, »Mach's gut, Kumpel.«

Im Vance-Wohnblock, ebenfalls auf der Edenton Street, gibt es drei freie Wohnungen. Mir fielen die leeren Fenster auf, und ich arrangierte ein Treffen mit dem Makler. Im Vance leben nur verschrobene Schwule, alte Damen und Alkoholiker. Es ist skandalös, und eine Einzimmerwohnung kostet $220 Miete im Monat. Das bedeutet, zuzüglich der Nebenkosten muss ich $60 pro Woche beiseitelegen, das sind fast $10 pro Tag.

3. August 1983
Raleigh
Ich bin noch dabei, mich in meiner neuen Wohnung einzuleben. Sie liegt an einer Straßenecke, und es gibt mehr Verkehr und Fußgänger, als ich gewohnt bin. Gestern Abend habe ich eine der Skulpturen für die SECCA-Ausstellung geschliffen. Draußen war es dunkel, und zwei Schwarze haben etwas zu mir heraufgerufen. Ich wollte mich nicht in irgendetwas hineinziehen lassen und tat so, als hörte ich nichts. Fünf Minuten später war jemand an meiner Tür. Als ich öffnete, waren es die beiden Männer von der Straße. Sie dachten, ich würde die Wohnung streichen, und fragten, ob sie zu vermieten sei.

Die beiden waren etwa Ende dreißig. Ich erklärte ihnen, es sei meine Wohnung, aber es gebe noch andere freie Apartments. Einer der Männer fragte, ob er sich die Wohnung ansehen dürfe, brach aber mitten im Satz ab. Vermutlich glaubte er, es würde verdächtig klingen, aber ich sagte nur: »Sicher, kommen Sie rein.« Ich war froh, Gesellschaft zu haben, und nachdem ich ihnen alles gezeigt hatte, schrieb ich den Namen des Maklerbüros auf, wobei ich mich fragte, ob sie wohl Schwarze nehmen würden. Natürlich können sie das nicht offen sagen, aber in der kurzen Zeit, in der ich jetzt hier bin, habe ich nicht einen einzigen Schwarzen kommen oder gehen sehen.
In dieser Stadt können sie sich wahrhaftig nicht aussuchen, wo sie wohnen wollen.

13. August 1983
Raleigh
Heute Nachmittag klopfte eine Frau an meine Tür und fragte, ob es im Haus freie Wohnungen gebe. Sie hatte vorne keine Zähne und trug einen Seesack über der Schulter. Ich habe keine Ahnung, warum sie ausgerechnet bei mir anklopfte. Warum bis in den ersten Stock hinaufsteigen? Warum hat sie nicht die Leute gefragt, die ständig auf der Eingangstreppe herumlungern?

26. August 1983
Emerald Isle
Paul und ich waren gestern im Meer schwimmen. Es ging eine starke Strömung, und ich merkte erst nach einigen Minuten, dass ich nicht mehr den Boden berührte. Er war weiter draußen als ich, und je energischer wir aufs Ufer zuschwammen, desto weiter schienen wir hinauszutreiben. »Streng dich an!«, brüllte ich.

»Leck mich!«, brüllte Paul zurück.

Danach wurden wir beide panisch. Ich stellte mir vor, er würde ertrinken und ich bekäme jede Menge Ärger. Ich sah das Bild praktisch vor mir, zusätzlich zu dem empfundenen Schmerz. Dann schnappte ich ihn mir, und wir gaben alles, bis wir schließlich an Land waren. Es war beängstigend.

30. August 1983
Raleigh
Die Frau von nebenan scheint auszuziehen. Offenbar hat es einen gewaltigen Streit gegeben, als ich am Meer war, und die Polizei musste kommen. Bessie hat es mir erzählt. »Die zwei haben sich gezofft«, sagte sie, womit sie, glaube ich, die Frau und ihren Freund meinte. Sie fügte hinzu, die Frau habe zwei

Hunde besessen, die das ganze Apartment vollgeschissen hätten. »Sie hat die Haufen aufgehoben und einfach aus dem Fenster geschmissen«, sagte Bessie.

22. September 1983
Raleigh

Gestern Abend haben sich die Nachbarn furchtbar gestritten. Die Frau, die offenbar doch nicht ausgezogen ist, ist fett und hat rote Haare. Sie arbeitet in einem Billardsalon und lebt mit einem dünnen, kaputten Typen zusammen, der ungefähr so alt ist wie ich. Man sieht sie oft Händchen haltend auf der Straße, weil sie kein eigenes Telefon haben und das Telefon im Watkins Grill benutzen.

Der Streit begann um Mitternacht. Ich arbeitete noch und hielt ein Glas an die Wand. Die Frau schnauzte und brüllte ihn an, er würde sich mit einem Flittchen herumtreiben – so ein altmodisches Wort. Anscheinend kann er keine Stelle lange halten und verbringt seine Tage mit Drogen und Alkohol vor dem Fernseher. Sie hatten schon seit drei Tagen keinen Sex mehr. Sie lässt ihn nicht ran, weil er nur auf ihr abspritzen will. »Du willst bloß rauf und wieder runter, aber für mich gehört mehr dazu.«

Er sagte, sie mache die Männer bloß an und lasse sie dann abblitzen, und als sie erneut mit dem Flittchen anfing, nannte er sie eine fette Nutte.

»Bin ich nicht.«
»Bist du doch.«
»Bin ich nicht.«
»Bist du doch.«
»Bin ich nicht.«
»Bist du doch.«

Dann sagte er, wenigstens wisse er, wer sein Vater sei. »Deine Mutter war genauso eine Nutte wie du.«

»Nein, *deine* Mutter war eine Nutte.«
»Nein, deine.«
»Nein, deine.«
Sie nannte ihn einen elenden Dreckskerl, und er warf sie gegen die Wand, an die ich mein Glas hielt. Als er ins Nebenzimmer ging, flippte sie völlig aus und brüllte, »Flittchen!« Türen knallten, Dinge gingen zu Bruch. Ich hätte die Polizei gerufen, wenn ich ein Telefon gehabt hätte, aber es ist noch nicht wieder angeschlossen.

Bessie erzählte mir, so gehe das die ganze Zeit. Sie zanken miteinander, bis die Polizei kommt. Vor einigen Wochen sei er in Handschellen abgeführt worden, sei aber am nächsten Tag wieder da gewesen. Ich vermute, die beiden können nicht anders.

3. Oktober 1983
Raleigh
Heute Nachmittag begegnete ich am Briefkasten Faye, der schwergewichtigen Frau von nebenan mit den roten Haaren. Sie fragte, ob ich ihr einen Quarter wechseln könne, und während ich in meinen Taschen kramte, fragte sie, ob ich jemanden wüsste, der ein Telefon hat. Sie sagte, sie müsse dringend ihren Daddy anrufen, also ließ ich sie rein.

Als sich niemand meldete, fragte Faye, ob sie es später noch einmal versuchen dürfe. Dann sagte sie, wenn ich irgendwelche Möbel bräuchte, sollte ich es nur sagen, sie und ihr Freund Vic hätten jede Menge. Ein paar Minuten später kam sie mit einer Frau zurück, die noch dicker war als sie. Die Freundin hatte gestern an meine Tür geklopft und gefragt, ob Johnny hier sei.

»Tut mir leid, aber ich kenne keinen Johnny«, hatte ich ihr erklärt.

Wie sich herausstellt, hat Faye ebenfalls eine Katze, einen Siamkater mit Namen Tiki. Sie sah Neil, als sie das Telefon benutzte, und fragte, ob ich Interesse hätte, die beiden miteinander zu paaren. Beim Hinausgehen sagte sie, sie habe zwei entzückende Töchter, die das Sozialamt ihr weggenommen habe. Sie hat sie seit dem 24. Dezember nicht mehr gesehen, aber wenn sie und Vic miteinander auskämen, könne sie sie vielleicht zurückbekommen. »Die Frau in 103 ist ein Flittchen«, sagte Faye. »Sie ist einundvierzig, und ich bin erst neunundzwanzig und war noch nie im Leben im Knast, bis zum letzten Jahr.« Sie fragte, ob ich für ihre reizenden Töchter Puppen machen könnte, und erzählte mir, während sie neulich aus gewesen wäre, hätte Vic mit seinem Flittchen in ihrem Bett gelegen. Um ihn zurückzugewinnen, hätte sie sich an genau dem gleichen Ort mit einem anderen vergnügt. Letzten Freitag habe sie Vic verletzt, und als die Polizei kam, hatte sie das Messer immer noch in der Hand. »Ich habe es unters Bett geworfen«, erklärte sie mir. »Manchmal schlägt er mich. Ich habe lauter blaue Flecken, aber wehe, wenn du die Polizei rufst. Wir dürfen uns nicht streiten.«

4. Oktober 1983
Raleigh
Fayes Freundin kam um halb acht, um das Telefon zu benutzen. Sie ist klein und fett und hat ein Tattoo auf der linken Schulter. Mit einem schulterfreien Top kann man es gut sehen, also trägt sie nichts anderes, egal, bei welchem Wetter. Die Freundin hat Hasenzähne und trägt jede Menge Schmuck. Ich hatte zu tun und wollte nicht, dass sie mein Telefon benutzte, aber sie sagte, es sei ein Notfall. Ich überlege, einen Zettel an die Tür zu hängen, aber ich weiß nicht so genau, was ich draufschreiben soll.

6. Oktober 1983
Raleigh
Seit ich in die Innenstadt gezogen bin, kaufe ich bei Jimmy's Market ein, der drei Blocks von meiner Wohnung entfernt ist. Meistens kaufe ich nur Kleinigkeiten wie Katzenfutter, Bier oder Zigaretten. Heute Nachmittag habe ich alle drei Sachen gekauft und mein Fahrrad auf dem Rückweg geschoben, als drei Männer mir auf dem Bürgersteig den Weg versperrten. Sie waren älter, zwischen vierzig und sechzig. Schäbig gekleidet. »Hey, weißer Knabe«, sagte einer von ihnen. »Gib mir eine Zigarette.«

Ich hatte mir gerade eine angezündet und wollte um die Männer herumgehen, als einer von hinten kam und mich an der Schulter fasste. Inzwischen stellte ein anderer sich direkt vor mein Fahrrad. »Einen Schritt weiter, und ich nehm dich auseinander.« Er sagte, er würde meine Einkaufstüte nehmen und mir eins damit überziehen. »Was hältst du davon?«

Der Mann trug ein Army-Shirt und eine Strickmütze. Seine unteren Zähne waren kurze braune Stummel. Er hielt meinen Lenker mit beiden Händen fest, während seine Freunde hinter mir standen. Vor mir auf dem Bürgersteig war niemand zu sehen. Es fuhr auch kein Wagen vorbei. »Verdammt«, sagte der Mann. »Ich hab dich nach einer Zigarette gefragt.«

Ich sagte nichts, und er nannte mich eine weiße Schwuchtel – dreimal hintereinander. Er sagte, er hätte große Lust, mir meine Schwuchtelfresse zu polieren, und das würde er auch.

Ich sah ihn an in der Erwartung, dass er jeden Moment zuschlagen würde, und fragte mich, ob ich ein paar Zähne verlieren würde. Ich wäre dann einer der Typen im Vance-Apartmentblock, dem irgendwelche Zähne fehlten – ich würde dazugehören. Mir kam erst gar nicht der Gedanke, ich könnte den Kampf gewinnen. Ich habe seit der dritten Klasse niemanden mehr geschlagen, während der Typ danach aussah, als hätte er sein Leben lang nichts anderes gemacht. Und er hatte Männer zur Verstärkung dabei, die er über meine Schulter hinweg ansah.

»Ich hau dein Fahrrad zu Klump«, sagte der Mann. Er packte den Lenker noch fester, und ich dachte, dass ich vielleicht Julias altes Dreigangrad von Katherine kaufen könnte. Ich überlegte, ob sie es mir eventuell sogar umsonst überlassen würde, als der Mann seinen Kopf zurückwarf und mir ins Gesicht spuckte. Er versuchte es noch ein zweites und drittes Mal, aber es kam bloß noch ein Zischen. Ich vermute, sein Mund war vom vielen Saufen ausgetrocknet.

Während der Speichel mir über die Stirn rann, sah ich eine Schwarze auf uns zulaufen. Während sie näher kam, zog ich das Vorderrad zwischen den Beinen des Mannes hervor und schob damit um ihn herum. Hinter meinem Rücken hörte ich, wie er mich eine weiße Schwuchtel nannte und sagte, ich solle ihm bloß nicht noch einmal begegnen. Ich zog an meiner Zigarette, stieg aber immer noch nicht aufs Rad, um ihm diesen Triumph nicht zu gönnen. Stattdessen ging ich zu Fuß weiter, Spucke im Gesicht, aber mich wie ein Sieger fühlend. Er hatte eine Zigarette von mir gewollt, und ich hatte ihm keine gegeben. Machte mich das nicht zum Sieger?

15. Oktober 1983
Raleigh
Gestern Abend war die Eröffnung meiner SECCA-Ausstellung. Ich hatte ein neues Hemd und ein schwarzes Jackett an und hatte meine Haare gekämmt. Es waren jede Menge Leute da, und ich ging zweimal vor die Tür, um einen Joint zu rauchen.

Obwohl ich bekifft war, fand ich die Ausstellung gelungen. Es steckte ein Jahr ehrlicher Arbeit darin. Jetzt ist die Party vorüber, und Neil und ich sind beide krank.

26. Oktober 1983
Raleigh

Ich ging heute zu Capital Camera, um Diarahmen zu kaufen und mit Mrs P., der Frau des Besitzers, zu plaudern. Sie stammt aus Smithfield und erzählte mir, ihr Mann leide unter erhöhtem Blutdruck. »Seine Medikamente kosten $30 im Monat!«, sagte sie.

Mrs P. ist eine typische Südstaatlerin. Sie sagt zu jedem »Schatz« und trägt eine Halbbrille an einer Kette um den Hals. Früher war die Eingangstür die ganze Zeit geöffnet, aber jetzt ist sie zugesperrt und wird nur aufgeschlossen, wenn Kundschaft kommt – Leute wie Dr. R., der seinen Film mit Fotos aus Europa zum Entwickeln vorbeibrachte. Er erzählte Mrs P., seine Frau sei in Paris krank geworden, und Mrs P. sagte, davon könne sie ein Lied singen. »Mein Mann hat Bluthochdruck, und die Medikamente kosten uns $30 im Monat!«

Dann sagte sie, dass man sie in der vergangenen Woche ausgeraubt habe. Anscheinend hatte sie vergessen, die Tür abzuschließen, und als sie sich umdrehte, hatte ihr ein Mann mit beiden Händen an den Hals gefasst und ihr Geld verlangt. Sie sagte, sie hätte gar nicht glauben können, dass es wirklich passierte, und sie hätte den Mann mit »Sir« angesprochen.

»Ich sagte ihm, er könne gerne alles Geld haben, und sie hoffe, er werde klug damit umgehen.« Nachdem sie die Kasse geleert hatte, bat er sie um ein Seil oder etwas Ähnliches, womit er sie fesseln könne. »Ich versprach ihm, auch wenn er mich nicht fessle, nicht die Polizei zu rufen«, sagte sie. »Also verzichtete er darauf, und ich rief sie nicht an.«

»Aber warum?«, fragte ich.
»Weil ich es versprochen hatte.«
»Kann es denn keine Ausnahmen geben?«, fragte ich.
»Ich meine, müssen Sie wirklich jedes gegebene Versprechen halten?«

Sie sagte Nein, aber er hätte zurückkommen oder einen Freund vorbeischicken können, um sie zusammenzuschlagen. »Ich habe überlegt, eine Privatfirma damit zu beauftragen, die Fingerabdrücke an meinem Hals zu sichern, aber ich habe in den Gelben Seiten niemanden gefunden«, sagte sie.

4. November 1983
Raleigh

Ich habe heute bei Tracy die Wände gereinigt. Ihre Putzfrau Julia hat unterdessen den Fußboden geschrubbt. Julia hat eine Wohnung in der Washington Terrace und lässt sich von ihren Arbeitgebern nichts vorschreiben. »Das ist den Ärger nicht wert«, erklärte sie mir. »Ich passe grundsätzlich nicht auf die Kinder auf, und ich lasse mir die Feiertage bezahlen, einschließlich Labor Day und Memorial Day.«

Nachdem Tracy gegangen war, telefonierte Julia mit verschiedenen Leuten. In einem Gespräch beschrieb sie einen Mann auf der Straße, der Schuhe mit unterschiedlich hohen Sohlen getragen hatte. »Nein, Mädchen«, sagte sie zu der Frau am Telefon, die offenbar Fragen dazu hatte, »die müssen speziell angefertigt werden, und nein, das heißt nicht, dass der eine Fuß kleiner ist als der andere.«

Donnerstags arbeitet Julia für die Leute, die neben Tracy wohnen, ein Paar mit einem Hund namens Domino, der heute nicht in seinem Auslauf war. »Glaubst du, er ist ausgebüxt?«, fragte sie mich ungefähr zehn Mal, bis sie an die Tür des Paares klopfte und den Hund auf der anderen Seite bellen hörte.

Abgesehen davon, dass wir für Tracy arbeiten, sind Julia und ich beide Fans von WPTF Radio. Wir verfolgen beide *Open Line* und sind uns einig, dass Barbara einige ihrer Anrufer unbedingt in die Schranken weisen muss.

19. November 1983
Raleigh

Donnerstag bekam ich die Zulassung für die School of the Art Institute of Chicago, und am Freitag trafen Informationen zur Versicherung und zum Wohnungsmarkt ein. Am 2. Januar werde ich Raleigh verlassen. Es ist noch gar nicht ganz zu mir durchgedrungen, bei der ganzen Arbeit, die ich bis dahin noch erledigen muss. Ich gehe fort. Tatsächlich.
»Was macht David denn so?«
»Hast du nicht gehört? Er ist nach Chicago gegangen!«

26. Dezember 1983
Raleigh

Heute ist mein siebenundzwanzigster Geburtstag. Ich habe lange auf dieses Alter gewartet und immer gedacht, wenn ich einmal so alt bin, wird sich alles ändern. Ich komme mir jetzt richtig alt vor.
  Bei Amtrack geht niemand ans Telefon, was ein Problem ist, weil ich heute mein Ticket bezahlen soll. Meine Reservierung verfällt, wenn ich nicht schnell etwas unternehme. Ich habe in den letzten Wochen jede Menge weggeworfen und fast alles andere in Kartons verpackt.

28. Dezember 1983
Raleigh

Heute war mein letzter Abend im IHOP. Seit 1979 bin ich regelmäßig hier gewesen, nur um Kaffee zu trinken und zu lesen. Beim Hinausgehen verabschiedete ich mich von der Bedienung und hinterließ $2 Trinkgeld. Ich weinte nicht, obwohl ich befürchtet hatte, mir kämen die Tränen.

 Außerdem habe ich mir heute einen richtigen Wintermantel, Stiefel, Socken und Handschuhe gekauft. Der Mantel ist ein Daunenmantel und unglaublich hässlich. Ich hätte nie gedacht, dass ich einmal in einem Daunenmantel herumlaufen würde. Gretchen begleitete mich. Anschließend zahlte ich die $183 für mein Bahnticket. Ich mochte die Frau am Bahnschalter und hatte Gewissensbisse, weil ich sie vor zwei Tagen so verflucht hatte, als sie nicht ans Telefon gegangen war.

1984

6. Januar 1984
Chicago, Illinois
Jetzt bin ich in Chicago. Alle waren sie am Bahnhof in Raleigh, um mich zu verabschieden. Es war bitterkalt, und ich weinte, als der Zug losfuhr und ich Mom und Joe und Sharon und Dean und Katherine und die Parkers am Bahnsteig winken sah. Am Bahnhof in Washington kaufte ich eine Cola an einem sprechenden Automaten. So etwas kannte ich noch nicht.

An die drei Tage bei Allyn in Pittsburgh erinnere ich mich nur vage – wir rauchten jede Menge Gras und zogen uns eine gute Ladung Kokain rein, das ich nie gut vertrage.

Heute war der Erstsemesterempfang in der Mensa des Art Institute. Es gab Wein und Käse und Angestellte in Uniform, die die Aschenbecher leerten. Ich bin weniger überspannt, als ich geglaubt habe, und genieße es, mich umzusehen. Ich war beim Postamt, der Zentralbibliothek und dem Musikkonservatorium, wo Ned Rorem studiert hat. Ich kann's noch gar nicht ganz fassen. Als ich den Empfang heute Abend verließ, sah ich einen Mann auf einem Stuhl sitzen. Er hatte seine Beinprothesen abgenommen und neben sich auf den Boden gelegt. Was für ein Ort!

10. Januar 1984
Chicago

Ich habe mir heute vier Wohnungen angesehen, die beste davon war 820 West Cuyler. Es ist eine kurze Straße, und sämtliche Mieter des Gebäudes stammen aus Mexiko oder Mittelamerika. Der Innenhof und das Treppenhaus sind voller Müll, aber die Miete beträgt nur $190. Die Decke im Wohn- und im Schlafzimmer ist mit Plastikfolie abgeklebt, um den bröckelnden Putz aufzufangen. Der Flur ist mit verschiedenartigen Linoleumplatten ausgelegt, aber das Badezimmer ist okay. Es gibt jede Menge Fenster, und die Küche ist groß genug, um darin zu arbeiten. Das Beste aber ist, dass es acht Blocks entfernt ein IHOP gibt, das von innen und außen genauso aussieht wie das in Raleigh.

15. Januar 1984
Chicago

Nachdem ich mir sechzehn Wohnungen angesehen hatte, einige davon so winzig, dass ich sie mit einer Kerze hätte beheizen können, und auch einige Wohngemeinschaften, blieb ich zuletzt bei 820 West Cuyler. George, der Hausmeister, erklärte mir, ich könne den Linoleumboden herausreißen, wenn ich wollte, und auch die dünne Wand, die den Hauptraum in zwei Hälften trennt. Die Kammer ist riesig, und er will die Decke neu verputzen.

Beim Saubermachen fand ich jede Menge Streichhölzer, eine Kappe und eine Rattenfalle. Die Vormieter haben ein Sofa dagelassen, das ich noch entsorgen muss, und ein gerahmtes Bild, das Jesus mit weit ausgebreiteten Armen zeigt. Überall sind Kakerlakeneier, und die ganze Bude stinkt nach Pestiziden.

17. Januar 1984
Chicago
Weil ich praktisch bei null anfange, muss ich erst einmal die Anfängerkurse belegen. Das sind 2-D (Zeichenlehre), 3-D (Skulpturenlehre) und 4-D, also Video, Performance oder was auch immer der Dozent, der Ken Shorr heißt, sich darunter vorstellt. Seine erste Aufgabe für uns lautet, irgendwelche Sätze aufzuschnappen und daraus einen Dialog zu machen. Anschließend sollen wir irgendeine 1,20 x 1,50 Meter große Unterlage nehmen und ein Wort oder Bild draufknallen. Das ist genau das Richtige für mich, und ich habe bereits angefangen. Meine Unterlage ist ein Stück des Linoleumbodens, den ich im Flur herausgerissen habe.

Ken sagte, die Kunstschule sei einer der wenigen Orte – vielleicht sogar der einzige –, wo wir Leute fänden, die sich für das interessierten, was wir zu sagen hätten. Er denkt in dieser Hinsicht eher pessimistisch. Vor dem Unterricht ging ich zu ihm und erfuhr, dass er an der Whitney-Biennale teilgenommen hat. Ich wollte fragen, wie er das geschafft hatte, aber ich hatte bereits in 2-D und 3-D zu viel geredet und wollte nicht allen auf die Nerven gehen.

22. Januar 1984
Chicago
Ich habe alles Linoleum herausgerissen, die Wand im Wohnzimmer entfernt und angefangen, die Küche zu streichen. Gestern Abend, nachdem ich mit den Wandschränken fertig war, ging ich in den kleinen Laden um die Ecke, um Bier zu kaufen, und entdeckte $45 auf dem Boden vor der Kasse. Ich dachte, ich hätte sie fallen lassen, und stellte erst zu Hause fest, dass sie doch nicht mir gehörten. Heute Morgen ging ich als Erstes los und kaufte:

1. zwei Pfund Ziegenfleisch
2. noch mehr Bier
3. *Fires* von Raymond Carver
4. die *New York Review of Books*
5. Haushaltswaren
6. Lebensmittel
7. ein Exemplar der Zeitschrift *Straight to Hell*, in der schwule Männer von wahren sexuellen Erfahrungen berichten, viele davon im Freien, in Autos oder unter Brücken

13. Februar 1984
Chicago

Heute Vormittag habe ich den Wohnzimmerboden abgeschliffen und die erste Lackschicht aufgetragen und bin dann zur Schule gegangen. Um fünf kam ich zurück und traf auf eine Horde spielender Kinder im Flur. Als ich meine Wohnungstür aufschloss, stürmten sie hinter mir in die Wohnung und rannten durch alle Räume. Keins der Kinder spricht Englisch, deshalb musste ich auf Spanisch mit ihnen schimpfen, worüber sie lachten.

Ich kann kaum glauben, wie gut meine Wohnung jetzt aussieht. Ich habe bislang in der großen Kammer geschlafen und werde das vermutlich auch weiter tun. So habe ich ein komplett leeres Wohnzimmer, ohne jedes Möbelstück.

20. Februar 1984
Chicago

Ich habe eine neue Radiosendung entdeckt, die von einer Frau namens Phyllis Levy moderiert wird. Leute rufen sie in der Sendung an und reden mit ihr über ihre sexuellen Erfahrungen – es ist fantastisch. Gestern Abend rief Debbie an und sagte, sie und ihr Freund hätten am Wochenende mit einem

Vibrator experimentiert. Sie sei viermal gekommen, so oft wie noch nie. »Es war toll!«, sagte sie.

Phyllis schien sich wirklich für Debbie und ihren Freund zu freuen. Dann rief Jill an, um über eine ihrer Fantasien zu reden, und Frank schwärmte von einem Dreier mit seiner Exfreundin und ihrem neuen Typen. Als Nächstes kam Sue. Ihre Eltern seien geschieden, und während eines Besuchs bei ihrem Vater in der letzten Woche sei er mitten in der Nacht in ihr Bett gekommen und sie hätten Liebe gemacht. Sie benutzte tatsächlich diesen Ausdruck, *Liebe gemacht*.

Phyllis erklärte, wir würden in diesem Fall von einer »Inzestsituation« sprechen. Sie war hörbar irritiert und machte den Vorschlag, ob Sue nicht mit Männern ausgehen wolle, die nicht mit ihr verwandt seien. Dann rief Laurie an und sagte, sie habe gerade im Negligé den Abwasch gemacht. Zwischendurch habe sie eine Pause machen müssen, weil das Telefon klingelte, und als sie zurückkam, habe ihr Mann vollkommen nackt an der Spüle gestanden und die Pfannen geschrubbt. Das habe sie »richtig angetörnt«, wie sie sagte.

Phyllis freute sich für sie und redete kurz über das Element der Überraschung. Die Sendung läuft immer sonntagabends und erinnert mich daran, dass ich nicht mehr in North Carolina bin.

27. Februar 1984
Chicago
Gestern Abend hörte ich wieder *Let's Get Personal* auf Q101. Die erste Stunde wird von einer Frau moderiert, die sich für allgemeine Probleme und menschliches Elend interessiert. Sie gibt Nummern für Hilfseinrichtungen für Suizidgefährdete weiter oder von Stellen, an die man sich bei Kindesmissbrauch etc. wenden kann. Die zweite Stunde, mein persönlicher

Favorit, wird von Phyllis Levy moderiert, die zu Beginn mit einem in Indien geborenen Mann sprach. Er sagte, im Busch seiner Freundin tummelten sich lauter kleine Insekten – so drückte er es aus. Er sorgte sich, sie könne fremdgegangen sein und sich die Tiere irgendwo eingefangen haben.

Irene beklagte sich am Telefon, ihr Bruder trage seit Neuestem Frauenkleidung. Phyllis erklärte seelenruhig, das nenne man Crossdressing. Es bedeute nicht, dass Irenes Bruder schwul sei, sagte sie. Viele Crossdresser heirateten und hätten später Kinder. »Ist es das, was dich bedrückt?«, fragte sie.

Irene antwortete Nein, das Problem sei, dass ihr Bruder sämtliche Sachen von ihr und ihrer Mutter nähme und sie keinen einzigen BH oder Slip mehr im Schrank hätten.

Als Lösung schlug Phyllis vor, ihr Schlafzimmer abzuschließen und ihrem Bruder anzubieten, mit ihm shoppen zu gehen.

Brian, der unter vorzeitigem Samenerguss litt, riet Phyllis zu einer Übung namens »die stille Vagina«. Eine andere Lösung sei, vor dem Sex zu masturbieren, um seinen Penis ein wenig zu dämpfen. Phyllis hat tatsächlich für alles die richtige Antwort.

16. März 1984
Chicago
Nebenan ist ein heftiger Streit auf Spanisch im Gange. Ich verstehe zwei Wörter: *Nutte* und *Schuh*. Zwei Männer brüllen eine Frau an. Irgendwer hat eine gelangt bekommen. Auf der Straße vor dem Haus liegen zahlreiche Dinge, die offenbar aus dem Fenster geworfen wurden. Kleidungsstücke und Bügel, ein Kohlkopf, Mayonnaise.

24. März 1984
Chicago

Gestern Abend sah ich eine Frau, die einen Teenager aus der Sheridan »L« Lounge zerrte. Sie war um die vierzig und schlug dem Jungen immer wieder ins Gesicht. »Wie oft soll ich dir noch sagen, dass du dort nichts zu suchen hast?«, fragte sie. »Das bringt nur Ärger.« Hin und wieder hielt sie mit ihren Schlägen inne und machte Zeichen mit ihrer Hand. Der Junge antwortete mit einem unverständlichen Geräusch statt mit Worten. In dem Augenblick begriff ich, dass er taub war.

Nachdem sie genug geschlagen hatte, packte sie das Ohr des Jungen und zog daran. Wie ein Hund, der von seinem Herrn geprügelt wird, ließ er alles widerstandslos über sich ergehen. Einige der Umstehenden beschimpften die Frau. »Lassen Sie ihn doch in Ruhe!«, riefen sie.

Sie rief zurück, sie sollten sich gefälligst um ihren eigenen Dreck kümmern. Sie nannte sie Dreckspack, und die Leute lachten sie aus.

26. März 1984
Chicago

Betty Carter ist unübertrefflich. Gerade haben sie ihre Version von »What's New« im Radio gespielt. Es ist von ihrer jüngsten Schallplatte, und ich denke, ich werde sie für Dad kaufen. Jazzsängerinnen sind so ziemlich die einzige Sache, bei der wir übereinstimmen. Wenn zu Hause gute Musik im Radio lief, rief er mich ins Wohnzimmer und ich musste bis zum Ende des Stücks still sitzen. Während es noch lief, sagte er: »Hörst du das? Mein Gott!«

8. April 1984
Chicago

Heute Abend war ein Schwerbehinderter im IHOP. Er wurde von zwei Männern und einer Frau begleitet, und ich sah zu, wie einer der Männer ihm mit einem Löffel Eis in den Mund schob. Alle vier waren Schwarze. Der Typ im Rollstuhl konnte nicht sprechen; er konnte bloß stöhnen. Ich konnte allerdings nicht erkennen, was es bedeutete: Hatte er Schmerzen? War er traurig? Es klang so, als würde er gefoltert – ein furchtbares Geräusch. Die Frau schnauzte ihn an und sagte, er sei ein Schauspieler. Sie sagte, wenn er sich weiter so benehme, werde sie ihn nicht mehr in Nightclubs mitnehmen. *Glaubt er, das IHOP sei ein Nightclub,* fragte ich mich, *oder meint die Frau einen anderen Ort?*

29. April 1984
Chicago

An warmen Abenden ist der Innenhof meines Gebäudes voller Kinder, die seilspringen oder andere Spiele machen. Während ich im IHOP war, haben sie eine Piñata zerschlagen, und als ich zurückkehrte, lagen Stücke davon zwischen Bonbonpapier auf dem Boden. Heute Nachmittag habe ich gearbeitet, und als es an der Tür klopfte, öffnete ich mit einer furchterregenden Gummimaske, die ich aus Raleigh mitgebracht habe, die Tür. Ich dachte, es wäre eines der Kinder, aber stattdessen war es der Mann vom Ende des Flurs, der um eine Zigarette bat.

30. April 1984
Chicago

Heute kam die Frau von nebenan und fragte nach einer Zigarette. Vier Minuten später schickte sie ihre Tochter, noch eine zu schnorren. Nächstes Mal mache ich erst gar nicht die

Tür auf. Den ganzen Tag muss ich mich Leuten erwehren, die meine Zigaretten haben wollen. Es ist nicht richtig, dass ich den Kampf auf meinem eigenen Terrain verliere.

24. Mai 1984
Chicago
Gestern Nacht fing Neil eine Maus. Es war zwei Uhr früh, und ich war in der Küche bei der Arbeit. Nachdem sie mir die Maus präsentiert hatte, legte sie sie auf den Boden. Sie lebte noch, und jedes Mal, wenn sie davonrennen wollte, verpasste die Katze ihr einen Schlag mit der Pfote. Sie setzte dem armen Ding so zu, dass ich nach einer Weile Mitleid mit ihr hatte. »Du bist grausam«, sagte ich. »Versetz dich doch mal in ihre Lage.« Ich nahm sie hoch, und die Maus verschwand in einem Loch unter der Heizung. Rückblickend hätte ich mich nicht einmischen sollen. Anschließend ging ich schlafen, und sie blieb auf und schmollte.

30. Mai 1984
Chicago
Edith Sitwell sagt, eine ihrer Lieblingsbeschäftigungen sei, ihre Krallen auf den Holzköpfen ihrer Gegner zu wetzen.

14. Juni 1984
Chicago
Ich war bei einem Typen namens Harry, der eine Firma zur Möbelaufarbeitung gegründet hat. Ich hatte gehofft, mit chemischen Abbeizmitteln durch zu sein, aber er bietet mir $5 die Stunde, und wir arbeiten bei den Leuten zu Hause anstatt in einer Werkstatt. Unser Gespräch fand in Harrys Apartment statt, das groß, sauber und geschmackvoll eingerichtet ist, allerdings lief die ganze Zeit der Fernseher. Seine Frau war bei

der Arbeit, und nachdem er mir einige Fragen gestellt hatte, bot er mir ein Bier an. Dann rollte er einen Joint, und ich dachte, *Großartig, ich habe einen Job.*

25. Juni 1984
Chicago
Ich habe auf der Straße bei McDonald's einen Brief gefunden. Darin steht:

Was ich von meiner Mutter halte

Meine Mutter ist ein Miststück.
Motherfucker Scheißarsch.
Fette Kuh verdammte Niggerschlampe alte Hexe. Scheiße
gezeichnet Charlene Moore

30. Juni 1984
Chicago
Bei der Arbeit erzählte mir Harry von seinem Bruder Bob, der vor einigen Jahren mit sechsundzwanzig gestorben ist. Bob hatte Pech. Er war Epileptiker und erlitt einmal einen Anfall am Steuer seines Wagens, sodass zehn Autos ineinanderkrachten. Später fiel er eine Treppe hinunter und brach sich beide Beine. Zuletzt wurde er beim Spazierengehen von einem Zug überfahren, was ungewöhnlich ist, da Züge normalerweise niemanden hinterrücks überfallen. Von Entgleisungen abgesehen, weiß man meistens genau, wo man sie findet.

Das Einzige, was bei dem Unfall an ihm heil blieb, waren seine Hände.

13. August 1984
Chicago
Ken Shorr, mein Dozent aus 4-D, rief vor einigen Tagen an und fragte, ob ich Interesse hätte, in einem von ihm geschriebenen Stück mitzuspielen. Ich habe seit der Highschool nicht mehr auf der Bühne gestanden, aber es sind nur wir beide, und er ist unglaublich komisch. Gestern Abend war ich bei ihm zu Hause und lernte seine Frau und den neugeborenen Sohn kennen. Sie hatten keinen Aschenbecher, also benutzte ich einen Teller. Wir unterhielten uns, und er gab mir ein Skript mit, das ich inzwischen gelesen habe. Die erste Seite kann ich schon auswendig. Ich spiele seinen Vater.

15. August 1984
Chicago
Tiffany wurde gestern Nacht in ein New Yorker Krankenhaus eingeliefert. Wie sich herausstellte, war sie im vierten Monat schwanger, und das Baby wuchs in ihrem Eileiter anstatt in der Gebärmutter heran. Man bezeichnet das als ektopische Schwangerschaft, und sie wusste von all dem nichts, bis die Blutungen einsetzten. »Haben Sie noch irgendwelche Fragen?«, fragte der Arzt, bevor er den Fötus operativ entfernte.

Mit dünner Stimme sagte Tiffany: »Ja. Wann kann ich wieder Sex haben?«

Manchmal muss man es ihr wirklich lassen.

26. August 1984
Chicago
Tiffany ist seit zwei Wochen zu Hause, und Mom hält es einfach nicht mehr aus. Gestern Abend stritten sie sich und zogen einander an den Haaren. Tiffany ist inzwischen einundzwanzig. Mom rief mich an, um mir davon zu erzählen, und

versprach mir $300, für die ich mir Kleidung für die Schule kaufen soll. Dreihundert Dollar!

30. August 1984
Chicago
Heute Abend wurde Lisa, die Bedienung im IHOP, von zwei Männern belästigt. Sie hatten Hamburger bestellt und beschwerten sich ständig, wo sie denn blieben. Ob es die dort drüben unter der Wärmelampe wären? Doch wohl besser nicht!

Die Männer waren ein schwules Paar. Beide waren über fünfzig und hatten einen Schnurrbart. Lisa gab ihnen ein paar flapsige Antworten, und sie stürmten hinaus. Ich stand an der Kasse, als einer von ihnen zurückkam und ihr sagte, sie könne sich seinen Hamburger in den Arsch schieben. Dabei flüsterte er und kniff die Augen zusammen.

Die beiden Männer wohnen in einer Souterrainwohnung neben der Bowlinghalle. Ich komme oft zu Fuß dort vorbei und sehe sie in bunter Unterwäsche herumliegen und fernsehen. Der Boden ist mit Teppich ausgelegt, und in einer Ecke liegt eine Hantel.

6. September 1984
Chicago
Der Unterricht hat begonnen, und ich hatte meinen ersten Schreibworkshop bei einer Frau namens Lynn Koons. Im Kurs sind fünfundzwanzig Studenten, und zu Anfang mussten wir uns alle in einen Kreis setzen. Dann forderte sie uns auf, uns an Bilder aus einem lebhaften Traum zu erinnern. *Oh, nein,* dachte ich. *Träume!*

10. September 1984
Chicago
Heute Abend war mein erster Kunstgeschichtskurs. Er nennt sich Tagebücher, Journale und Notizhefte von Künstlern. Der Dozent, Stephen L., erklärte, welche Texte wir lesen werden, und sagte, wir müssten einen längeren Essay schreiben. Ich könnte mir vorstellen, über Edmund Wilson zu schreiben, aber es ist noch früh. Vor der Pause zeigte er einige Dias, und bei einem Bild von Paul Klee sagte der Typ neben mir laut: »Das könnte ich auch.«

Er trug eine Lederjacke und wollte bloß einen Witz machen.

»Schön zu wissen, dass Sie das auch könnten«, sagte Stephen L. »Aber es interessiert mich nicht.«

Der Typ wurde so rot, dass man die Hitze förmlich spürte. Damit ist er der Armleuchter des Kurses. Zwischen der Arbeit für Harry, dem Unterricht und dem Theaterstück werde ich wohl kaum noch Zeit für meine private Lektüre im IHOP finden.

15. September 1984
Chicago
Harry und ich sind mit dem Job auf der West Armitage fast fertig. Ich habe heute die Holzleisten im Wohnzimmer mit Tungöl eingerieben und mich dabei mit dem Maler, Mr Johnston, unterhalten, der siebenundvierzig ist und neun Kinder und sechs Enkel hat. Er ist schwarz und trug eine weiße Hose, aber kein Hemd. Mr Johnston hat eine mächtige Plauze und erzählte mir, er hätte an allen zehn Fingern eine Freundin. »Du musst nicht jung sein oder gut aussehen«, sagte er. »Du musst nur wissen, wie man die Frauen rumkriegt.«

Das Geheimnis, erfuhr ich, lautet »Schlag sie«.

»Je fester du sie schlägst, desto mehr werden sie dich lieben«, sagte er. »Nach einer ordentlichen Tracht Prügel kommt jede Frau zu dir zurückgekrochen.« Er lud mich ein zuzuhören, während er mit einer seiner Freundinnen telefonierte. »Hör zu, Joyce«, sagte er. »Um zehn Uhr heute Abend bewegst du deinen Arsch zur Ecke Milwaukee und Cicero.«

Er sagte, man müsse grob mit ihnen umspringen, weil die Ladys das liebten – das und geschlagen zu werden. Die Eingangstür war ausgehängt, und als eine Frau die Treppe hinaufging, wandte Mr Johnston sich zu mir und blinzelte mit den Augen, als wolle er sagen, *Jetzt pass mal auf.*

»Ihre Wohnung ist nächste Woche dran«, sagte er zu ihr, als sie vorbeiging. »Vielleicht können wir ein Geschäft machen.« Als die Frau höflich lächelte, streckte er die Zunge heraus und leckte sich über die Lippen. Sie war Ende zwanzig und hielt eine Tüte mit Lebensmitteln aus einem Feinkostladen in der Hand. Sie trug einen Anzug und war so entschieden das Gegenstück zu einer Prostituierten, dass es einfach nur lächerlich war. Die Frau verschwand in der Wohnung gegenüber, und nachdem sie die Tür hinter sich geschlossen hatte, erklärte Mr Johnston mir, die fresse ihm aus der Hand, und er brauche bloß noch zuzugreifen. Während er das sagte, hörte ich an der Tür gegenüber nacheinander drei Sicherheitsschlösser klicken. So groß war ihr Interesse.

25. September 1984
Chicago

Heute Morgen wartete am Schalter der El in der Sheridan Station eine lange Schlange. Es regnete, und ich hatte eine große Tüte mit Farben und Pinseln dabei. Direkt neben dem Schalter stand eine Schwarze und redete mit einem Polizisten. Sie war um die zwanzig und mollig. Sie war schlicht gekleidet und zeigte mit dem Finger auf einen Mann, der nicht weit entfernt stand, und beschimpfte ihn als Motherfucker. Sie wiederholte es drei Mal, und jedes Mal wurde ihre Stimme lauter. Sie erklärte dem Bullen, sie müsse zur Schule, der Unterricht beginne um neun, und wegen ihm würde sie zu spät kommen.

Als sie sich in der Schlange anstellen wollte, hielt der Polizist sie fest. Sie riss sich los, und er drängte sie in eine Ecke und versperrte ihr mit den Armen den Weg. »Ich habe nichts Unrechtes getan!«, brüllte sie. »Ich habe nichts getan, und ich muss zur Schule!«

Der Bulle drehte ihr den Arm um, und sie trat ihn und rannte in Richtung Drehkreuz. Ich vermute, sie wollte drunter herkriechen, aber sie war zu dick. Der Bulle schnappte sie wieder, und diesmal biss sie ihn. »So helf mir doch jemand!«, rief sie. Wieder versuchte sie es mit dem Drehkreuz, vielleicht weil sie dachte, wenn sie auf der anderen Seite sei, hätte sie es geschafft.

Der Bulle zog sein Walkie-Talkie hervor und sagte irgendeinen Code auf. Die junge Frau war inzwischen hysterisch. Vielleicht hatte sie tatsächlich nichts Unrechtes getan. Wer konnte das schon wissen? Die Schlange bewegte sich etwas schneller, nachdem er sie wieder in eine Ecke gedrängt hatte. Oben auf dem Bahnsteig konnten wir sie immer noch brüllen hören, sie hätte nichts getan, sie müsse zur Schule und sie wolle einfach nur in Ruhe gelassen werden.

28. Oktober 1984
Chicago

Am Abend der Uraufführung tranken Ken und ich einen halben Liter Scotch in der Garderobe. Am zweiten Abend war es Wodka. Beide Male war er ein nervöses Wrack, aber andererseits war es sein Stück und ging ihm ungleich näher als mir. Wir hatten nie vor mehr als drei Leuten gespielt und waren nicht sicher, wo die Lacher kämen. Außerdem hatten wir so lange geprobt, dass wir vergessen hatten, was daran lustig war. Beide Aufführungen waren ausverkauft, und die am nächsten Freitag und Samstag werden es hoffentlich auch sein.

7. Dezember 1984
Chicago

In meinem Schreibkurs ist eine Frau namens T., die zu Beginn des Quartals schwanger war und vor einigen Wochen ihr Kind bekommen hat. In den vergangenen Monaten hat sie hin und wieder einen Kommentar abgegeben, aber noch nie hat sie etwas Geschriebenes vorgelesen. Heute muss sie entweder betrunken oder bekifft gewesen sein. Aus heiterem Himmel sagte sie, sie wolle eine ihrer Geschichten vorlesen lassen, und zwar von Rose. »Ich kann dieses ganze mittelmäßige Zeug nicht mehr hören«, erklärte sie uns. »Höchste Zeit für etwas Gutes.«

Rose fing an zu lesen, wurde aber Sekunden später von T. unterbrochen. »Du hast den Leuten keine Zeit gelassen, sich zu entspannen«, sagte T. mit leicht lallender Stimme.

Die Geschichte, nachdem Rose sie endlich vorlesen durfte, handelte von einer jungen Frau, die sich für eine Lesben-Party ankleidet. Sie hat vor Kurzem entschieden, dass sie sich für Frauen interessiert, und zieht Jeans und Cowboystiefel an. Anschließend verlässt sie das Haus. Ende der Geschichte.

T. war wütend, dass die Geschichte nicht länger war. »Als ich sie schrieb, kam sie mir länger vor«, sagte sie. Dann beschuldigte sie Rose, sie hätte sie zu schnell vorgelesen und dadurch oberflächlicher klingen lassen. Sie erklärte dem Kurs, sie sei selbst eine Lesbe und keiner von uns könne sich in die Situation hineinversetzen, weil wir alle Angst hätten, uns unserer Homosexualität zu stellen.

Die Kursteilnehmer sahen einander an, nicht wissend, was sie sagen sollten. Die Frauen waren nicht besonders wild darauf, gesagt zu bekommen, sie seien alle verunsicherte Lesben, die sich als Heterosexuelle verkleideten. T. kritisierte Leute, die glaubten, Realismus hieße, das Wort *Scheiße* zu gebrauchen. Sie redete und redete, bis jemand ihr sagte, sie solle den Mund halten. Dann legte sie den Kopf auf den Tisch und schlief ein. Sie schnarchte sogar.

25. Dezember 1984
Raleigh
Zu Weihnachten habe ich bekommen:
Freude am Kochen
Familientanz von David Leavitt
sechs Paar Unterhosen
ein Hemd von Gretchen
Salz- und Pfefferstreuer von Fiestaware
eine Schachtel Pastellkreide
$2 in bar
einen Scheck über $125

28. Dezember 1984
Raleigh
Amy, Tiffany und ich saßen bis halb vier früh in der Küche und erzählten. Unter anderem mussten wir über eine alte Episode von *The Newlywed Game* lachen. Der Moderator fragte die Ehefrauen, »Was ist der ungewöhnlichste Ort, an dem sie Sex hatten?« Er erwartete vermutlich »in der Küche« oder »auf dem Tennisplatz bei Nacht«, aber eine Frau hatte die Frage nicht richtig verstanden und sagte, »Im Po.«

1985

9. Januar 1985
Raleigh
Seit ich über die Weihnachtsferien zu Hause bin, hinterlässt Paul auf der Küchentheke Zettel mit der Botschaft *Bitte um 7.30 Uhr wecken. Gezeichnet, David.*
  Gestern Abend hatte Mom Zitronentarte zum Nachtisch gemacht. Paul nahm eine leere Tarteform und füllte sie mit kaltem Kartoffelpüree. Dann setzte er eine Sahnehaube drauf und ließ mich probieren. Mom leiht ihm ihren Wagen nur, wenn er $20 Pfand hinterlegt.

10. Januar 1985
Raleigh
Amy und ich sind von ihrer Wohnung aus zum A&P gegangen. Es war bereits spät, und als wir über den Parkplatz zum Wagen liefen, kam eine alte Frau auf uns zu und fragte, ob wir sie mit nach Hause nehmen könnten. Sie hieß Eunice, und während sie sich auf die Rückbank setzte, sagte sie: »Keine Sorge, Baby. Ich setz mich nicht auf deine Kassetten.«
  Auf der Fahrt nach Hause zeigte sie uns verschiedene Dinge in der Umgebung – das Haus der Johnsons zum Beispiel. Sie erklärte uns, sie habe dort viele Jahre als Haushälterin gearbeitet, dann aber den Job verloren, weil sie in New York nach ein paar Möbeln habe sehen müssen.

Eunice sagt, wir machten einen netten Eindruck. Deshalb hätte sie uns auch nach einer Mitfahrgelegenheit gefragt.

»Sie machen ebenfalls einen netten Eindruck«, sagten wir. Und sie versicherte uns, das sei sie auch.

Als wir sie absetzten, lud Eunice uns ein, im Sommer wiederzukommen und sie zu besuchen. Sie zeigte auf eine Stelle im dunklen Hof und sagte, bei warmem Wetter sitze sie immer dort draußen, unter dem Schleckerbaum.

1. Februar 1985
Chicago
Einmal in der Woche kommt ein blinder Schwarzer mit seinem ebenfalls blinden Freund ins IHOP. Beide tragen keine dunklen Brillen, und einer von ihnen hat eine sehr geschwollene Ausdrucksweise. Heute Abend lief ein Bill-Withers-Song, und der eine sagte zum anderen: »Es mag dich vielleicht interessieren, aber von diesem Gentleman können wir in naher Zukunft ein neues Album erwarten.«

Als sein Hühnchen kam, schnitt Barbara, die Bedienung, es für ihn in kleine Stücke.

8. Februar 1985
Chicago
Heute Abend war ein Mann im IHOP, der gleichzeitig zwei Kopfbedeckungen trug. Zuunterst eine Strickmütze und darüber so ein rotes Schlabberding, wie Frauen es auf Gartenpartys tragen. Mary, die Kellnerin, ignorierte den Typen zuerst. Dann nahm sie seine Bestellung auf, ließ ihn aber im Voraus zahlen. Er bestellte Eier und einen Kaffee, und nachdem er etwa zehn Minuten später noch nichts bekommen hatte und höflich danach fragte, zischte Mary ihn an, sie habe zu tun, oder? Ihre grobe Antwort war mir unangenehm.

Hatte sie mit ihm schon einmal Ärger gehabt? Hatte es etwas mit den zwei Kopfbedeckungen zu tun?

16. Februar 1985
Chicago
Heute Abend sah ich Polizei und einen Krankenwagen an der Ecke Irving/Sheridan. Am Bordstein lag ein Mann mit dem Gesicht im Schnee. War er von einem Wagen angefahren worden? Hemd und Jacke waren hochgerutscht und man konnte seine Arschspalte sehen. Vielleicht war er tot. Ich bin mir nicht sicher.

24. Februar 1985
Chicago
Mary im IHOP ist seit einiger Zeit auf Krawall gebürstet und setzt die Leute reihenweise vor die Tür. Als heute Abend zwei Männer hereinkamen, zeigte sie zur Tür und sagte, »Verschwindet!« Einer war dünn und der andere fett und trug einen Sweater mit V-Ausschnitt, der zu kurz für seinen Bauch war. Der Dünne trug eine Brille und ist schon vorher einmal rausgeflogen.

»Das ist Diskriminierung«, sagte er. Dann fragte er nach Marys Namen.

Sie wollte ihn nicht nennen, und er sagte, er kenne die Besitzer sämtlicher IHOP-Filialen in ganz Amerika. Er sagte, er würde einen Beschwerdebrief schreiben und sie könne sich von ihrem Job schon mal verabschieden. Adios.

Mary sagte, liebend gern, und als die Männer noch einen Schritt näher machten, standen zwei Bullen am Nebentisch auf und sagten, sie sollten verschwinden.

»Yeah«, sagte Mary zu dem größeren der beiden Männer, »verpiss dich, Fettsack.«

10. Juli 1985
Chicago
Auf dem Rückflug von Raleigh gab es eine Art asiatisches Barbecue. Auf der anderen Seite des Gangs saßen zwei Männer, die sich darüber beschwerten, hinten im Flugzeug sitzen zu müssen. Sie sagten, es sei unfair, den Niggern die vorderen Plätze zu geben. Einer der Männer trank je drei Gläser Bourbon mit Wasser. Vor der Landung reichte die Stewardess uns mit einer Zange heiße Handtücher, die rochen, als kämen sie frisch aus der Spülmaschine.

28. Juli 1985
Chicago
Heute Abend war eine seltsame Familie im IHOP. Ein großer, polternder Mann, der beim Eintreten verkündete, seine Frau sei schwanger und brauche ein paar Pfannkuchen. Als Barbara die Bestellung aufnahm, musterte er sie eingehend und sagte: »Sehr hübsch, sehr hübsch!« Er legte einen Arm um seinen noch jungen Sohn und sagte, mit der Familie essen zu gehen sei eine der größten Freuden im Leben eines Mannes.

Mein Lieblingspaar saß nicht weit entfernt. Sie sind beide alt, und monatelang rätselte ich, ob es sich um Mann und Frau oder zwei Frauen handelte. Inzwischen weiß ich, dass sie Bruder und Schwester sind. Die beiden sind sehr nett und fragen Barbara stets, wie es ihr gehe. Heute bestellte der Bruder Schokosplitter-Pfannkuchen. Dann nahm er den Sirup und fragte, ob man ihn darübergieße, als hätte er noch nie einen Pfannkuchen gesehen.

Der Familienvater verlangte unterdessen nach mehr Butter.

»Ich habe noch welche übrig«, sagte der ältere Bruder. »Sie wollen vermutlich nichts vom Tisch eines anderen Gastes haben. Aber der Teller ist sauber. Ich habe ihn nicht angerührt.«

»Schon in Ordnung«, sagte der Familienvater. Es war interessant zu sehen, wie er sich im Laufe des Essens verändert hatte. Als sie gingen, schnauzte er seine Frau an, weil sie so ein großzügiges Trinkgeld gegeben hatte. Dann drehte er sich zu seinem Jungen und sagte: »Sie wirft mein verdammtes Geld einfach so aus dem Fenster.«

29. Juli 1985
Chicago
Tiffany ist mit einem Pianisten namens Mike zusammengezogen. Sie leben in Queens und dealen mit Kokain, um über die Runden zu kommen. Vorher hatte sie bei Macy's für eine belgische Schokoladenfirma gearbeitet. Ich denke, das nennt man eine Laufbahn mit viel Hell und Dunkel.

26. August 1985
Phoenix
Teds Mutter ist vernarrt in Lorne Greene und hat sämtliche Fernsehserien mit ihm gesehen, selbst *Kampfstern Galactica*. Jetzt hangelt sie sich von einer Alpo-Hundefutterwerbung zur nächsten.

Hier einige der Einträge in den Gelben Seiten unter *Kaktus*:
Kaktus Automatenvertrieb
Kaktus Autowäsche
Kaktus Catering
Kaktus Chemikalien
Kaktus Getränkemarkt
Kaktus Kameras
Kaktus Kindergarten
Kaktus Klimaanlagen
Kaktus Süßwaren

Kaktus Teppiche
Kaktus Tierklink
Kaktuszaunkönig Klärtechnik
Kaktuszaunkönig Partyartikel
Kaktuszaunkönig Wohnwagenpark

8. September 1985
Chicago
Die Frau, für die wir derzeit Lackierarbeiten vornehmen, hat neben der Toilette einen Korb mit Zeitschriften stehen. Darunter sind Titel wie *Häkelfantasien*, *Charisma* (»Für ein dynamisches, spirituelles Leben«), *Medical Abstract Newsletter*, *Farm Computer News* und *Kapitalmarkt*.

Auf der Straße sprach mich eine Prostituierte in Jeansjacke an und fragte, ob ich Lust auf ein Date hätte. Es verblüfft mich immer wieder, wenn man mich für heterosexuell hält.

Heute Abend hörte ich Mary im IHOP mit einem Polizisten reden. Als Erstes sagte sie, dass sie Afrikaner hasse. Sie behauptete, sie seien versnobt und wüssten nicht, wie man Auto fährt. Sie sagte, sie stände hinter Südafrika und hoffte, sie würden an ihrer Politik festhalten. Mary ist um die dreißig, klein und hübsch und hat einen athletischen Gang.

9. September 1985
Chicago
Ted H. ist mein Lehrer im Malereikurs. Er sagt »Yeah«, wenn er »Ist das nicht so?« meint, und hat graues lockiges Haar. Zu Beginn des Kurses sagte er, keine Frage sei eine dumme Frage. Also hob ich meine Hand und fragte, ob wir im Raum eine Raucherecke einrichten könnten.

Er sagte zweimal »Nein«, und mehrere meiner Kommilitonen flüsterten, »gut«. Unter ihnen war eine Frau, die einen Arbeitskittel mit den Namenszügen berühmter Maler trug: Matisse, van Gogh, Rousseau. Sie hatte vier ihrer Gemälde mitgebracht, großformatige Landschaften, und sie nebeneinander entlang der Wand aufgestellt.

Später am Nachmittag nahm Ted uns mit ins Museum und redete über de Kooning. Mir gefiel es, wie er sich immer mehr ereiferte. Künstlerkittel starrte mich die ganze Zeit im Museum an, auch wenn ich nicht weiß, warum.

17. August 1985
Chicago
Ich sah das Interview mit einer der wenigen Überlebenden des Absturzes von Delta Flug 191. Sie war mit einem Freund nach hinten in den Raucherbereich gegangen, als die Maschine abstürzte. Das hat ihr das Leben gerettet. In den Nachrichten sagte sie: »Jetzt fange ich mit dem Rauchen an und steige in kein Flugzeug mehr.« In der Hand hielt sie eine Zigarette in der ungelenken Art einer Anfängerin.

1. Oktober 1985
Chicago
Ich las im *National Examiner* einen Artikel über Christina Onassis, die sich offenbar in einer Abmagerungsklinik befindet. Sie strengt sich wirklich an, aber sie bezeichneten sie dennoch als »Fettkloß« und, schlimmer noch, »dieser griechische Tanker«.

17. Oktober 1985
Chicago
Ich bin die ganze Nacht aufgeblieben und habe an meiner neuen Geschichte gearbeitet. Leider schreibe ich so, wie ich

male, von einer Ecke zur nächsten. Nie kann ich einen Schritt zurückmachen und das ganze Bild sehen. Stattdessen konzentriere ich mich auf einen kleinen Fleck und stelle erst nachher fest, dass er keine Ähnlichkeit mit dem realen Gegenstand hat. Vielleicht ist das meine Stärke, und ich bin der Einzige, der das nicht erkennt.

20. Oktober 1985
Chicago
Am Donnerstag haben die Cherokee-Indianer ihren ersten weiblichen Häuptling gewählt. Ihr Name ist Wilma Mankiller.

Kims Mann geht zu einem Friseur, dessen Salon Blood, Sweat and Shears (Blut, Schweiß und Scheren) heißt.

24. Oktober 1985
Chicago
Bevor ich heute Abend zum Unterricht ging, besah ich mir noch einmal mein jüngstes Gemälde einer Aktentasche und wurde ganz deprimiert. Es sieht aus wie das Bild eines Siebtklässlers. Am Ende der Stunde unterzeichnete ich es mit *Vic Stevenson*. Das ist der Name des Motelmanagers in der Geschichte, an der ich gerade schreibe. Bis zur kritischen Aussprache muss ich mir noch irgendeine Rechtfertigung für das Bild einfallen lassen. Ted, unser Lehrer, ist eine harte Nuss und wird mich in der Luft zerreißen, wenn ich nicht alles im Griff habe.

26. Oktober 1985
Chicago
Im Park Dope gekauft. Anschließend habe ich mich eine Weile auf eine Bank gesetzt und den strahlenden Herbsttag genossen. Später zu Hause das Wort *Versager* in einen Kürbis geritzt.

28. Oktober 1985
Chicago
Die kritischen Aussprachen werden immer trostloser, sobald einem klar wird, dass jeder nur auf seinen eigenen Auftritt wartet. Es ist ein einziger Monolog statt eines Dialogs. »Und plötzlich habe ich begriffen, dass man bei Milton Avery nicht ankommt, sondern *durch ihn hindurchgeht*«, sagte heute eine Landschaftsmalerin. Aber erst nachdem sie sich zusammengerauft hatte. Zuvor hatte sie gebrüllt: »Ich möchte nicht darüber reden, ich möchte es einfach nur *machen*.«

Will, ein anderer Teilnehmer, schüttelte sein Bild kräftig und beharrte darauf, dass es keine gemalte, sondern eine tatsächliche Bierdose sei. Je länger ich an der Uni bin, desto ermüdender werden diese Kritikrunden. Ich glaube, heute habe ich es übertrieben, aber erst als ich später zu Hause einen Joint durchzog, wurde mir die Peinlichkeit meines Auftritts bewusst. Zuerst hatte ich meine sogenannte »Produktlinie« vorgestellt und dann einen Text über das IHOP vorgelesen. Ted sagte, meine Bilder seien in erster Linie Zeichen. »Wir treten nicht in ihre Sphäre ein, sondern sie treten in unsere ein.« Das scheint mir weitgehend zutreffend.

5. Dezember 1985
Chicago
Heute Nachmittag rannte ich die Stufen zur El hinauf, und genau in dem Moment, als ich den Bahnsteig erreichte, schloss der Zug seine Türen und fuhr los.

»Tut mir leid, er ist gerade weg«, sagte ein Typ, der nicht weit entfernt an einem Geländer lehnte. »Du hast ihn verpasst.«

Ich nickte, während ich nach Luft japste.

»Also, kannst du mir auch aushelfen?«, fragte der Typ.

»Wie bitte?«

»Ich hab dir einen Gefallen getan, jetzt kannst du mir einen tun«, sagte er.

»Welchen Gefallen hast du mir getan?«, fragte ich.

»Ich hab dir gesagt, dass der Zug weg ist«, sagte er.

Das ist so, als würde man einem im Regen Stehenden sagen, dass es regnet. Ich meine, was für ein Gefallen soll das sein? Ich sagte dem Typen, er solle mich in Ruhe lassen. Dann setzte ich mich auf eine Bank, und er stand vor mir und fluchte, bis der nächste Zug einfuhr.

8. Dezember 1985
Chicago
Hier ist das Rezept für Kims Spinatsuppe:
Eine 280 Gramm-Packung Tiefkühlspinat
2 Tassen Wasser
2 gepresste Knoblauchzehen
$1/5$-Packung Spaghetti
Olivenöl
Parmesankäse

Wasser, Spinat und Knoblauch in einen Topf geben. Kochen, bis der Spinat aufgetaut ist. Olivenöl hinzugeben – so viel, dass die Wasseroberfläche bedeckt ist. Spaghetti durchbrechen und getrennt kochen. Fertige Spaghetti in den Topf zu dem Olivenöl, Wasser, Spinat und Knoblauch geben und mit geriebenem Parmesan bestreuen.

26. Dezember 1985
Raleigh
Zu Weihnachten habe ich bekommen:
einen Ghettoblaster mit Radio und Kassettenrekorder
eine Armbanduhr

eine Plastiktaschenlampe
einen Hals- und Nackenwärmer
Socken
Unterwäsche
eine Leerkassette
eine Aktenmappe
zwei Gummistempel
ein Feuerzeug, das aussieht wie Godzilla
einen blau karierten Schal
den Erzählband *Wieder im Bilde* von Tobias Wolff
Ölfarben
Handrasierer

1986

13. Januar 1986
Chicago
Ich versuche, so wenig Geld wie möglich auszugeben. Ohne Einkünfte bleibt mir nichts anderes übrig, also habe ich heute im Walgreens ein Stück Fiesta-Seife gekauft, die furchtbar ist, aber nur 20 Cent kostet. Ich habe mich gestern Abend damit gewaschen und rieche noch heute wie einer dieser Duftsteine in den Pissoirs an der Tankstelle.

2. März 1986
Chicago
Tiffany ist die letzten fünf Tage in Raleigh mit einem Eisbeutel an der Wange herumgelaufen. Sie sagt, ein fremder Mann habe sie in New York auf der Straße beleidigt. Sie habe zurückgekeift, und er habe sie geschlagen.

»Das ist ihre Version der Geschichte, wenn du es denn glauben willst«, sagte Mom, als sie mir am Telefon davon erzählte.

Bei Tiffany ist alles möglich. Sie hat ein so abenteuerliches Leben.

3. März 1986
Chicago
Als ich gestern Abend im Waschsalon meine Wäsche faltete, spürte ich jemanden in meinem Rücken, ganz nahe, aber ohne mich zu berühren. Es war eine Schwarze, die einen Apfel aß.

Sie war ungefähr dreiundzwanzig, und während ich meine Arbeit fortsetzte, begann sie mit mir zu reden. »An welchen Tagen essen wir Fleisch?«, fragte sie.

Zuerst dachte ich, es sei ein Rätsel. Ich meine, wer sollte mit »wir« gemeint sein? Ich sagte, wir essen Fleisch, wenn wir Lust darauf haben oder es uns leisten können.

»Können wir dreimal täglich Fleisch essen?«, fragte sie.

»Klar doch«, sagte ich. »Wenn uns danach ist.«

»Wo ist hier eine katholische Kirche?«, fragte sie.

Ich sagte, ich wisse es nicht, und sie erwiderte: »Du lügst.«

Dann verschwand sie in der Toilette und blieb dort, bis ich ging. In dieser Woche habe ich laufend Begegnungen mit Verrückten, die mir entweder als Zeichen oder als Boten erscheinen.

10. März 1986
Chicago
Heute Nachmittag ist mir ein Hammer auf den Kopf gefallen. Ich hob auf Händen und Knien Gipsbrocken vom Boden auf und stieß dabei gegen die Leiter, auf der ich den Hammer liegen gelassen hatte. Er traf mich, und es fühlte sich genau so an, wie ich mir das immer vorgestellt hatte. Ich war wie betäubt. Jetzt habe ich eine blutende Beule auf dem Kopf, so groß wie ein kleines Ei. Es sieht aus wie bei einer Comicfigur, bloß, dass ich es bin.

14. März 1986
Chicago
Im Supermarkt unterhielt sich ein Mann in den Sechzigern mit einem Techniker über den Sexshop ein paar Häuser weiter. »Du bist also endlich drin, nachdem du drei oder vier Dollar für Chips und fünfzig Cent bloß für den Eintritt bezahlt hast.

Der Film beginnt, und dann steckt irgendein Typ von nebenan seinen Schwanz durch ein Loch in der Wand. Und was will ich damit? Es ist ekelig, und die Chips reichen gerade einmal für drei oder vier Minuten, bevor der Bildschirm schwarz wird. Verdammt, für ein paar Dollar mehr könnte ich mir den ganzen beschissenen Film kaufen. Verstehen Sie, was ich sagen will? Ich würde gar nicht hingehen, aber ich habe so viele Freunde dort.«

18. März 1986
Chicago
Ich habe heute Vormittag an einer Grundschule gewählt. Die Kinder schienen ganz aufgeregt über die vielen Erwachsenen zu sein, von denen einer, ein älterer schwuler Mann in einer Lederweste, eine Anstecknadel mit der Aufschrift *WÜRDE* trug.

Eine der Personen, denen ich heute meine Stimme gegeben habe, heißt Lee Botts. Ihr Wahlkampfslogan lautet: *IHR PROGRAMM IST SAUBERES WASSER.* Irgendwer hat auf dem Plakat vor der Schule herumgekritzelt, und jetzt steht dort: Lee Botts. *IHR PO IST SAUBER.*

21. März 1986
Chicago
Im El setzte ich mich neben eine Schwarze, die in einem Lehrbuch las. »Können Sie Mathe?«, fragte sie, während ich mich hinsetzte.

Ich hatte *Mappe* verstanden und fragte: »Verzeihung?«

Sie zeigte auf ihr Buch. »Algebra. Ich könnte jemanden gebrauchen, der mir dabei hilft.«

Mathe ist mein schlechtestes Fach, deshalb entschuldigte ich mich und sah ihr zu, wie sie eifrig an den Rand schrieb und kritzelte.

6. Mai 1986
Chicago

Folgenden ausgezeichneten Ratschlag habe ich in *The Amy Vanderbilt Complete Book of Etiquette* gefunden: »Wenn Sie jemandem die Hand geben wollen, der einen Arm verloren hat, nehmen Sie die andere Hand. Wenn er beide Arme verloren hat, greifen Sie nach der Spitze seiner Prothese (unbefangen und ohne zu zögern).«

7. Mai 1986
Chicago

Ich habe heute Mom und Tante Joyce bei einem Zwischenstopp auf dem Rückflug von Santa Fe kurz am Flughafen getroffen. Ich bin pleite, wollte aber nicht davon reden und es sie nicht merken lassen, doch dann ist es mir doch herausgerutscht. Wir tranken einen Kaffee, und nachher drückte Tante Joyce mir $20 in die Hand. Mom steckte mir zwei Zwanziger und einen Zehner zu. Dann gab sie mir noch einen Scheck, und ich verließ den Flughafen, fluchend und mit mir selbst schimpfend, weil ich wütend war und mich schämte, mit neunundzwanzig Jahren von anderen Geld schnorren zu müssen. Ich mache mich selbst krank.

10. Mai 1986
Chicago

Ein Mann mit grauem Bart und einem billigen Anzug im Bus: »Ich trete dir in deinen fetten Arsch, Schlampe.« Er sagte es zu jeder Frau, die durch den Bus an ihm vorbeiging.

1. Juni 1986
Chicago

Gestern Abend bin ich mit Rick, Jeannie und einem humorlosen Paar, das sie aus Maine kennen und das frisch nach Chicago gezogen ist, beim Inder essen gewesen. Der Mann war eigentlich ganz okay, aber seine Frau Liza – was für eine Nervensäge. Bevor sie in ihre Wohnung Ecke Addison/Western zogen, haben sie in einem Tipi gelebt. Sie und ihr Mann ernähren sich makrobiotisch. Wir trafen uns in meiner Wohnung, und nachdem ich einen Joint gerollt und ihn herumgereicht hatte, sagte Liza ungeduldig, »Entschuldigung, aber können wir nicht auf dem Weg ins Restaurant reden?«

Später fragte ich sie, warum es ihr in Chicago nicht gefällt, und sie sagte: »Das ist zu kompliziert, um es Ihnen zu erklären.«

Es machte Spaß, sie zu ärgern und zu provozieren und zu sehen, wie sie ihre Augen verdrehte.

Das indische Restaurant war billig. Man konnte für $3 essen, und ich musste lachen, als Liza ein Kartoffelschnitzel bestellte.

»Was gibt's da zu lachen?«, fragte sie.

»Es ist bloß, weil sie ein Kartoffelgericht als *Schnitzel* bezeichnen«, sagte ich.

Während des Essens liefen draußen auf der Straße junge indische Paare auf und ab, die ihren Abschlussball feierten. Es waren noch Kinder, und sie sahen großartig aus, so elegant. Wir hatten gerade zu Ende gegessen, als eine Frau hereinkam und an unserem Tisch um Geld bettelte. Sie hatte einen Schal um den Kopf gebunden, der ihr bis über die Augenbrauen reichte. »Kennen Sie sich in dieser Gegend aus?«, fragte sie. »Ich habe panische Angst.«

Dieses Stück der Devon Avenue, mitten in einem indischen Viertel, ist der letzte Ort, an dem man Angst haben muss. »Ich war schon bei der Feuerwache und überall«, sagte sie. »Ich habe Sie von draußen gesehen und mir die Augen ausgeweint.«

Sie rieb sich über die Handrücken und zog an ihrem Schal. »Sehen Sie, ich habe einen Säugling zu Hause, und er hat den ganzen Tag noch nichts gegessen. Ich brauche Milchpulver. Die Männer an der Feuerwache haben mir ein paar Dollar gegeben, aber glauben Sie mir, ich habe Angst. Das Baby hat nur noch eine einzige Windel, und, wissen Sie, ich bin Kellnerin. Ich habe vier Tage gearbeitet, aber ich bekomme meinen Scheck erst am Dienstag, und ich brauche dringend Milchpulver. Ich habe draußen vor dem Fenster gestanden und die ganze Zeit geweint.«

Die Frau war etwa in meinem Alter, und während Rick sein Portemonnaie zückte, holte die Frau eine angebliche Geburtsurkunde aus der Tasche und hielt sie uns hin. »Sehen Sie, ich habe ein Baby. Ich lüge nicht.«

Ich überlegte, was sie tun würde, wenn ich ihr $20 für die Urkunde anböte. Nicht, dass ich es tatsächlich tun würde, es war bloß ein Gedanke, und obendrein so herzlos, dass ich rot wurde.

7. Juni 1986
Chicago

Endlich ist Amy von Raleigh nach Chicago gezogen. Nachdem sie eine Woche lang verstört auf der Couch gesessen und aus dem Fenster auf die schreckliche Umgebung gestarrt hat, in der ich jetzt wohne, bin ich mit ihr losgezogen, einen Job als Cocktailkellnerin zu suchen. Heute Nachmittag waren wir unter anderem in einem Laden, der Bar Association hieß. Als wir hereinkamen, saß der Manager am Tisch und aß ein Stück weiße Schokoladentorte. »Hier«, sagte er und hielt uns seine Gabel hin, »probieren Sie mal.«

Wir standen wie angewurzelt da.

»Ach, nicht doch«, sagte er. »Ich habe kein AIDS oder sonst was.«

Wir nahmen jeder einen Bissen und sagten, es schmecke vorzüglich, was ihn zu freuen schien.

Auf dem Heimweg kaufte Amy ein Lotterielos bei Sun Drugs. Sie fragte die Frau hinter der Theke, wie es funktionierte, und als sie ihr erklärte, jede Woche würden Hunderttausende Leute mitmachen, war Amy enttäuscht. Sie hatte geglaubt, es würden gerade einmal eine Handvoll Lose verkauft und ihre Gewinnchancen lägen bei eins zu zehn.

29. Juni 1986
Chicago
Jetzt, da Amy einen Job hat, ist es Zeit, eine eigene Wohnung zu finden. Heute Nachmittag meldeten wir uns auf eine Anzeige, die wir im *Reader* entdeckt hatten. Ein gewisser Jerry suchte nach einer Mitbewohnerin, und als wir ankamen, begrüßte uns ein erwachsener Mann mit langen fettigen Haaren. Seine Zähne waren gelbe Stumpen und sahen aus wie vertrocknete Maiskörner. »Als ihr angerufen habt, wollte ich erst sauber machen, aber dann habe ich ferngesehen«, gab er zu.

Jerry hatte sein Schlafzimmer mit Collagen von Wrestling Stars tapeziert. Er erklärte uns, er habe sie selbst gebastelt, und dann zeigte er uns eine von Elvis Presley, an der er gerade arbeitete. Er trank aus einem Kaffeepott mit dem Aufdruck *ICH,* und wenn er ihn einmal abstellte, kratzte er sich auffallend häufig am Ellbogen.

Anscheinend hatte Jerrys vorherige Mitbewohnerin die Gasrechnung in die Höhe getrieben, indem sie ständig den Backofen benutzte. »Sie machte andauernd Ofenkartoffeln«, erklärte er uns. »Zu jeder Tages- und Nachtzeit. Einmal schob sie abends drei oder vier Kartoffeln in den Ofen und ging dann schlafen. Als ich am nächsten Morgen aufstand, waren die

Kartoffeln gebacken, geröstet und was weiß ich nicht alles, jedenfalls waren sie schwarz und verkokelt.«

Amy und ich lachten, nicht über das Missgeschick, sondern über jemanden, der sich ausschließlich von Ofenkartoffeln ernährte.

Jerry jedoch blieb ernst. Er lachte in der ganzen Zeit nur ein einziges Mal, als er uns von einem Mord erzählte, der sich kürzlich in der Nachbarschaft ereignet hatte. »Und dann stellte sich heraus, haha, wer immer es gewesen war, haha, hatte die Leiche in einen Müllcontainer gestopft.«

Er führte uns durch die Wohnung. Der Küchentisch sah aus, als hätte man Sirup darauf verspritzt. Im Wohnzimmer stand eine Rüstung, und es gab jede Menge Bücher über Vietnam. Außerdem hatte er eine Buddhafigur und eine Baseballkappe mit der Aufschrift DER GENERAL. Und auf seinem T-Shirt stand DIE KÄMPFENDEN SAMOER.

Uns fiel auf, dass Jerry auffallend ruhig war. Er redete sehr langsam und sah dabei gewöhnlich zum Fernseher. Überall standen randvolle Aschenbecher. Jerry erzählte uns, er arbeite mit Computern und sei sehr erfolgreich, so erfolgreich, dass er eine Mietbewohnerin suchte, die die Hälfte der $250 Monatsmiete zahlte.

Wir sagten, wir wollten uns noch ein paar andere Wohnungen anschauen, würden ihn aber im Hinterkopf behalten.

Auf dem Heimweg erzählte Amy mir von einem Mädchen aus ihrem Second-City-Theaterkurs namens Sue, die sich S-I-O-U-X schreibt. Amy hatte sich darüber bei der Arbeit mit einer Kellnerin-Kollegin namens Kim lustig gemacht, bis sie herausfand, dass die Kollegin ihren Namen K-H-Y-M-E schrieb.

»Na, gut«, hatte Amy verlegen gesagt. »Khyme leuchtet ein, aber Sioux?«

7. Juli 1986
Chicago
Amy und ich waren in der Stadt, als es zu regnen anfing und wir uns unter der Markise eines Geschäfts für Künstlerbedarf unterstellten. Kurz darauf gesellte sich eine Frau im Großmutteralter zu uns. Sie war zierlich, und als sie sich bückte, um ihre Schuhe zuzubinden, sahen wir, wie winzig ihre Füße waren.
»Welche Schuhgröße haben Sie?«, fragte Amy.
»Sechzehneinhalb«, sagte die Frau. Sie fand die Frage nicht unverschämt, sondern schien erfreut, dass es uns aufgefallen war. »Ich war ein Kriegskind«, sagte sie. »Alles war rationiert.« Sie blinzelte. »Das erzähle ich allen Leuten. Ich muss meine Schuhe in der Kinderabteilung kaufen.«
Wir sahen zu, wie sie sich eine Plastikhaube aufsetzte und hinaus in den Regen lief.

10. Juli 1986
Chicago
Heute Abend sah ich einen Dobermannpinscher, dessen Schnauze mit Klebeband umwickelt war. Es war eine Art Behelfsmaulkorb, und ich wette, es tut richtig weh, wenn man es abzieht. Eine Stunde später rief Mom an, um mir zu sagen, Melina, ihre Deutsche Dogge, sei von Bienen gestochen worden und man habe mit ihr zu einem Notfalltierarzt gemusst. Sollte dem Hund irgendetwas zustoßen, weiß ich nicht, was meine Eltern tun würden.

18. Juli 1986
Chicago
Heute Morgen sah ich einen Vogel herabsegeln und ein Kaugummi vom Boden picken. Später, an der Ecke Magnolia und Leland, wurde ich Zeuge eines Drogendeals. Der Dealer

sah mir in die Augen, als ich an ihm vorbeiging. Noch später sah ich auf der Kenmore einen Mann eine Frauenhandtasche durchwühlen. Auch er sah mir in die Augen.

Es ist Freitag und so furchtbar heiß, dass ich meinen Gehaltsscheck einlöste und mir bei McDonald's eine Orangenlimo für 70 Cent kaufte. Als ich mich hinsetzte, sah ich eine Frau von meiner Bank zur Theke gehen. Sie heißt Alice Devlin, und ich habe schon vor langer Zeit gelernt, mich nie bei ihr am Schalter anzustellen, da sie immer Scherereien macht. Bei McDonald's bestellte sie einen Sundae. Als sie ihn bekam, wischte sie den Plastiklöffel sorgfältig mit einer Serviette ab. Wieder und wieder strich sie darüber, als hätte sie den Löffel von der Straße aufgehoben. Erst als sie zufrieden war, bezahlte sie und nahm das Wechselgeld entgegen.

20. Juli 1986
Chicago
Ich frühstückte in einem Diner an der Ecke Leland und Broadway, und meine Kellnerin hatte ihre Initialen auf dem Handgelenk tätowiert. Als mein Essen kam, ging auf der Straße ein Paar vorbei und blieb vor dem Fenster stehen. Der Mann zeigte auf sich. Dann zeigte er auf die Frau neben ihm und faltete seine Hände, als bettle er um meinen Toast und die Eier.

6. September 1986
Chicago
Beim Arbeiten hörte ich im Radio die Sendung *Good Health*, live aus der Plutonia Kur- und Fastenklinik übertragen und von einer Frau namens Eileen Fulton moderiert, die Fragen der Zuhörer beantwortet und sich zu ihrem Befinden äußert. Dr. Fulton ist der Meinung, dass die Zuhörer ihren Körper von »Toxizität« reinigen müssen. Sie sagt: »Sie nehmen einmal in

der Woche ein Bad, richtig? Sie bringen ihre dreckige Wäsche in den Waschsalon, da ist es nur sinnvoll, wenn Sie sich auch von Innen reinigen!«

Eine schwangere Frau rief an und sagte, sie leide unter Verstopfung. Dr. Fulton vereinbarte umgehend einen Termin und warnte, aufgestaute Gifte könnten das Ungeborene schädigen. »Sie müssen sich entleeren und alles ausscheiden«, sagte sie.

Eine übergewichtige Anruferin klagte über schmerzende Fersen – sie pochten. Dr. Fulton sagte: »Ich kenne Sie. Ich wette, Sie steigen nachts aus dem Bett und holen sich unten aus dem Kühlschrank was zu essen. Hab ich recht?«

Die Frau gestand und fügte hinzu, dass sie sich manchmal, wenn nichts Süßes im Haus sei, ein Glas Zuckerwasser mache.

Dr. Fulton nennt so etwas Selbstmord. Sie vereinbarte sogleich einen Termin für Montagmorgen um 7.45 Uhr und sagte, sie werde ihre Vorliebe für Süßes mit Dr. Fultons Mahlzeit im Glas kurieren.

Die Sendung aus der Plutonia Kur- und Fastenklinik läuft jeden Samstagvormittag.

7. September 1986
Chicago

Heute hörte ich Daddy-O im Radio. Manchmal nennt er seine Sendung *The Sunday Jazz Clambake*, aber heute hieß sie *Daddy-O on the Patio*. Er hat den Künstlern Spitznamen gegeben: Sassy, natürlich, für Sarah Vaughan. Heute sagte er, nachdem er »A Cottage for Sale« gespielt hatte, »Mr B. ist fantastisch.

Wer? Na, Billy Eckstine!«

Daddy-O nennt das Studio »Dad's Pad«. Ich stelle es mir wie eine Höhle vor, mit lauter Bildern, auf denen er berühmten

Jazzmusikern die Hand schüttelt. Ich hätte später auch gerne eine Höhle. Deshalb möchte ich auch nicht in einem Loft wohnen – da hat man nur einen einzigen großen Raum. Vermutlich könnte man irgendwo eine Höhle einrichten, aber das ist nicht das Gleiche.

12. September 1986
Chicago
Heute habe ich wieder für Walt gearbeitet und bei ihm im Keller Holz lackiert und gestrichen. Er hört einen Oldiesender und beklagt sich, dass sie zu viel Motown spielen. »Selbst als es noch gar keine Oldies waren, haben sie mir zu viel Motown gespielt«, sagte er. Walt singt bei allen Songs mit. Als heute das Spiel begann, wechselte er zu einem anderen Sender und verfolgte das Match der Bears gegen irgendeine andere Mannschaft. Da ich nichts von Football verstehe, erklärte er mir gewisse Dinge – warum, zum Beispiel, ein bestimmter Spieler in dieser Woche kein Gehalt bekommen sollte und was *Sudden-Death Overtime* bedeutet.

Walt ist ein zweites Mal verheiratet und hat eine einjährige Tochter. Seine Frau kam in einem pinkfarbenen Kleid nach unten, das niedliche Kind passend gekleidet auf dem Arm. Walt nennt seine Frau »Baby«. Er sagte ihr: »Wenn sie fragen, warum wir nicht beim Gemeindepicknick waren, sage ihnen, wir waren verhindert. Herrje, Baby, wie können die nur ein Picknick veranstalten, wenn gleichzeitig die Bears spielen? Da kommt garantiert kein Mensch, und außerdem müssen wir hier den Ausbau fertig kriegen, sonst verbringen wir den Rest unseres Lebens auf einer Etage.«

Als ich mit dem Fahrrad auf dem Nachhauseweg die Buena Vista entlangfuhr, sah ich zwei Waschbären auf dem Bürgersteig. Bis dahin hatte ich noch nicht einmal einen gesehen. Ich hielt an, um sie näher zu betrachten, und sah zu, wie sie einen Baum hinaufkletterten. Ich dachte, ich werd nicht mehr, zwei Waschbären mitten auf der Straße.

16. September 1986
Chicago

Aufschrift auf einem Autoaufkleber:

Stange an Stange,
dicht an dicht.
Rück mir nicht auf die Pelle,
du Arschgesicht.

19. September 1986
Chicago

Letzte Woche erklärte ein Mädchen im Schreibworkshop unserem Lehrer, Jim, sie wisse nicht, worüber genau sie schreiben wolle. Sie sagte, das Thema Tod interessiere sie sehr. Heute präsentierte sie uns ein Vietnam-Gedicht mit dem Titel »Die gehfähigen Verwundeten«. »Ich sehe Silhouetten. / Grüne Silhouetten«, lautete der Anfang.

Jede Zeile endete mit einem Punkt. Jim nannte ihr Gedicht eine Liste, und sie verkündete, nicht mehr wiederzukommen. Sie trug Lederbändchen an den Handgelenken.

Nach dem Kurs nahm ich zu Hause anderthalb Stunden lang die Schreibmaschine auseinander. Irgendetwas an der Mechanik klemmte. Innendrin sind unzählige kleine Schräubchen, und ich bin selbst überrascht, dass ich es hinbekommen habe. Ich bin sehr stolz auf mich.

25. September 1986
Chicago

Gestern fuhr Amy mit dem Taxi von ihrem Theaterkurs nach Hause. Sie saß mit einer dunklen Sonnenbrille auf der Rückbank, und der Fahrer versuchte, mit ihr zu flirten, und sagte: »Sie haben bezaubernde Augen.«

Später ging sie in den Waschsalon, wo sie einen Mann beobachtete, der seine nasse Wäsche faltete und sie dann in den Trockner legte.

28. September 1986
Chicago

Paul war bis heute Nachmittag hier. Während seines Besuchs erkundeten wir die Stadt per Fahrrad, Bus und der El. Ein paarmal nahmen wir ein Taxi, aber die meiste Zeit gingen wir zu Fuß. Gestern Abend hatte er ein Jumbosandwich mit Frikadellen und heute ein Roastbeef-Sandwich. Er hat in diesen Tagen jede Menge Soße gegessen. Zum Abschied erzählte er mir folgenden Witz:

Frage: Woher wusste man, dass Christa McAuliffe Schuppen hatte?

Antwort: Man hat Head & Shoulders von ihr am Strand gefunden.

2. Oktober 1986
Chicago

Dad rief um sechs Uhr früh an. Draußen war es noch dunkel, deshalb nahm ich an, es sei jemand gestorben. Warum sonst sollte er mich anrufen?

Offenbar befand er sich auf dem Rückflug von British Columbia nach Raleigh und hatte einen längeren Zwischenstopp am O'Hare. In Kanada hatte er Regenbogenforellen geangelt. In zehn Tagen hatte er fünf große Exemplare gefangen, aber seine größte Ausbeute waren Steine, sein neuestes Hobby. Er hatte zwei fünfundzwanzig Pfund schwere Steine in seinem Koffer, von denen einer wie ein menschlicher Kopf aussah und der andere wie ein Fisch.

Einmal hatte er gesehen, wie ein Adler aus der Luft herabgestoßen war und sich am Ufer eines Tümpels einen Biber geschnappt hatte. Mir gefiel das Erstaunen in seiner Stimme, als er mir die Geschichte erzählte. Mein Vater hat eine großartige Stimme.

3. Oktober 1986
Chicago

In *All Things Considered* erzählte eine Frau eine siebenminütige Geschichte über ihre Vorstellung von Zuhause, in der alle möglichen Leute vorkamen. Mr Rogers redete über das Haus seiner Kindheit. Er sagte, die Schlafzimmer seien im ersten Stock gewesen, und beschrieb die Möbel und Flure. Man hätte danach eine Planskizze anfertigen können. Dann kam eine ältere Frau, die über ihren Vater redete. Sie sagte, er sei ein herzensguter Mensch gewesen und man habe ihn zu Tode geprügelt, weil er in einer Bäckerei gearbeitet und sich als Streikbrecher betätigt habe. Die Frau erinnerte sich, dass sie beim Eintreffen der Nachricht gedacht hatte, *Wenn jemand sterben muss, warum dann nicht meine Mutter?*

In jenen Tagen, sagte sie, wurden Leichname auf Eis gelegt und im Haus der Familie aufgebahrt. Der Sarg ihres Vaters war undicht. »Ich weiß noch, wie das Eis schmolz und das Wasser auf den Boden tropfte und eine Pfütze bildete, und ich werde es mein Lebtag nicht vergessen«, sagte sie. »Ich werde mich immer an dieses Bild erinnern und wie ich dachte, *Das ist mein Vater. Er liegt im Wohnzimmer auf Eis.*«

Ich habe einige fotokopierte Seiten aus dem Buch *Erwachsene Kinder von Alkoholikern* gefunden, auf denen folgende Checkliste für die Anzeichen unterdrückter Wut abgedruckt war:
Aufschub lästiger Aufgaben
Ständiges oder gewohnheitsmäßiges Zuspätkommen
Vorliebe für sadistischen oder schwarzen Humor
Sarkasmus, Zynismus oder Unernst bei Gesprächen
Häufiges Seufzen
Übertriebene Höflichkeit, dauernde Fröhlichkeit,
  der Grundsatz »Immer Lächeln«
Zu lächeln, während man jemandem wehtut
Häufige verstörende Träume
Streng kontrolliertes, monotones Sprechen
Schwierigkeiten beim Einschlafen oder die Nacht durchzuschlafen
Langeweile, Apathie
Verlangsamte Bewegungen
Erhöhte Reizbarkeit bei Kleinigkeiten
Schläfrigkeit zu unangemessenen Zeiten
Ungewöhnlich langer Schlaf, zwölf bis vierzehn Stunden
  täglich
Erschöpfungsgefühl nach dem Aufwachen
Kieferpressen im Schlaf
Nervöses Zucken
Zähneknirschen
Chronische Depression
Chronische Verspannung des Nackens und
  der Schultermuskulatur
Magengeschwüre
Die Leute geben einem keine Chance. Man darf nicht froh sein, und man darf nicht traurig sein. Man darf nicht gähnen, lachen oder seufzen. Ich bin sarkastisch, kann manchmal

schlecht schlafen, werde im Unterricht und bei der Arbeit müde und habe nervöse Zuckungen. Vier von zweiundzwanzig ist nicht schlecht.
Hier ist die Liste verräterischer Haltungen:
Wir urteilen streng mit uns.
Wir nehmen uns selbst ernst und tun uns schwer damit, ausgelassen zu sein.
Wir suchen Anerkennung und fürchten persönliche Kritik.
Wir fühlen uns isoliert, anders als die anderen.
Wir konzentrieren uns eher auf die anderen, als dass wir ehrlich auf uns selbst blicken.
Wir fühlen uns zu Menschen hingezogen, die uns nur wenig emotionale Zuwendung geben.
Wir fragen uns, was normal ist.
Wir erleben die Welt aus der Opferperspektive.
Ist sieben von acht schlecht?

5. Oktober 1986
Chicago

Seit einigen Tagen setzt Neil sich nicht mehr hin. Sie knickt leicht ein, aber ihr Po geht nie runter bis auf den Boden. Gestern hob ich ihren Schwanz hoch und entdeckte eine furchtbare Schweinerei. Sie verliert da hinten ihr Fell, und die Haut sieht ganz wund aus, also ging ich heute mit ihr in die Tierklinik. Zuerst waren wir ganz allein im Wartezimmer. Dann kam eine Frau mit zwei Perserkatzen in einer Transportbox. Die eine hieß Wiener und die andere Schnitzel. Einige Minuten später erschien ein Mann mit einem Dackel, der in eine Decke gewickelt war und Schnaps hieß. Als ich die Praxis verließ, kam eine elegant gekleidete Frau mit einem weißen Pudel herein und verkündete, es sei Zeit für Guccis Staupeimpfung.

9. Oktober 1986
Chicago
Eine Liste von Dingen, die ich auf eine Katze malen könnte:
ein Holzscheit
einen Telefonhörer
Tonic
eine Liste
einen Pokal
eine Zunge

13. Oktober 1986
Chicago
Im Bildhauerkurs sahen wir uns Dias mit Beispielen für Arte Povera an. Auf einem war ein Kartoffelhaufen zu sehen, auf dem Bronzeohren lagen. Wir sahen Arbeiten von Richard Serra und Eva Hesse. Auf mich wirkte das alles schmutzig und deprimierend. In unserem Kurs ist eine Quasselstrippe, die so redet, als kenne sie ihren Gesprächspartner bereits seit Jahren und als seien sie ganz allein im Raum.

Unser Dozent redete über Disziplin, und sofort ging die Quasselstrippe dazwischen und sagte: »Ich weiß, wovon Sie reden, weil ich früher Tänzerin gewesen bin. Ich habe Tanz studiert ... also ... lassen Sie mich weiter ausholen. Wissen Sie, ich habe immer Kunst gemacht, aber ich habe mit Holzskulpturen angefangen. Doch dann habe ich das erst einmal zurückgestellt und mich ganz aufs Tanzen konzentriert. Dennoch hatte ich immer das Gefühl, die Skulpturen hätten etwas mit Bewegung zu tun. Jedenfalls habe ich drei Jahre lang Tanz studiert und bin dann nach New York gegangen, was, lassen Sie mich das sagen, nicht besonders großartig war. Aber ich war nun einmal da und nichts passierte. Ich meine, es passierte einfach nichts für mich als Tänzerin, und es war sehr entmutigend, bis ich mir sagte, *Hey, was ist denn mit deinen Skulpturen?* Und da wusste ich, dass die Kunst wahrhaftig meine erste Liebe war. Sie war der Kern von allem, also sagte ich mir, *Geh lieber zurück zur Uni.* Und so bin ich hierhergekommen und … ja doch, Disziplin ist überaus wichtig. Jetzt arbeite ich mit Metall.«

Heute Vormittag hielt sie mindestens zehn längere Monologe, wobei sie die ganze Zeit rauchte und sich die blauen Ringe unter ihren Augen rieb. Irgendwie höre ich sie gerne reden. Sie lässt sich einfach von ihren Gedanken mitreißen. Morgen, sagte sie, fahre sie zu einem Händler Metall kaufen.

15. Oktober 1986
Chicago

Ich glaube, Neil hat sich erkältet. Sie niest ständig und schläft auf der Stereoanlage im Wohnzimmer. Ich versteh's nicht, weil es da kalt und zugig ist. Heute früh, gegen sechs, wachte ich aus einem schlechten Traum auf. Ich zündete mir eine Zigarette an und nahm Neil von der Anlage. Ich dachte, sie sollte zur Abwechslung bei mir im Bett schlafen, aber das wollte sie nicht. Jetzt schnieft und niest sie, und ich ebenfalls. Wir sitzen im gleichen Boot, nur dass ich im Bett schlafe und sie auf der Anlage.

17. Oktober 1986
Chicago

Ich habe bei McDonald's zu Mittag gegessen und beobachtet, wie eine dicke Brieftasche aus der Jackentasche eines Mannes auf den Boden fiel. Obwohl ich blank bin, dachte ich nicht daran zu warten, bis er ging, und sie dann zu holen. Stattdessen sagte ich: »He, Sie haben Ihre Brieftasche verloren.«

»Oh«, sagte er und sah mich an, als hätte ich sie ihm aus der Tasche gezogen.

Heute Abend fiel mir im Café ein Zettel mit einer Telefonnummer aus meinem Buch aus der Bibliothek, und ein Mann machte mich darauf aufmerksam. Es war keine wichtige Nummer, aber ich tat dennoch so, als hätte der Mann mir das Leben gerettet. Ihn schien das nicht im Geringsten zu kümmern.

19. Oktober 1986
Chicago
Auf der Straße trat ein Mann auf mich zu und sagte: »Sir?« Ich erklärte ihm, ich hätte bereits sämtliches Kleingeld weggegeben, und er sagte: »Nein, ich möchte kein Geld. Ich suche einen Job. Ich brauche einen.«

Ich sagte ihm, an der Ecke Broadway und Wilson sei ein Treffpunkt für Hilfsarbeiter, dort könne er es frühmorgens versuchen. Der Mann war schwarz und gut gekleidet. Er war einige Jahre älter als ich und sagte: »Ich habe Erfahrung in Buchhaltung.« Er flüsterte das letzte Wort, was mir seltsam vorkam.

Ich sagte ihm, ich hätte keinen Schimmer von Buchhaltung.

»Nun, können Sie mir dann etwas Geld geben?«, fragte er. »Ich habe Hunger. Können Sie mir etwas zu essen kaufen?«

Ich sagte Nein, doch er fuhr fort und sagte: »Wie wär's, wenn ich mit zu Ihnen käme und Sie machen mir etwas?«

22. Oktober 1986
Chicago
Heute hatten wir eine kritische Aussprache im Malkurs. Ein Typ, der die ganze Zeit redete, hat Stirnfransen, die ihm bis ans Kinn reichen. Er trägt Medaillons um den Hals und hat

schwarz lackierte Fingernägel. Ich hatte ihn bereits als überkandidelt abgeschrieben, aber er war einer der wenigen, die sich zu den Werken ihrer Kommilitonen äußern. Jetzt fühle ich mich schlecht, weil ich vorschnell über ihn geurteilt habe.

Eine andere Person, die mir auffiel, war Don, der auch in meinem Schreibworkshop ist. Er ist etwas älter als ich, und ich bin irgendwie fasziniert von ihm. Frage Don, woher er kommt, und er sagt, er sei schon überall auf der Welt gewesen. Am ersten Tag stellte Don sich als Lyriker, Filmemacher, Maler und Fotograf vor.

Ich könnte vielleicht sagen: »Ich male. Ich fotografiere. Ich versuche, zu schreiben etc.«, aber ich würde nie im Leben diese Begriffe für mich in Anspruch nehmen, so wie er es tut.

Don interessiert mich, weil er jeden wie ein Kind behandelt. Er schimpft und streicht einem über den Kopf. In seinen Gedichten geht es darum, in einem Hotelzimmer zu »sitzen«, mit »nichts« außer Erinnerungen und einer »alten Posaune«. Seine Gemälde – hauptsächlich Nachtszenen – sind genauso klischeehaft. Norman Rockwell mit einem Fünf-Uhr-Schatten. Don ist auf seltsame Weise vielgestaltig. »Ich denke, ich bin schon immer ein Einzelgänger gewesen«, sagt er, und, »Ehrlich, meine Anliegen sind hochintellektuell.« Er erzählt einem andauernd, wie schlau er sei, was seltsam ist, denn wenn man wirklich so helle ist, finden es die Leute meist selbst heraus.

23. Oktober 1986
Chicago
Letzte Woche folgte ich einem Paar auf der Wilson Avenue über eine Strecke von zwei Blocks, und die Frau sagte elf Mal *Scheiße*. Sie war wütend auf eine Freundin, die offenbar hinter ihrem Rücken Gerüchte über sie verbreitete. »Ich werde mir

diese Scheißtussi vorknöpfen und ihr sagen, ›Hast du Scheiße im Hirn, diese Scheißlügen über mich zu verbreiten? Es geht dich einen Scheißdreck an, mit welchen Scheißkerlen ich mich abgebe, du blöde Scheißkuh. Noch einmal, und ich schlag dir deine Scheißzähne …«

Ich wäre ihnen noch weiter hinterhergegangen, aber ich hatte eine schwere Einkaufstüte unterm Arm.

27. Oktober 1986
Chicago
Im Kentland Western Pancake House, Indiana, saßen wir neben einer Truppe Sportler von der Highschool. Sie kamen von einem Footballspiel, aßen Pommes frites und unterhielten sich über den Trainer. Einig waren sich alle darin, dass er zu weite Shorts trug und immer auf dem Tisch sitzen wollte. Dabei hingen dann immer seine Eier raus. Man wollte nicht hinschauen, aber es ging einfach nicht. Es waren bloß die behaarten Eier von diesem Typen, und man sah nicht hin, weil man sich irgendwie dafür interessierte, aber wie sollte man sie einfach ignorieren?

2. November 1986
Chicago
Auf dem Weg zur Arbeit stoppte ich bei George, bestellte einen Cheeseburger und setzte mich an einen Tisch. Außer mir war nur noch eine Frau in meinem Alter im Lokal. Sie trug eine enge blaue Hose, die sie unten in die Stiefel gestopft hatte, einen teuer aussehenden Sweater und eine Jacke mit einer edelsteinbesetzten Brosche am Revers. Sie bestellte Grillhähnchen und sagte zu mir: »Haben Sie Pommes frites bestellt? Wenn nicht, können Sie meine haben, weil sie bei meinem Gericht dazugehören und ich sie nicht möchte.«

Ich sagte danke, aber ich hätte bereits welche bestellt. Als ihr Essen kam, setzte sie sich damit an meinen Tisch, obwohl ein Dutzend andere frei waren. Sie komme sich bei Gerichten, bei denen man die Finger zu Hilfe nehmen müsse, immer primitiv vor, sagte sie. Dann erzählte sie mir, dass sie auf der Dakin Avenue wohne und ihr Gebäude Melissa-Ann heiße, was für sie wie der Name eines Kuchensnacks klinge. Sie sagte, sie sei Grafikdesignerin, und ich sei bestimmt Englischstudent. »Nicht verraten«, sagte sie. »Ich wette, Sie sind an der … DePaul.«

In dem Moment kam eine Mutter herein und schimpfte mit ihren Kindern, weil sie so trödelten. »Bei eurer langen Leitung hätte ich das verdammte Essen auch selbst kochen können«, sagte sie.

»Hassen Sie es nicht auch, wenn Eltern fluchen und ihre Kinder ohne Respekt behandeln«, fragte die Frau von der Dakin.

Ich erzählte ihr, das neue Lieblingswort meiner Mutter sei *verdammt*, nur wisse sie nicht, an welcher Stelle im Satz es kommt. »Sie sagt zum Beispiel, ›Es ist mir egal verdammt, was du denkst.‹«

Die Frau von der Dakin dachte darüber nach. Sie zog mit den Fingern das Fleisch vom Knochen. Ich genoss unsere Unterhaltung, und ich glaube, sie tat es auch, auch wenn wir uns bis zuletzt nicht einander vorstellten.

3. November 1986
Chicago

Im Radio redete jemand über Kraniche. Er hatte Tiere erforscht, die man gleich nach dem Schlüpfen von der Mutter getrennt hatte. Zuerst hatte man sie mit Handpuppen großgezogen und später von Männern in Kranichkostümen. *Wie verkleidet sich ein Mann als Kranich?*, überlegte ich.

Und sind Kraniche wirklich so dumm, auf so etwas hereinzufallen?

20. November 1986
Chicago
Heute Morgen stiegen zwei Frauen in den Zug und begannen, sich schön zu machen. Beide legten Make-up auf, und eine bearbeitete ihr Haar, das hinten und an den Seiten glatt herunterfiel und auf dem Kopf nach oben stand, mit Haarspray. Eine Strähne zeigte sich widerspenstig, und sie besprühte sie wieder und wieder, bis das ganze Abteil verpestet war, während sie sich ungerührt mit ihrer Freundin unterhielt.

22. November 1986
Chicago
Ronnies Tante Tessie ging früher mit ihr zur Heilsarmee in der Bronx und vertauschte die Preisschilder. Beim Metzger hob sie weggeworfene Nummernzettel vom Boden auf und sagte: »He, was ist mit mir? Ich warte schon viel länger als alle anderen.«
Einmal standen Ronnie und Tessie im Lebensmittelladen an. Das Kind vor ihnen bat seine Mutter um Süßigkeiten, doch sie sagte: »Nein, du verdirbst dir bloß den Appetit.«

Das Kind fing an zu weinen, bis Tessie sich einmischte und sagte: »Nun geben sie ihm doch etwas Süßes. Er soll drauf kauen und es dann ausspucken.«

Vor acht Jahren waren wir bei ihr und ihrem Mann zu Besuch. Tessie machte ein großes italienisches Essen und fragte uns nachher leise: »He, ihr habt nicht zufällig etwas Marihuana dabei, oder?«

Wir sagten, wir hätten welches, woraufhin sie um einen Joint bat, den sie sich für später aufheben wollte. Eine Frau, die so alt ist wie meine Mutter!

Letzte Woche ist sie an einem Herzinfarkt gestorben, wie Ronnie mir in einem Brief schrieb.

25. November 1986
Chicago
Ich blieb die ganze Nacht auf und überarbeitete meine neue Geschichte, die jetzt besser ist. Um zwei Uhr früh schob ich zwei gefrorene Fleischpasteten und ein paar Hörnchen in den Backofen. Die Hörnchen waren in einer Dose, aber man musste den Teig mit der Hand auf dem Backblech formen. Ich wollte mir eine Pause vom Tippen gönnen und im Wohnzimmer vor dem Fernseher essen, also stellte ich alles auf ein Tablett und stolperte prompt damit. Die Pasteten rutschten über den Flur und schlugen um, als sie gegen die Fußleiste prallten. Anstatt alles sofort aufzuwischen, ließ ich Neil so viel essen, wie sie wollte. Ich nahm bloß die Kruste auf und ging damit ins Wohnzimmer, wo ich mir eine Wiederholung von *Ein seltsames Paar* mit Marylin Monroe ansah.

Als ich nachher sauber machen wollte, stellte ich fest, dass Neil fast alles aufgegessen hatte. Wäre sie ein Hund, hätte sie alles aufgegessen, aber ich bin auch so mit ihr zufrieden.

28. November 1986
Chicago
Gestern war Thanksgiving, und heute begann offiziell die Weihnachtszeit. Zur Feier des Tages gingen wir zur Einweihung des Weihnachtsbaums auf dem Daley Plaza. Ein Sprecher verkündete, es seien mehrere bedeutende Gäste anwesend. Einer davon war Ronald McDonald, und ein anderer hieß Mistletoe Bear. Der dritte war der Bürgermeister. Es war schön, Lisa dabeizuhaben, die Mittwochabend angekommen ist. Amy und ich holten sie am Flughafen ab. Am O'Hare war es

rappelvoll. Wir nahmen Lisa an ihrem Gate in Empfang, und während wir zur Gepäckausgabe liefen, machte Amy ihre Nummer, bei der sie so tut, als würden sie alle kennen. »Hey, Sandy, großartige Frisur!«, rief sie einer wildfremden Frau zu und winkte mit der Hand. »Jim, ich ruf dich an!« »Hi, Nancy. Ich bin in Eile.« »Mike, ja, das ist meine Schwester.«

Sie hat zwei Freundinnen aus Raleigh zu Besuch, Jan und Sherri, mit denen wir zusammen Thanksgiving gefeiert haben. Heute waren wir in Sharon's Hillibilly Heaven, einer Bar um die Ecke, was ein großer Fehler war, da die Mädchen sich in Schale geworfen hatten. Wir waren kaum drin, als Lisa von einem älteren Mann angequatscht wurde. Er wurde von einem sehr viel jüngeren Typen zur Seite geschoben, der eine Brille mit dicken Gläsern trug. Als ich versuchte, mich dazwischenzuschieben, sagte er: »He, zieh Leine. Ich rede gerade mit der Lady.«

Unterdessen wurde Amy von einem Zuhälter namens Dwayne bedrängt. »Du bist meine kleine Zuckerschnitte, nicht wahr?«, sagte er. Er erzählte ihr, er kenne alle Ladys in Uptown, und fragte, ob sie gerne einen heißen Ritt hinlege.

Eine Indianerin hatte das Gespräch mitbekommen, und als sie an ihnen vorbei zum Ausgang stürmte, rief Dwayne: »Hey, Baby, du willst schon gehen? Aber nicht doch, Babe, bleib doch noch.«

30. November 1986
Chicago
Gestern sprach uns ein Mann im Lincoln Park um Geld an. »Ich bin ein anständiger Mensch, ehrlich. Ich bin kein schlechter Kerl, bloß ein hungriger Kerl. Können Sie mir etwas Geld geben?«

Ich stöberte in meinen Hosentaschen nach Kleingeld, fand aber nichts. Als wir weitergingen, rief der Mann uns hinterher, »Ich dachte, ihr wärt nette Leute, aber das seid ihr nicht. Ihr seid Drecksäcke. Fahrt zur Hölle. Hoffentlich fallt ihr bei euch zu Hause auf die Nase.«

4. Dezember 1986
Chicago
In meinem Malkurs ist ein tauber Mann mit einem Ziegenbärtchen, der nicht sprechen kann und viel älter ist als die anderen, etwa Ende vierzig. Seine Bilder sind fröhlich und surrealistisch, Dampflokomotiven wie bei Magritte, die übers Meer fahren, oder zwei Puppen im Gespräch. Der Mann weiß nichts von dem Lärm, den er veranstaltet. Während der Kritikrunden und Diavorführungen schleift er Tisch und Stühle quer durch den Raum. Steve hat zwei taube Onkel und sagt, einer sei immer mit voll aufgedrehtem Radio durch Cleveland gefahren. Manchmal sei nur ein lautes Rauschen zu hören gewesen.

8. Dezember 1986
Chicago
Heute war es neblig und schon um drei Uhr dunkel. Um fünf wurden die ersten Autos aufgebrochen. Die Kriminellen in der Nachbarschaft sind einfach dreist. Es sind ausnahmslos Weiße mit fettigen Haaren und Mittelscheitel. Alle tragen Windjacken und Turnschuhe. Gangsterstil ist zeitlos. Echter Ärger läuft nicht mit einem Pferdeschwanz durch die Gegend. Er hat weder eine Irokesenbürste, noch bindet er seine Schuhe nach einem bestimmten Muster. Echter Ärger hat eine picklige Haut und eine Windjacke.

Ich mache Jeannies Mostaccioli mit überbackenem Käse.
Dazu braucht man:
  1 Pfund Mostaccioli
  Spinat (ich nehme tiefgefrorenen)
  3 Eier
  Käse (Münster)
  1 Tasse Milch
  Butter
  Petersilie
Den Spinat und die Mostaccioli kochen und miteinander vermischen. Eier, Käse und Milch hinzufügen. In eine gefettete Auflaufform geben und mit Butterflocken und etwas Petersilie bestreuen. Bei 180 °C eine halbe bis dreiviertel Stunde im Ofen backen.

10. Dezember 1986
Chicago

Heute haben wir mit der Kritik unserer Gemälde begonnen. Der taube Mann stellte seine Gemälde vorne im Raum auf und furzte mittendrin. Dann verteilte er Zettel, auf die wir unsere Kommentare schreiben konnten.

15. Dezember 1986
Chicago

Heute Abend kam im IHOP eine Asiatin an meinen Tisch. Sie setzte sich ohne zu fragen neben mich, drückte sich an mich und sagte: »Hat Sie heute schon jemand umarmt?«

Ich wich zurück, weil ich nicht so fürs Umarmen bin. Immer schon. Wenn jemand mich in den Arm nimmt, bleibe ich stocksteif stehen, schließe die Augen und warte, bis es vorüber ist.

»Ich glaube, ich brauche heute keine Umarmung«, sagte ich zu der Asiatin. Sie ging zum nächsten Tisch, an dem ein

Schwarzer Pfannkuchen aß und in einer Zeitschrift las. Sie machte das Gleiche wie bei mir, und er sagte: »Würden Sie mich bitte in Ruhe lassen?«

Ich hatte die Frau schon einmal im IHOP gesehen, als sie Blumen verkaufte, und jetzt wie damals war sie auf beinahe gespenstische Weise fröhlich. Zumindest das musste man ihr lassen.

Nachdem der Schwarze sie abgewiesen hatte, ging sie zu einer größeren Gruppe Mexikaner. Alle Plätze an ihrem Tisch waren besetzt, also hockte sie sich davor auf den Boden. Sie verstanden nicht, was sie von ihnen wollte, und als sie es wiederholte, kam die Kellnerin und setzte sie vor die Tür.

17. Dezember 1986
Chicago

Ich habe einen lustigen Artikel von Patricia Marx mit dem Titel »Wie man mit den Russen klarkommt« gelesen. Sie sagt: »Erziehung, nicht Gewalt, ist das geeignete Mittel, die Russen zu ändern. Wenn wir möchten, dass ein Dreijähriger seine Hand nicht auf die heiße Herdplatte legt, prügeln wir ihn nicht windelweich. Vielmehr *belehren* wir ihn, dass der Herd heiß ist, indem wir seine Hand ein oder zwei Minuten lang auf die Platte drücken.«

Sie nennt noch einige weitere schonende Maßnahmen und legt dann eine härtere Gangart ein, sollte Plan A scheitern. »Schickt den Russen weiter Weizen, aber packt so viele Styroporkugeln in die Kartons, dass ganz Russland davon überschwemmt wird.« »Gebt ihnen bei der UN kaputte Headsets.«

Heute Nachmittag hatten wir unsere letzte Kritikrunde. Ich habe eine Kurzgeschichte von Joy Williams vorgelesen und anschließend Schleifen für den ersten und zweiten Preis an meine Bilder geheftet.

22. Dezember 1986
Raleigh
Paul hat eine Schulstunde versäumt und sich das Notizheft eines Gewichthebers ausgeliehen, um den Stoff nachzuholen. Auf der Vorder- und Rückseite hat jemand mit einem Magic Marker geschrieben:
Born to be wild!!!
Schweiß fließt, wenn Muskeln weinen!
Erst Gewichte stemmen, dann die Freundin.
Je mehr Testo besser.
Pump dich fit.
Die Liebe überwindet alles.
Grunz Power.
Der Erfolg beginnt, wenn du startest.
Joints!

1987

13. Januar 1987
Chicago
Der taube Mann hat sein Ziegenbärtchen abrasiert und ist in meinem neuen Malkurs. Unsere Dozentin, die Judy heißt, hat zu Beginn des Kurses Dias gezeigt, vor allem von berühmten Künstlern in ihren Ateliers. Wir sahen Matisse, Braque und Renoir. Als ein Bild von Picasso kam, wurde der taube Mann ganz aufgeregt und versuchte, etwas zu sagen, vielleicht »Picasso«. Die Dozentin wusste nicht, wie sie damit umgehen sollte. Sie lächelte, und als sie ihn bat, sich zu setzen, furzte er.

18. Januar 1987
Chicago
Wir haben mit der Post eine Werbebroschüre mit neuen Videofilmen bekommen. Ein Film heißt *Lance – Stirb niemals jung*. Die Beschreibung lautet: »Ein bösartiger Hermaphrodit will das Land unter seine Kontrolle bringen, und nur zwei Menschen stellen sich ihm in den Weg [*Nur zwei?*] Der sich entwickelnde ›Kampf der Geschlechter‹ fesselt den Zuschauer mit einer aufregenden Mischung aus druckvoller Heavy-Metal-Musik, modernster Waffentechnik, Kampfsport und Spionage, die diesen Actionstreifen zu einem echten Knüller machen.«

Die Zeiten haben sich gewandelt, wenn ein Hermaphrodit das Land unter seine Kontrolle bringen will und nur zwei Menschen sich ihm in den Weg stellen. Ein schwarzer oder hispanischer Hermaphrodit hätte es vermutlich schwerer.

26. April 1987
Chicago
Heute Abend stand eine Frau im IHOP auf, ging zu einem anderen Tisch und aß die Pommes frites vom Teller eines Gastes, der gerade gegangen war. Sie war modisch gekleidet und hatte einen Koffer dabei. Alles auf der Speisekarte sei zu viel, stöhnte sie. Es klang so, als würde sie auf ihr Gewicht achten, dabei ging es eindeutig um die Preise. Vier Pfannkuchen mit Schokoladensplittern seien nicht drin, sagte sie, »wie wär's, wenn Sie mir zwei verkaufen?«

Die Kellnerin sagte, halbe Portionen gäbe es nur mit Buttermilch, woraufhin die Frau einen Teller Pommes frites bestellte, die sie mit Ketchup aß. Dann goss sie Sirup auf einen Löffel, so wie man es mit Hustensaft macht. Nacheinander probierte sie sämtliche Geschmacksrichtungen und nahm jeweils mehrere Löffel. Ich bin seit neun Jahren beinahe täglich im IHOP gewesen, hier und in Raleigh, aber ich habe noch nie erlebt, dass jemand Sirup trinkt. Die Frau muss verrückt gewesen sein.

5. Mai 1987
Chicago
Ich habe Dad erzählt, ich wäre enttäuscht, auf der Abschlussfeier nicht mit Hut und Talar zu erscheinen – das Art Institute hält von so etwas nichts –, und er sagte: »Ich habe noch Hut und Talar von deinem Highschool-Abschluss. Soll ich sie mitbringen, wenn wir kommen?« Und dann sagte er: »Glaubst du, er passt dir noch?«

Jemand wäre in argen Schwierigkeiten, wenn ihm der Talar von der Highschool nicht mehr passte. Da müsste man praktisch aus einem Zelt herauswachsen.

Heute hatten wir unsere Abschlussrunde im Bildhauerkurs. Es war eine trübselige Veranstaltung, was nur gut ist, da ich so weniger vermissen werde. Ich bin traurig, dass mein Studium bereits beendet ist. Ich war gerne an der Uni. Als Student ist man angesehen. Man bekommt überall in der Stadt Ermäßigungen, und man arbeitet.

6. Mai 1987
Chicago

Heute arbeitete ich für Marilyn Notkin. Sie erwartete Gäste und wollte, dass ihre Winterfenster herausgenommen und Griffe am Wäscheschrank im Bad angebracht wurden. Als ich eines der Fenster im Wintergarten entfernte, zerbrach das Glas. Dann ließ ich auch noch einen der Porzellanknäufe fallen, die sie als Sonderanfertigung für ihren Wäscheschrank bestellt hatte. »Das ist heute nicht unser Tag«, sagte sie, als ich es ihr beichtete. Es war das »unser«, das mich auf die Palme brachte. Es war nicht mein Tag, weil ich Dinge zerbrochen hatte, und nicht ihrer, weil sie mich angeheuert hatte. »Sie brauchen mich nicht zu bezahlen«, sagte ich.

Sie bestand darauf, mir etwas zu geben, und wir einigten uns auf $7. Mir wäre es ehrlich lieber gewesen, sie hätte mir nichts gegeben.

20. Mai 1987
Chicago

Mom war zu meiner Abschlussfeier da und blieb noch ein paar Tage länger als die anderen. Es war schön, sie hierzuhaben.

Wir gingen jeden Abend mit Amy essen, und sie kümmerte sich viel um Neil. Wenn ich morgens aufstand, waren die beiden in der Küche, Neil auf Moms Schoß, während sie rauchte und Kaffee trank. Sie schlief bei mir im Arbeitszimmer und machte zwischendurch ein Nickerchen auf dem Sofa. Heute Nachmittag ist sie abgereist, und jetzt weiß ich nicht so recht, was ich anfangen soll. Ich hatte mich sehr gefreut, sie alle zu sehen, und jetzt ist es vorbei.

Am Samstag, als die ganze Familie hier war, haben wir uns für Cocktails und das Abendessen schick gemacht. Lisa, Gretchen, Amy, Tiffany und ich gingen über das Baugelände an der Leland, auf dem immer jede Menge Alkoholiker und Drogenabhängige herumhängen. Man trifft sie zu jeder Tages- und Nachtzeit – Weiße, Schwarze, Indianer, aber merkwürdigerweise keine Mexikaner. Sie prügeln sich, zünden Feuer an und sacken weg. Als wir auf dem Weg zur El vorbeigingen, lief eine Betrunkene mit erhobener Nase hinter uns her, um zu zeigen, dass sie uns für einen Haufen Snobs hielt.

Bis jemand rief: »He, das sind auch Menschen!«

22. Mai 1987
Chicago

Heute Morgen wurde ich von einer Zeugin Jehovas geweckt. Irgendwer hatte sie ins Haus gelassen, und sie stand mit einem kleinen Kind und zwei Exemplaren des *Wachturm*, für die ich 40 Cent bezahlte (reine Druckkosten), an der Tür. Das Kind entdeckte Neil hinter mir in der Wohnung und sagte, »Wir hatten auch einmal eine Katze, aber sie hat das Baby gekratzt, und wir mussten sie weggeben.«

23. Mai 1987
Chicago
Mein Rezept für Koto Kai Pilafi:
Ein wenig Öl in eine Auflaufform geben.
Ein Hühnchen vierteln, waschen und mit Knoblauch einreiben.
Mit Butterflocken bestreuen, egal ob große oder kleine.
3 Esslöffel Tomatenmark und eine halbe Tasse Wasser hinzufügen und bei 200 °C in den Ofen schieben.
Das Hühnchen auf einer Seite 15 Minuten lang braten, dann umdrehen und noch einmal fünfzehn Minuten braten.
2 Tassen Wasser und 1 Tasse Reis hinzufügen und eine weitere halbe Stunde bei 180 °C im Backofen lassen.

24. Mai 1987
Chicago
Letzte Woche kam F. zu mir, nachdem er zwei Tage lang betrunken gewesen war. Es war ein Sonntag, und das Letzte, woran er sich erinnern konnte, war Freitagabend. Er war nackt in seinem völlig leer geräumten Wohnzimmer aufgewacht. Die Wohnungstür stand offen, und auf dem Fußboden lagen Scheißhaufen.

27. Mai 1987
Chicago
Heute Morgen hatte ich wieder Besuch von den Zeugen Jehovas, diesmal von zwei jungen schwarzen Frauen. Ich erzählte ihnen, ich hätte bereits die beiden letzten Ausgaben des *Wachturm*, und sie informierten mich über ihre nächste große Versammlung. Wenn ich Zeuge Jehovas würde, könnte ich wie sie von Tür zu Tür gehen.

3. Juni 1987
Chicago
Heute Nachmittag fand ich einen 50-Dollar-Schein im Foyer des Gebäudes bei den Briefkästen. Er war eng zusammengefaltet und voller Kokain. Einiges fiel heraus, als ich den Schein öffnete, aber es ist immer noch genug übrig. Das sind $50 in bar und Kokain im Wert von $80 – macht $130! Wenn ich jeden Tag $50 finde, muss ich mir keinen Job suchen.

7. Juni 1987
Chicago
Gestern drückte ich mich bloß zum Spaß gegen eins der Wohnzimmerfenster, bis es zerbrach und ich mich am Ellbogen schnitt. Nachmittags ging ich mit dem leeren Rahmen zum Eisenwarengeschäft, wo man mir sagte, eine neue Scheibe koste $30. Das war mir zu teuer, also ging ich wieder nach Hause und überquerte das Baugrundstück, als eine Indianerin den Rahmen festhielt und sagte, nach genau so einem Fensterrahmen habe sie gesucht. »Ich brauche ihn«, sagte sie. »Gib ihn mir.« Sie hatte ein ungewöhnlich flaches Gesicht, und einige Sekunden lang konnte ich nichts anderes tun, als sie anzustarren.

Die Frau hielt eine Bierflasche in der Hand und setzte sie ab, um den Rahmen mit beiden Händen zu fassen. »Lass ihn los«, sagte sie, angefeuert von mehreren Betrunkenen im Hintergrund. Dann sagte ihr ein Mann, der nicht ganz so betrunken war, sie solle ihre Hände wegnehmen. »Lass ihn in Ruhe, Cochise«, sagte er. »Der Mann ist ein Arbeiter.«

Ich habe seit drei Wochen nicht mehr gearbeitet, aber es tat gut, für jemanden mit einem Job gehalten zu werden. Heute ging ich mit dem Rahmen auf einem anderen Weg zum El, um ein zweites Eisenwarengeschäft auszuprobieren. Gleich neben

der Bahnstation bat ein Mann mich um Geld, und als ich weiterging, brüllte er: »Pass auf, wo du herläufst, Arschloch! Beinahe hättest du das Mädchen getötet! Um ein Haar hättest du ihr das Fenster ins Gesicht geschlagen, du Scheißkerl.«
»Was?«, sagte ich.
»Du hättest beinahe das Baby getroffen, du Drecksau. Ich bring dich um. Ich erteil dir eine Lektion, die du niemals vergessen wirst, du kleiner Scheißer. So einfach kommst du nicht davon.«

Der Typ war völlig außer sich, und ich hatte Glück, dass ich so nahe beim Fahrkartenschalter war. Ich war besorgt, er könne genügend Geld erbettelt haben, um noch vor der Einfahrt des Zuges auf den Bahnsteig zu gelangen, aber ich hatte Glück. Und was für ein Baby? Ich sah nirgends ein Baby.

Warum musste ich dieses Fenster zerbrechen, und dann auch noch mutwillig, um Gottes willen?

11. Juni 1987
Chicago

Ich streiche für einige Tage die Wohnung von Lou Conte, einem netten Typ aus einem Hochhaus. Am Dienstagnachmittag stauchte mich der Pförtner des Gebäudes zusammen, weil ich mit dem Aufzug gefahren war. »Wie sind Sie heute Morgen nach oben gekommen? Wie?«

Der Hauptaufzug ist mit Nussbaumfurnier verkleidet. Er war blitzblank, und während ich darin fuhr, fragte ich mich, wie jemand etwas so Schönes verschandeln konnte. Nicht, dass er verschandelt gewesen *wäre*.

Der Pförtner marschierte mit mir nach hinten zum Dienstboteneingang. »Unsere Mieter wollen nicht nach Hause kommen und Leuten wie Ihnen in der Lobby begegnen«, sagte er.

Ich habe zufällig ein abgeschlossenes Studium, wollte ich sagen. Aber natürlich tat ich es nicht, weil es in solchen Situationen nie etwas bringt, beleidigt zu sein. Wenn es nicht anders geht, nehme ich den guten Aufzug von Lous Wohnung aus nach unten und steige im ersten Stock in den Dienstbotenaufzug um. Im Dienstbotenaufzug fährt man wie in einer Katzenfutterdose.

Heute Abend waren zwei Männer im IHOP. Einer von ihnen war am Boden zerstört und ließ den anderen nicht zu Wort kommen. Sein großes Thema war, wie er über Beth hinwegkommen könne. »Wir haben uns nicht auseinandergelebt«, sagte er, »wir wurden auseinandergerissen.«

13. Juni 1987
Chicago

Gestern Abend gingen wir auf einen Drink in Betty's Lounge. Dort ist es nie voll, und bei unserem Eintreffen war nur ein einziger Gast da. Sie sah aus wie eine Großmutter und trug eine randlose Brille und einen Strohhut mit künstlichen Blumen. Die Frau trank Bier und flipperte, wobei sie das Gerät hin und her ruckte, es aber nie verfluchte. Ich sah ihr zu, als drei weitere Frauen hereinkamen, zwei davon mit einer Truckerkappe auf dem Kopf. Der Barkeeper wandte sich an die Frau ohne Kappe und sagte: »Eher mache ich meinen Laden dicht, als dass ich einem Nigger etwas verkaufe, und genau das bist du: ein weißer Nigger.«

Alle drei Frauen schienen betrunken zu sein. Zwei schoben ihre Kappen zurecht, während die dritte sagte: »So kannst du mit mir nicht reden, du mieses Arschloch.«

Der Barkeeper sagte, sie solle verschwinden. Offenbar hatte sie einen Freund von ihm namens Doug erschossen, mit dem er einmal in einer Eisfabrik gearbeitet hatte. Er sagte, er würde kein Miststück bedienen, das einen Mann mit seinem eigenen verdammten Gewehr in den Rücken schießen würde, noch dazu beim Rasieren. »Wie viel Jahre hast du gekriegt, Schlampe?«

»Deine Mutter ist eine verdammte Schlampe«, sagte die Frau.

Der Barkeeper zündete sich eine Zigarette an und warf das brennende Streichholz nach ihr.

Dann fing die Frau an zu weinen. Sie sagte, Doug hätte verdient zu sterben, und fragte den Barkeeper, wie er es denn fände, wenn jemand seinen Kopf durchs Kellerfenster drückte oder ihn mit Fußtritten die Magnolia Avenue rauf und runter triebe.

Der Barkeeper sagte, sie hätte es verdient.

»Hör zu, du glatzköpfiger ... du weißhaariger Scheißkerl«, sagte die Frau. »Dich leg ich auch noch um.«

»Die Chance wirst du nie kriegen, Nigger, weil ich dir niemals den Rücken zukehren werde«, sagte der Barkeeper.

Die Frau machte ein paar Schritte zur Tür und beschimpfte den Mann weiter. Sie sagte, sie wolle nicht länger in diesem Dreckloch bleiben. »Kommt, Mädels!«, rief sie. »Gehen wir ins Wooden Nickel.«

Aber ihre Freundinnen hatten keine Lust. Sie blieben. Nachdem sie gegangen war, bestellten sie Drinks und erklärten dem Barkeeper, sie hätten die Schlampe noch nie gemocht. Von Anfang an.

14. Juni 1987
Chicago

Geraldine Page ist gestern an einem Herzinfarkt gestorben. Ich habe es im Radio gehört. Sie war eine meiner Lieblingsschauspielerinnen.

Ich ging zum Strand von Montrose Harbor und setzte mich eine Weile auf ein Handtuch. Die Leute grillen dort, kippen anschließend die heiße Asche ins Gras und fahren wieder, ohne ihren Dreck mitzunehmen. Sie werfen Müll in den See, nur um zu sehen, wie er auf dem Wasser treibt. Kinder baden im flachen Wasser und fischen volle Windeln vom Grund.

Was mir an Montrose Beach gefällt, ist, dass die ganze laute Musik in einer anderen Sprache ist.

In der Gasse hinter unserem Gebäude treiben sich aufmüpfige Jugendliche herum, die mich immer Peewee rufen, wenn ich auf meinem Fahrrad ankomme, nach Peewee Herman, weil ich ein Rad ohne Gangschaltung für $8 habe. Es geht mir auf die Nerven, aber wenn ich ein besseres Fahrrad hätte, würden sie es nur klauen.

16. Juni 1987
Chicago
Als die Kids mich gestern wieder Peewee riefen, kam mir ein fantastischer Plan. Ich stellte mir vor, wie großartig es wäre, ihnen nach Hause zu folgen, ihre Wohnhäuser zu kaufen und sie anschließend vor die Tür zu setzen. Ich weiß nicht, was ich anschließend mit den Häusern machen würde. Über den Teil muss ich noch einmal nachdenken.

19. Juni 1987
Chicago
Heute Morgen traf ich zufällig Walt an der El. Er schuldet mir $450 und sagte, er habe mich schon anrufen wollen, weil seine Frau Gail ständig sagt: »Wir müssen David Sedaris noch bezahlen.«

Dabei bin ich ihm gar nicht böse. Ich vermisse Walt und Gail. Walt sagte, sie habe in der vergangenen Woche einen Gewinnbeteiligungsscheck über $10 000 bekommen. Deshalb habe er mich anrufen wollen – um mir mein Geld zu geben. Er sagte, er sei mit dem Scheck zur Bank gegangen, habe ihn aber unterwegs verloren. Es sei ein großer Scheck gewesen, erklärte er. »Ich hatte ihn gefaltet in die Brusttasche gesteckt, und dann das!«

Er habe die Bank benachrichtigt, den Scheck zu sperren, und dann habe er in New York angerufen und um einen Ersatzscheck gebeten, aber die dafür zuständige Mitarbeiterin hatte Urlaub. »Was auch sonst!«

Gegen fünf fuhr ich mit der El nach Hause. Neben mir saß eine Frau mit einem dreijährigen Kind auf dem Schoß, einem Mädchen, das mich ansah und sagte: »Mommy, ich hasse diesen Mann.«

Stunden später lief ich die Leland entlang, als ich jemanden hinter mir herrennen hörte. Es war ein Typ aus dem Rehabilitationszentrum nebenan. Er ist Schwarzer und trug ein bis zum Hals zugeknöpftes langärmeliges Hemd. Der Mann sprach mich mit »Sir« an und fragte, wie es mir ginge.

»Gut«, sagte ich.

Er sagte, er hätte Lust auf ein Steak-Sandwich, und fragte, ob ich ihm eins kaufen wolle. Auf der Leland Avenue darf man niemals Geld aus der Tasche ziehen. Das ist, als würde man eine Glocke läuten, also sagte ich Nein und er überquerte die Straße und stellte einer Frau die gleiche Frage.

Noch einmal später sah ich vor dem Rehabilitationszentrum zwei Männer in einem Wagen sitzen. Sie hatten die Tür geöffnet und hörten Radio. Als ich vorbeiging, bat mich einer der Männer um eine Zigarette.

»Ich rauche nicht«, sagte ich. Dann dachte ich an den Typ mit dem Steak-Sandwich und an das kleine Mädchen, das mich hasste, und dachte, *Scheiß drauf*. Ich gab dem Typen im Wagen eine von meinen Zigaretten, und er sah mich finster an und sagte: »Verdammter Lügner.«

21. Juni 1987
Chicago
Ich habe im Radio eine Gedenksendung für Arch Oboler gehört, den Erfinder von *Lights Out*, einer Horrorserie, die in den Dreißigerjahren lief. Sie hatten ihn daheim in Studio City interviewt und brachten anschließend einige seiner Hörspiele, als Erstes »Cat Wife«, über eine Frau, die trinkend und plaudernd mit ihren Freundinnen rumhängt. Ihr Mann nennt sie eine Katze, und dann verwandelt sie sich tatsächlich in eine.

Es war eine Geschichte für fünfzehn Minuten, die man zu einer halben Stunde ausgewalzt hatte. Boris Karloff spielte den Ehemann, der Sachen sagte wie: »Du, Linda, bist bloß eine Katze. Eine Katze, hörst du? Du erinnerst mich an eine Katze. Wenn ich an dich denke, kommt mir als Erstes eine Katze in den Sinn. Du ... Katze, du. Du gehörst mit deinen Freundinnen in eine Gasse, wo ihr jaulen und herumstreunen könnt. Katze.«

Als Linda sich in eine Katze verwandelt, fühlt Boris Karloff sich dafür verantwortlich. Er versucht, die Sache geheim zu halten, und ermordet zwei Personen, die es herausgefunden haben. Dann kratzt Linda ihm die Augen aus und er erschießt sich versehentlich.

22. Juni 1987
Chicago
Als John Tsokantis in Griechenland aufwuchs, brachte man ihm Wasserball und das Rauchen bei. Er erzählte mir, wenn

Kinder in der Schule Unfug machten, schickte der Lehrer sie in die Ecke, wo sie auf Kieselsteinen knien mussten.

Mir gefällt Johns Art. Er beobachtet die Dinge ganz genau und macht dann nichts mit der Information. Sein Englisch hat sich verbessert, seit ich ihn vor vier Jahren kennenlernte, kurz bevor er ein Aneurysma hatte. Vor ein paar Tagen suchte er in der Pizzeria die dreißig Spione, die auf dem Tischset versteckt waren. Ich konnte nicht einen einzigen finden, aber er erklärte es mir. »Sie sind nicht ganz abgebildet«, sagte er. »Nur ihre Köpfe.«

11. Juli 1987
Chicago
Gestern Abend sah ich den für das Fernsehen produzierten Spielfilm *Consenting Adult*. Es war einer dieser Filme, wie Leute mit Kombis Probleme lösen. In diesem Fall war das Problem der Sohn, der sich als Schwuler outete. Marlo Thomas spielte die Mutter, die, als sie die Wahrheit erfuhr, den Wagen an den Straßenrand fuhr und weinte. Es war dämlich, und ich fragte mich beim Zuschauen, warum solche Filme immer in der gehobenen Mittelschicht spielen. Wenn es um die Familie einer ethnischen Minderheit ginge, wäre es eine Komödie, und alle würden sich totlachen.

16. Juli 1987
Chicago
Auf dem Weg zur Bücherei kam ich an einem Straßenmusiker vorbei, der ein lebendes Wiesel in seinem Gitarrenkoffer hatte. Es war an einer Leine und schlief gerade. Ein Mädchen an meiner Schule hatte ein Wiesel, obwohl sie Frettchen dazu sagte. Sie sagte, es sei ein liebes Tier und würde nachts unter ihre Decke kriechen.

Wenn bei mir im Haus ein Wiesel wäre, würde ich ausziehen.

26. Juli 1987
Chicago

Als Steve sechs Jahre alt war, lebte er mit seiner Familie in Hollywood und hatte einen Auftritt in *The Pat Boone Show*, in der es eine Rubrik mit Kindern und ihren lustigen Sprüchen gab. Er erinnert sich, dass er »Arzt oder Feuerwehrmann« sagte, weiß aber nicht mehr, ob man ihn nach seinem späteren Berufswunsch gefragt hatte oder mit wem er gerne ins Bett wolle.

13. September 1987
Raleigh

Gestern sagte Amy laut zu Pauls Freundin: »He, hat die Bleichcreme bei deinem Bart geholfen?« Sie waren in einer öffentlichen Damentoilette, und alle wandten sich nach Angies Oberlippe um.

Später sagte sie in der Schlange im Supermarkt zu Mom: »Ich find's großartig, dass sie dir den Führerschein so schnell zurückgegeben haben, nachdem du mit Alkohol am Steuer erwischt wurdest.«

20. September 1987
Chicago

Bevor ich Raleigh verließ, ging Mom einmal mit dem Hund die Straße auf und ab. Es gehört zu ihrem täglichen Bewegungsprogramm, und sie ging bis zum ehemaligen Haus der Andrews, wo Melina in die Einfahrt pinkelte. Genau in dem Moment kam ein Junge in die Einfahrt gefahren und sagte meiner Mutter, sie solle gefälligst von seinem Grundstück verschwinden. Er beschimpfte sie als Schlampe und Fotze, woraufhin meine Mutter den Hund nach Hause brachte und dann zurücklief und dem Jungen erklärte, so könne er nicht mit ihr reden. »Ach ja?«, sagte er. »Nun, was würden Sie denn sagen, wenn ich bei Ihnen in die Einfahrt scheißen würde?«

Mom sagte, Melina habe nur gepinkelt, aber Pinkeln und Scheißen waren für den Jungen das Gleiche. Wieder nannte er sie eine Schlampe und forderte sie auf, von seinem Grundstück zu verschwinden. Dann drohte er ihr, mit seinem Dobermannpinscher zu unserem Haus zu kommen.

»Du hast einen Dobermannpinscher?«, fragte Mom.

Er sagte Nein, aber er könne auch alleine kommen und in unsere Einfahrt pinkeln.

Mom sagte, es sei gut, dass er keinen Hund habe, aber sie würde es ihm zutrauen, dass er in unsere Einfahrt pinkelte. Sie erzählte es mir in der Küche, während sie sich einen Drink eingoss. Dann musste ich ihr versprechen, Paul nichts davon zu sagen, weil er Ärger anzetteln würde und Melina am Ende tot wäre.

Ich kann für mein Leben kein Geheimnis für mich behalten, deshalb sagte sie, wenn ich es ihm erzähle, werde sie mir nie mehr helfen.

Wobei sie mit helfen Geld meint.

Ich bin verschwiegen wie ein Grab, was jammerschade ist. Paul hätte höchst originelle Rachepläne geschmiedet. Er ist nicht der Typ, der den Leuten Zucker in den Tank streut. Er hätte den Jungen und seine Familie in aller Ruhe bearbeitet. Er hätte sich Zeit gelassen, und gerade wenn sie geglaubt hätten, jetzt sei es endlich vorbei, hätte er wieder von vorn angefangen. Es hätte Jahre gedauert, bis sie um Gnade gefleht hätten. Dass Mom sich sicher fühlte, es mir zu erzählen, ist wahrhaft beschämend. Genau gesagt, eine echte Peinlichkeit.

2. November 1987
Chicago
Ich kaufte ein altes Zeitungsfoto vom Abschiedsbrief eines gewissen Wilbur Wright, der sich im Bezirksgefängnis aufgehängt hatte. »Ich kann nicht mehr weitermachen«, schrieb er. »Das Leben ist ohne dich nichts mehr wert, verzeih mir. Bobbye ich liebe dich mehr als du jemals wissen wirst. Möge Gott auf dich und unser Baby aufpassen. Bill.«

3. November 1987
Chicago
Heute Abend waren diese Jugendlichen wieder auf der Straße, drei von ihnen. Sie sind zehn, vielleicht zwölf Jahre alt. Einer ist ein Dicker mit Brille. Heute riefen sie mir hinterher: »Nerd, du ... Arsch.«

Ich hätte niemals so zu einem Erwachsenen geredet, als ich so alt war wie sie.

4. November 1987
Chicago
Vor ein paar Tagen sah ich einen Wagenaufkleber mit der Aufschrift *ICH LIEBE ES KOMMUNISTEN ZU TÖTEN*. Das Wort *liebe* war durch ein Herz ersetzt, ein Symbol, das vermutlich bald auf der Schreibmaschinentastatur erscheint, gleich neben dem Ausrufezeichen. Der Aufkleber befand sich auf einem Ford Fairlane auf der Montrose Avenue.

7. November 1987
Chicago
Heute sah ich eine Familie – Mutter, Vater und einen zehnjährigen Jungen – die Leland Avenue hinuntergehen. Es regnete, und als die Mutter dem Jungen sagte, er solle die Kapuze seiner

Windjacke überziehen, sagte er: »Ach, lass mich in Ruhe. Meine Haare sind nicht nass.«

Worauf sie freundlich antwortete: »Vielleicht jetzt nicht, aber gleich.«

14. November 1987
Chicago

Heute Abend räumte Barbara im IHOP den Tisch hinter mir ab. Dort saß ein Paar, beide über sechzig, das gleich nach dem Essen zu rauchen begonnen hatte.

»Waren Sie mit dem Essen zufrieden?«, fragte Barbara die Beiden.

»Nein«, sagte die Frau. »Überhaupt nicht. Das Fleisch war zäh, und das Gemüse war kalt.«

»Warum haben Sie denn nichts gesagt?«, fragte Barbara.

Und die Frau sagte: »Wir hatten Hunger.«

16. November 1987
Chicago

Steve Lafreniere hat mir einige Ausgaben einer Zeitung aus St. Louis namens *Evening Whirl* geliehen, die täglich erscheint und sich ausschließlich mit Verbrechen unter Schwarzen beschäftigt. Auf jeder Seite sind Fotos von Kriminellen unter Schlagzeilen wie »Unhold vergreift sich an Kindern, während Eltern schlafen« oder »Böser Pastor vergeht sich an zwei Brüdern, 10 und 11. Gefasst.«

Dieser Mann verübt Missbrauch an zwei Jungen, und die Zeitung nennt ihn *böse*?

»Es kam heraus, dass der Sexbesessene einen Jungen, den er besonders verehrte, einfing und missbrauchte. Er band ihn an den Händen und am Leib fest und fiel wie ein gieriges Schwein, das eine Mahlzeit verpasst hat, über sein Opfer her. Er schnappte den Jungen wie ein Hahn die Henne und zerrte ihn in sein Büro, und, Oh, Mann! Was für eine Orgie!«

In einer Ausgabe findet sich ein kurzer Artikel mit der Überschrift »Sie wissen bestimmt nicht, wer ich bin, oder? Ich bin Muckity Muck. Seht euch vor, ihr Pack. Wenn mir jemand komisch kommt, steck ich ihn in den Sack.«

Ein anderer Artikel ist überschrieben mit, »Andy Gray sagte, ›Ich bin ein Freak. Ich mag kleine Jungs und besorg's ihnen mit der Zunge. Ich steh dazu ganz frank und frei, Hauptsache ich habe Spaß dabei.« In dem Artikel heißt es, Mr Gray habe »mit Männern gerauft und gerangelt«.

Der Zeitung ist nicht zu trauen. Ein Jahresabo kostet $35. Die Anzeigen sind von Anwälten, Beerdigungsunternehmen und Kautionsvermittlern.

17. November 1987
Chicago

Die Polizei hat den Kerl gefasst, der bei jüdischen Geschäften auf der Devon Avenue die Scheiben eingeworfen und die Hauswände mit Hakenkreuzen beschmiert hat. Er ist auf Kaution freigekommen, und in der Zeitung von heute war ein Bild von ihm. Mir ist aufgefallen, dass er einen sehr kleinen Mund hat, kleiner als bei einem Säugling. Ich meine, winzig. Wenn er deinen Daumen lutschen sollte, müsstest du ihn erst einfetten. Er gehört zu einer Gruppe Skinheads und ist tätowiert, was ich seltsam finde, da die Juden in den Konzentrationslagern geschorene Köpfe und auf den Arm tätowierte Nummern hatten. Man würde meinen, die Antisemiten würden einen anderen Look bevorzugen.

27. Dezember 1987
Raleigh

Tiffany ist heute Morgen gefahren. Gestern Abend saßen wir im Keller mit Leuten zusammen, und sie erzählte uns, dass sich bei ihr im Hals immer Gas ansammeln würde. Sie zeigte auf eine Stelle neben ihrem Ohr und sagte: »Es ist genau hier.«

Ich habe noch nie von so etwas gehört.

Sie hat fast die ganzen Ferien am Telefon gehangen und mit Schwarzen gestritten, die ein großes Rätsel für uns sind. Einige haben wir ein- oder zweimal gesehen, aber sie verrät nie, welcher Art ihre Beziehung zu ihnen ist. Es ist nicht normal, stundenlang in seinem Zimmer zu hocken und Tränen über Missverständnisse mit Leuten zu vergießen, die bloßen Freunde sind. Sie hat sich in den Weihnachtsferien oft ausgeschlossen. Die Abende endeten immer damit, dass Amy, Gretchen, Paul und ich bei irgendwem auf dem Bett saßen und bis vier Uhr früh gelacht haben.

1988

3. Januar 1988
Chicago
Es war kalt, als ich gestern nach Chicago zurückkehrte – minus 8 ^{0}C. Ich fuhr mit dem Bus in die Stadt und war überrascht, als der Fahrer unterwegs jemanden aus dem Bus warf. Es war ein streitlustiger Mann, der sich offenbar wegen einer Kleinigkeit beschwerte. Nach einigen Minuten begannen die Passagiere, ihren Senf dazuzugeben, und wenig später flog der Typ raus. »Ich hoffe, Sie erfrieren«, rief der Fahrer, nachdem er die Tür geschlossen hatte.

Das erste Chicagoer Baby des Jahres wurde wenige Minuten nach Mitternacht geboren. Ein Limousinen-Vermieter hatte dem Kind und seinen Eltern eine Sonderfahrt versprochen, und andere Unternehmen hatten ähnliche Angebote gemacht. In den Abendnachrichten wurde gezeigt, wie Mutter und Vater eine Kiste edler Zigarren und ein Strauß Rosen überreicht wurden, bevor sie auf dem Rücksitz eines Rolls Royce Platz nahmen. Wie der Reporter sagte, ist das Paar nicht verheiratet. Beide sind sechzehn Jahre alt, schwarz und von der West Side. Sie sahen sehr glücklich aus.

6. Januar 1988
Chicago
Heute Abend ist es bitterkalt. Auf dem Rückweg vom IHOP lief ich über die Irving Park Road am Graceland Cemetery vorbei, als ein Kombi am Straßenrand hielt und der Fahrer mir zuwinkte. Ich ignorierte ihn, woraufhin er mir langsam folgte und hupte. Als das Fenster herunterging, sah ich, dass dem Typen ein paar Zähne fehlten und er nicht viel älter als ich war. Er fragte, wo ich hinwollte, und als ich »Nach Hause«, sagte, fragte er, ob er irgendetwas für mich tun könne.

Normalerweise sind auf diesem Abschnitt der Irving jede Menge Prostituierte. Wenn er mich dafür hielt, mussten sich die Regeln über die Weihnachtsferien definitiv geändert haben. Ich trug zwei Mäntel, zwei Mützen und eine Brille. Ich überlegte kurz, um eine Mitfahrgelegenheit zu bitten, sagte dann aber, es sei alles in Ordnung. Wenn man auf diesem Stück der Irving zu jemandem in den Wagen steigt, darf man sich hinterher nicht beschweren, wenn etwas Schlimmes passiert.

11. Januar 1988
Chicago
An der Ecke Broadway und Irving traf ich zufällig Shirley. Sie war meine Nachbarin auf der Cuyler, neben mir die einzige gebürtige Amerikanerin in dem Gebäude. Shirley läuft den ganzen Tag in einem Mantel, einem Hauskleid und einer Hose durch die Gegend. Sie hatte vorne nur noch einen einzigen Zahn, und zwar unten. Ich fragte sie nach Ray, ihrem Lebenspartner, und sie sagte, er sei am 30. August letzten Jahres an Krebs oder irgendeiner anderen Krankheit gestorben. Ray war ständig betrunken. Er trug eine Skimütze, genau wie Shirley, und eine Frauenbrille.

»Der hat sich vom Acker gemacht«, erklärte sie. Sie sagte, ihr Bruder habe sich ebenfalls vom Acker gemacht. Dann lachte sie, als wären die beiden gemeinsam verschwunden und hätten sich irgendwo versteckt.

13. Januar 1988
Chicago

David G. erzählte, er sei auf der Wilson Avenue hinter einer großen Frau in einem dünnen Wintermantel hergelaufen. Vor dem Pfandleihhaus war die Straße nicht geräumt und nur ein schmaler Gehweg führte durch den überfrorenen Schnee. Zwei junge Mexikanerinnen kamen aus der Gegenrichtung, und in dem Moment, als sie den Pfad erreichten, rief die große Frau: »Aus dem Weg, ihr Schlampen. Das ist *mein* Land.«

14. Januar 1988
Chicago

Letzte Woche sah ich an der Ecke Montrose und Magnolia die Vermisstenanzeige eines Katers namens Brutus, und ich glaube, ich habe ihn heute auf einem Baugrundstück gefunden: groß und schwarz, mit ausgefransten Ohren. Er war tot und steif gefroren.

Ich rief die Nummer auf dem Flyer an und teilte der Frau am Telefon mit, wo sie den Leichnam finden könne. »Ich hoffe, ich habe unrecht, aber ich bin mir ziemlich sicher, dass es sich um Brutus handelt«, sagte ich.

Sie fragte, ob das tote Tier krause Ohren habe, und ich sagte Ja. Ich verschwieg ihr allerdings, dass man den Kadaver offenbar längere Zeit durch die Gegend gekickt hatte. Er war verschrammt und das Fell war an vielen Stellen abgewetzt. Die Frau klang am Telefon sehr verzweifelt. Auf dem Plakat hatte etwas von $100 Belohnung gestanden, aber ich erwähnte das nicht, weil es vermutlich nur galt, wenn man Brutus lebend zurückbrachte.

17. Januar 1988
Chicago
Nicht weit von meiner Wohnung entfernt ist eine Wieboldt's-Filiale, in die ich gestern kurz hineinschaute. Sie verkaufen Oberhemden für $6. Außerdem haben sie Jeansjacken mit der Aufschrift *Love & Peace* auf dem Rücken. Einer der Kassierer, ein Teenager, trug ein Gucci-Sweatshirt und hatte einen dünnen Flaum auf der Oberlippe. Er rauchte, und als ein Kunde an die Kasse kam, legte er die Zigarette auf der Kante der Ladentheke ab. Als sie auf den Boden fiel, seufzte er und trat sie aus.

Die Hälfte der Regale war leer, nicht weil der Laden so beliebt ist, sondern weil niemand sich die Mühe macht, sie aufzufüllen. Die Belegschaft bei Wieboldt's ist erschöpft. Genau wie in der ALDI-Filiale ein Stück weiter den Broadway hinunter. Ihr gemeinsames Motto ist »Lasst uns in Ruhe. Wir wollen ungestört rauchen, Herrgott noch mal.«

Bei Goldblatt's ist es noch schlimmer. Sämtlichen Puppen im Schaufenster fehlen die Finger.

27. Januar 1988
Chicago
An der U-Bahn-Station Jackson machten drei Rapper Musik. Sie sangen über Aids und hatten für alle »Schwuchteln, Tunten und Lesben« die Botschaft, sie seien »Geschichte«. Sie würden sterben, und das sei für alle das Beste. Ein Rapper bemerkte zwischendurch, er hoffe, es sei nicht irgendwer in seiner Nähe, der diesen Shit hätte. Es hatten sich jede Menge Leute

versammelt, denen der Auftritt gefiel. Alle lachten und applaudierten.

Ich habe einen Brief von Susan Wheeler bekommen, die jetzt in New York ist und bei einer Firma für Zahnreinigung jobbt. Zu Weihnachten hat sie von ihrer Mutter eine edel eingepackte leere Schachtel, drei Paar Strumpfhosen, die ihr viel zu groß sind, und $32 bekommen.

28. Januar 1988
Chicago
Ich rief bei einem Kabelsender an, der einen Job in einer Jugendsendung inseriert hatte. Der Mann am Empfang sagte, »Youff C'moonication.«
»Entschuldigen Sie?«
Es dauerte eine ganze Weile, bis ich begriff, dass er »Youth Communications« sagte.
Schließlich stellt er mich zu dem Verantwortlichen durch, der mir erklärte, ich wolle den Job nicht. Er sagte, zwei Leute hätten gerade erst die Sachen hingeworfen, und ich sei ganz bestimmt der dritte. Ich sagte okay und hängte auf.

3. Februar 1988
Chicago
Ich habe einen Job bei Jay Roberts' Antiquitätenhandel bekommen. Sie suchten jemanden zum Abbeizen von Holz, und ich ging hin und sprach mit dem Eigentümer, der mir einige Fragen zu Möbeln stellte. Ich fange nächste Woche probeweise für $6 die Stunde an.

10. Februar 1988
Chicago

Ich habe bei Jay Roberts angefangen und erfahren, dass mein Vorgänger für $11 die Stunde gearbeitet hat. Earl hat es erzählt, der $15 die Stunde bekommt. Ich bin für die Aufarbeitung von Holz eingestellt worden, aber als Erstes musste ich Schnee schippen. Dann durfte ich fegen, einige Kommoden verschieben und Messing polieren. Während ich die Kommoden verrückte, sah ich einen ganz aus Hufeisen gefertigten Thron.

Earl sagte, seit Dezember hätten fünf Leute ihren Job hingeschmissen. »Verrate aber Jay nicht, dass du es von mir hast«, sagte er.

11. Februar 1988
Chicago

Nach Feierabend gab Jay Roberts mir einen Scheck und sagte, mit uns beiden würde es nichts. Zuvor, in der Mittagspause, hatte mich der Restaurateur Lorenzo gefragt, wo ich wohne. Ich sagte es ihm, und er fragte, ob es in der Gegend viele Schwuchteln gebe. Es waren noch drei andere Leute im Raum, und alle lachten. Lorenzo sagte, die Schwuchteln machten alles kaputt, weil sie pervers seien und nur auf sich selbst achteten. Er sagte, sie seien egoistisch und hätten keinen Sinn für Familie.

Ich fragte, ob er Kinder habe, und er sagte Ja, warum würde er sonst wohl sechs Tage in der Woche arbeiten? Bevor ich zu Popeyes ging, fragte ich, ob ich jemandem etwas mitbringen könne, und Lorenzo sagte, eine Frau mit dicken Titten, bitte. Er sagte, er habe letzte Woche eine gehabt, die ihm fast den Schwanz abgerissen hätte. So viel zu seiner Wertschätzung von Familie.

Ich werde nie wieder an diesem Geschäft vorbeigehen.

16. Februar 1988
Chicago
Gründe, warum man lebt:
1. Weihnachten
2. Die Ferien mit der Familie am Meer
3. Ein Buch zu veröffentlichen
4. Seinen Namen in einer Zeitschrift gedruckt zu sehen
5. Dabei zusehen, wie C. eine Glatze bekommt
6. Ronnie Ruedrich
7. Amy im Fernsehen zu sehen
8. Die Bücher anderer Leute
9. Meine Feinde zu überleben
10. Auf *Fresh Air* von Terry Gross interviewt zu werden

5. April 1988
Chicago
Im IHOP saß ich hinter einer schwangeren Frau Mitte zwanzig und ihrer Begleiterin, die über siebzig war und mit einem Gehstock lief. Die schwangere Frau erwartet ihr Kind am 4. Juli und sagte, sie hoffe, Mike würde seinen Scheiß bis dahin geregelt kriegen. Er ist der Vater des Kindes und Schauspieler. Aktuell spielt er einen Mann namens John Deering. »Mike spielt nicht einfach, er *versetzt* sich in seine Rolle«, sagte die schwangere Frau. Sie erklärte ihrer Freundin, normalerweise sei das nicht weiter schlimm, aber wenn er zu John Deering wird, flippt er aus, dass er in Kürze Vater wird. Vor einigen Wochen sei er aus ihrer Wohnung ausgezogen. Sie gehe gelegentlich zu seiner Wohnung und benutze dort den Computer, aber nur, wenn er Probe habe.

Die ältere Frau zündete sich eine Zigarette an und sagte, ihrer Meinung nach sei Mike verantwortungslos.

Die schwangere Frau seufzte. »Ich hoffe nur, er kriegt die Kurve, vielleicht, wenn das Stück vorbei ist.«

Gestern hörte ich im Radio eine junge Frau, die von ihren Problemen erzählte, nachdem ihr Mann sie und die beiden kleinen Kinder verlassen hatte. Weil er einfach verschwand, ist sie offiziell immer noch mit ihm verheiratet und bekommt deshalb vom Staat Virginia keine Sozialhilfe. Sie hat einen College-Abschluss, aber die Kinder sind noch klein und sie kann sie nicht allein lassen. Wenn sie um Unterstützung bittet, sagen ihr die Leute beim Sozialamt, sie sehe gut aus, was bitte schön was bedeutet? Dass sie als Prostituierte arbeiten oder sich einen reichen Freund suchen soll? Sie sagte, ihr Fünfjähriger sei krank, und als er letztens auf dem Töpfchen saß, sei sein Darm herausgekommen.

Ich ließ den Schraubenzieher fallen, als ich das hörte.

29. April 1988
Chicago
Ich lieh mir in der Bücherei eine Biografie von Dorothy Parker aus und schlug sie im El an einer Stelle auf, wo ein alter Mann sich nach einer brennenden Zigarette unter dem Tisch bückt. Dabei knacken seine arthritischen Gelenke, und Parker streckt ihre Hände aus und sagt: »Ahhhh, es geht doch nichts über ein hübsch knisterndes Feuer.«

8. Mai 1988
Chicago
Im IHOP haben sie einen Kellner namens Jace eingestellt. Am Anfang war er okay, aber inzwischen bringt er einen tragbaren Fernseher mit und sitzt rauchend am Arbeitstisch und sieht fern. Den Kunden sagt er, er könne ihre Bestellung in zwanzig Minuten aufnehmen, und einer nach dem anderen geht wieder.

Gestern Abend waren drei Tische besetzt. Ich, ein Paar und ein korpulenter Mann, der fünfzehn Minuten lang wartete, bevor er sich beschwerte. Nachher an der Kasse entschuldigte sich Jace, dass es so lange gedauert hatte. »Entschuldigung«, sagte er. »Aber es lief gerade ein Stierkampf.«
Ein Stierkampf?

29. Mai 1988
Chicago
Ich bin es so leid, Peewee genannt zu werden, dass ich mir von dem Geld, das ich durch den Job bei Gene verdient habe, ein neues Fahrrad gekauft habe. Es ist wie mein Rad in Raleigh, ein Frankenstein-Rad, aus zahlreichen Einzelteilen zusammengesetzt. Die Bremsen sind neu, und die Pedale. Es ist zigmal lackiert worden, und auf dem Rahmen befindet sich ein *Playboy*-Bunny.

7. Juni 1988
Chicago
Ich blätterte in der Bücherei in *The Oxford Book of Canadian Short Stories*. Eine der Erzählungen hieß »Der Tag, an dem ich mit Jesus auf dem Sonnendeck saß und ein Windstoß meinen Kimono aufblies und er meine Brüste sah«.

10. Juni 198
Chicago
Die Lyrikerin Elaine Equi sollte in diesem Herbst einen Schreibworkshop am Art Institute geben. Stattdessen geht sie mit ihrem Mann nach New York, und heute Nachmittag rief Jim an und fragte, ob ich Interesse hätte. Das heißt nicht, dass ich den Job bekomme, sondern nur, dass ich mich bewerben soll.

Adrienne hat vor einigen Monaten einen Lehrauftrag in Denver angenommen und schrieb mir, sie habe ständig das Gefühl, die Leute zu betrügen. Sie wisse nichts, was ihre Schüler nicht auch wüssten oder sich spielend selbst beibringen könnten, wenn sie wollten.

13. Juni 1988
Chicago
Frank, der Hausmeister des Gebäudes, in dem ich diese Woche arbeite, kennt jede Menge Witze. »He«, sagte er, »wieso zahlen Puerto Ricaner nie mit Schecks? Weil sie mit Spraydosen nicht so kleine Buchstaben schreiben können.« Ein anderer Witz handelte von einem Polen, der im Wald scheißen muss und den Hinweis bekommt, sich mit einem Ein-Dollar-Schein abzuputzen. Als er wiederkommt, hat er die Hände voller Scheiße und vier Quarter-Münzen im Arsch.

23. Juni 1988
Chicago
Frank erzählte mir, die runde Metallplatte auf dem Boden neben der Badewanne sei der Deckel für den Abfluss, und falls er verstopft sei, müsse man ihn mit Abflussfrei reinigen. Dann zog er den Ausschnitt seines T-Shirts herunter und zeigte mir ein halbes Dutzend Striemen auf seiner Brust. »Ich habe einmal eine Flasche aufgemacht und was davon verspritzt«, sagte er, »also sei vorsichtig.«

Dann zeigte er mir eine Narbe auf seinem Arm. Hier hatte er Abflussfrei benutzt, um sich ein peinliches Tattoo wegzumachen. Jetzt hat er nur noch eins, ein Herz auf dem Oberarm, in dem *I Love Patty* steht.

Ich fragte ihn, wer Patty sei, und er sagte, so habe seine erste Frau geheißen. Ich fragte, ob das für seine zweite Frau kein

Problem sei, und er erklärte, Patty und seine drei Kinder seien alle bei einem Wohnungsbrand 1977 umgekommen, als sie noch verheiratet waren.

Wohnungsbrand klingt aus irgendeinem Grund anders als ein normaler *Brand*. Es klingt bösartiger, heißer. Er hat noch eine Tochter und erklärte mir, seit dem Brand habe er zweihundertfünfzig Pfund zugelegt.

27. Juni 1988
Chicago
Irgendwer hat ins Foyer des Hauses geschissen, in dem ich gerade arbeite. Zum Glück war Frank vor mir da, sodass ich es nicht wegmachen musste. Es ist so traurig, menschliche Scheiße außerhalb ihres normalen Umfelds zu sehen.

28. Juni 1988
Chicago
Ich habe den Job für das Schreibseminar am Art Institute bekommen, was ich allein Jim und Evelyne verdanke, die den Lebenslauf für mich getippt hat. Der Kurs findet immer donnerstags um ein Uhr statt, hoffentlich im Institutsgebäude am Michigan Square, wo wir uns an einen großen Tisch setzen können. Ich mag die Räume dort, allerdings nicht die Beleuchtung, aber vielleicht kann ich eigene Lampen mitbringen, um das Licht ansprechender zu machen.

Am Donnerstag muss ich Formulare ausfüllen und Bücher bestellen. Ich kann den Leuten vorschreiben, was sie lesen sollen! Ich denke, ich werde mich für Flannery O'Connors *A Good Man is Hard to Find*, Tobias Wolffs *In the Garden of the North American Martyrs* und die Anthologie *Sudden Fiction* entscheiden, weil sie lauter kurze Geschichten enthält und den Eindruck erweckt, als sei Geschichten zu schreiben machbar. Alle drei sind großartige Bücher, aber bis zum Beginn des Seminars muss ich noch herausfinden, warum sie großartig sind.

Als Dozent werde ich zu Institutssitzungen und Cocktailpartys eingeladen. Ich kann es kaum erwarten. Es ist zwar nur ein Kurs, aber ich beabsichtige trotzdem, mir eine Aktentasche zuzulegen und die Rolle voll auszuschöpfen. Jetzt kann ich sämtliche Dozenten am Art Institute als meine Kollegen bezeichnen. Dad ist riesig stolz auf mich.

4. Juli 1988
Chicago
Wir fuhren mit dem Taxi vom Hotel Belmont nach Hause und der Fahrer schnauzte mich mehrmals an. »He, Kumpel, in meinem Taxi wird nicht hin- und hergerutscht.« Dann wurde er wütend, weil ich mit dem Finger oben am Fensterrahmen entlangfuhr. »Sie sind nervös«, sagte er. »Ich kenne solche Leute. Sie ruinieren mir mit ihrem nervösen Gefummel die ganze Gummiabdichtung. Sehen Sie hinten das Rauchen-Verboten-Schild? Sehen Sie, wie es rundherum abgeknibbelt ist? Das waren auch so nervöse Hemden.«

Ronnie hat auf einem Empfang gekellnert, bei dem die Gäste betrunken waren und ausfallend geworden sind. Ein Mann fragte sie, ob sie Italienerin sei, und als sie bejahte, sagte er, »Hab ich mir gedacht. Alle italienischen Frauen haben einen Damenbart.«

Mir ist noch nie aufgefallen, dass Ronnie einen Damenbart hat, aber es hat sie dennoch gefuchst. Als sie nach Hause kam, erzählte sie Blair davon, die ihr sagte, sie fühle sich bestimmt besser, wenn sie erst einmal frisch geduscht und rasiert sei.

8. Juli 1988
Chicago
Ich sah heute, wie einem Mann unter der Sheridan Station der El Handschellen angelegt wurden. Er hatte eine Frau geschlagen, die einen engen roten Hosenanzug trug. Auf beiden Beinen war das Bild einer Katze aufgestickt und darüber stand das Wort *Cat*. Ihr Gesicht war von den Schlägen aufgequollen, und sie stand da und drohte dem Mann in Handschellen, der sich loszureißen und sie zu treten versuchte.

»Jetzt sieh nur, was du gemacht hast«, sagte er immer wieder.

10. Juli 1988
Chicago
New American Writing hat meine Erzählung »Der Michelin-Mann hat das Wort« veröffentlicht und mir einen Scheck über $15 geschickt. Ich habe mir von dem Geld unter anderem ein Terrarium gekauft, das ich bei einem Garagenflohmarkt entdeckt habe. Ich dachte, ich könnte darin Einsiedlerkrebse halten. Ich habe auch an einen Hamster gedacht, aber die verpesten einem die Bude, wenn man sich nicht laufend drum kümmert.

15. Juli 1988
Chicago
Im IHOP hatte ein Junge einen epileptischen Anfall. Ich habe so etwas noch nie gesehen und es auch heute nicht mitbekommen. Ich wusste, dass hinter meinem Rücken irgendetwas vor sich ging, aber als ich mich schließlich umdrehte, lag der Junge bereits schlafend auf dem Boden. Er schnarchte, und seine Mutter stand über ihm, während seine Schwester zum Münzsprecher rannte. Zuerst kam die Feuerwehr und dann ein

Krankenwagen. Ein Rettungssanitäter weckte den Jungen vorsichtig und sagte: »Terry? He, Kumpel. Hi, Boy. Sag mal, weißt du, welcher Tag heute ist? Erkennst du, dass du hier im International House of Pancakes bist? Ja?«

Sie legten ihn auf eine Trage und wiederholten mehrere Male, er solle sich entspannen. Als sie ihn hinausschoben, sah ich sein Gesicht. Er sah aus wie jemand, den man mitten in der Nacht geweckt und dem man gesagt hatte, er solle seine Sachen packen, man müsse los. Er war schwarz, aber mit sehr heller Haut. Können Schwarze blass werden? Wieso weiß ich so etwas nicht?

Gestern Abend trug Gretchen High Heels, und kaum waren wir zu Hause, kickte sie die Schuhe vom Fuß und sagte, das Klackern mache sie verrückt. »Ich habe mir geschworen, niemals eine Mitbewohnerin mit solchen Schuhen ins Haus zu holen«, sagte sie.

Es war schön, sie hierzuhaben. Jeden Tag war sie zum Sonnen am Strand, und jeden Tag wurde sie von Männern belästigt. Sie riefen ihr die Namen sämtlicher Stellen ihres Körpers zu, an die sie gerne ranwollten. Männer auf Fahrrädern, auf der Straße oder im Zug. Ich habe vergessen, wie viel Scheiß sich Frauen tagtäglich anhören müssen. Gestern Abend rief ihr eine Gruppe von sechs Jungen auf der Devon hinterher: »Wooooo, Baby. Komm her.«

Sie ging einfach weiter.

22. Juli 1988
Chicago

Ich habe an einer neuen Geschichte gearbeitet und vor mir Seiten mit Notizen aus dem IHOP liegen, die ich nicht entziffern kann. Eine lautet *gammerstrayer.jermei*.

Oprah hatte eine Sendung über Leute, die unverzeihliche Dinge verziehen haben. Ein Mädchen vergab dem Typen, der zwanzigmal auf sie eingestochen hatte und anschließend ihren Vater, einen Pfarrer, erstochen hatte. Sie hatte um einen Hinrichtungsaufschub gebeten, genau wie der Mann, dessen Großmutter von einer Bande weiblicher Teenager erstochen worden war. Ich erinnere mich noch, als der Fall überall in den Nachrichten war. Die ermordete Großmutter hatte Bibelunterricht gegeben.

Eine Frau unter den Gästen verzieh dem Mann, der ihren Sohn an Heiligabend getötet hatte, weil er betrunken Auto gefahren war. Heute ist er regelmäßig bei der Frau zu Besuch.

Eingeladen waren noch zwei weitere Gäste, eine Frau, die niemals dem Mann verzeihen würde, der ihre Schwester vergewaltigt und ertränkt hatte, und eine Schwarze, der Mitglieder einer Gang in den Bauch geschossen und anschließend ihre Tochter missbraucht hatten. Sie sagte, sie hätte das Mädchen weinen hören, und Oprah fragte: »Haben Sie ihr geholfen?«

»Nein«, sagte die Frau, offenbar durch die Frage in Verlegenheit gebracht. »Ich war angeschossen und habe stark geblutet.« Sie erklärte, sie habe immer noch eine Kugel in ihrer Niere stecken und sehe keinen Sinn darin, irgendjemandem zu verzeihen. »Allein durch den Hass habe ich überlebt«, sagte sie.

In der Zeitung las ich heute von einem sechsjährigen Mädchen, dem der Cousin ihrer Mutter siebzehn Messerstiche beigebracht hatte. Offenbar hatte er nach Geld gesucht. Ich bin immer wieder überrascht über die Zahl der Stiche, die den Leuten zugefügt werden. Anscheinend sind es niemals bloß einer oder zwei. Es muss eine von diesen Tätigkeiten sein, bei der man nicht mehr aufhören kann, wenn man einmal angefangen hat. Das Mädchen hat überlebt, aber nach

Aussagen der Großmutter hat sie nach der Attacke eine gemeine Ader entwickelt und ist heute rechthaberisch und zänkisch.

29. Juli 1988
Chicago
Heute war das Thema bei Oprah schwerwiegende Behinderungen. Zwei der Gäste waren Eltern eines Teenagers, der nur sechsunddreißig Pfund wiegt. Der Junge ist blind und stumm und kann neuerdings wegen einer Ohrentzündung auch noch schlecht hören. Sie erkennen bei ihm keinerlei Gedankentätigkeit, und er lebt bei ihnen im Haus.

Der Vater erklärte, der Staat zahle eine Einkommensunterstützung erst bei einem Jahreseinkommen unter $17 000. Er machte sich für eine staatliche Krankenkasse bei extremen Belastungen stark, was schön und gut war, aber er hörte gar nicht mehr auf, darüber zu reden. Er sagte, seine Tochter habe Diabetes, und seine andere Tochter wäre beinahe an Krebs erkrankt. Wieder und wieder fiel er den anderen Gästen ins Wort, und irgendwann ging er mir auf die Nerven.

Mitten in der Sendung stellte Oprah einen vierundzwanzigjährigen Mann vor. Sie sagte: »Jimmy, schön, dass Sie da sind. Sie haben keine Arme. Sie haben keine Beine. Was gibt Ihnen Lebensmut?«

Jimmy war optimistisch und erzählte von seinem Leben an der Uni, wo er Kinderpsychologie studiert. Er sagte, sein Mitbewohner im Studentenwohnheim lasse Fernseher, Radio und Computer auf dem Boden stehen, damit er drankommen kann. Jimmy hatte einen kräftigen, muskulösen Hals. Er trug einen Anzug, an dem Arme und Beine hochgesteckt waren.

Ein anderer Gast, eine junge Frau, hatte alle Gliedmaßen, aber sie waren zu schwach. Sie konnte laufen, brauchte aber

Krücken für längere Strecken. Gabeln und leichtere Dinge konnte sie halten. Sie sagte, sie wolle sterben, hätte aber nicht die Möglichkeit, Suizid zu begehen.

Jimmy sagte, er wolle bloß anderen Leuten helfen. Einmal lief, während er redete, am unteren Bildrand ein Spruchband, wie es in Talkshows häufig der Fall ist *(Judy: sinnt auf Rache; Marco: liebt Frauen)*. Bei ihm stand *Jimmy: froh, am Leben zu sein.*

Ein Paar im Publikum wurde zu seinem siebenundzwanzigjährigen Sohn befragt, der die geistigen Fähigkeiten eines Neugeborenen hatte. Der Mann war gut aussehend, Ende fünfzig und redete mit starkem Chicagoer West-Side-Akzent. »Ich habe meinen Sohn seit zwanzig Jahren nicht mehr gefüttert«, sagte er. »Er macht mir Angst.«

Ich glaube, ich bin der ideale Zuschauer für solche Sendungen. Anschließend fühlte ich mich überglücklich, als sei es ein Segen, lediglich pleite zu sein und schlechte Zähne zu haben.

Heute habe ich in Lindas Garage gearbeitet, als der Junge von gegenüber zu mir kam und mich fragte: »Bist du ein Junge oder ein Mann?«

31. Juli 1988
Chicago
Heute Nachmittag war ich am Montrose Beach, wo es ruhig und nicht halb so voll war wie am Foster Beach. Gestern hatte es geregnet, und der Sand war hart. Ich hatte etwa eine Stunde lang gelesen, als zwei Männer und drei Kinder sich neben mir niederließen. Einem der Männer fehlte die linke Hand. Der Arm war bis einige Zentimeter über dem Handgelenk intakt und lief dann spitz zu. Der Mann saß auf einer Decke,

während der andere mit den Kindern ins Wasser ging, alle vollständig bekleidet, einige sogar mit langen Hosen.

Während sie im Wasser tobten, schaltete der einhändige Mann an einem riesigen Radio einen Sender mit nervtötenden Disco-Remixes ein. Nach ein paar Minuten kam ein Typ in einem Tanktop herüber und bat ihn, die Musik leiser zu stellen. Das Radio war so laut, dass ich ihre Unterhaltung nicht verstehen konnte, aber zuletzt drehte der einhändige Mann die Musik leiser.

Als sein Freund aus dem Wasser kam, erzählte der einarmige Mann, was vorgefallen war. Er ballte die gesunde Hand zur Faust und reckte den anderen Arm wie eine Lanze in die Luft. »Ich war kurz davor, dem Arschloch eine reinzuhauen«, sagte er. »Ich hab ihm gesagt, ›Das ist ein freies Land, oder? Und ist das hier etwa kein öffentlicher Strand?‹«

Der nasse Typ sah aufs Wasser hinaus und versuchte, den Mann auszumachen, der seinem Freund gesagt hatte, er solle die Musik leiser stellen. Er sagte, es sei gut gewesen, die Sache mit dem freien Land zu erwähnen. Er hätte das Gleiche gesagt.

7. August 1988
Chicago

Gestern am späten Abend fuhren eine Gruppe betrunkener weißer Jugendliche ihren und drei weitere Wagen direkt unter meinem Fenster zu Schrott. Es gab einen lauten Knall. Ich war zu der Zeit im Wintergarten und überlegte, wie ich zu Geld käme. Die Fenster waren geöffnet, und ich hörte, wie einer der Jungen zum anderen sagte: »Fahr schon, Arschloch. Na, los doch. Gib Gas, Blödmann.«

Der Typ hinterm Steuer versuchte weiterzufahren, aber der Wagen war zu ramponiert. Ich rief die Polizei an, und dann noch ein zweites Mal, als einer der Jungen zwei anderen befahl, die Nummernschilder abzuschrauben und die Aufkleber zu entfernen. Wenn die Bullen in Chicago herauskommen sollen, muss man auf jeden Fall das Wort *Knarre* erwähnen. Ich habe es vor einem Jahr ausprobiert, und sie waren innerhalb von zwei Minuten da – drei Einsatzwagen mit enttäuschten Polizisten.

Die Jungen verschwanden mit den Nummernschildern und Aufklebern, und ich ging runter zur Ecke, wo sich einige Nachbarn versammelt hatten. Es war zwei Uhr früh, und ich stand in einer Gruppe mit einem schwarzen Fahrraddieb, seinem Freund und einer fünfköpfigen Familie mit südländischem Akzent. Das kleine Mädchen hieß April und ging wie alle anderen aus der Familie barfuß. Einer ihrer halbwüchsigen Brüder hatte ein großes Kreuz auf den Unterarm tätowiert. Dann waren da noch ihre Mutter und ihre Großmutter, die sagte: »Die Jungen waren betrunken. Ich meine, richtig betrunken.« Sie fischte nach einer Zigarette und rief ihrem Enkel zu, »Skeeter, hast du mein Feuerzeug?«

Als die Bullen endlich anrückten, erklärte die Großmutter ihnen, die Jugendlichen seien betrunken gewesen und sie hätte ihre liebe Mühe gehabt, die anderen davon abzuhalten, sämtliche Fingerabdrücke zu verwischen.

Heute früh war der Kofferraum der Jugendlichen aufgebrochen und alle vier Räder abmontiert. Wenn ein Wagen in dieser Nachbarschaft einen platten Reifen hat, gilt er als aufgegeben und wird ausgeschlachtet.

12. August 1988
Chicago

Amy hat es in die Second City Touring Company geschafft. Sie haben sechs von zweihundert Leuten genommen. Nichts kann sie aufhalten. Amys Erfolg ist ein Erfolg für die ganze Familie.

Ich könnte vor Stolz platzen. Sie hat etwas Außergewöhnliches. Das sieht jeder.

15. August 1988
Chicago
Gestern habe ich bei der Arbeit auf AM Kirchenradio gehört. Ein Prediger machte feminine Männer nieder. »Nun, als Gott Eva aus Adam schuf, nahm er sie ganz aus ihm heraus«, sagte er. »Er ließ nichts in ihm zurück. Und dann sehe ich diese Männer mit ihren zarten Ellbogen und Handgelenken, die sich wie Frauen kleiden, und ich sage, ›Nein.‹ Ich sage ›Nein‹ dazu.«

Ich bin fest entschlossen, morgen mit Neil zum Tierarzt zu gehen. Sie hat an diesem Wochenende im ganzen Haus geschissen und dann auch noch auf den Teppich gepinkelt. Sie ist siebzehn Jahre alt, da kann ich nicht so tun, als sei es bloß vorübergehend. Ihre Scheiße ist flüssig. Was sie frisst, geht oben rein und kommt unten wieder raus.

16. August 1988
Chicago
Wir sind heute mit Neil zum Tierarzt gefahren und unterwegs hat sie mich angepinkelt. Sie hat mir auf den Schoß gepinkelt und ist einfach sitzen geblieben. Sie hat nicht mal versucht, von dem Urin wegzukommen. Sie wird jetzt eingeäschert, und ich bekomme in ein paar Tagen ihre Asche. Ich hatte immer gedacht, sie würde zu Hause sterben. Der Tierarzt sagte, das wünschen sich alle Katzenhalter. Er untersuchte sie, ihre geschrumpften Nieren, ihren stinkenden Atem, der auf schwere Verdauungsstörungen hinweist, und fragte, ob Neil menschlichen Kontakt scheue. »Hat sie sich zurückgezogen?«

Ich sagte Ja. Sie hat vor sechs Monaten aufgehört, Körperpflege zu betreiben, und von da an ist es ständig bergab gegangen. Nun lebe ich in der Zeit nach Neil.

20. August 1988
Emerald Isle
Namen von Strandhäusern, die ich heute gesehen habe:
Muschelhorn
Krähennest
Dünenschloss
Mehr Meer
Klabautermann
Gottesgeschenk
Moby Dick
Captain's Country
Meerblick
Onkel Toms Hütte
Küstennebel
Pelikan
Fußabdruck
Flaumfeder
Sturmvogel
Seestern
Brandung
Die kleine Meerjungfrau
Windjammer
Sommerliebe

23. August 1988
Emerald Isle
Beim Mittagessen gab Mom dem Hund ein Stück Steak, das sie aufs Dads Stuhl legte, und er schimpfte sie eine dumme Kuh. Er

trug Shorts, die seit Wochen nicht gewaschen waren, weshalb ich die ganze Aufregung nicht verstand. Niemand außer ihm tat das.

5. September 1988
Chicago
Morgen gehe ich zum Art Institute, um ein Foto für meinen Ausweis machen zu lassen. Die Dozenten tragen sie an Bändern um ihren Hals, damit sie daran herumspielen können, wenn sie nervös werden. Morgen in einer Woche gebe ich meine erste Stunde, und ich arbeite immer noch an einem Entwurf.

Heute Abend fiel mir ein, dass ich nicht die geringste Ahnung von Erzählperspektive oder überhaupt etwas habe. Bislang bin ich damit durchgekommen, aber als Dozent werden Kenntnisse in der Richtung mehr oder weniger von einem erwartet. Meine größte Sorge ist, jemanden wie N., den Herausgeber der Studentenzeitung, in meinem Kurs zu haben. Er schreibt Artikel über die Belästigung durch Zigarettenqualm und die Haltung der Stadtverwaltung zu Räumen für Künstler. Wäre er in meinem Kurs, könnte er mir spielend meine Unzulänglichkeiten nachweisen. Natürlich kann ich das auch selbst, aber ich bin kein Student, und ich befürchte, wenn ich mich verteidigte, könnte ich zu verzweifelt klingen.

6. September 1988
Chicago
Morgen ist die Cocktailparty für die Fakultät, und heute fand ich einen Fünf-Dollar-Schein auf der Straße. Ich denke, ich werde mir von dem Geld Zeitschriften kaufen. Unter anderem den *New Yorker* mit einem »Brief aus Los Angeles« von Joan Didion.

8. September 1988
Chicago

Evelyne hatte im letzten Monat eine Stromrechnung von $345.
Kim $109.
Shirley $280.
Ich $35.

9. September 1988
Chicago

Heute begegnete ich auf der State Street zwei Predigerinnen, beide konservativ gekleidete weiße Frauen Ende dreißig. Die eine verteilte Broschüren, während die andere ihre Botschaft unters Volk brachte. »Oh, seht euch das an«, sagte sie in ihr Mikrofon, als eine junge Frau vorbeiging. »In dem Aufzug fordert sie dazu auf, ja, schreit geradezu danach, vergewaltigt zu werden. Und wenn sie tatsächlich vergewaltigt wird, hat sie jede Minute verdient und wird anschließend in der Hölle schmoren.«

Ihr Urteil schien mir sehr harsch. Wäre die Frau erlöst gewesen, wenn sie stehen geblieben wäre und zugehört hätte?

13. September 1988
Chicago

Mir wurde bewusst, dass ich jetzt Lehrer bin, als es mir im Klassenraum zu warm wurde und ich die Tür öffnete. Später war es auf dem Flur laut, und ich stand auf und machte sie wieder zu. Studenten können nicht einfach die Tür öffnen und schließen, wenn ihnen danach ist. An meinem ersten Tag trug ich ein weißes Leinenhemd mit einer gestreiften Krawatte, eine schwarze Hose und meine guten Schuhe. Zu Beginn des Unterrichts hatte ich neun Teilnehmer. Dann ging einer raus, und jetzt habe ich nur noch acht.

22. September 1988
Chicago
Ich spielte meinem Kurs heute die Aufnahme einer gewissen Nancy Sipes vor, die für Amway-Kosmetikprodukte wirbt. Meine Schwester Amy und ich finden sie absolut großartig, aber einer meiner Studenten sah das anders und verschwand in der Fünfzehn-Minuten-Pause. Damit hatte ich nur noch sieben Teilnehmer, aber zum Glück kamen noch zwei hinzu, sodass ich wieder bei neun bin.

24. September 1988
Chicago
Ich habe heute mit einem kleineren Auftrag bei Malik begonnen, einem Inder bei R.J. Paints, der dunkelbraune Flecken in beiden Augen hat, gleich neben den Pupillen. Ich muss bloß eine Tür abbeizen. Um nicht so viel Dreck zu machen, habe ich sie ausgehängt und in den kleinen Garten hinterm Haus gebracht. Ich war dort ganz allein, bis drei Frauen in Saris aus dem Haus kamen und sich auf Gartenstühlen niederließen. Sie fragten mich etwas auf Englisch und unterhielten sich dann untereinander in einer Sprache, die ich nicht kannte.

Eine der Frauen erzählte mir, sie studiere Chemie an der Northeastern, und fragte mich, ob ich auch Student sei. Ich sagte, nein, ich sei Dozent. Dann sagte sie etwas zu den anderen Frauen in ihrer Sprache, und alle drei lachten. Sie fragte mich, wie viel Geld ich mit dem Unterricht verdiente, und das sorgte für noch mehr Heiterkeit.

Eine der Frauen, die älteste, war ein echter Spaßvogel. Ihre Freundinnen lachten sich schief über ihre trockenen Bemerkungen. Ich hatte befürchtet, ihnen mit meinen beißenden Chemikalien den Nachmittag in der Sonne zu verderben, aber nachdem sie erfahren hatten, dass ich das wenigste Geld verdiente, wurde ich praktisch unsichtbar und sie machten weiter, als gäbe es mich gar nicht.

26. September 1988
Chicago
Heute Morgen stand Malik entweder mit einem Schlafanzug oder einem indischen Hausanzug in der Tür: ein knielanges Hemd mit Nehru-Kragen und eine dazu passende Hose. Auf Hals, Gesicht und Brust lag eine dicke Schicht Puder. Es war nicht zu erkennen, ob es frisch war oder er damit geschlafen hatte. Nachmittags lernte ich seinen fünfjährigen Sohn kennen, der sehr lieb war und mir höfliche Fragen stellte.

In Mitchell's Restaurant saßen Amy und ich neben einer Verrückten ohne Schneidezähne, die ihre Servietten und das Tischset in kleine Stücke gerissen hatte. Die Fetzen lagen überall auf dem Boden, und dazu noch abgerissene Stücke eines Pfannkuchens. Sie redete in drei unterschiedlichen Stimmen, eine davon rau und dunkel, wie Linda Blair in *Der Exorzist*.

Nachdem sie eine Weile Selbstgespräche geführt hatte, stand sie auf und ging auf die Toilette. Dort blieb sie lange Zeit, bis Amy es nicht mehr aushielt und nachsehen ging. Die Tür war verschlossen, aber sie konnte die Frau dahinter in einer Stimme fluchen und sich in einer anderen verteidigen hören. Fünf Minuten später kam sie heraus, schob sich die Haare aus dem Gesicht und sagte zur Kellnerin, »Tut mir leid, Liebes, wegen der Schweinerei«, in einem englischen Akzent, als wäre sie Hayley Mills und hätte gerade ein Glas Wein umgeschüttet.

Nachdem sie gegangen war, sagte der Filialleiter: »Sieh auf der Toilette nach. Sie war so fröhlich, als sie ging.«

Die Kellnerin reagierte nicht, also ging Amy nachschauen und berichtete, der ganze Boden stehe unter Wasser. Die Kloschüssel sei mit Toilettenpapier, Papierhandtüchern und Seiten aus der *Sun-Times* verstopft. Die Seifenstücke seien in der Mitte durchgebissen und die Waschbecken voller Krümel.

27. September 1988
Chicago
Heute Nachmittag redete Professor Sedaris vor stummem Publikum. Selbst S., eine zweifache Mutter, die Fragen mit Fragen beantwortet und zu Widerspruch neigt, sagte nichts. Das Schweigen machte mich ganz nervös. Dann brabbelte ich irgendetwas, in der Hoffnung, irgendwer würde dazwischenfunken und mich zum Schweigen bringen.

»Das passiert schon mal«, sagte Sandi, eine Kollegin, nachher in ihrem Büro.

Jim sagt, nächstes Semester könne ich vielleicht zwei Kurse geben, aber im Augenblick erscheint mir das wie ein Albtraum. Ich hätte dann Anspruch auf eine Krankenversicherung, die ich gebrauchen kann, wenn ich mir die Pulsadern aufgeschlitzt habe. Was habe ich heute nur falsch gemacht?

1. Oktober 1988
Chicago
Charles Addams ist vor zwei Tagen gestorben.

Freitag arbeitete ich bei Malik, der mit einem luftigen Kittel, ohne Hemd und mit noch mehr Babypuder am ganzen Körper an die Tür kam. Sein Sohn Zeshan leistete mir Gesellschaft, da er Husten hatte und nicht in die Schule musste. Als seine Mutter ihm Hustensaft verabreichte, sagte sie: »Zeshan, du musst das nehmen, weil ich Leute mit Husten nicht ausstehen kann.«

Der Junge nannte den Hustensaft »hässlich«. Er hat eine kratzende Stimme, und mir gefällt, wie vernünftige Fragen er einem stellt. Er ist erst fünf Jahre alt, aber er erzählte mir, er habe vier Kinder, von denen das älteste neun Jahre alt ist. Ich möchte diesen Jungen gerne mitnehmen. Obwohl, wenn er mir gehörte, wäre er nicht reizend.

Um drei Uhr kam Zeshans Schwester Najia mit drei Cousinen von oben herein. Alle waren ganz aufgeregt, weil eine von ihnen in der Schule einen Goldfisch gewonnen hatte.

Wenn eins der Kinder in meinem Haus einen Goldfisch gewonnen hätte, käme die Aufregung bestimmt daher, das Tier über der Herdflamme zappeln zu sehen, aber diese Kinder sind durch und durch unschuldig. Es war wie eine Geschichte aus dem Erstklässler-Lesebuch mit dem Titel »Das Goldfisch-Abenteuer«. Montag komme ich wieder und freue mich schon darauf.

3. Oktober 1988
Chicago

Auf dem Kollegiumsabend hielt ich mich weitgehend zurück, aus Angst, wenn ich den Mund aufmachte, würde jeder sehen, wie wenig Ahnung ich hatte. Allerdings stellte ich einige Fragen. Zwei Dozenten unterhielten sich darüber, dass sie Störenfriede in ihren Kursen vor die Tür setzten. Ihr Gespräch führte mir vor Augen, auf welch subtile Weise gewisse Studenten mich ausnutzen. Als hätte ich die ganze Zeit Ausschau nach dem Ganoven mit der violetten Narbe im Gesicht gehalten, während man mir unterdessen die Taschen filzt.

M., die als externe Studentin erst letzte Woche in den Kurs kam, ist eine Lügnerin und hohle Nuss. Ich hätte sie nach drei Wochen nicht mehr in den Kurs lassen dürfen, doch ich habe es getan und bin nun als Lusche abgestempelt. Das spricht sich

unter den Studenten genauso herum wie jemand, der keine
Ansprüche stellt. Im nächsten Semester sitzen dann lauter
Faulpelze im Kurs, die alle eine ruhige Kugel schieben
wollen.

5. Oktober 1988
Chicago

Ich habe mit viel Freude Arbeiten korrigiert. Alle Kommentare
sind mit Schreibmaschine geschrieben und, zumindest in
meinen Augen, ausgesprochen ehrlich. Ich habe sie gestern
Abend noch einmal überflogen und war wiederholt überrascht,
wie reif und weise sie klingen. »Ein Kind, das in einem
gewalttätigen sexuellen Umfeld aufgewachsen ist, sollte zumindest drei verschiedene Begriffe für Hundeklöten kennen, und
›Dingsbums‹ gehört definitiv nicht dazu.«

Ich sage, was geht und was nicht geht. Ich möchte
niemanden vor der Klasse in Verlegenheit bringen oder Diskussionen abwürgen, deshalb sind meine Anmerkungen nur für
die Studenten bestimmt.

Heute lag J.s Geschichte in meinem Fach. Sie war anderthalb Seiten lang, gefolgt von einem PS: »Mein Farbband war
leer und es war schon spät.« Ein anderer Student, C., drückte
mir einige zerrissene Blätter in die Hand, die er in der Cafeteria
geschrieben hatte, vermutlich während er sich mit jemandem
unterhielt. Letzte Woche schien er noch interessiert, aber diese
Woche erschien er ohne Buch im Kurs und saß nur gelangweilt
und mit finsterem Blick herum.

24. Oktober 1988
Chicago

Ich habe eine Frau namens Betty getroffen, die ein Haus mit
drei Wohnungen auf der North Kenmore besitzt und eine

davon gerne gestrichen hätte. Sie hatte den Auftrag vor einigen Wochen schon einmal an jemanden vergeben, ihn aber wegen Faulheit gefeuert. Er sollte sämtliche Beschläge entfernen und sie mit Goldspray lackieren, aber er hatte die Türangeln und Knäufe einfach an Ort und Stelle besprüht. Es sieht großartig aus, viel besser, als wenn er sich an die Vorgaben gehalten hätte. Es ist, als würden die Türknäufe im Vergleich zu den eintönig weißen Türen für etwas Pep sorgen.

29. Oktober 1988
Chicago

Heute Abend waren zwei elegant gekleidete, weißhaarige Frauen im IHOP. Ich sah sie erst beim Hinausgehen, während ich zuvor nur ihre weinerlich klingenden Stimmen in meinem Rücken gehört hatte. Die beiden teilten sich die Rechnung bis auf den letzten Penny. Jede musste $3.77 zahlen. Dann beratschlagten sie über das Trinkgeld und einigten sich auf 70 Cent. Keine sagte, »Ach, was soll's. Legen wir einen Dollar hin.« So geizig waren sie.

Eine der Frauen hatte sich am Vormittag den Finger verletzt und sorgte sich, wie sie ihn behandeln sollte. Sie hieß Lil. »Ich habe ihn in die Tür bekommen, aber ich beiße die Zähne zusammen«, sagte sie. »Die meisten wären ohnmächtig geworden, aber nicht ich.«

»Ein Finger?«, sagte die andere Frau. »Du redest von *einem* Finger?«

»Ich hätte beinahe einen Nagel verloren!«, sagte Lil.

»Erzähl mir nichts von einem Finger«, sagte die andere Frau. »Ich habe mir einmal drei in einer Autotür geklemmt. Nikki hat sie mit voller Wucht zugeknallt!«

»Du hast Sterne gesehen«, sagte Lil.

»Drei Finger, und die Tür war richtig zu«, wiederholte die Frau. »Und dann sind sie furchtbar angeschwollen und nacheinander blau, lila und gelb geworden.«

»Das glaub ich gerne«, versicherte Lil ihr.

»Jede andere wäre ohnmächtig geworden. Nikki, zum Beispiel. Als sie sah, was sie angerichtet hatte, ist sie ganz bleich geworden. Sie stand da –«

»Mir gefällt der Regenmantel«, wechselte Lil das Thema.

»Ich lebe in diesem Regenmantel«, sagte die andere Frau.

»Genau wie ich in meinem«, sagte Lil. »Und jetzt kannst du mir reinhelfen, weil ich das mit dem kaputten Finger nicht schaffe.«

23. November 1988
Chicago

In letzter Zeit war ich ein schlechter Handwerker.
Ich ging mit einem Drogenkater zu Betty und schlief bei ihr auf dem Fußboden ein. Ich hatte furchtbare Kopfschmerzen und wachte Stunden später mit roten Striemen im Gesicht vom Teppich auf.

1989

5. Januar 1989
Chicago
Ich habe mich heute früh gewogen – 146 Pfund. Letzten April machte ich eine Diät und wog nur noch 141. Und jetzt das! Im IHOP saß ich heute Abend mit Blick auf den Grill, in dem sich drei fetttriefende Hähnchen drehten. Ich werde heute bloß ein Steak und etwas Spinat essen, und morgen dann noch weniger.

9. Januar 1989
Raleigh
Gestern Abend überlegte ich, ob die anderen Dozenten auch kiffen. Bin ich wirklich der Einzige? Der Unterricht beginnt in der kommenden Woche, und ich habe nichts vorbereitet.

15. Januar 1989
Raleigh
Ich werde nie wieder auf meiner eigenen Party trinken.
Ich werde nie wieder auf meiner eigenen Party trinken.
Ich werde nie wieder auf meiner eigenen Party trinken.
Ich habe auf meiner eigenen Party getrunken. Ich trank vier Bier und drei Wodka-Orange und rauchte anschließend eine Bong. Kurz darauf begann sich alles zu drehen. Gestern hatte ich einen Apfel und ein dünnes Sandwich gegessen. Es waren etwa fünfzig Leute im Haus. Ich versuchte, mich hinzusetzen

und meinen Gästen beim Tanzen zuzusehen, aber mir wurde vom Hinsehen schlecht und ich stolperte in mein Arbeitszimmer und klappte zusammen.

Auf der anderen Seite der Tür konnte ich John Smith hören. Er wollte mit irgendeinem Hohlkopf, der noch nie etwas von Henry James gehört hatte, Pictionary spielen. Ich horchte und versuchte aufzustehen. Dann beschloss ich, dass es besser wäre, einfach leise wegzudämmern.

17. Januar 1989
Chicago
Heute war der erste Tag des neuen Semesters, und ich unterrichte zwei Kurse. Im ersten sind etwa zwanzig Teilnehmer. Ich forderte jeden auf, die letzten drei Bücher zu nennen, die er oder sie gelesen hatte (unter den Antworten war *Die Möwe Jonathan* und ein Roman von Danielle Steel). Dann fragte ich, was sie tun würden, wenn jemand ihnen $500 schenkte. Einer sagte, er würde sich weitere Tattoos stechen lassen; viele wollten sich Heimkino-Lautsprechersets kaufen; und drei wollten Flugtickets an wärmere Orte.

Bei den vielen Teilnehmern ist es leicht, sie zum Reden zu bringen. Einer aß im Unterricht, und ein anderer sagte andauernd »Scheiße«. Bevor sie gingen, musste jeder mir in einem kurzen Text erklären, wie er seine Füße verloren hatte.

Irgendetwas hat sich verändert – wenn ich jetzt meine Schüler anblicke, sehe ich nur Menschen, die mir meine Zeit stehlen.

Inzwischen schlägt meine Diät an. Ich kann den Gürtel ein Loch enger schnallen und bin zufrieden.

19. Januar 1989
Chicago
Heute ist der letzte Tag von Ronald Reagans Amtszeit, und auf *All Things Considered* fragten sie verschiedene Leute, wie er ihr Leben beeinflusst hatte. Die Person, mit der ich mich am meisten identifizieren konnte, sagte, nach den vergangenen acht Jahren werde sie nie wieder einem Republikaner trauen. Viele Leute lobten ihn, aber einige wenige hassten ihn aus ganz persönlichen Gründen. Eine Frau beschuldigte Reagan, für die Scheidung ihrer Eltern verantwortlich zu sein. Sie stammte aus einer Farmerfamilie und sagte, der durch die Agrarpolitik des Präsidenten verursachte Stress habe die Ehe ruiniert, die unter den Vorgängerregierungen glücklich gewesen war.

Ein Mann aus Brooklyn machte Reagan für seine Aids-Erkrankung verantwortlich und redete so, als habe er sich bei ihm infiziert. Ich hasste Reagan lange Zeit, hörte aber damit auf, als er zu einem so leichten und beliebten Ziel wurde. Meine Augen traten nie hervor, wenn er redete. Sie verengten sich eher zu Schlitzen.

24. Januar 1989
Chicago
Namen aus dem Telefonbuch:
Adonis Labinski
Dolly Branch
B.J. Beefus
Eugene Bratman
Wolfgang Fey
Freeman Fry

27. Januar 1989
Chicago

Ich saß in der Cafeteria des Palmer House am Tresen und griff nach meiner Brille. Der Typ neben mir hatte ebenfalls seine Brille abgelegt, und als ich sie irrtümlich nahm, stieß er einen spitzen Schrei aus und beschuldigte mich, sie stehlen zu wollen. Der Mann war in den Siebzigern, und seine Brille hatte genau wie meine ein Plastikgestell und ähnlich getönte Gläser, allerdings war es eine Fliegerbrille. Ich hatte mich schlichtweg vertan. Ich entschuldigte mich, aber er rief dennoch die Kellnerin herbei und sagte: »Der Typ hier hat versucht, mich zu bestehlen.«

Die Kellnerin redete mit ihm wie mit einem Kind. »Oh«, sagte sie. »Ich bin sicher, so etwas würde er niemals tun.«

Der Mann, frustriert darüber, dass niemand meinen wahren Charakter durchschaute, hob seine Kaffeetasse und hielt sie direkt vor seine Brust, als wollte ich sie ihm auch noch wegnehmen.

In dem Moment setzte sich eine Frau neben ihn, und er wandte sich zu ihr und sagte: »Passen Sie auf. Der Kerl hier hat gerade versucht, meine Brille zu stehlen.« Ich wollte ihr mit Blicken signalisieren, dass der Mann nicht ganz zurechnungsfähig sei, aber sie war zu sehr damit beschäftigt, ihre Handtasche zwischen den Beinen einzuklemmen.

30. Januar 1989
Chicago

Ich sah im *Time Magazine* eine Anzeige für eine CD mit den größten Countryhits von 1961. Darunter Titel wie:
»Under the Influence of Love«
»I Dreamed of a Hillibilly Heaven«
»Po' Folks«

»Beggar to a King«
»Three Hearts in a Tangle«
Jeder davon wäre ein großartiger Titel für eine Erzählung.

2. Februar 1989
Chicago
Nachdem Stephanie gekündigt hat, war Mary heute Abend wieder zurück im IHOP. Sie hatte zuvor neun Jahre dort gearbeitet und vor drei Wochen aufgehört, um ein Hotelrestaurant in Evanston zu leiten. Sie erzählte mir, die Arbeit habe ihr gefallen, aber sie habe es vermisst, Leute vor die Tür zu setzen und die Polizei zu rufen. Das war immer ihr Ding. Ich erinnere mich an Abende, an denen jeder vierte Gast gleich wieder rausflog. Jemand brauchte nur etwas vor sich hin zu murmeln, schon riss sie ihm die Speisenkarte aus der Hand, wies zur Tür und sagte: »Ich habe alles mitbekommen – raus!« Nicht nur Verrückte und Betrunkene, sondern Männer und Frauen, die niemals damit gerechnet hätten, eines Restaurants verwiesen zu werden.

Heute Abend zahlte der Mann, den ich den Alten Juden nenne, die Rechnung und fragte Mary, ob sie wieder in der Spätschicht arbeite.

Sie sagte Ja, aber nur für zwei Wochen.

»Nun, wenn Sie Zeit haben, würde ich gerne einmal mit Ihnen ausgehen«, sagte er.

Mary stemmte die Hände in die Hüften. »Soll das ein Witz sein? Der einzige Ort, an dem ich Sie sehen möchte, ist die Hölle. Verstehen Sie? Meinetwegen können Sie direkt zur Hölle fahren.«

Der Alte Jude sah auf das Kaugummi in der Auslage vor ihm und sagte: »Oh, ich verstehe. Manche Menschen haben so ihre Art.«

»Ja«, sagte Mary. »Ganz genau. Und das ist meine Art.«

Nachdem er gegangen war, fragte ich Mary, warum sie ihn so hasse. Er kommt genauso lange regelmäßig her wie ich – seit fünf Jahren, obwohl er noch nie ein Wort zu mir gesagt hat und immer wegsieht, wenn ich ihn mit einem Kopfnicken grüße. Der Alte Jude isst jeden Abend im IHOP, manchmal allein und manchmal in Begleitung einer Pflegerin. Er hat inzwischen Dutzende gehabt, und ich frage mich immer, ob er so schlecht zahlt oder ob sie sich mit ihm langweilen. Er muss Ende achtzig sein und geht gebeugt, den kahlen Kopf voller Leberflecken.

Mary erzählte mir, dass er früher zu Mittag kam, als sie noch in der Frühschicht arbeitete. Eines Nachmittags erzählte er ihr, seine Frau sei vor Kurzem gestorben und er wolle etwas von ihrem Schmuck loswerden und würde sich freuen, wenn Mary ein paar Stücke nähme.

»Ich war einverstanden, weil ich weiß, wie schwer es sein kann, nach dem Tod eines geliebten Menschen dessen persönliche Dinge fortzugeben«, sagte sie mir.

Sie ging an diesem Abend zu seiner Wohnung und bemerkte im Wohnzimmer ein halbes Dutzend Glas- und Silberschalen, alle randvoll mit Kondomen. Dann erzählte ihr der Alte Jude, dass seine Frau tatsächlich bereits vor acht Jahren gestorben sei und er nur noch wenige ihrer Sachen habe. »Vielleicht ein Paar Ohrringe«, sagte er, aber er müsse erst in der richtigen Stimmung sein, um danach zu suchen.

Mary sagte, sie hätte keine Angst gehabt. »Ich hätte ihn auch mit einem auf den Rücken gebundenen Arm fertigmachen können«, versicherte sie mir. »Aber seit diesem Tag hasse ich ihn aus tiefster Seele. Manchmal ist das einfach so.«

Vor der Sheridan Station der El ging ich an einer Frau vorbei, die den Verkehr beschimpfte. Ich hatte sie schon früher gesehen. Sie sieht aus wie W.C. Fields, wenn er eine rote Perücke getragen hätte. Sie hat eine Knollennase, genau wie er, und keine sichtbaren Augenbrauen oder Wimpern. Als ein Paar vorbeiging, sagte sie, sie gingen nach Hause zum Ficken, so wie all die anderen Arschlöcher.

Ich vermute, sie leidet unter dem Tourette-Syndrom oder etwas Ähnlichem.

Ich kam von der Uni und trug eine Krawatte und meine Aktentasche unterm Arm. Als ich selbst Student war, fühlte ich mich immer wohler, wenn der Dozent anständig gekleidet war. Es vermittelte den Eindruck, er oder sie gingen einem richtigen Job nach. Was die Aktentasche angeht, betrachte ich sie als eine Art Safe. Die Schüler sehen, dass ich ihre Arbeiten hineinstecke, und das gibt ihnen das Gefühl, ihre Geschichten seien wertvoll, obwohl es lästig ist, die Tasche mit herumzuschleppen.

Als ich an der Frau vor der Station vorbeiging, sagte sie: »Oh, seht nur. Der kleine Mann. Hält sich für eine große Nummer, bloß weil er eine Aktentasche unterm Arm hat.« Ich überquerte mit gesenktem Kopf die Straße, erschüttert, dass sie mich so leicht durchschauen konnte.

10. Februar 1989
Chicago
Jackie Disler ist eine unerschöpfliche Informationsquelle. Heute Morgen erzählte sie mir, die Ungarn hätten das schmutzigste Mundwerk in ganz Europa und würden Dinge sagen wie: »Nimm deinen mit Scheiße beschmierten Schwanz aus meinem Gesicht, mit dem du Jesus gefickt hast.«

Ihr zufolge ist der Ausdruck, Jesus zu ficken, ein beliebter Fluch in dieser Gegend der Welt.

13. Februar 1989
Chicago
Heute Abend las Tobias Wolff in Barbara's Bookstore aus seinem neuen Buch *This Boy's Life*. Alle Stühle waren besetzt, sodass ich mich vorne auf den Boden setzte und nicht aufzufallen suchte. Als ich mein Exemplar des Buches signieren ließ, war ich zu schüchtern, etwas zu sagen, aus Angst, wenn ich den Mund öffnete, würde alles aus mir herausplatzen. Er wirkte wie ein sympathischer Mensch und trug einen Rollkragenpulli, ein kariertes Hemd, eine Tweedjacke und Jeans mit schwarzen Socken und Laufschuhen. Ich muss sein größter Fan sein.

14. Februar 1989
Chicago
Barbara hat erstmals mit mir gesprochen. Sie kommt aus Tennessee, ist etwa Mitte vierzig und gehört zur Stammbelegschaft des IHOP, seit ich dort hingehe. Heute erzählte sie mir, die neue schwarze Kellnerin, die vor einigen Wochen angefangen hat, ist gefeuert worden, weil sie keine Strumpfhose tragen wollte. Barbara sagte: »Natürlich müssen wir Strumpfhosen tragen. Wir *alle* tun das!«

4. März 1989
Chicago
Ich las ein Interview mit einer unter einer Zwangsstörung leidenden Frau, die sagte, bevor sie Medikamente genommen hätte, habe sie jeden Tag achtzehn Stunden lang ihr Haus geputzt. Nach dem Staubsaugen sei sie mit einem Klebestreifen über den Teppich gegangen, um auch jedes Staubkorn

zu erwischen. Wenn Gäste zu Besuch kamen, habe sie sich jeden Gegenstand, den sie anfassten, gemerkt und ihn sofort abgewischt, wenn sie gegangen waren. Sie habe wichtige Termine verpasst, nur um zu Hause bleiben zu können und ihre Schlüssel oder ihr Scheckheft zu putzen, wobei ich nicht einmal weiß, wie man so etwas macht. Von meinen Schlüsseln hätte ich nie gedacht, dass sie dreckig sein könnten, obwohl sie es vermutlich sind. Versifft, genauer gesagt.

13. März 1989
Chicago

Ein Mann trat heute auf dem Bahnsteig an der Wilson Station auf mich zu und fragte, was ich von der Gegend hielte. Er sagte, eine Bekannte sei gerade hierhergezogen und er sei besorgt um sie. Ich wollte nicht den Unheilspropheten spielen und sagte, mir sei hier noch nie irgendetwas Schlimmes passiert, was der Wahrheit entspricht. Dann sagte ich, ich erwarte jeden Tag, dass mir irgendetwas Schlimmes zustößt, was ebenfalls der Wahrheit entspricht.

Warum lebt man an einem Ort, an dem man Unheil erwartet? Er hätte mich das fragen können, aber er tat es nicht. Ich bin überrascht, dass er mich überhaupt angesprochen hat. Ich sehe in letzter Zeit furchtbar aus. Ich rieche. Vor einigen Tagen saß ich an der Uni hinter meinem Schreibtisch und hatte einen leichten Uringestank in der Nase. Dann bemerkte ich, dass er von mir selbst stammte. Meine Hose stank. Meinen Studenten muss es ebenfalls aufgefallen sein. Wie sollte es ihnen entgangen sein? Ich muss mir irgendeine Geschichte ausdenken. Ich könnte sagen, ich passe mittwochvormittags immer auf einen Säugling auf und in der letzten Woche habe er mir auf den Schoß gepinkelt.

20. März 1989
Chicago
Ich las eine Erzählung von einer chinesischen Autorin, deren Hauptfigur ihren Ehemann beschimpft, indem sie ihn als Taube und gesalzenes Ei bezeichnet.

21. März 1989
Chicago
In der vergangenen Woche verschwand ein Gullydeckel in der Gasse hinter meinem Haus. Ich vermute, die Leute verkaufen ihn an Alteisenhändler. Die Stadtverwaltung hat das Loch im Boden mit einer Holzplatte abgedeckt und ein Sperrgitter mit blinkenden Lichtern aufgestellt, aber über Nacht wurde beides ebenfalls gestohlen. Als ich heute von der Arbeit nach Hause kam, klingelte es, und ich ließ einen Typen vom Kanalamt ins Haus. Er fragte, ob ich der Hausverwalter sei, und ich verneinte. Dann fragte er nach dem verschwundenen Gullydeckel, und ich bot ihm an, ihm die Stelle zu zeigen. Es war bitterkalt, und der Typ schien froh zu sein, in meiner warmen Wohnung zu sein. Er war um die sechzig, etwa so groß wie ich und trug einen braunen Mantel und eine tief in die Stirn gezogene Skimütze.

Ich ging Schuhe und Jacke anziehen, und er sagte: »Keine Eile. Immer mit der Ruhe.«

Wir gingen durch die Küche, und er blieb vor dem Heizkörper stehen und betrachtete ihn. »Wissen Sie, wie man das Zischen abstellt? Man muss nur einen dünnen Nagel nehmen und dort drüben das Loch frei machen. Mehr nicht. Aber machen Sie es nicht jetzt, man kann sich leicht verbrennen.«

»In Ordnung«, sagte ich. »Vielen Dank.«

»Warten Sie bis später, dann nehmen sie einen langen dünnen Nagel und reinigen damit das Loch. Danach sind Sie Ihr Problem los.«

Ich dankte ihm noch einmal und ging mit ihm hinaus in die Gasse, wo wir feststellten, dass der Gullydeckel bereits ersetzt worden war. Dabei erfuhr ich, dass es Aufgabe des Eigentümers gewesen war, sich um einen neuen Deckel zu kümmern.

»Ich liebe es, die Diebe auf frischer Tat zu ertappen«, sagte der Mann. »Man kann für so etwas in den Knast gehen.«

Er hätte um die Ecke zurück zu seinem Truck gehen können, aber stattdessen folgte er mir in die Wohnung. Im Wohnzimmer blieb er stehen und sah sich einige Zeichnungen an. »Haben Sie die gemacht?«, fragte er. »Sind Sie vielleicht eine Art ... Zeichner?« Er beugte sich vor und gluckste. »Mann, oh, Mann. Die sind großartig.«

Ich biete Handwerkern in meiner Wohnung immer einen Kaffee an. Dem Heizungsmonteur, einem Elektriker, den Bullen, die einmal hier waren, jedem. Ich biete es ihnen an, und sie lehnen ab. Ich hatte das Gefühl, dieser Typ würde Ja sagen und dann bis fünf Uhr nachmittags bleiben oder wann immer er Dienstschluss hatte. Da er nicht in meiner Wohnung arbeitete, bot ich ihm keinen an, aber inzwischen bereue ich es. Ich mochte ihn.

23. März 1989
Chicago

Der Präsident der National Rifle Association war heute im Radio zu hören, bei einer Rede vor dem Commonwealth Club of California. Ich schliff gerade Lindas Treppengeländer ab, und als sie hereinkam, hörten wir gemeinsam zu. Der Typ begann, den Verkauf von Sturmgewehren zu verteidigen. Nicht die Gewehre seien das Problem, sagte er, sondern die Kerle, die sie benutzten. »Diese Vögel, die Psychos sind und ins Irrenhaus gesperrt gehören. Diese Vögel, die in Häuser einbrechen und Leute vergewaltigen.«

Der Mann war sehr volksnah. »Genau wie mein Dad«, sagte Linda. »Das könnte er da im Radio sein!«

Ihr Vater ist Farmer, und sie ist mit Waffen groß geworden. Als Kind hat sie einmal ein Rotkehlchen erschossen. Schockiert über ihre Tat, hatte sie versucht, es zurück in den Baum zu setzen, in der Hoffnung, es würde vielleicht wieder lebendig, wenn es an seinem ursprünglichen Platz säße.

Der Chef der NRA benutzte immer wieder den Ausdruck *Vögel*. Er sagte, Sportschützen im ganzen Land gingen verantwortlich mit Sturmgewehren um, und man dürfe sich das nicht von ein paar durchgeknallten Vögeln kaputt machen lassen. Er war nicht besonders redegewandt, aber er glaubte an seine Sache und wich Fragen nicht aus, anders als so viele Redner vor dem Commonwealth Club.

26. März 1989
Chicago

Auf dem Weg zur El überholte ich auf der Leland zwei erwachsene Männer. Einer fragte nach einer Zigarette, und der andere, der meine Antwort nicht mitbekommen hatte, packte mich am Arm. »Ich sagte, wir wollen eine Zigarette!«, brüllte er mich an.

Man kann wildfremde Menschen auf der Straße nicht einfach so am Arm packen. Ich habe dieses heruntergekommene Viertel satt. Es ist dreckig und deprimierend und wird wegen des warmen Wetters jeden Tag nur noch schlimmer. Ich habe den Eindruck, die Menschen hier sind grundsätzlich stumpf, grausam und gewalttätig.

Der Mietvertrag läuft Ende April aus, und ich denke, es ist Zeit, woanders hinzuziehen.

Ansonsten habe ich noch gehört, dass die Taille eines Mannes einen doppelt so großen Umfang haben sollte wie sein Hals.

31. März 1989
Chicago
Heute Abend war der Blinde in Begleitung eines anderen Mannes im IHOP. Der Mann erzählte von einem Freund, der in der Innenstadt ein Theater mit angeschlossenem Café eröffnen wollte, in dem zur Mittagszeit gespielt und kleinere Gerichte angeboten werden sollten. »Sachen wie die Tagessuppe und Salate«, sagte er. »Und natürlich Sandwiches und so weiter.«

Der blinde Mann nickte.

»Zuletzt hat es dann doch nicht geklappt«, seufzte der Mann. Offenbar hatte sein Freund nicht genug Geld gehabt. »›Geld ist nicht alles‹, sagte ich zu ihm. Und er antwortete: ›Vielleicht nicht, aber es kommt immer noch zehntausend Meilen vor dem, was an zweiter Stelle steht.‹« Er seufzte, und dann stibitzte er einen Pommes frites vom Teller des Blinden.

Heute habe ich L.s Text korrigiert. Sie erscheint zu spät zum Unterricht, macht sich breit und packt ihren Snack aus. Sie mag gerne Kartoffelchips in Zellophantüten. Dann beschließt sie, ihr Portemonnaie auszumisten, nimmt alle möglichen Zettel heraus und zerknüllt sie. Schon mehrmals habe ich ihr gesagt: »Sind wir jetzt fertig? Alles da, wo es hingehört?«

Sie sagte dann entweder »Ja« oder »Gleich«. Sarkasmus ist nicht ihre Stärke.

L.s Erzählung war das Schlimmste, was mir je untergekommen ist. Wie in aller Welt hat sie den College-Abschluss geschafft? Selbst Tomoko, die Japanerin ist und kaum Englisch spricht, schreibt besser. Zudem ist Tomoko geistreich und gibt sich Mühe, während L. nur ihre Snacks futtert und ihr Portemonnaie ausmistet.

12. April 1989
Chicago
Geld:
$33 von einer Lesung im Lower Links
$50 Honorar der Randolph Street Gallery
$83 insgesamt!

18. April 1989
Chicago
Heute Abend fühle ich mich fett, dumm und hässlich. Ich war heute wieder einmal ein lausiger Lehrer, gänzlich unfähig, eine Position zu vertreten. Ich sage etwas und nehme es bei dem kleinsten Einwand zurück. Wie können sie mich da ernst nehmen?

In meinem Kurs sind mehrere Studenten, die ich nicht mag. Ich denke nicht viel darüber nach, ich mag sie einfach nicht. Ob sie das merken?

21. April 1989
Chicago
Im Supermarkt unter der Wilson Station der El zog ich meinen Einkaufszettel aus der Hosentasche. Als ich bemerkte, dass mir dabei ein Dollarschein aus der Tasche gefallen war, und ich mich umdrehte, sah ich einen Mann sich bücken und ihn vom Boden aufheben. Er hatte sandfarbenes Haar und ein rotes, zerfurchtes Säufergesicht. Ich sagte ihm höflich, dass er da gerade meinen Dollar aufgehoben hatte, und er erwiderte: »Welcher Dollar? Ich habe nichts aufgehoben.«

»Aber ja. Ich habe es gesehen.«

»Sie haben überhaupt nichts gesehen«, sagte er.

Ich folgte ihm nach hinten in den Laden, wo er eine große Flasche Bier und eine Flasche Four Roses Bourbon aus dem

Regal nahm. »Kommen Sie«, sagte ich. »Ich habe gesehen, wie Sie mein Geld aufgehoben haben. Geben Sie es mir zurück.«

Der Typ war mindestens Ende vierzig, alt genug also, es besser zu wissen. Wenn ich sähe, wie jemandem ein Dollarschein aus der Tasche fällt, würde ich sagen: »Entschuldigen Sie, Sie haben da was verloren.« Wenn niemand zu sehen wäre, würde ich ihn einstecken, aber das hier war etwas anderes.

An der Kasse faltete der Mann meinen Dollarschein auseinander. Dann zog er sein gesamtes Kleingeld aus der Tasche und begann es langsam zu zählen. Als der Kassierer sagte, es würden noch 10 Cent fehlen, drehte er sich zu mir und sagte: »Geben Sie mir zehn.«

Ich konnte es nicht glauben.

Hinter mir standen zwei Männer in der Schlange. Einer kramte in seiner Tasche und gab dem Dieb zwei Fünf-Cent-Stücke. Dann sah er mich mit milder Verachtung an, so wie man einen Geizkragen ansieht, und sagte: »Was sind schon zehn Cent?«

5. Mai 1989
Chicago
Ich muss unbedingt einen großen Bogen um Rotwein machen. Ich hatte gestern welchen bei Rob und Lyn getrunken und wachte Stunden später mit einem furchtbaren Brennen im Hals auf. Mein Gaumenzäpfchen fühlte sich an wie eine Pilotflamme. Als ich heute Morgen aufstand, war mein Gesicht kalkweiß. Ich fühle mich heute schlapp, habe aber keinen klassischen Kater. Ich erinnere mich auch wieder an gestern Abend. Irgendwann zeigte Rob mir seinen Computer und erklärte, man könne ihn auch an eine Telefondose anschließen.

Dienstag gab ich siebzehn Arbeiten aus dem Anfängerkurs zurück, darunter auch die von L. Es geht darin um ein kleines Mädchen, das an Heiligabend aus dem Bett schlüpft, um den Weihnachtsmann zu beobachten. Sie bekommt ihn nicht zu sehen, aber am nächsten Morgen steht ein funkelndes neues Fahrrad für sie da. Der letzte Satz lautet: »Ich wusste, es würde ein ganz besonderes Weihnachten werden.«

Die Geschichte hätte eine Fünftklässlerin schreiben können, und es machte mich traurig, sie zu lesen. Ihre andere Geschichte, »Das neue Ich«, ging über eine Raupe, die sich in einen Schmetterling verwandelt. Ich redete darüber im Lehrerzimmer mit Sandi, die mir sagte, sie hätte im letzten Semester genau die gleiche Geschichte von jemandem bekommen. Als ich mir die obere rechte Ecke der Titelseite genauer ansah, bemerkte ich, dass L. den Namen des anderen Idioten einfach weggetippext und ihren darübergesetzt hatte. Als ich sie später darauf ansprach, sagte sie: »Hören Sie, sagen Sie mir bloß, bestehe ich den Kurs oder nicht?«

Ein Mann an der Feinkosttheke des Butera Market: »He, geben Sie mir eins von Hähnchen, wo sich drehen.«

9. Mai 1989
Chicago
Heute Vormittag habe ich verschiedene Vorsätze notiert, die meine Laune heben könnten:
1. Zehn Pfund abnehmen.
2. Die beiden letzten Geschichten überarbeiten, damit ich mit etwas Neuem anfangen kann.
3. Einen Maulwurf malen.
4. Vor die Tür gehen, auch wenn ich keine Lust habe.

In diesem Jahr habe ich wieder eine Karte zum Muttertag gemacht. Sie lautet:

M steht für die morbiden Dinge, die du mir gezeigt hast
U steht für die unselige Zeit
T steht für die tausend Dollar, die du mir schuldest
T steht für deine Trantütigkeit
E steht für mein erfolgloses Mühen
R steht für rotzfrech und kleinkariert
Mutter, ich wünschte, du hättest mir gezeigt,
wie man sich kämmt und vernünftig rasiert.

28. März 1989
Chicago

Ich habe an diesem Wochenende zwei Schlägereien beobachtet. Die erste war auf der Straße gegenüber von Steve Lafreniere, wo zwei Männer auf einen schmächtigen Typen losgingen, der zuvor eine Frau verprügelt hatte. »Man schlägt keine Mädchen, du blöder Arsch, du Scheißkerl«, sagten sie, während sie ihm ein paar verpassten.

Später kam ich auf der Beacon an zwei Männern vorbei, die sich um ein Fahrrad stritten und aufeinander einprügelten.

21. Juni 1989
Chicago

Seit ich weiter nach Norden gezogen bin, fahre ich mit dem Bus zum IHOP. Heute Abend saß ich einer Frau gegenüber, die Tränen auf die Wangen tätowiert hatte. Sie hatte einen schlechten Teint und herbe Gesichtszüge, die durch ihr Outfit noch verstärkt wurden: Sie trug einen Rock und eine Bluse mit Rüschenkragen, wie sie biedere alte Damen tragen. Der Rock war cremefarben. Von meinem Platz aus konnte ich sehen, dass es sich um Billigkleidung handelte. Ich hatte diese Frau schon öfter gesehen, aber nie nüchtern.

Ein paar Blocks später stieg ein Mann hinzu. Sämtliche Zähne in seiner rechten Mundhälfte fehlten, und als er die Frau sah, sagte er: »Doris!« Er sprach sie auf ihre Kleidung an und sagte, sie sehe schick aus.

»Ja«, sagte sie. »Zum ersten Mal in meinem Leben habe ich beschlossen, einen Rock zu tragen. Wunder gibt es immer wieder, nicht wahr, Roy!« Sie schob mit der Hand die Ponyfransen zur Seite und ich sah, dass sie auch ein Tattoo auf der Stirn hatte.

4. Juli 1989
Chicago
Ich fuhr mit dem Fahrrad an einer Frau mit zwei kleinen Kindern an der Hand vorbei. Das kleine Mädchen hatte die Plastikringe eines Sixpack an einem Fuß, und als die Mutter es bemerkte, rief sie: »Was soll der Scheiß, du Miststück?«

20. Juli 1989
Chicago
In Amys Nachbarschaft hat es gestern Abend eine Schießerei gegeben. Sie und ihr Freund Paul hörten die Schüsse von ihrem Wohnzimmer aus und glaubten, es sei ein Feuerwerk, bis sie vor dem Haus gegenüber eine Menschenmenge sahen. Der Mann, der dort wohnt, ist sehr hässlich, und ihm fehlt eine Hand. An ihrer Stelle hat er keinen Haken, sondern eine Art Zange, die am Ellbogen anfängt und so aussieht wie eine Krebsschere. Acht Polizeifahrzeuge rückten an. Die Beamten führten den Mann aus dem Haus und wollten ihm Handschellen anlegen, als sie die Schere bemerkten, woraufhin sie ihn am Arm nahmen und im Polizei-Bulli einsperrten.

In *All My Children* wird Erika von einem Zwerg verfolgt. Lange Zeit zeigten sie immer nur eine Hand, die böse Briefe an sie schrieb oder die Lokalnachrichten ausschaltete, sobald sie auftauchte. Ich habe das Gefühl, diese Person irgendwie zu kennen, aber ich verfolge die Sendung erst seit vier Jahren regelmäßig und kenne mich nicht gut genug aus. In *One Life to Live* hat man Vicki in den Bauch geschossen. Megan hat es beobachtet, seither aber keinen Mucks von sich gegeben. Ich würde alles darauf wetten, dass sie Vickis multiple Persönlichkeitsstörung geerbt hat.

21. Juli 1989
Chicago
Ich lag richtig mit Megan. Vickis Bauchschuss hat bei ihr eine vererbte multiple Persönlichkeitsstörung ausgelöst und sie in einen Menschen namens Ruby Brite verwandelt, der gerne spielt und mit einem Brooklyner Akzent spricht.

25. Juli 1989
Chicago
Amy hatte mir ihren alten Toaster geschenkt, den ich in der Vorratskammer deponiert und bis gestern Nacht um zwei vergessen hatte. Ich hatte bereits ausreichend zu Abend gegessen, aber ich machte dennoch zwei Erdnussbutter-Sandwiches mit Pfirsichen aus der Dose. Normalerweise mache ich so etwas nicht, wenn kein Dope im Haus ist, aber inzwischen stopfe ich wieder alles in mich hinein, was mir in die Quere kommt. Erdnussbutter und *Pfirsiche*? Seit wann geht das zusammen?

30. Juli 1989
Chicago
Ich stand auf der Clark Street, als eine ältere Frau auf einem dieser Elektromobile auf mich zurollte, die Leute benutzen, die noch zu fit für einen Rollstuhl sind. »Aus dem Weg, Arschloch«, sagte sie. Ich trat zur Seite, und nachdem sie wenige Meter an mir vorbeigefahren war, kettete sie ihr Gefährt an einer Parkuhr an und humpelte in das Restaurant, das ich soeben verlassen hatte.

31. Juli 1989
Chicago
Jewel hat Geflügel für 49 Cent das Pfund im Angebot, sodass ich gleich mehrere Pfund kaufte. In der Schlange an der Kasse las ich einen Artikel in *New Woman* mit dem Titel »Untreue: Wie man seinen Mann vom Fremdgehen abhält«. Darin wurden mehrere Warnsignale genannt, da man wissen muss, wenn der Freund oder Ehemann sich unsicher oder vernachlässigt fühlt. Man muss darauf achten, ob er das Interesse an Sex verliert, und man muss kämpfen, kämpfen, kämpfen, um ihn zurückzugewinnen. Der Artikel ging davon aus, dass es immer die Schuld der Frau oder Freundin ist, wenn ein Mann fremdgeht. Er schien gar nicht in Betracht zu ziehen, dass er vielleicht einfach bloß ein Arschloch ist.

7. August 1989
Chicago
Anatole Broyard diese Woche über Jane und Paul Bowles in der *New York Times Book Review*: »Ihre Ehe war so offen, dass sie gähnte.«

Gestern Abend war der Blinde mit seinem Vater im IHOP, und ich hörte zu, wie sie über Geografie diskutierten, insbesondere über die Staaten der Great Plains, des Sun Belt und die dreizehn Gründerstaaten. Dann fragte er seinen Vater nach New York City und sagte, er habe gehört, dort gebe es keine Gassen und die Leute seien sehr ruppig.

»Die ruppigsten Arschlöcher unter der Sonne«, sagte sein Vater. »Die Stadt ist voll von ruppigen Leuten und reichen Ausländern – Juden, Arabern, Japsen –, und es ist so teuer, dass man sich noch nicht einmal leisten kann zu scheißen.«

Der Blinde hat eine dünne Stimme und ist sehr höflich. Seine Augen sitzen tief in den Höhlen. Gestern Abend fielen mir die vielen Essensflecken auf seinem Hemd auf. Als der Vater des Blinden über New York redete, nahm er sein Messer und kratzte sich damit den Rücken.

9. August 1989
Chicago

Ich wartete im Roseland Bike Shop auf die Reparatur meines Lenkers, als eine Frau mit zwei Kindern hereinkam, einem zehnjährigen Jungen, blond und mit schmutzigem Gesicht, und einem Mädchen im Teenageralter mit einem pinkfarbenen Kinderfahrrad. Zuvor hatte die Mutter offenbar mit dem Ladeninhaber Ken über den Ankauf des Rads gesprochen. Er hatte einen zu niedrigen Preis geboten, und sie und die Kinder waren weiter den Broadway entlanggelaufen, um es anderswo zu versuchen. Jetzt waren sie wieder da.

»Ich habe ihr das Rad erst letztes Jahr Weihnachten geschenkt«, sagte die Frau.

»Niemals«, erklärte Ken. »Das ist mindestens sieben Jahre alt. Und dann noch mit einem Bananensattel! Die werden gar nicht mehr hergestellt.«

»Letztes Jahr Weihnachten«, wiederholte die Frau. Sie hatte schulterlange gelbe Haare und trug ein Sweatshirt mit dem Slogan VERDAMMT, ICH BIN GUT! »Ich habe gespart und gespart, um ihr dieses Rad zu kaufen. Ich hab's von Woolworth. Sie können nachfragen! Ich muss die Rechnung irgendwo zu Hause liegen haben, aber ich muss sie erst suchen.« Sie wischte sich mit der Hand über den Mund. »Ich bin eine arme Frau, Ken.«

»Ach, Mom, sei ruhig«, sagte ihre Tochter. »Halt bitte einfach nur den Mund.«

»Ich habe dreizehn Kinder – elf davon leben – und sieben Enkel.« Sie sah aus wie vierzig – allerhöchstens –, aber ich zweifelte nicht an den dreizehn Kindern. Die Tochter ging hinaus auf die Straße, und die Mutter rief ihr hinterher: »Bonnie, Bonnie, komm lieber wieder zurück.« Sie wischte sich wieder über den Mund. »Kümmern Sie sich nicht weiter drum, Ken, sie glaubt nur, Sie wollten das Rad nicht nehmen.« Sie drehte sich wieder nach ihrer Tochter um. »Bonnie, wenn du nicht auf der Stelle zurückkommst, schlag ich dich windelweich.«

11. August 1989
Chicago
Ich war im Getränkeshop, um eine Flasche Canadian Club als Geschenk zu kaufen, als ein Betrunkener auf mich zukam und sagte, ich bräuchte keine Angst zu haben. Der Typ war absolut dicht, und er sagte, ich solle ihm eine große Tüte Kartoffelchips kaufen – die von Big Grabs. Ich ging einfach weiter, doch als ich an der Kasse stand, legte er plötzlich die Chips neben meine Flasche Canadian Club aufs Band.

Der Kassierer sah, was da vor sich ging, und schnappte sich die Tüte. Dann zeigte er mit dem Finger zur Tür und rief: »Raus, aber dalli!«

Nachdem ich bezahlt hatte und den Laden verließ, wartete der Betrunkene auf mich. Er war ziemlich wütend, baute sich direkt vor mir auf und verlangte Geld. Ich gab ihm einen Quarter, und er sagte: »Einen *Dollar* und einen Quarter.«

Ich musste mein Fahrrad aufschließen und befand mich in einer Zwickmühle. Betrunken oder nicht, der Kerl hatte zweifellos schon mehr Schlägereien hinter sich als ich. Ich wollte ihm keinen Dollar geben, weil ich ihn mittlerweile hasste und es sich mehr nach Raub anfühlte als nach einem Gefallen. Zum Glück tauchte genau in dem Augenblick ein Freund von ihm auf und sagte: »Bettelst du wieder um Geld, Ronald? Betteln? Hunde betteln, Mann.«

Das war meine Chance, mein Fahrrad aufzuschließen und davonzufahren.

21. August 1989
Emerald Isle

Ich war heute Morgen um halb neun auf, und eine Stunde später waren wir alle am Strand: Mom, Amy, Tiffany und ich. Mom war bester Laune und erzählte von ihrem Vater, der Alkoholiker war, aber ein fröhlicher. Wann immer Mom und Tante Joyce spätabends mit Freunden nach Hause kamen, stand er auf und machte ihnen etwas zu essen, Spaghetti mit Soße, Pasteten, worauf immer sie Lust hatten. Er ließ die Badewanne volllaufen und Entenküken darin planschen. Als Teenager bekam Mom in jedem Winter zwei Sweater, aber sie schwitzte so stark, dass sie in kürzester Zeit ruiniert waren.

27. August 1989
Raleigh

Ich fuhr mit S. mit dem Fahrrad vom Strand nach Hause, und unterwegs hielten wir bei Pappy's Army Surplus. Auf einem ihrer T-Shirts war ein Revolver abgebildet, und darunter der Spruch SMITH & WESSON, DER BESTE SCHUTZ FÜR FRAUEN.

Während wir uns umsahen, erfuhr ich, dass S.s Schwägerin ihr letztes Jahr zu Weihnachten eine halb leere Pralinenschachtel geschickt hat. Im Jahr davor hat sie ihr ein zerbrochenes Schmuckkästchen aus buntem Glas geschenkt.

22. September 1989
Chicago
Ich war in Barbara's Bookstore bei einer Lesung von Russell Banks aus seinem neuen Roman *Affliction*. Ich habe *Continental Drift*, *Searching for Survivors*, *Success Stories*, *Trailerpark* und *The New World* gelesen, die mir alle gut gefallen haben. Er trug eine hellbraune Hose, ein gestreiftes Hemd, ein Sakko und Slipper, und er las zwanzig Minuten. Danach kaufte ich das Buch und stellte mich zum Signieren an. Erste in der Schlange war eine Frau, die Russell Banks erzählte, sie habe Richard Fords Frau nach seiner Telefonnummer gefragt, aber Fords Frau habe sie nicht finden können, deshalb habe sie beschlossen, persönlich vorbeizukommen und ihm eine Liste mit Fragen zu übergeben. Der Mann hinter ihr erklärte wortreich, warum er selbst schreibe, und hatte ganz spezielle Wünsche für die Widmung im Buch. Als Nächstes war ich an der Reihe, und gerade als ich den Mund aufmachte, kam eine Frau mit einer Taschenbuchausgabe von *Continental Drift* und sagte: »Entschuldigen Sie, hi! Im Klappentext steht, es sei ein Roman über Amerika. Stimmt das?«

Er sagte höflich, es sei kein Roman über ganz Amerika, aber es kämen Amerikaner darin vor.

Ich weiß nie, was ich sagen soll, wenn ich ein Buch signieren lasse.

26. September 1989
Chicago
Ich habe meinem Erstsemesterkurs die Aufgabe gegeben, Fanbriefe zu schreiben, und in der heutigen Stunde haben wir sie laut vorgelesen. Die meisten waren ehrlich, auf eine Weise, wie ich es erhofft hatte, aber ein Junge hatte etwas geschrieben, das in die Rubrik Wutbrief gehörte und an seine Mutter gerichtet war. Er schrieb, sie hätte ihn aus ihrer Fotze geschissen. Dann erinnerte er sie daran, dass er nicht ihr beschissener Boyfriend sei, und in dem Ton ging es weiter. Nachher wusste niemand, was er sagen sollte.

Ich hatte einen Fanbrief an Joy Williams geschrieben.

27. September 1989
Chicago
Ted rief gestern Abend an. »Mein Leben lang habe ich nach Mr Right gesucht, und jetzt bin ich an Mr Wong geraten«, sagte er und meinte seinen neuen Boyfriend, James Wong, der aus Hongkong stammt. Teds Schwester spielt mittlerweile Gitarre und singt Gospelsongs, vornehmlich in Einkaufszentren.

10. Oktober 1989
Chicago
Ich habe in dieser Woche vier Jobs erledigt – in der Schule, bei Betty, bei Evelyn und bei Shirley –, bei den letzten dreien habe ich mir die ganze Zeit ausgemalt, wie es wäre, nach New York zu ziehen und in der Wohnung des Dealers zu leben, den ich im letzten Juni besucht habe. Sie war nicht groß, bloß ein Einzimmerapartment im zweiten Stock mit Blick auf die Straße. In meiner Vorstellung kommen mich Leute besuchen, aber ich habe keine Zeit, weil ich so viel zu tun habe. Ich habe ein Buch veröffentlicht und werde nun ständig auf der Straße angesprochen. Ich bin

schlank und viele Leute rufen mich an. Ich weiß nicht, wie ich an die Wohnung des Dealers kommen soll, und erst recht nicht, wie an das Buch. Ich muss an dem Plan noch einiges feilen.

24. Oktober 1989
Chicago
Heute habe ich im Kurs *Spot auf die Liebe* an die Tafel geschrieben. Dann zeichnete ich einen auf die Worte gerichteten Scheinwerfer, um zu zeigen, dass ich es ernst meinte. »Heute wollen wir über das Thema Trennung sprechen«, sagte ich, davon ausgehend, jeder könne etwas dazu beitragen.

E. machte den Anfang mit einer Geschichte über seine Freundin daheim, von der er soeben erfahren hatte, dass sie ihn betrog.

»Das zeigt, dass sie eine Schlampe ist«, sagte ich, um ihn aufzumuntern. »Sie ist eine Lügnerin und ein Miststück, und das ist ihre Art, sich Aufmerksamkeit zu verschaffen.« Ich sagte, alles räche sich irgendwann, und der Typ, mit dem sie jetzt rummache, werde sie irgendwann ebenfalls betrügen, so wie sie E. betrogen habe.

Er hörte das gerne.

Als Nächstes folgten M. und A., die beide gute Geschichten beisteuerten. Dann war J. an der Reihe, die weinend aus dem Raum lief.

K., eine junge Frau, die ständig zu spät kommt und stark geschminkt ist, sagte, sie habe im Augenblick keine feste Beziehung, sei aber an einem Typen dran, der eine feste Beziehung habe.

Pfui. Luder. Falsche Schlange. Niemand traute sich, das zu sagen, aber es war den Gesichtern anzusehen. In letzter Zeit macht mir der Unterricht am College großen Spaß.

29. Oktober 1989
Chicago

Mom kam gestern zu Besuch, und wir fuhren vom Flughafen zum Palmer House und tranken dort Kaffee. Wir machten Spaziergänge, gingen Amy besuchen, hielten Mittagsschlaf, und heute gehen wir shoppen.

Ich las in der El ein Buch, als jemand »Sir?« zu mir sagte. Als ich aufblickte, stand ein furchtbar entstellter Mann vor mir. Mir blieb vor Schreck fast das Herz stehen, ein Schwarzer mit schwersten Verbrennungen. Sein Kopf sah aus wie eine Kerze in der Form eines Kopfes, die Haut glänzend wie Wachs, das herabtropft. Er hatte keine Hände, und an einem der verbundenen Stümpfe hing eine Blechdose. Auf einem aufgeklebten Streifen Papier stand: BRAUCHE GELD FÜR EINE OPERATION.

Oh, Mann. Ich hätte mir vor Angst in die Hose machen können.

1. November 1989
Chicago

Mom ist heute um vier gefahren. Sie war in meinem Erstsemesterkurs ein Riesenerfolg. Ich hatte sie zum Thema »Frag eine Mutter« mitgenommen, und sie war fantastisch und antwortete humorvoll und weise auf alle Fragen.

Gestern Abend aßen wir Steaks bei Eli's. Ich trug eine Krawatte, aber kein Jackett und musste eins aus der Garderobe des Restaurants anziehen, das mir viel zu groß war.

2. November 1989
Chicago

Paul hat sich am Technischen College in Durham eingeschrieben und muss für Englisch einen Aufsatz schreiben, in dem er zwei

Dinge vergleicht und die Unterschiede herausstellt. Die Lehrerin sagte, er könne vielleicht die Menschen in Raleigh mit denen in Durham vergleichen. »In dieser Stadt sind die Leute interessiert und lassen einem auf der Straße die Vorfahrt, während sie in Raleigh alle beschäftigt und hochnäsig sind«, sagte sie.

Paul überlegt, in seinem Aufsatz Pilze mit Acid zu vergleichen.

21. November 1989
Chicago

Ich habe das Angebot erhalten, im Sommer einen Ferienkurs zu unterrichten. Er dauert drei Wochen, und sie zahlen $2 400. Es sind fünf Tage die Woche drei Stunden täglich, und ich könnte mit dem Geld nach New York ziehen.

21. Dezember 1989
Chicago

Am letzten Unterrichtstag ging ich mit meinen Studenten in den Walnut Room, wo wir unter einem großen Tannenbaum saßen und Cocktails tranken. Alles auf der Karte hatte einen festlich klingenden Namen, ganz besonders etwas, das God Rest Ye Merry Gentlemen California Blush Wine oder so ähnlich hieß.

Nachher ging ich mit Ben und seiner Mutter ins Wagon Wheel Restaurant, wo die beiden Bacon Cheeseburger aßen. Seine Mutter könnte fünfzig sein, sieht aber jünger aus. Sie trug eine Strickhaube, unter der ich graues Haar entdeckte, aber ich konnte nicht sagen, wie viel davon sie hatte. Es war der zehnte Jahrestag ihrer Scheidung. Zuerst wollte sie Pfannkuchen und ein Bier bestellen, doch dann überlegte sie es sich anders und entschied sich für den Bacon Cheeseburger und einen Kaffee. Bens Mutter arbeitet bei B. Dalton und verdient $75 die Woche. Sie war mir sehr sympathisch.

1990

1. Januar 1990
Raleigh
Um Mitternacht fuhren Gretchen und ich die Glenwood Avenue entlang. Irgendwer hupte ohne erkennbaren Grund, und als ich auf meine Uhr sah, stellte ich fest, dass das neue Jahr angebrochen war. Ein neues Jahrzehnt sogar, das ich mit einer elektrischen Schreibmaschine beginne. (Ein Weihnachtsgeschenk von Mom.)
 Alle sagen, »Ein Glück, dass die Achtziger vorbei sind.« Ich frage mich, ob sie das über jedes Jahrzehnt sagen.
 Heute Nachmittag arbeitete ich mit Paul in den Mietshäusern auf der Clark Avenue. Letzte Woche nach dem Kälteeinbruch hat Dad ein Ölheizgerät aufgestellt, das alles mit Ruß verschmiert hat. Der Vormieter hat die Kühlschranktür offen gelassen, sodass auch der von innen schwarz war. Paul und ich haben den ganzen Tag geschrubbt, und dann kam Dad und wir strichen zu dritt, während wir das Silvesterprogramm auf FOXY 107 hörten. Jeder in unserer Familie hört schwarze Musik, jeder, zu jeder Zeit.

3. Januar 1990
Raleigh
Amys Exfreund John Tsokantis ist für zehn Tage bei uns. Sie ist bereits vor einer Woche zurück nach Chicago gefahren, aber das scheint ihn nicht im Geringsten zu kümmern. John sitzt in

der Küche. Er sieht fern. Heute Morgen wachte ich auf und er bot mir Taramas an. Dies ist das dritte oder vierte Mal, dass er uns besuchen kommt, seit er mit Amy Schluss gemacht hat. Beim letzten Mal brachte er seine Schwester mit, die kein Wort Englisch spricht, und sie blieben zwei Wochen. Mom erzählte mir, sie wären ohne Vorankündigung gekommen und hätten einfach vom Busbahnhof aus angerufen. Wir nennen das Haus unserer Eltern jetzt die Circle EX Ranch.

4. Januar 1990
Raleigh
Mom liest jeden Tag ihr Horoskop, manchmal gleich zwei oder drei verschiedene. Sie hat vor ein paar Jahren damit angefangen, und obwohl ich selbst nicht an Astrologie glaube, lasse ich mich gerne davon einwickeln. Heute Morgen erzählte sie mir, eine ältere Person werde mir etwas für einen geleisteten Gefallen zurückgeben, und das Geschenk könne möglicherweise mein Leben verändern.

Dad ist der einzige mir bekannte ältere Mensch, der mir einen Gefallen schuldet – Paul und ich haben umsonst für ihn die Wohnung gestrichen. Also wartete ich darauf, dass er mir etwas geben würde. Als klar war, dass es nicht aus freien Stücken geschehen würde, *bat* ich ihn, mir etwas zu geben.

Wir waren in der Küche, und er sagte: »Schon gut, einen Augenblick. Ich habe etwas für dich!« Er ging in den Keller und kam ein paar Minuten später mit einer Schachtel Rabattmarken von Sperry & Hutchinson wieder. Einige waren in Hefte eingeklebt, andere lose. Die Schachtel hatte er 1964 bei unserem Umzug von Binghampton nach Raleigh mitgebracht. Ich bezweifelte, dass es irgendwo noch Rabattmarken gäbe, aber Dad sagte, in Florida könne man sie noch einlösen.

»Wie werden sie mein Leben verändern?«, fragte ich.
»Nun, das hängt von dir selbst ab«, sagte er.

23. Januar 1990
Chicago

Der Mutter einer meiner neuen Schülerinnen zufolge, haben Frauen, deren Vorname auf den Buchstaben A endet, im Durchschnitt größere Brüste als Frauen, deren Vornamen auf jeden anderen Buchstaben endet. Die betreffende Schülerin, Lisa, hielt die Arme vor der Brust verschränkt, als sie dies sagte.

29. Januar 1990
Chicago

Ich habe mich bereit erklärt, bei Shirleys Mietern in der Küche den Wasserhahn zu wechseln. Zuletzt war ich mit einem gewissen Jack, einem Schreiner, der bei ihnen neue Wandschränke einbauen soll und wegen des Kostenvoranschlags vorbeigekommen war, unterwegs zum Eisenwarenladen. Er war dreimal verheiratet. Seine erste Frau verließ ihn, als der jüngste Sohn gerade zwei Jahre alt war.

Ich fragte, warum sie ihn verlassen habe, und Jack sagte, sie habe sich in den Schwanz irgendeines Hinterwäldlers verliebt. Er sagte: »Scheiß drauf. Ist mir völlig egal, was die Schlampe macht. Wer braucht die schon?« Er erzählte mir, sie sei drei Jahre weggeblieben, bevor sie zurückkam, um nach den Kindern zu sehen.

Als Jacks erste Schwiegermutter starb, habe er nur gesagt: »Ab unter die Erde mit der Alten.« Während der Ehe mit seiner zweiten Frau, die nicht besser war als die erste, habe er mit dem Saufen angefangen. Jetzt, mit der dritten, sei er seit fünf Jahren trocken. Die beiden gönnten sich exklusive Urlaube und seien einmal auf Hawaii gewesen, wo die Nutten $200 für einen verdammten Blowjob nähmen!

Jack gebraucht mit Vorliebe das Wort affengeil. Das Hotel auf Hawaii war affengeil. Der rote Camaro ist affengeil. Die Armaturen unter der Spüle zu wechseln war nicht affengeil. Ich stand daneben und sah auf seinen nackten, speckigen Bauch herab, während er fluchte. Auf seine eigene Art ist er ein gut aussehender Mann. Am späten Nachmittag fuhren wir ein zweites Mal zum Eisenwarenladen.

Jack hupte, wenn wir an kurvigen Frauen vorbeikamen. »He«, brüllte er, »dreh dich um, du arrogante Zicke.« Er ist nicht gerade der stille Typ, und er verlangt $20 die Stunde.

6. Februar 1990
Chicago

Ich fragte meine Studenten, ob irgendwer in letzter Zeit etwas habe mitgehen lassen, und zwei hoben die Hand. R. sagte, er habe auf einer Party ein Sweatshirt mitgenommen, weil ihm kalt gewesen sei. Ein paar Tage später habe ihn die Besitzerin, eine junge Frau, darauf angesprochen, aber er habe sie ignoriert.

»Sie war reich und konnte sich ein neues kaufen«, sagte er.

In diesem Semester sind ein paar Studenten dabei, bei denen ich mich anstrengen muss, sie zu mögen.

10. Februar 1990
Chicago

Ich war gestern Nacht um halb vier ins Bett gegangen und hatte mich gerade hingelegt, als ich eine Frau schreien hörte: »Helfen Sie mir! O Gott, Hilfe!«

Auf der Straße konnte ich niemanden sehen, aber ich hörte Stimmen, also rief ich die Polizei und öffnete das Fenster, und in dem Moment sah ich zwei Schatten. Ein Mann versuchte, eine Frau die Treppe hochzuzerren. Sie weigerte sich, und nachdem er sie geschlagen hatte, schrie sie erneut um Hilfe. Er sagte ihr, sie könne seinen Schwanz lutschen, und prügelte noch fester auf sie ein. Als ich hörte, wie er sie in einen Maschendrahtzaun drückte, streckte ich meinen Kopf aus dem Fenster und sagte ihm, er solle sie in Ruhe lassen. »Ich habe die Polizei alarmiert!«, brüllte ich. »Sie ist schon unterwegs.«

Er musste mich gehört haben, aber er hörte nicht auf. Gerade als ich nach dem Baseballschläger suchte, den ich genauso wenig besitze wie Mut, kamen die Bullen und rissen die Türen ihres Einsatzwagens auf. Ich hörte, wie sie den Mann als Arschloch und Motherfucker beschimpften. Sie sagten: »Geht dir einer ab, wenn du Frauen verprügelst, du Scheißkerl?«

Der Typ schrie, er würde nichts Unrechtes tun, und die Bullen sagten, er solle den Mund halten. Sie legten ihm Handschellen an, und dann redeten sie mit der Frau, die nicht sicher war, ob sie gegen ihn Anzeige erstatten sollte. Zwei weitere Polizeifahrzeuge trafen ein, und einige Minuten später fuhren sie mit dem Typen davon.

19. Februar 1990
Chicago

Ich habe den ganzen Tag auf Kool-T gewartet, der heute Nachmittag um eins ein Tütchen Dope vorbeibringen sollte und schließlich um halb zehn abends damit anrückte. Zuerst war sein Auto auf dem Expressway liegen geblieben, und dann konnte er seinen ursprünglichen Kontaktmann nicht erreichen. Um neun ging ich zu seiner Wohnung. Dann fuhren er, ich, seine Frau und ihre zweijährige Tochter quer durch die Stadt zur Wohnung einer anderen Kontaktperson. Ich wurde fast verrückt, den ganzen Tag im Haus eingesperrt zu sein. Lange Zeit las ich. Dann korrigierte ich Arbeiten meiner Schüler und schrieb einem Jungen aus dem letzten Semester, der inzwischen woanders wohnt und meine Meinung über eine von ihm geschriebene Geschichte hören wollte. Sie handelte von seiner Hündin, Tipsy, die Junge bekommen hatte.

Gegen fünf rief die Mutter des tauben Kindes an, zu dessen Geburtstagsparty ich eingeladen war. Dann telefonierte ich mit Lisa, Mom und Amy. Mom erzählte mir, Tiffany habe einen Postboten als Freund, und Amy und ich schmiedeten Pläne, ihr Postkarten mit den Sätzen »Der Test war positiv« und »Ich brauche die $10 000, die du mir schuldest« zu schicken. Gegen sieben sah ich eine Show im Fernsehen, in der ein Junge mit Downsyndrom beim Talentwettbewerb seiner Highschool »Fight the Power« sang. Im Radio hörte ich, dass Keith Haring an Aids gestorben ist.

Der gestrige Tag fühlte sich tatsächlich so an wie im Gefängnis.

27. Februar 1990
Chicago

Es sieht so aus, als hätte ich eine Bleibe in New York. Die Wohnung gehört Rusty Kane, ein Zweizimmer-Apartment im West Village. Das Paar, an die er sie vermietet hat, zieht aus, und jetzt zieht er ein und hat mich gefragt, ob ich sie mit ihm teilen wolle. Mein Anteil der Miete wären $400, was nicht viel mehr ist, als ich jetzt bezahle, und die Nebenkosten sind schon eingerechnet. New York, endlich. Oder beinahe. Ich denke, ich kann es bis August oder September schaffen.

3. März 1990
Chicago

Heute früh um 4.30 Uhr winkte ich einem Taxi und bekam einen Fahrer mit strohblonden Haaren. Nachdem ich eingestiegen war, trafen sich unsere Blicke im Rückspiegel, und er sagte: »Im Laufe des Abends 'ne Nutte gesehen?«

Ich sagte, ich hätte nicht drauf geachtet, könnte aber durchaus an einer vorbeigekommen sein.

»Normalerweise findet man weiter südlich welche, auf der Montrose«, sagte er. »Aber bei denen fängt man sich leicht was ein. Außerdem ist es heute Nacht ganz schön kalt. Kalt und schon spät. Da sind die meisten Nutten schon zu Hause und schlafen.«

Ich werde oft so von Taxifahrern angesprochen, und ich finde, ihre Taxen sollten eine andere Farbe haben, damit Frauen sie meiden können. Es gruselt mich, wenn ich mir vorstelle, dass meine Schwester an diesen Typen geraten könnte. Andererseits, wenn jemand mit dem Kerl fertig wird, dann Amy.

22. März 1990
Chicago

Heute habe ich unterrichtet. Manchmal gehe ich ohne jede Vorstellung hin, was ich machen werde. Ich sage ihnen, worüber sie schreiben sollen, und dann gehe ich ins Treppenhaus eine rauchen und versuche, mir etwas auszudenken. Heute erzählte ich meinen Studenten von einem Freund, der gerade eine Trennung durchmacht. »Was macht man, um über jemanden hinwegzukommen?«, fragte ich.

Sie gaben mir allerlei gute Ratschläge.

1. April 1990
Chicago

Gestern Abend sah ich die zweite Hälfte von *Träumende Lippen* im Fernsehen. Ich hatte ihn seit ewigen Zeiten nicht mehr gesehen und konnte nicht umhin, mir zu wünschen, Sidney Poitier wär *mein* Freund. Er sieht so umwerfend aus und hat eine so großartige Stimme. Am Ende des Films sagt Selina, sie wisse, dass er Schwarzer sei, aber das mache ihr nichts aus. Er hat ihr einen Platz in einer Blindenschule besorgt, und gerade als der Bus kommt, der sie fortbringt, gesteht sie ihm ihre Liebe. Er liebt sie ebenfalls, das ist eindeutig, aber er muss das tun, was das Beste für sie ist. Am Schluss, als er alleine die Treppe zu seiner Wohnung hochsteigt, musste ich weinen. Ich hatte schon den ganzen Tag über das Bedürfnis danach und hatte es am Nachmittag immer wieder versucht.

»Uhh-huu«, sagte ich, in fötaler Position auf meinem Bett liegend. Ich hoffte, es würde irgendetwas bewirken, aber es fühlte sich künstlich an. Deshalb war es großartig, zufällig *Träumende Lippen* zu erwischen. Ich weinte mehr über mich selbst als wegen des Films, aber das ist meistens so. Ich weinte heftig. Ich schluchzte. Ich stellte mich vor den Badezimmerspiegel, sah, wie die Tränen flossen, und weinte noch stärker. »Ich habe dich geliebt«, sagte ich zu meinem Spiegelbild.

Ich wünschte in diesem Moment, irgendwer würde anrufen, damit ich mit meiner verheulten, stockenden Stimme antworten könnte.

»Ob etwas nicht stimmt?«, würde ich sagen. »Nein, mit mir ist alles in Ordnung. Warum fragst du?«

6. April 1990
Chicago
Sarah Vaughan ist vor drei Tagen gestorben. Ich habe sie immer geliebt.

13. April 1990
Chicago
Ich habe meinem Erstsemesterkurs gesagt, es sei Tradition, dass die Kursteilnehmer am Ende des Schuljahrs dem Lehrer

ein Geschenk machten. Dann sagte ich, ich hätte da eine Uhr für $160 gesehen. »Das sind gerade einmal vierzehn Dollar für jeden«, sagte ich.

Nachdem ich sie ihnen im Detail beschrieben hatte, fügte ich noch hinzu, wo man sie kaufen könne. Das Ende des Semesters naht, also werde ich es in den kommenden Wochen immer mal wieder erwähnen. Ich will diese Uhr. Ich muss sie haben.

16. April 1990
Chicago
Zum griechischen Osterfest habe ich Scotch gefolgt von Retsina gefolgt von Ouzo gefolgt von Scotch gefolgt von Brandy getrunken, und heute fühle ich mich, als hätte man mich mit einem Schweißbrenner bearbeitet.

18. April 1990
Chicago
Im Kurs redeten wir wieder über die Liebe. A.s Verlobter hat mit ihrer besten Freundin geschlafen, und sie hat beiden den Laufpass gegeben. D. ist zweimal von ihrem Freund verprügelt worden, bevor sie ihn verlassen hat. R. gestand, seine Freundin so fest geschlagen zu haben, dass sie bewusstlos wurde. Zwei meiner Studenten sind verheiratet, zwei verlobt, drei haben Mütter, die bereits dreimal geheiratet haben, eine hat Kinder, drei haben Liebeskummer und drei weitere können heute Abend Sex haben, wenn sie ein paar Anrufe tätigen und lieb betteln.

25. April 1990
Chicago
Vor ein paar Jahren beschlossen Amy und ich, uns den Namen Talent Family zu geben. In unserer fiktiven Biografie heißen

zwei unserer frühen Theaterstücke *A Testament to Tansbury* und *Kassandra, Albeit Kassandra*.

6. Mai 1990
Chicago
Heute Abend spießte ein Mann im IHOP sein ganzes Steak auf die Gabel und biss dann einzelne Stücke davon ab.

20. Mai 1990
Chicago
Mom rief an, um mir zu sagen, dass ich nach dem Horoskop im *Raleigh News and Observer* in zwei Wochen genau das bekomme, was ich mir schon immer gewünscht habe. Zwei Wochen von gestern an gerechnet wäre der 2. Juni. Sie war ganz aufgeregt, und auch ich wurde ganz unruhig. Warum falle ich immer wieder darauf herein?

21. Mai 1990
Chicago
Amy und ich verließen die Century Mall, als uns ein Typ ansprach und fragte, ob wir an einer Umfrage über einen neuen Schokoriegel teilnehmen wollten. Wir beantworteten zwei kurze Fragen und dachten, wir wären fertig, doch dann führte er uns eine Treppe hinunter in einen Raum, wo uns ein Prototyp des Produkts gezeigt wurde und wir gefühlt mehrere Stunden lang befragt wurden.

Der Typ, der meine Antworten aufschrieb, hatte schulterlanges krauses Haar und eine Haut, die selbst für einen Weißen zu weiß war. Er trug einen blauen Laborkittel und lachte nervös nach jedem Satz. Er war tatsächlich komplett von der Rolle. Es ging um einen Marketingtest für einen »leichten« Schokoriegel, der Forever Yours heißen sollte. Der weißhäutige Typ erklärte mir, er enthalte NutraSweet und hätte nur 120 Kalorien. Eine seiner Frage lautete: »Glauben Sie, dieses Produkt erfüllt ein nationales Erbe?«

Ich sagte: »Häh?«

Als Nächstes fragte er, ob es meiner Meinung nach eine traditionelle amerikanische Geschmacksrichtung sei. Ich sagte, ich dürfe keine Schokolade essen, aber das war egal, da wir ohnehin nichts probieren durften. Schließlich sagte ich, das ganze Konzept sei Blödsinn. Wer auf Kalorien achte, solle eben keinen Schokoriegel essen oder bloß einen halben.

»Alles wird jetzt als ›lite‹ vermarktet«, sagte ich. »Und immer in gelben Buchstaben, damit unsere Augen nicht vom Hingucken dick werden.«

Er fragte, wie mir der Name Forever Yours gefiele, und ich sagte, er sei dämlich. »Weil es niemals *forever yours* ist. Man isst es, scheidet es mehrere Stunden später aus, und das war's dann. Es hat einen Anfang und ein Ende. Nichts bleibt hier für immer.«

Der Typ fragte, ob ich verheiratet, Single oder geschieden sei. Das war vielleicht seine Art herauszufinden, wie nüchtern ich über das Wort *forever* dachte.

25. Mai 1990
Chicago

Die *Gesammelten Briefe* von Katherine Anne Porter sind erschienen, und in der Besprechung in der *Times* ist einer abgedruckt, den sie an Hart Crane geschrieben hat. »Ihre emotionale Hysterie ist nicht beeindruckend, außer vielleicht für jene kleinen Mitläufer der Literatur, die Ihre Anfälle für ein Zeichen von Genie halten. Für mich fügen sie Ihrer Dichtung nicht das Geringste hinzu und rauben mir den letzten Zweifel,

Sie je wiedersehen zu wollen ... Lassen Sie mich in Ruhe. Diese widerliche Episode ist bereits zu weit gegangen.«

Autsch.

4. Juni 1990
Chicago
Amys Nachbarn kickten mit einem Ball auf dem Rasen vor dem Haus, den ihr Freund Paul erst kürzlich gesät hatte. Sie öffnete das Fenster und bat sie höflich, woanders zu spielen. »Wir versuchen, hier Rasen zu ziehen«, erklärte sie.

»Und das müsst ihr ausgerechnet *jetzt* machen?«, fragte einer der Jungen, als ob sie damit nicht noch eine Weile warten könnten.

18. Juni 1990
Chicago
Heute Nachmittag hat der Ferienkurs begonnen. Zuerst hieß es, bei weniger als zwölf Anmeldungen würde der Kurs gestrichen, aber dann setzten sie die Zahl auf sieben herunter. Ich habe heute mit acht Leuten begonnen. Einer fehlte, zwei kamen in letzter Minute hinzu, und einer ging nach kurzer Zeit wieder, sodass ich bei relativ sicheren neun Teilnehmern bin. Das macht dann $2 300 ($1 900 nach Abzug der Steuern), die ich zu den bereits gesparten $1 000 für New York hinzurechnen kann.

26. Juni 1990
Chicago
Amy und ich gingen zu Hoffritz, um ein Vatertagsgeschenk für Dad zu kaufen. Unsere ursprüngliche Idee war ein Messer, aber zuletzt kauften wir für $72 einen Massagestab. Er ist von Panasonic und hat einen langen Stil mit einem breiten Massagekopf,

damit man ihn hinter den Rücken halten und die Verspannungen auf dem Rücken und an den Schultern bearbeiten kann. Wir dachten, er könne damit auch den Hund massieren.

»Unser Vater wird dieses Gerät lieben«, sagte Amy zu der Verkäufern, als wir den Stab auf die Ladentheke legten.

Die Frau lächelte.

»Ich befürchte nur, wenn wir ihn das nächste Mal sehen, hat er nur noch Stummel im Mund.«

Das Lächeln verschwand.

28. Juni 1990
Chicago
Vor einigen Tagen entdeckte ich in der Bücherei die neue Biografie von Jackson Pollock, der überraschend naiv war. Auf den Rat eines »Heilers« auf der Park Avenue hin begann er, eine Mischung aus Fledermauskacke und pürierter Roter Bete zu essen, um »das Gleichgewicht zwischen Gold und Silber in seinem Urin wiederherzustellen«.

1951 verordnete der Arzt ihm aufgrund seiner Alkoholsucht eine spezielle Diät. Keine Milchprodukte und jede Menge frisches Obst und Gemüse. An Fleisch durfte er nur wildes Geflügel zu sich nehmen, das innerhalb der letzten zwei Stunden geschossen sein musste – »Essen Sie keinen Vogel, der nicht mindestens achtzig Stundenkilometer schnell fliegen kann.« In der Zwischenzeit durfte er so viel Alkohol trinken, wie er Lust hatte. Der Trick, erklärte der Arzt, sei es, die Metalle in seinem Körper auszubalancieren.

Jean Detzer kam vor einigen Tagen vorbei und plauderte mit Evelyne über ihre gemeinsame Zeit, als sie für die Akademie der orthopädischen Chirurgen gearbeitet und Tagungen organisiert haben. In amerikanischen Hotels ist es verboten,

Leichen in einem Raum auszustellen, in dem auch Essen serviert wird. »Wie archaisch«, sagte Jean. »Ich meine, was ist schon groß dabei. In der heutigen Zeit!«

Vielleicht hat das Gesetz etwas mit der Totenwache zu tun, aber wie auch immer, es existiert, und sowohl Jean als auch Evelyne haben dagegen verstoßen. Evelyne hatte einmal einen halben Frauentorso von der Hüfte an aufwärts im Gepäck, den sie Tracey getauft hatte und in einen Tagungssaal schmuggeln musste. Jean schmuggelte sogar einmal einen ganzen Leichnam in einen Seminarraum im Fairmont. Sie sagte, sie hätten den Toten in einen Anzug gesteckt und ihm das Haar zerzaust, um es so aussehen zu lassen, als wäre er betrunken. »Und dann haben wir ihn von zwei nüchternen Ärzten hereintragen lassen.« Sie nahm einen Schluck Scotch. »Das einzige Problem war, auf der Tagung zwei nüchterne Ärzte aufzutreiben.«

30. Juni 1990
Chicago
Als ich gestern auf der Straße an drei weiblichen Teenagern vorbeiging, sagte eins der Mädchen: »Hasst ihr es auch so, wenn ihr einen Typen trefft, der genau den Charakter hat, von dem ihr immer geträumt habt, und dann scheiße aussieht? Mein Gott, wie sehr ich das hasse.«

2. Juli 1990
Chicago
Bevor ich heute zum Unterricht ging, erfuhr ich, dass ich erneut einen literarischen Preis gewonnen habe. Ich bekomme $1 000 für »The New Music« vom Illinois Arts Council, das noch einmal die gleiche Summe an die Zeitschrift gibt, in der die Geschichte veröffentlicht wurde *(ACM)*. Heute war der letzte Tag, den Preis in Empfang zu nehmen, deshalb schickte ich meine

Studenten früher nach Hause und beeilte mich, mein Geld abzuholen. Ich bin so baff wie beim letzten Mal. »The New Music« entstand vor zwei Jahren, unmittelbar nach meinem College-Abschluss.

7. Juli 1990
Chicago
Ich habe die Jackson-Pollock-Biografie zu Ende gelesen und mit einer neuen über Hattie McDaniel angefangen, die in *Vom Winde verweht* die Mammy gespielt hat und vier Mal verheiratet war, einmal mit einem Mann, der Wonderful Smith hieß.

12. Juli 1990
Chicago
Zum dritten Mal in dieser Woche sprach mich ein Mann an und wollte $1 von mir. Er zeigte auf einen Transporter und sagte, es sei seiner. »Er ist liegen geblieben, und wenn ich nicht bei der Arbeit erscheine, bekomme ich großen Ärger.«

Es ist immer wieder ein anderer Typ, aber es ist jedes Mal der gleiche Wagen. Natürlich ist es eine Masche, aber selbst wenn die Geschichte stimmen würde, wer fährt schon ohne einen Cent in der Tasche zur Arbeit? Was, wenn unterwegs das Benzin ausgeht?

Als ich im Fine Arts Building meinen Abendkurs unterrichtete, wurde ich oft von einer Frau angesprochen, die sagte, sie sei überfallen worden und müsse mit dem Zug in einen der nördlichen Vororte. Schon beim ersten Mal dachte ich, *Ach ja? Und du kannst nicht irgendeinen Freund oder jemanden aus der Familie anrufen? Du musst tatsächlich wildfremde Leute um das Geld für eine Fahrkarte bitten?* Wie die Typen mit dem Transporter war sie immer gut gekleidet und tat übertrieben verzweifelt.

26. Juli 1990
Chicago

Gestern Abend las ich im Park West im Rahmen der Orchideenshow, und es kam mir ziemlich voll vor, vielleicht fünfhundert Leute. Ich hoffe, meine Entscheidung, aus Chicago wegzugehen, in einem Jahr nicht zu bereuen. Es war immer mein Traum, an so einem schicken Ort vor so großem Publikum zu lesen. Jetzt will ich ein noch größeres Publikum, aber in New York.

Zu den Künstlern von gestern Abend gehörte auch ein Rap-Sänger, der mit zwei anderen Typen auftrat. Hinter der Bühne nahm er die gesamte Umkleide in Beschlag und tat sich wichtig, weil er einen Manager hatte. Dann ging er raus und ich sah, dass sein Hosenstall offen stand.

30. Juli 1990
Chicago

In einem Interview las ich, dass David Lynch regelmäßig Gast in Bob's Big Boy in Los Angeles war. Sieben Jahre lang kam er jeden Tag, trank einen Milkshake und sechs Tassen Kaffee und machte sich Notizen, bevor er nach Hause zum Schreiben ging. Ich werde das IHOP bestimmt vermissen, wenn ich nach New York gehe. Jeden Abend bringt Barbara die Speisekarte an meinen Tisch und sagt: »Wieder nur einen Kaffee heute?« Jeden Abend kreuze ich die Finger, wenn sie mir an der Kasse das Wechselgeld herausgibt. Jeden Abend sagt sie zum Abschied »Pass auf dich auf.« Die wenigen Male, an denen sie es nicht gesagt hat, war ich besorgt, ich könnte auf der Fahrt mit dem Rad nach Hause von einem Auto angefahren werden.

Im IHOP habe ich im Laufe der Jahre verschiedene Stammplätze gehabt. Ich kann einen Tisch im hinteren Teil ansehen und denke, *Ich erinnere mich an diese Zeit*. Ich weiß noch, dass ich an einem Tisch ganz vorn gesessen habe, wo ich den Leuten beim Telefonieren zuhören konnte. Jede Phase dauert ungefähr sechs Monate. Ich bleibe immer so lange im IHOP, um drei Zigaretten zu rauchen. Niemals vier. Ich mag es, wenn die Dinge immer gleich bleiben, aber ich kann nicht dieses IHOP *und* New York haben.

31. Juli 1990
Chicago
Heute sprach mich auf der Addison wieder ein Mann an und sagte, sein Transporter sei liegen geblieben. »Sie müssen mir einen Quarter geben«, sagte er, als könne er den Wagen davon abschleppen und reparieren lassen.

7. August 1990
Chicago
Heute war mein letzter Unterrichtstag am Art Institute. Die Teilnehmer des Ferienkurses gehörten zu meinen nettesten Schülern überhaupt. Ich hatte meine Schwarz-Weiß-Sofortbildkamera dabei, und Ben aus dem Büro kam und machte Gruppenfotos, eins für jeden Teilnehmer. Die Schüler lasen ihr Geschichten vor, während wir Kuchen aßen. Wir versicherten uns gegenseitig, wie gern wir uns hatten.

Da ich schon einmal meine Kamera dabeihatte, machte ich, bevor ich das IHOP heute Abend verließ, ein Foto von Barbara. Sie hat die ganzen sechseinhalb Jahre lang, in denen ich hier war, immer montags, dienstags und mittwochs gearbeitet. Im Hintergrund der Aufnahme ist der Grill zu sehen, der mit den Hähnchen, wo sich drehen.

13. August 1990
Chicago
Zum Abschied schenkte Amy mir eine Art Pfote. Sie ist auf ein schmales Mahagonibrett montiert, und daneben steht mit Bleistift die Zahl *1888*. Ich dachte zuerst, es wäre die Pfote eines Faultiers, aber die Finger sind gespreizt. Sie sieht aus wie die Hand von einer Dr.-Seuss-Figur. Amy macht wirklich die besten Geschenke. »Die ist wunderbar«, sagte ich ihr.

Sie gab mir das Geschenk auf meiner Abschiedsparty. Sie fand bei den Quinns zu Hause statt, und als die Vegetarierin Janet es sah, machte sie einen Riesenaufstand. Wie ich so etwas zu ihr ins Haus bringen könne? Ob ich eine Vorstellung davon hätte, was dieses arme Tier durchgemacht habe etc.? Sie belegte mich mit einer Art Fluch. Heute früh musste sie los zu ihrem Massagekurs.

17. August 1990
Chicago
Heute Abend kam ich auf dem Broadway in der Nähe des Belmont an einer Schlägerei zwischen einem dicken Weißen und einem vielleicht fünfzehnjährigen schwarzen Jungen vorbei. Der Weiße schien leicht verrückt zu sein, und ich hatte den Eindruck, der Junge und seine Freunde hatten ihn erst richtig angestachelt. Einmal brüllte er: »Geh zurück nach Niggertown, Nigger!« Der schwarze Junge zog seinen Gürtel aus, schwang ihn über dem Kopf und ging damit auf den weißen Typen los, aber der schnappte ihn kurzerhand aus der Luft. Seine beiden Freunde standen unterdessen daneben und lachten.

28. August 1990
Raleigh
Dad, Paul und ich haben achtzehn Stunden auf dem Vordersitz eines Toyota-Pick-ups verbracht. Achtzehn Stunden durch Illinois, Indiana, Kentucky, Ohio, Tennessee und North Carolina. Zwischendurch schlief ich ein. Paul nahm den Rasierschaum aus meinem Kulturbeutel und schmierte drei Viertel meines Gesichts ein, bevor ich aufwachte. Später stieß er mir seinen Ellbogen in die Seite, als ich gerade Kaffee eingoss. Der Kaffee spritzte aus der Thermoskanne auf meine nackten Beine und verbrühte mich. Wenn ich in einer Zeitschrift lesen wollte, nahm er die Seite und zerknüllte sie. Er schüttete mir ein Glas Wasser über den Kopf. Er zwirbelte die Haut unter meinem Arm, bis ich um Gnade flehte. Wir waren die ganze Zeit zu dritt auf dem Vordersitz eingequetscht. Es war heiß, aber ich verlor nie die Beherrschung. Mir kam das alles lustig vor, und ich lachte, während Dad fuhr und wir zu dritt Radio hörten.

30. August 1990
Raleigh
Ich erzählte Melina, der Deutschen Dogge meiner Eltern, dass wir sie am Samstag einschläfern lassen würden, und Dad wurde richtig sauer. Als ob sie mich verstehen könnte! Also sagte ich zu ihr: »Okay, wir warten damit bis Montag.« Das machte ihn nur noch wütender und er sagte, ich solle sein Haus verlassen.

Gestern erzählte ich ihm, ich sei mit dem Fahrrad zum Supermarkt gefahren und hätte ein Hühnchen gekauft.

»Nein, hast du nicht«, sagte er. Das Huhn lag auf der Anrichte, zusammen mit der Quittung, aber er beharrte aus irgendeinem unerfindlichen Grund darauf, ich hätte es nicht gekauft. Er weigert sich, unrecht zu haben.

31. August 1990
Raleigh

> *Ich wäre lieber Mitglied des Ku-Klux-Klan*
> *In einem Umhang von weißer Pracht,*
> *Als ein katholischer Priester*
> *In einer Robe schwarz wie die Nacht;*
> *Denn der Ku-Klux-Klan ist AMERIKANISCH*
> *Und AMERIKA gilt sein Schwur,*
> *Aber ein Priester kennt nur die Treue*
> *Zu einer römischen Schießbudenfigur.*

Das ist der Text eines Ku-Klux-Klan-Songs von 1925, den ich in einer Biografie von Jean Stafford gefunden habe. Wie viele dankbare Subjekte für eine Biografie war sie am Ende ihres Lebens ein Wrack. Eine ihrer letzten Ideen war ein Kochbuch mit dem Titel *Wie man betrunken für sich kocht*.

7. September 1990
Emerald Isle

Mom ist einen Tag früher aus dem Urlaub abgereist. Paul hat sie gefahren. Um ihre Gesundheit steht es momentan nicht gut. Sie hustet und bellt viel mehr als sonst. Das Geräusch macht mich fast rasend (sagt der Typ mit der Zigarette im Mund). Aber es ist trotzdem schlimm. Wir nennen sie Mount Vesuvius. Sie hat in diesen Ferien viel Zeit im Haus verbracht.

19. September 1990
Raleigh

Ein Witz, den Dean mir erzählt hat:

Frage: Was ist in San Francisco in der Luft, dass die Frauen dort nicht schwanger werden?
Antwort: Männerbeine.

25. September 1990
Raleigh
Gestern Abend prophezeite Dad mir, in sechs Monaten werde ich es bereuen, aus Chicago weggegangen zu sein. Er ist in letzter Zeit unausstehlich. Eine Stunde später brüllte er mich an, weil ich einen Fleischklops mit der Hand angefasst hatte. Er lag in einer Schüssel im Kühlschrank, und Dad fürchtete, ich hätte an allen herumgefingert, um mir den dicksten zu nehmen. Ich glaube, er hat Angst, ich würde alle mit Aids anstecken. Er mag es auch nicht, wenn ich aus einem fremden Glas trinke.

Dad hört nur halb hin, wenn man mit ihm redet, deshalb baut Paul häufig *Steuerbehörde* in seine Sätze sein. Dann heißt es plötzlich: »Augenblick mal, was hast du da gerade gesagt?«

2. Oktober 1990
Raleigh
Ich sitze mit einer Tasse Kaffee in der Frühstücksecke, als Dad aus heiterem Himmel sagt, er müsse mit mir reden. »Ich habe etwas Wichtiges mit dir zu besprechen.«

Dann beschließt er, dass er mit Melina vor die Tür muss. Zehn Minuten später kommt er wieder und knallt einen Untersetzer auf die Tischplatte – die aus Resopal und nicht aus Holz ist –, und obendrein steht meine Tasse auf einem der zehn Kataloge, die täglich mit der Post kommen. Dann fahren wir zum A&P, und er redet die ganze Zeit im Wagen mit dem Hund statt mit mir. Auf dem Weg in den Laden vertraut er mir an, er bedauere es zutiefst, dass Melina niemals Sex haben wird, weil er sie hat sterilisieren lassen.

Im A&P streift er herum und futtert – an Probierständen, in der Obstabteilung, wo immer etwas unverpackt ist. Er platzt ins Lager und verlangt nach den frischesten Tomaten und einem Nachlass für den angewelkten Salat. Er beschimpft das Personal an der Kasse und die Jungen, die beim Einpacken helfen. Auf der Rückfahrt kommt er endlich auf das zu sprechen, was ihn schon die ganze Zeit umtreibt: Paul. »Aus dem Jungen wird nichts«, sagt er. Er prophezeit, er werde als Gammler und Trinker enden, und ich erinnere ihn daran, dass Paul gerade einmal zweiundzwanzig ist und man ihn nicht drängen soll.

»Ach, Mumpitz.«

5. Oktober 1990
New York

Vor dem Aufbruch zum Bahnhof sahen Mom und ich einen Beitrag in der *Today Show* über Affen, die als Helfer für Behinderte trainiert werden. Sie zeigten einen Quadriplegiker im Rollstuhl, der seiner kleinen Helferin, Lisa, sagte, sie solle eine Kassette vom Boden aufheben. Das Affenmädchen tat, was man ihm gesagt hatte, und als der Mann Lisa befahl, die Kassette in den Rekorder zu stecken und die Play-Taste zu drücken, tat sie auch das. Manchmal stecken die Affen ihre schmutzigen Pfoten als ein Zeichen der Zuneigung in den Mund ihrer Herrchen, die komplett gelähmt sind und sie nicht wegschieben können.

Dann war es Zeit, dass Mom mich zum Bahnhof brachte. Der Zug stand bereits auf dem Gleis, und als wir uns verabschiedeten, füllten sich ihre Augen mit Tränen. Wir haben einen großartigen Monat miteinander verbracht. Ich liebe meine Mutter sehr.

Und jetzt bin ich in New York City. Die Zugfahrt dauerte elf Stunden, und in dieser Zeit überraschte ich unabsichtlich drei Leute auf der Toilette, zwei Frauen und einen Mann. Jede Stunde ging ich in die Bar, um eine Zigarette zu rauchen und mich von den Betrunkenen bequatschen zu lassen, die immer Dinge sagten wie »Wenn ich sage, du bist mein Freund, dann bist du verdammt noch mal mein Freund. Ich rede hier keinen Scheiß, Mann.«

Von der Penn Station fuhr ich mit dem Taxi zur Wohnung, wo Rusty schon auf mich wartete. Sie ist viel größer, als ich mir vorgestellt habe. Die Nachbarschaft ist viel zu schön für mich. Ich verdiene sie nicht. Na gut, mein Block einmal ausgenommen. Hier gibt es mehr Industrie, und von unserer Wohnung aus blicken wir auf einen Lkw-Parkplatz. Zwei Blöcke weiter allerdings ist alles perfekt. Baumbestandene, sich windende Straßen mit Restaurants und Cafés. Traumhaft. Ich kann mich an keinem dieser Orte vorstellen, aber dennoch. Wie bin ich nur hier gelandet? Rusty sagt, einige Apartments in dieser Gegend gehen für eine Million Dollar weg. Ich kann das nicht beurteilen, aber ich weiß, dass ein Ginger Ale drei Dollar kostet. Drei Dollar!

Um halb drei nachts nahm Rusty mich auf seinem Motorrad mit und zeigte mir alles. Um halb sieben ging ich zu Bett, und drei Stunden später stand ich wieder auf. Zuerst hörte ich eine Sirene, dann rumpelnde Lkw, dann Autohupen und dann jeden nur erdenklichen Lärm. Ich kann es nicht fassen. Ich gehe die Straße entlang, und ich kann es nicht fassen.

Heute Vormittag war ich im Supermarkt um die Ecke. Geflügel kostete 89 Cent das Pfund. Alles andere – Speiseöl, Orangensaft, Butter – war durchschnittlich 15 Cent teurer als üblich.

7. Oktober 1990
New York
Überall in New York verkaufen die Leute Isolierband. In Geschäften, auf dem Bürgersteig, an Spieltischen und auf Flohmärkten. Es muss hier eine gewaltige Nachfrage danach geben.

In Rustys Fernseher sah ich auf einem Kabelkanal eine nackte Frau, die sagte: »Ich möchte meine Muschi in dein Gesicht drücken, Motherfucker.« Und das im Fernsehen!

Bei der Eröffnung der Feature Gallery hörte ich gestern Abend jemanden flüstern: »Ist das die, die sich selber anzündet?«

Ich sah heute jede Menge Geflügelteile für $1,50 das Pfund.

11. Oktober 1990
New York
Heute sagte eine beinamputierte Frau zu mir: »Kannst du mir einen Dollar geben, Schätzchen? Ich möchte mir einen elektrischen Rollstuhl kaufen.«

Ich glaube, Bier ist hier teuer. Ein Sixpack Bud kostet zum Beispiel $6. Für Bud! Heute Abend trinke ich Schmidt's für $2,89. Lili sagte mir, eine Unze Marihuana kostet zwischen $320 und $400. In Chicago fühlte ich mich schon übers Ohr gehauen, wenn eine Viertelunze $60 kostete.

Ich habe noch kein Stammcafé gefunden. Jeden Tag probiere ich etwas anderes aus. Chock Full o'Nuts ist zu unruhig. Am besten gefällt mir bislang das Bagel Buffet auf der 6th Avenue. Im IHOP bekommt man eine ganze Kanne Kaffee. Er schmeckt furchtbar, aber zumindest muss man nicht alle zehn Minuten die Kellnerin zu sich winken. Und man konnte so lange am Tisch sitzen bleiben, wie man wollte, ohne dass sie einen hinausdrängten. Im Bagel Buffet kostet ein Pappbecher Kaffee 60 Cent, das sind $1,80 für drei Tassen, was ich mir leisten kann, wenn ich anderswo kürzertrete. Als Nächstes brauche ich einen Büchereiausweis.

14. Oktober 1990
New York

Heute Abend sah ich auf der 6th Avenue eine völlig unbekleidete Frau. Sie war schwarz, verwirrt und ihre Brüste hingen ihr bis auf die Hüfte. Schon gestern habe ich sie an der gleichen Stelle gesehen, allerdings bekleidet, und sie rief: »Ich besauf mich!«

Zuvor bin ich gerne über die 6th Avenue gegangen, aber heute Abend war es überlaufen und schwül und irgendwer schmiss eine Flasche, die drei Meter von mir entfernt auf dem Bürgersteig zerschellte. Wer hatte sie geworfen? Das Gute an Menschenmengen ist, dass jemand eine Flasche werfen kann, ohne dass man es persönlich nimmt.

Ich sah heute noch zwei Leute ohne Beine, einen bevor und einen nachdem ich im Central Park Zoo war. Er ist nicht einmal halb so groß wie der Lincoln Park Zoo in Chicago und hat auch viel weniger Tiere. Im Central Park Zoo haben sie beispielsweise Ameisen. Nachdem ich den Film *Katzenmenschen* gesehen habe, hatte ich Panther erwartet, aber die wildesten Tiere im Zoo waren die Polarbären. Daneben gab es Pinguine, Affen, Fledermäuse und Schildkröten, die richtig flink wurden, als der Typ mit dem Futter anrückte. Sie rannten so lustig, mit gestreckten Hälsen und hervortretenden Augen.

In einem Laden namens Gay Treasures auf der Hudson Street bekam ich mit, wie ein Mann Mitte fünfzig einem etwa gleichaltrigen Mann an der Kasse von seinem neuen Boyfriend erzählte. »Mindestens zweimal die Woche peitscht er mich richtig aus. Gestern Abend benutzte er einen Regenschirm!«

»Er hätte ihn dir lieber in den Arsch schieben sollen«, sagte der Kassierer.

Der Kunde beugte sich vor. »Wer sagt denn, dass er das nicht gemacht hat!«

15. Oktober 1990
New York
Heute Nachmittag nahm ich all meinen Mut zusammen und rief bei Philip Morris an. Anschließend klärte Rusty mich auf, dass ich die Künstleragentur *William* Morris meinte. Philip Morris ist der Tabakkonzern.

Heute wurde ich auf der Straße Zeuge, wie ein Mann verfolgt wurde und Tritte in den Hintern bekam, weil er an einem Obststand einen Apfel geklaut hatte. Heute Abend ist es kühl und die Luft ist trocken. Die Stadt riecht nach verbranntem Kaffee.

19. Oktober 1990
New York
Lili hat im Stadthaus eines Antiquitätenhändlers angestrichen und kleinere Schreinerarbeiten ausgeführt. Er hat ein kleines Hündchen namens Crumpet, das sich immer jämmerlich anstellt, wenn es Futter oder Aufmerksamkeit möchte. Sie erzählte mir davon in einem Falafel-Restaurant im East Village, und ich erzählte ihr von den Nachbarn unter mir, die sich darüber beschwert haben, dass ich beim Gehen zu viel Lärm

mache. »Wegen ihnen laufe ich jetzt nur noch barfuß durch die Wohnung«, sagte ich. »*Und* auf Zehenspitzen.«

Am Nebentisch saß eine Frau, die beim Hinausgehen zu mir sagte: »Hören Sie, Sie zahlen Miete. Es gibt überhaupt keinen Grund, in Ihrer eigenen Wohnung auf Zehenspitzen zu laufen.«

21. Oktober 1990
New York

Jeden Tag fische ich die Zeitung aus der gleichen Mülltonne am Abingdon Square und studiere die Stellenanzeigen. Morgen um neun spreche ich bei UPS vor. Außerdem zahlt Lili mir $20, weil ich ihr beim Tragen einer Leiter helfe. Damit komme ich einige Tage über die Runden. Ich hoffe, UPS nimmt mich. Selbst wenn es bedeutet, dass ich über die Weihnachtstage arbeiten muss, brauche ich einen Job, um mir Sachen kaufen zu können.

22. Oktober 1990
New York

Ich ging zur Ecke 43rd und 11th, um mich als Aushilfsfahrer bei UPS zu bewerben. Als ich ankam, war es etwa zehn Uhr, und es standen gut dreihundert Leute in der Schlange vor mir. Viele von ihnen trugen Anzüge. Andere sahen so aus, als wären sie zufällig vorbeigekommen und hätten das Schild gesehen. Während ich anstand, hörte ich zwei Männern vor mir zu. Einer sagte, seine Frau habe kürzlich ein Baby bekommen, und er habe seinen Job verloren, weil er einem Freund seinen Führerschein geliehen und der einen Unfall gebaut habe. »Und dann geht das auch noch in *meine* Akte«, sagte er.

Man kann eine solche Geschichte nicht seinem potenziellen Arbeitgeber erzählen. Sie wollen niemanden mit krummen Freunden, die sich von einem den Führerschein ausleihen.

Die Interviews bei UPS wurden gleichzeitig von zehn Leuten geführt. Einige davon – ein Japaner, eine Schwarze – redeten endlos lange mit den Bewerbern und vereinbarten zum Schluss, sie würden zurückrufen. Ich geriet an einen Weißen, Mr Hardball, der mir nicht einmal die Hand gab.

Um fünf traf ich mich mit Lili, um ihr beim Tragen der Leiter zu helfen. Wir holten sie in einem Loft in der Canal Street bei einem Typen namens Hugh und seinen beiden Mitbewohnern Scott und Leslie ab. Die Wohnung war geräumig und gemütlich, wie ein Blockhaus. Hugh hatte eine Bar mit Spüle in der Form eines Baumstumpfs. Leslie buk einen Apfelkuchen, und alle hörten *All Things Considered* im Radio. Hugh sieht gut aus, ein netter Typ. Lili und ich schleppten die Leiter zu einem Studio-Apartment an der Ecke Jane und Greenwich, und sie gab mir $20. Zum ersten Mal seit meiner Ankunft in New York habe ich das Gefühl, ein finanzielles Loch gestopft zu haben.

24. Oktober 1990
New York
»Macy's am Herald Square, das größte Kaufhaus der Welt, bietet kontaktfreudigen, lebenslustigen Menschen von jeder Form und Größe, die mehr als nur einen Ferienjob wollen, die große Chance. Als Zwerg in Macy's WeihnachtsLand arbeiten, heißt, mittendrin sein, wo's aufregend ist ...«
Ich rief an und habe nächsten Mittwoch um elf einen Vorstellungstermin.

25. Oktober 1990
New York
Lili und ich sahen einen toten Mann auf der West 11th. Er war aus einem Fenster im fünften Stock gesprungen, auf einem Wa-

gen gelandet und auf die Straße gerollt, wo er in einer sich ausbreitenden Blutlache lag. Man sah, dass er bei seinem Sturz einen Baum gestreift hatte. Ich fragte mich, ob er es sich vielleicht in letzter Sekunde anders überlegt und versucht hatte, sich an einem Zweig festzuhalten, da viele Zweige abgebrochen waren. Eine Menschenmenge bildete sich, und zwei Jungen, die den Sprung beobachtet hatten, behaupteten, sie hätten das Knacken des Schädels gehört. Passanten fragten, »Was ist passiert?«, und die beiden Jungen genossen ihre Berühmtheit und gaben bereitwillig Auskunft.

Heute Abend zahlte ich $5 für den Auftritt einer irischen Performancekünstlerin in Margo's Gallery. Am meisten ärgert mich das Geld, denn ihr Auftritt war unterirdisch und folgte einer simplen Rezeptur:
1. Zeige ein paar Dias.
2. Arrangiere verschiedene Requisiten auf der Bühne.
3. Benutze eine nach der anderen.
4. Sage kein Wort.
5. Baue irgendwo Blut ein.

Es war unerträglich. Zu den Requisiten gehörten der Kopf einer Schaufensterpuppe, Federn, ein Haufen Erde, eine Schaufel, eine Glocke und ein paar Ampullen. Nachdem sie sie wahllos auf der Bühne verteilt hatte, benutzte sie eine nach der anderen, eine ganze Stunde lang. Bei einer pantomimischen Aufführung muss man das Publikum mit seinen Bewegungen, Musik oder der Beleuchtung fesseln, aber sie war weder anmutig oder geschickt oder gut vorbereitet. Sie rollte sich in Papier ein; sie ließ sich zu Boden fallen. Ich war so erleichtert, als es vorüber war, dass ich applaudierte, obwohl es falsch war, da ich nicht glaube, dass man so etwas bestärken sollte.

28. Oktober 1990
New York

Freitagabend traf ich Lili in der Jane Street, und wir trugen die Leiter zurück zu Hughs Wohnung auf der Canal. Ich war ganz aufgeregt und beschloss, dass ich in ihn verknallt bin. Wir saßen eine Weile zusammen und tranken Bier. Scott und Leslie hatten eine Futterröhre für Vögel aufgehängt, was so lange gut ging, bis die Vögel schlampig mit den Körnern umgingen und die Ratten anlockten. Ich wäre gerne noch länger geblieben, aber ich war mit Gretchen verabredet, die aus Providence kam und die ich in der Wohnung ihrer Freundin auf der 103rd Street abholen musste.

31. Oktober 1990
New York

Heute Nachmittag saß ich im siebten Stock im Weihnachts-Land-Büro und man sagte mir: »Gratuliere, Mr Sedaris. Sie sind ein Zwerg.«

Morgen früh um neun fängt das Training an, aber zuvor wurde mir und den anderen, die einen Job bekommen hatten, eine Aufstellung vom letzten Jahr gezeigt. Hinter einem Drittel der Namen waren Sterne. Das, so erfuhren wir, seien die Zwerge, die Santa bereits zum zweiten oder dritten Mal eingeladen hatte. Eine Frau namens Marianne sagte uns, sie hätte mehr als genug schlechte Zwerge gesehen. Es gibt verschiedene Gründe, um als schlecht eingestuft zu werden. »Eltern können stinkig werden«, sagte Marianne. »Kinder können stinkig werden. Aber ein Zwerg darf niemals stinkig werden.«

14. November 1990
New York
Die ganze Welt weiß, dass ich Zwerg bin. Heute war ich in der Feature Gallery und traf eine Frau, die mit Jim und Hudson redete. Ich sah mich in der Galerie um und hörte, wie sie leise fragte: »Ist der kleine Zwerg noch hier?«

Hudson gab mir Flyer für die Lesung in der kommenden Woche. Sie beginnt um halb neun, aber ich soll um Viertel vor acht da sein. Ich habe an diesem Tag bis um sechs Zwergen-Training, also müssen meine Sachen vorher bereitliegen.

20. November 1990
New York
Gestern Abend habe ich in »The Kitchen« gelesen. Es waren ungefähr achtzig Leute dort. Hugh war da und Lili. Das Publikum war sehr ernst, was enttäuschend war. Ich hatte auf Lacher gehofft.

23. November 1990
New York
Heute war der offizielle Eröffnungstag im WeihnachtsLand, und ich habe acht Stunden gearbeitet. Ich begann am Morgen am Zauberfenster, war dann Ausgangszwerg, Weihnachtsmannzwerg, Irrgartenzwerg und Ladentischzwerg. Die Weihnachtsmänner tragen Wollkostüme. Sie schwitzen und bekommen Ausschlag am Arsch und an den Knien. Die meisten sitzen auf Kissen.

Ich habe eine Stunde Mittagspause und zwanzig Minuten Pause am Nachmittag. Heute aß ich in der Cafeteria mit einer Zwergin zu Mittag, deren Mann Frauendarsteller ist. Hmmmm.

25. November 1990
New York
Gestern war ich Fotozwerg, als zwei Männer, beide Mitte zwanzig, den Weihnachtsmann besuchten. Sie wollten nicht auf seinem Schoß sitzen oder ein Bild zusammen mit ihm machen. Stattdessen wollten sie die Sensibelchen spielen. Als sie gefragt wurden, was sie sich zu Weihnachten wünschten, antwortete der eine: »Ich wünsche mir, dass ein paar Obdachlose eine vernünftige Mahlzeit bekommen.«

Sein Freund nickte zustimmend. »Ganz genau.«

Ich hörte nicht weiter zu und spielte mit ein paar Plüschtieren auf dem Kaminsims. Als ich mich wieder umdrehte, waren die Männer unterwegs zum Ausgang. »Und, he, Santa«, rief einer. »Pass auf unsere Jungs am Golf auf, ja?«

Er sagte es mit so klebriger Betroffenheit, dass der Weihnachtsmann und ich lachen mussten, nachdem sie verschwunden waren.

Keith, der Zwerg, mit dem ich mir einen Spind teile, lud mich für morgen Abend zu seinem Bibelkreis ein.

7. Dezember 1990
New York
Lili und ich sahen vor einem kleinen Theater ein Warnschild mit dem Hinweis: NACH DIESEM STÜCK WERDEN SIE SICH TRAURIG UND LEER FÜHLEN.

Ich brachte einen fünfjährigen Jungen zur Tür des Weihnachtsmanns und sagte: »Sieh nur die vielen Geschenke, die mein Meister gemacht hat.«

Er war ein kleiner Kerl, aber aufgeweckt. »Ich habe mehr Spielzeug zu Hause. Um ehrlich zu sein«, sagte er, »ich bin ganz schön verzogen.«

Heute wurde ich zweimal angeschnauzt, einmal, als ich als Eingangszwerg arbeitete. Als Eingangszwerg muss man die Besucher zusammentreiben, und ich war sicher, meine Aufgabe gut zu machen. »Besuchen Sie den Weihnachtsmann«, sagte ich. »Bestaunen Sie seine mollige Majestät. Der Weihnachtsmann ist in einem kleinen Heim geboren und groß geworden. Jubeln Sie ihm zu. Die Geduld des Weihnachtsmanns ist unerschöpflich. Probieren Sie es aus.«

Nach ungefähr zehn Minuten kam ein Geschäftsführer vorbei. Dann ging er und kam mit zwei weiteren Geschäftsführern wieder, und die drei brachten mich zum Ladentisch und hielten mir eine Standpauke. Dabei habe ich nichts Gemeines oder Schweinisches gesagt. Ich habe nur die Ansprache ein bisschen aufgepeppt.

10. Dezember 1990
New York

Auf dem Nachhauseweg kam ich auf der 14th Street an zwei Männern vorbei, die mit langen Stangen arbeiteten. Einer schlug mir damit auf die Nase, sodass sie blutete. Der Mann fand das offenbar witzig und lachte.

»He«, sagte ich. »Das hat wehgetan.«

Er lachte nur noch mehr, und ich fragte ihn, ob ich ihn mit der Stange auf die Nase schlagen könnte, damit wir quitt wären. Ich sagte ihm, er solle sich entschuldigen, was er auch tat, aber es zählt nicht wirklich, weil ich ihn darum bitten musste.

Heute kam ein japanisches Kind und spielte auf seiner Geige für den Weihnachtsmann.

29. Dezember 1990
Raleigh
Mir ist aufgefallen, wenn man Leuten sagt, man lebe in New York, nennen sie einem gleich ein halbes Dutzend Gründe, warum sie *nicht* dort leben: die vielen Menschen, die hohen Lebenshaltungskosten, die Kriminalität. Dabei schlage ich gar nicht vor, sie sollten auch dorthin ziehen, ganz im Gegenteil. Es ist schon seltsam, wie schnell manche Leute in die Defensive geraten.

1991

2. Januar 1991
New York
Ich nahm den Shuttlebus von LaGuardia und überquerte die 42nd Street, als ein Typ sagte: »He, großer Mann, wie wär's, wenn Sie mir eine Zigarette gäben?« Er war gut fünfzehn Zentimeter größer als ich, worauf ich ihn hinwies und fragte, warum er mich großer Mann genannt hatte. »Glauben Sie, ich fühle mich dadurch geschmeichelt?«

»He«, sagte er. »So bin ich nun einmal.«

Ich sagte: »Prima, und so bin ich nun einmal.«

Als ich weiterging, rief er hinter mir her: »He, es geht doch nur um eine beschissene Zigarette.«

»Nun, Sie wissen, wie ich bin«, rief ich zurück.

Vor der Grand Central Station sprach mich ein großer Schwarzer an, ob ich ein Taxi wolle, und als ich bejahte, schnappte er meine Reisetasche und lief damit die Straße entlang. Ich folgte ihm und sah zu, wie er einem Taxi winkte, meine Tasche auf den Rücksitz warf und ein Trinkgeld verlangte.

Ich nahm meine Tasche vom Rücksitz und rief ein anderes Taxi. Der Fahrer erzählte mir, dass er diese selbst ernannten Gepäckträger hasse. Wenn er mitbekomme, dass einer einen Fahrgast um Trinkgeld angehe, kurble er sein Fenster herunter und rufe: »Sie schulden ihm einen Scheißdreck! Geben Sie ihm nichts.«

7. Januar 1991
New York

In einer Mülltonne auf der West 4th Street fand ich ein *Play-Guy*-Magazin und las die Leserbriefe, wo ein Collegestudent schrieb, er habe vor sechs Monaten damit angefangen, sein Sperma zu trinken. »Das Verrückteste, was ich bisher gemacht habe, war, die Produktion einer ganzen Woche in einem Glas zu sammeln. Dann ging ich damit in eine Cafeteria zum Essen, bestellte einen Salat, zog das Fläschchen aus der Tasche und stellte es auf den Tisch. Als eine Gruppe von Sportstudenten fragte, was das sei, erklärte ich ihnen, es sei proteinreiches Salatdressing, das meine Mom mir geschickt habe. Mehrere fragten, ob sie es probieren dürften, was ich ihnen nur zu gerne erlaubte. Ich konnte kaum an mich halten, als ich sah, wie diese Typen meinen Saft über ihr Grünzeug kippten und es aßen. Einige Leute mögen das für überzogen halten, aber mir gefällt's und ich fühle mich gut dabei. Ist es nicht das, worum es beim Sex geht?«

Zu sagen, »mir gefällt's und ich fühle mich gut dabei«, rechtfertigt in meinen Augen nicht sein Verhalten. Andererseits kann er das nicht tatsächlich gemacht haben, oder?

5. Februar 1991
New York

Elaine rief gestern Abend an und sagte, sie hätte vielleicht einen Job für mich. Es geht um eine Italienerin namens Alba, die einen kleinen Verlag hat und für zwei Tage in der Woche einen Mitarbeiter sucht, für $10 die Stunde. Ich glaube, man muss auch tippen können, was eventuell ein Problem ist. Am Telefon klang sie begeistert, also warten wir's ab.

7. Februar 1991
New York

Heute Nachmittag traf ich mich mit Alba im Chelsea Hotel, wo sie ein Zimmer als Büro gemietet hat. Sie ist eine gepflegte, attraktive Frau. Schicke Kleidung, hübscher Akzent. Als ich ankam, war sie im Gespräch mit einer anderen eleganten und schönen Frau, einer Amerikanerin, die an einem vierundzwanzigstündigen Gesangsseminar unter der Leitung eines bekannten Buddhisten teilnehmen wollte. Sie sagte, sie müsse unbedingt singen und positive Energie freisetzen und damit die Welt verbessern.

Nachdem die Amerikanerin gegangen war, sah ich mir ein Buch an, das Alba und ihre Geschäftspartnerin kürzlich veröffentlicht hatten. Ich sagte, es sei wunderschön gebunden und gedruckt, und Alba sagte seufzend: »Ich bin der Schönheit inzwischen überdrüssig.«

Offenbar ist der Verlag für sie mehr oder weniger ein Hobby. Es gibt Aufgaben, die sie mag, und andere, die sie meidet. Ich wäre für die Dinge zuständig, die sie meidet. Ich gestand, dass ich nur mit einem Finger tippe und noch nie im Leben einen Computer angefasst hätte.

Mein Vorgänger hat $10 die Stunde bekommen. Mir bot sie $7 an. Ich sagte, das sei zu wenig, und sie sagte, sie würde noch mit einigen anderen Leuten sprechen.

John Smith ist in der Stadt, und gestern Abend gingen wir in die Tunnel Bar. Kurz bevor wir die Bar verließen, ging ich zur Toilette, die aus einem Raum mit einer Kabine besteht. Außerdem gibt es ein Waschbecken, und daneben stand ein Typ, den ich schon zuvor bemerkt hatte. Er fragte nach meinem Namen und sagte: »Ich sag dir, was ich jetzt mache, Dave. Gefällt es dir, wenn dir jemand die Zehen lutscht?«

Ich wollte sagen, »David, bitte. Kein Mensch sagt Dave zu mir«, aber ich war so geschockt über seine Frage, dass ich nur nach unten auf meine Füße sehen konnte.

»Ich habe dich nebenan beobachtet, Dave, und bin hierhergekommen, weil ich gehofft habe, wir könnten miteinander reden. Und jetzt sind wir hier und reden miteinander.«

Als ich mich umdrehte und gehen wollte, versperrte er mit dem Fuß die Tür. »Hör mir erst zu, Dave, weil ich glaube, dir gefällt, was ich zu sagen habe. Wir groß sind deine Schuhe?«

Ich sagte ihm, ich hätte Schuhgröße achtunddreißig und Plattfüße.

»Gut«, sagte er. »Kleine flache Füße bedeuten ein dicker Schwanz.«

Das ist die bescheuertste Gleichung, die ich je gehört habe, dachte ich.

»Ich wette, du hast einen von Adern überzogenen Schwanz, was, Dave?«

»Nicht mehr als andere auch«, sagte ich. »Ich meine, ich weiß nicht. Ich habe noch nie drüber nachgedacht.«

»Er hat jede Menge blauer Adern, oder, Dave?«

»Ich weiß nicht –«

»Sagen wir einfach, es ist so, okay, Dave?« Er erklärte mir, er werde mir die Schuhe ausziehen und anfangen, meine Zehen zu lutschen, ganz vorsichtig, und seine oberen Schneidezähne würden ganz leicht meine Nägel antippen – nicht beißen, wohlgemerkt.

»Wir kennen uns überhaupt nicht«, wandte ich ein. »Außerdem bin ich mit einem Freund von auswärts hier.«

Kein Problem, sagte er. »Ich werde mit ihm das Gleiche machen wie mit dir.«

Er gab die Tür erst wieder frei, als ich ihm versprach, mit John darüber zu sprechen, der draußen vor der Tür auf mich warte und der, als ich ihn endlich gefunden hatte, sagte: »Wo warst du die ganze Zeit?«

11. Februar 1991
New York

Ich nahm im Rahmen der Orchid Show an drei Veranstaltungen im P.S. 122 teil. Alle drei waren ausgebucht, und das Publikum war wohlwollend und offen. Am Freitag war Andy von *One Life to Live* im Publikum. Sie spielt Max Holdens Schwester und gab mir ein Autogramm mit der Widmung *Für David. Sie waren wunderbar. Bitte schreiben Sie für unsere Show.*

Ich kann's nicht glauben!

Es waren ein paar Agenten von anderen Klubs da, und der Chef des P.S. 122 sagte, ich solle wiederkommen. Es waren auch Typen da, die meisten von ihnen Pusteblumen. Das ist mein Spitzname für Männer mit kurzen, gelb gefärbten Haaren. Sie haben fast immer beide Ohren gepierct und tragen Lederjacken. Die Uniform wirkt auf mich unattraktiv. Das ist das Gute an Hugh. Er hat, was das Aussehen angeht, seinen eigenen Geschmack.

Als ich gestern nach dem Auftritt nach Hause kam, entdeckte ich uneingelöste Travellerschecks im Wert von $350. Für die drei Veranstaltungen habe ich jeweils $100 pro Abend bekommen, sodass ich meine Miete bezahlen und mich noch eine Weile über Wasser halten kann.

24. Februar 1991
New York

Heute haben die Vereinigten Staaten mit einer Bodenoffensive in Kuwait begonnen. Saddam Hussein sagte, die amerikanischen Truppen würden in ihrem eigenen Blut ertrinken, aber es gab keinerlei Widerstand und sie haben fünftausend Gefangene gemacht. Es ist seltsam, den Krieg von New York aus zu verfolgen. Ich habe eine ganze Reihe gelber Schleifen und Poster amerikanischer Flaggen mit der Aufschrift *Diese Fahne kann niemand einholen* gesehen. Aber auch den Slogan »Kein Blut für Öl!« hört man häufig.

3. März 1991
New York
Ich muss eine Reihe von Skulpturen für die Renaissance Society fertig machen und fragte Hugh, ob er sie sich in meiner Wohnung ansehen und mir Tipps für den letzten Schliff geben wolle. Er ist gut aussehend, fleißig und bedächtig. Sein Vater war Diplomat und die Familie verließ Kentucky, als Hugh noch klein war, und lebte in Äthiopien, Somalia und dem Kongo. Nach seinem Collegeabschluss lebte er fünf Jahre in Paris und jetzt ist er hier und malt.

Hugh sah sich die Skulpturen an und sagte: »Behandle sie mit Öl.«

Anschließend trafen wir uns mit Lili, Hughs Mitbewohnern und einem anderen Paar in einer Bar in Little Italy. Irgendwer kannte den Mann am Tresen, und wir mussten statt $150 nur $20 für die Getränke zahlen. Hugh und ich flirteten den ganzen Abend. Ist das das richtige Wort? Ich trank aus seinem Glas und brachte ihn dazu zu sagen, dass er mich nicht leiden könne, was gewöhnlich das genaue Gegenteil bedeutet.

Am Ende des Abends versprach er, mich im Lauf der Woche anzurufen. Dann ging er mit Scott und Leslie. Ich ging mit Lili in die entgegengesetzte Richtung, und als ich mich nach ihm umdrehte, sah ich, dass auch er sich umgedreht hatte. Es war richtig romantisch.

15. März 1991
New York
Die *Village Voice* hat mich unter ihren Empfehlungen genannt. »Der aus North Carolina stammende David Sedaris liest aus seinen verschrobenen, urkomischen Geschichten und Tagebüchern, beißende Sozialsatire, gemildert durch einen klaren Blick für die Komik menschlichen Verhaltens.« Ich weiß auch nicht, wie sie ausgerechnet auf mich gekommen sind, aber ich freue mich trotzdem. Ich habe mir den Namen des Autors geben lassen und ihm bereits einen Dankesbrief geschrieben.

16. März 1991
New York
Ich bin bei $190 angelangt und bekomme langsam Panik. In dieser Situation ist es nicht angeraten, Shit zu kaufen, aber ich hab's trotzdem getan. Und Scotch obendrein.

19. März 1991
New York
Heute habe ich für Alba gearbeitet. Die Person, die sie statt meiner angeheuert hatte, hat sich als Fehlschlag erwiesen, sodass sie mich heute Morgen anrief und ich zu Mittag im Chelsea Hotel war. Ursprünglich wollte sie mit mir die Unterlagen durchgehen, aber dann lud Cy Twombly sie zum Essen ein und ich war ganz allein. Ich ging die Unterlagen durch, die sie mir gegeben hatte, und füllte ein Formular für die Quartalssteuer aus. Ich habe so etwas in meinem ganzen Leben nicht auch nur im Entferntesten gemacht. Zuletzt rief ich zweimal bei einem Steuerberater an. Dann rief ich zweimal bei der New Yorker Steuerbehörde an und fragte, wie viel $8\frac{1}{4}$ Prozent von $25 sei, und die Frau sagte: »Tut mir leid, Ma'am, aber das können wir Ihnen nicht sagen.«

Schließlich kam Alba vom Essen zurück. Wir wollten Kisten zu einem Haus bringen, das sie kürzlich gekauft hat, ein ganzes Haus in der Bleecker Street, aber dann kam Herbert Huncke zu Besuch. Angeblich ist er sehr berühmt, auch wenn ich noch nie etwas von ihm gelesen habe. Er ist alt und in schlechter Verfassung. Er redete langsam und erzählte eine öde Geschichte. Später kam ein junger Typ vorbei, mit dem ich auch nichts anzufangen wusste. Er warf mit jeder Menge Namen um sich und schien beleidigt zu sein, dass ich ihn nicht kannte.

21. März 1991
New York
Heute, zum Frühlingsanfang, habe ich Hähnchenkeulen für 59 Cent das Pfund, Kaffee für $2,99 das Pfund und zwei Packungen Spaghetti im Angebot für $1 gekauft. Heute Abend werde ich Hühnchen mit Tintenfisch-Linguine machen, die Hugh mitgebracht hat. Sie sind schwarz.

Wenn mich nicht alles täuscht, bin ich in diesem Frühling verliebt.

Ich habe einen Job bei einem Mann aus Kentucky namens Jeffrey Lee angenommen, der an der Ecke 77th Street und 5th Avenue ein großes Schlafzimmer streicht. Heute habe ich einigen Prunk gesehen, Dinge, von deren Existenz ich gar nichts wusste. Die Wohnung ist riesig, zehn Räume, vielleicht noch mehr. Große Räume mit offenen Kaminen und Fenstern mit Blick auf den Central Park. Die Eigentümer sind ein kinderloses Paar Mitte vierzig. Sie haben für ihre Hunde ein besonderes Bad bauen lassen, dessen Boden automatisch gespült wird. Sie kamen heute Nachmittag mit ihrer Innenausstatterin vorbei, die ganz in der Nähe in der ehemaligen

Wohnung von Claus von Bülow wohnt. Nach der Arbeit gingen wir dorthin, und ich traute meinen Augen nicht. Im Wohnzimmer – oder wie immer man den Raum neben dem Wohnzimmer nennt – hing ein türgroßes Gemälde von Singer Sargent an der Wand. Einfach so.

Jeffrey Lee trägt ein großes Barett, raucht Lucky Strikes und leidet unter Panikattacken. Sein Bruder ist an Aids gestorben, und jetzt hat er es auch. Ich fragte, wie er mit der Angst vor dem Tod umgeht, und er sagte, »Drogen« – Drogen auf Rezept und Jack Daniel's.

26. März 1991
New York

Ich habe heute Vormittag vierzig Minuten lang vor dem Eingang des Chelsea auf Alba gewartet. Sie erschien in einem Kostüm und machte sich Sorgen, sie könne darin altbacken aussehen. Zuletzt zog sie sich um und machte verschiedene Dinge mit ihren Haaren. Alba kann es nicht ertragen, im Restaurant oder in der Post Schlange zu stehen – sie hat einfach nicht die Zeit dafür. Ich arbeitete ein paar Stunden, dann lieh sie sich $50 von einem Typen an der Rezeption und wir gingen zu einem Italiener namens Intermezzo, der ein Mittagsgericht für $4 anbot. Ich zahlte mein Essen selbst, schön und gut, aber ich hatte auch für die Zeit, die ich mit Warten verbracht hatte, nichts berechnet, und das, obwohl ich $3 weniger Stundenlohn bekomme als mein Vorgänger.

Es würde mir nichts ausmachen, aber ich bin momentan pleite und hätte heute viel mehr Geld verdienen können, wenn ich für Jeffrey Lee gearbeitet hätte. Ich muss mir irgendetwas mit meinen Finanzen einfallen lassen. Hugh soll nicht denken, ich sei träge, und ich will ihn nicht verschrecken, indem ich mich auf ihn verlasse. Ich habe immer darauf vertraut, dass es gut geht, und gewöhnlich tut es das auch, aber hier geht es um mehr.

Ich bin umgeben von Leuten, die nicht wissen, wohin mit ihrem Geld, und keiner von ihnen hat es tatsächlich verdient.

27. März 1991
New York

Ich habe ein Angebot der Citibank für eine Citicard bekommen, die mir im Falle eines Krankenhausaufenthalts sofortige finanzielle Entschädigungen bietet. Sollte ich beide Hände und Füße verlieren, habe ich nach der Klausel »Zahlungen bei Gliederverlust nach einem Unfall« Anspruch auf $20 000. Sollte ich eine Hand oder einen Fuß verlieren, bekomme ich die Hälfte, aber wenn ich eine Hand *und* einen Fuß verliere, bin ich wieder bei $20 000.

3. April 1991
New York

Jeffrey Lee sagt häufig *so lala*.

»Wie sehen die Vorhänge aus?«

»So lala.«

Am Freitag kann er mir $200 zahlen, sodass ich Rusty den Rest des Geldes geben kann, das ich ihm schulde. Bislang habe ich bei Jeffrey Lee etwa $650 verdient. Dann habe ich $100 bei Alba verdient und noch einmal $80 auf der Bank. Also bin ich reich. So lala.

9. April 1991
New York

Gestern habe ich im Knot Room gelesen. Zu Beginn trat ein Gesangsduo auf, das sich selbst begleitete, der Mann auf der Ukulele und die Frau auf der Geige. Ihr erster Song hieß

»Everyone Here is White Tonight«. Nach ihrem Auftritt gingen acht Leute. Das passiert ständig. Die Leute gehen, sobald ihre Freunde dran waren. Nach dem Exodus saßen vielleicht noch zwanzig Leute im Publikum, aber der Raum ist nicht groß und fühlte sich nicht leer an. Alba war auch da, was ich ihr hoch anrechne.

13. April 1991
New York
Heute habe ich für David Donner gearbeitet, einen Marketinganalysten, der nebenbei Wohnungen streicht. Er streicht ein Einzimmer-Apartment an der Ecke 29th und Lexington, und ich helfe ihm für $11 die Stunde. Wir verabredeten uns heute Vormittag auf der Straße vor dem Gebäude, weil die Türsteher so ein Theater machen. Diese Typen sind wirklich die schlimmsten. Sie müssen sich von den Mietern jede Menge Scheiß anhören und geben es dann an Schwächere weiter.

Die Fahrstuhlführer der Dienstbotenaufzüge waren genauso schlimm. Sie sagten, wir dürften am Wochenende nicht arbeiten, und dass sie, wenn sie an die Tür kämen und uns erwischten, den Strom abstellen würden.

David ist unermüdlich. Fünf Minuten Mittagspause. Sein fester Mitarbeiter hat Urlaub. Ich fragte, wie er ist, und David benutzte dreimal den Ausdruck *Arbeitstier*. Zuerst war er sehr kurz angebunden, aber im Laufe des Tages taute er auf und erzählte mir, sein Vater sei Tierarzt. Man würde meinen, er hätte als Kind jede Menge Haustiere haben müssen, aber seine Mutter wollte keine unbeaufsichtigten Tiere im Haus, sodass er kein einziges hatte.

Wir arbeiteten acht Stunden, und nach Feierabend gab er mir das Geld in bar.

18. April 1991
New York
Alba weinte fast den ganzen Tag lang. Ich fragte, was sie bedrücke, und sie sagte, »Alles.« Ich bemitleidete sie.

21. April 1991
New York
Heute, an einem Sonntag, arbeitete ich wieder mit David Donner. Die Türsteher streikten und dösten vor dem Gebäude anstatt drinnen. Ihr Job wurde von privaten Sicherheitsleuten übernommen, die David und mir Pässe zum Betreten und Verlassen des Gebäudes ausstellten.

Um eins ging ich raus, etwas zu essen kaufen, und war gerade in der Lobby, als einer der streikenden Türsteher mich anblaffte: »He, Freundchen, du wirst schön deine Trittspuren wegmachen.« Er zeigte auf kaum sichtbare Abdrücke am Boden.

Also sagte ich: »In Ordnung, können Sie mir einen Lappen geben?«

Er sagte, ich solle die Treppe hochgehen und einen besorgen. »Machst du bei dir zu Hause auch so einen Dreck?«, fragte er. Wie gesagt, ich konnte kaum erkennen, wovon er redete. Und hätte er nicht vor der Tür bei den Streikenden sein sollen?

»Ich bin ein sehr sauberer Mensch«, sagte ich ihm.

Er sagte: »Ich werde dich vor die Tür setzen lassen und dafür sorgen, dass du nie wieder reinkommst. Ich werde deine verdammte Karte nehmen und sie zerreißen, hast du mich verstanden, Freundchen?«

Leute in der Lobby drehten sich um.

»Verdammt noch mal, sieh zu, dass du hier wegkommst«, sagte der Türsteher.

Ich ging die Treppe hinauf und kam mit einem feuchten Lappen wieder. Dann kniete ich mich auf den Boden und entfernte die schwachen Abdrücke vom Teppich. Mein Blut kochte. Es quoll über, als ich zum Essen hinausging. Bei meiner Rückkehr wollte der Sicherheitsmann meinen Pass sehen, was völliger Bullshit war, da ich fünf Minuten zuvor noch auf Händen und Füßen vor ihm hergekrochen war. In einer Hand hatte ich meine Essenstüte, in der anderen einen Schirm, und während ich in der Tasche nach der Karte krame, werde ich angebrüllt, weil Wasser auf den Teppich tropft. Ich weiß wirklich nicht, wo ich bei diesen Arschlöchern anfangen soll, ganz ehrlich.

25. April 1991
New York
Heute haben wir das Büro vom Chelsea Hotel in Albas neues Haus auf der Bleecker Street gebracht – zwei ganze Etagen und zwei Kellergeschosse. Sie hat Möbelpacker angeheuert, zwei nette Kolumbianer, deren Unternehmen Ruck-Zuck heißt. Ich glaube nicht, dass Alba sich in den Kopf von Arbeitern hineinversetzen kann. Wenn man einen großen Fernseher vier Treppen hochgeschleppt hat, hat man keine Lust auf langatmige Überlegungen, wo er denn nun hinsoll, sondern will ihn einfach nur absetzen. Einmal schlug ich vor, wenn sie schon vom Erdgeschoss in den zweiten Stock liefe, könne sie ruhig irgendetwas mitnehmen, eine Zeitschrift vielleicht oder eine Kaffeetasse.

Sie erklärte mir, sie sei kein fauler Mensch, und dann ging sie mit leeren Händen nach oben. Später hatte sie einen Wutanfall, als einer der Dielenschleifer einen Spiegel zerbrach. Es war eins dieser billigen Dinger, die man von innen in eine Schranktür hängt, aber sie flippte trotzdem aus, warf ihre Handtasche gegen die Wand und das Buch in der anderen und auf den Boden. »Ihr blöden Scheißkerle!«, brüllte sie. »Wie könnt ihr mir so etwas antun. Ihr habt meinen Spiegel zerbrochen. Das ist der erste Tag in diesem Haus, und jetzt habe ich wegen euch das Unglück am Hals.«

»Ich dachte, Sie wollten diesen Spiegel nicht mehr«, sagte einer der Männer.

Alba schrie, das gehöre überhaupt nicht zur Sache. »Jetzt ist er hier und kaputt und ich muss dafür leiden.«

Als ich sie daran erinnerte, sie hätte ihn nicht zerbrochen und sei daher vielleicht nicht davon betroffen, wurde sie nur noch wütender. Es war ein erstaunlicher Wutanfall.

16. Mai 1991
New York

Alba diktierte heute einen Brief, der, nachdem ich ihn getippt hatte, ohne jeden Sinn war. Ich verstehe nicht, wie jemand das Wort *zeitgenössisch* zweimal in einem Satz gebrauchen kann, der über neun Zeilen geht, und sich dann aufregt, weil ich *vollständig* falsch geschrieben habe.

22. Juni 1991
New York

Nachdem Bonnie und Clyde niedergeschossen worden waren, belagerten Souvenirjäger ihren Wagen und nahmen Splitter der Windschutzscheibe, Stücke der Sitzpolster und sogar Haarbüschel mit. Einer wurde dabei erwischt, als er Clyde Barrows Ohr absägen wollte. Ich habe das gestern irgendwo gelesen.

25. Juni 1991
New York

Tiffany wurde am Wochenende auf dem Fahrrad von einem Auto angefahren. Es ist bereits das zweite Mal, und sie musste wieder ins Krankenhaus. Ihr ist nicht viel passiert – sie hat bloß ein paar Schrammen. Jetzt plant sie, den Fahrer zu verklagen, und hat sich einen windigen Anwalt genommen. Er hat ihr gesagt, sie solle zwanzig Besuche bei einem Chiropraktiker machen, mit dem er regelmäßig zusammenarbeitet, und dass sie auf einen Vergleich von $5 000 hinarbeiten, von denen er ein Drittel bekommt. Ich vermute, ihr Anteil wird für die Termine beim Chiropraktiker draufgehen. Außerdem sagte der Anwalt, sie solle sich eine Woche krankschreiben lassen, was eine weitere finanzielle Einbuße bedeutet. Tiffany sagte kein Wort von all dem. Mom hat es mir erzählt. Sie ist außer sich.

26. Juni 1991
New York

Ich habe mich für ein Schreibseminar im YMCA eingeschrieben, und auch wenn die Lehrerin kein Händchen dafür hat, kritische Diskussionen anzuregen, habe ich viel Freude an ihr. An einer Stelle las sie ein Gedicht von jemandem vor, den ich nicht kannte. »Die Geschichte hat gezeigt, dass er ein verkappter Antisemit und Rassist war, aber er *war* lustig«, sagte sie. Als Hausaufgabe müssen wir eine Geschichte in der Form eines Tagebucheintrags schreiben.

27. Juni 1991
New York

Zusätzlich zu dem Haus auf der Bleecker Street hat Alba zwei Apartments auf der 7th zwischen C und D, eins im Souterrain und eins im Erdgeschoss. Ersteres habe ich heute mit einem Möbelpacker namens Patrick, der einen großen Lkw fährt und eine Brille mit Plastikgestell trägt, ausgeräumt. Es muss verdammt schwer sein, von jemandem, der nie auch nur einen Finger krümmt, den ganzen Tag über gesagt zu bekommen, vorsichtig zu sein, nicht die Wände zu verkratzen oder etwas fallen zu lassen etc., aber er verstand es ausgezeichnet, darüber hinwegzuhören.

Patrick ist vielleicht fünf Jahre älter als ich. Er lebt in einer Dreizimmerwohnung in Chelsea für $650 im Monat. Nach Feierabend gab ich ihm meine Nummer und sagte, wenn er Hilfe brauche, solle er mich anrufen. Tatsächlich kann er mich bereits am Samstagmorgen gebrauchen und zahlt mir $10 die Stunde.

29. Juni 1991
New York
Heute habe ich schwer für Patrick gearbeitet. Es war ein Dreizehn-Stunden-Tag, und meine Oberschenkel sind voller blauer Flecken. Am Nachmittag hatten wir 36 ^{0}C, und zwischendurch konnte ich mein Hemd auswringen. Abgesehen davon, habe ich einschließlich Trinkgeld $155 verdient. Und ich habe sieben Gatorade getrunken.

Unser erster Auftrag war ein Doppelumzug, zwei Leute, die in unterschiedliche Wohnungen zogen. Der eine hatte seine Sachen in Plastiktüten verpackt, der andere in große Pappkartons, was immer ein Fehler ist, vor allem wenn man in eine fünfte Etage ohne Aufzug zieht.

Unterstützt wurden Patrick und ich von Willie, der bei seinen Eltern in Queens lebt und schon einmal in Argentinien im Gefängnis gesessen hat. Was die beiden Leute angeht, für die wir den Umzug machten, war es interessant zu beobachten, wie sie mit völlig leeren Händen die Treppen zu ihren alten und neuen Wohnungen hochliefen.

Das Beste war, einmal quer durch die ganze Stadt zu fahren: Harlem, die Upper West Side, Chelsea, das Village. Patrick sagt: »Auf geht's.« Unterwegs fuhren wir an seinem Apartment auf der 16th vorbei, das ziemlich verdreckt und unordentlich war. Auf dem Rückweg zum Lkw sagte er mir, dass Alba ihm kein Trinkgeld gegeben hatte. Schlimmer noch, nachdem wir ihren ganzen Krempel am Haus in der Bleecker Street abgeladen hatten, hatte sie versucht, den vorher vereinbarten Preis zu drücken. Morgen fährt sie nach Princeton, also gibt es in dieser Woche nichts für mich zu tun.

10. Juli 1991
New York
Mein Schreibseminar findet im YMCA auf der 63rd Street statt. *One Life to Live* wird nur drei Blocks weiter gefilmt, und heute Abend, als ich an den Studios vorbeiging, sah ich den Schauspieler, der Max Holden spielt, im Gespräch mit zwei Fans.

Nachdem sie die in der letzten Woche eingereichten Texte kommentiert hatte, ermunterte uns die Lehrerin, »allen Anstand und guten Geschmack fahren zu lassen« und in unserer nächsten Aufgabe jede Menge Gewalt zu verwenden.

Auf dem Nachhauseweg lief ich hinter zwei schwarzen Frauen her, einer kleinen und einer großen. Irgendeine blöde Zicke rief die kleine Frau ständig zu Hause an, und sie hatte die Nase voll davon. »Wenn ich wütend werde, diskutier ich nicht«, sagte sie. »Ich schlag zu.«

15. Juli 1991
New York
Hugh und ich saßen in der U-Bahn, als zwei Frauen zustiegen. Eine war fett, zeigte auf das andere Ende des Wagens und sagte: »Oh, sieh nur, Dorothy, zwei Plätze nebeneinander!« Die beiden liefen durch den Wagen und die schwere Frau setzte sich, sodass beide Plätze besetzt waren.

1. August 1991
New York
Ich habe heute für Alba gearbeitet. Sie bereitet den Umzug aus der 7th Street vor und überlässt die Souterrain-Wohnung freundlicherweise dem Schriftsteller Herbert Huncke und seinem einundzwanzigjährigen Protegé Jason. Als ich den Jungen fragte, wo sie sich kennengelernt haben, sagte er: »In der Methadon-Klinik.«

Bei unseren früheren Begegnungen war Herbert auf beinahe groteske Weise freundlich gewesen. Er ist ein Charmeur, der einen ständig um Geld für Drogen anschnorrt. Er hatte gehofft, morgen in die Wohnung einzuziehen, und beschwerte sich, dass sie nicht in dem Zustand war, wie sie ihm versprochen worden war. Das war dann heute mein Job, sie anzustreichen: beschissenes Latex auf beschissene, unbehandelte Wände. Herbert wollte die Böden in schwarzer Lackfarbe gestrichen haben, aber Alba hatte bereits weiße gekauft und keine Lust, sie umzutauschen. Herbert hatte deshalb schlechte Laune, die im Laufe des Nachmittags noch zunahm.

Die Wohnung musste bis zum Abend fertig werden, und um sieben bat Alba die beiden Männer mitzuhelfen. Jason erinnerte sich plötzlich an eine Verabredung, zu der er bereits zu spät sei, und Herbert tunkte die Latexrolle wütend in die Lackfarbe. Die Rolle war hinüber, und er fing an, damit den Boden zu streichen, was ziemlich bescheuert ist, wenn man noch nicht mit den Wänden fertig ist. Als ich ihn darauf hinwies, drehte er sich zu mir um und sagte: »Was verstehst du schon davon, Schreibkraft?«

Schreibkraft? *Ich?* Er hat keinen Schimmer, wie man mit einer Rolle arbeitet, und *ich* bin der Anfänger? Herbert hatte einen Wutanfall. Dann sagte er, ich solle ihm das Terpentin geben, und ich sagte, wir hätten keins.

»Und wie willst du dann deine Hände sauber kriegen?«

Ich erzählte ihm, ich hätte nicht vor, meine Hände je wieder sauber zu kriegen, woraufhin er wütend abzog und sich vorne ins Fenster setzte. Dort pampte er die Passanten an. Er schrie einen Typen an, der die Nähmaschine anfasste, die Alba an die Straße gestellt hatte, in der Hoffnung, jemand werde sie mitnehmen. Er brüllte den Nachbarn an, dessen Tor quietschte. »Sie sollten das verdammte Ding ölen.«

»Sie sollten ihren verdammten Kopf ölen!«, rief der Mann zurück, offenbar ahnungslos, dass er mit einem prominenten Kleinkriminellen und Heroinabhängigen redete.

4. August 1991
New York

Vorgestern haben Patrick und ich den Umzug für einen humorlosen Kellner von der 171st Street in die 110th erledigt. Der Typ sagte, sowohl Milton Berle als auch John Gotti gehörten zu seinen Gästen, und Letzterer hätte ihm kein Trinkgeld gegeben. Wir mochten den Kellner nicht, aber er war noch viel besser als Lola und Raoul, die beiden idiotischen Club Kids, für die wir gestern den Umzug organisiert haben. Sie ist aus Nigeria, er aus Israel, und zusammen hatten sie nicht einen einzigen Umzugskarton. Wer zieht ohne Kartons um? Sie hatten Blumenvasen, Porzellan, das ganze Zeug, das man in einer Wohnung findet, und alles stand einfach herum. Unglaublich. Lola war sehr schön und muss viel Geld gehabt haben, um sich die teuren Klamotten, die ich für sie durch die Gegend trug, leisten zu können. Sie hatte ein kleines Schoßhündchen namens Poochie, das ununterbrochen kläffte. Der ganze Auftrag war ein Albtraum. Ich brachte etwas zum Lkw, und sie sagte: »Nein, nicht *diese* Lampe. Bringen Sie sie wieder hoch.«

Raoul war genauso schlimm und sagte ständig, »Jetzt kommen Sie her« und »Sie müssen mir zuhören.«

20. August 1991
New York
Bevor ich zu einem weiteren Umzugsauftrag aufbrach, redete ich mit Tiffany. Dann rief Mom an, um zu sagen, dass Lisa und Bobs Hochzeit in einem County ohne Alkoholausschank stattfinden wird. Bobs Eltern sind entschiedene Tabakgegner, sodass wir übereinkamen, zum Trinken und Rauchen auf unsere Hotelzimmer zu gehen.

20. September 1991
New York
Amy ist zur Aufführung unseres Theaterstücks in der Stadt und war gestern Abend bei mir, als Mom anrief und uns sagte, sie habe Lungenkrebs. Sie rief aus dem Krankenhaus an, mit dumpfer Stimme, weil sie einen Schlauch in der Nase hatte. Wir sind alle schockiert. Die Überraschung ist nicht, dass es ausgerechnet Lungenkrebs ist, sondern dass sie überhaupt Krebs bekommen hat. Bei Mrs Steigerwald, Mrs Rury und Onkel Dick leuchtete es ein, dass sie Krebs hatten. Nicht, dass sie es verdient gehabt hätten, aber man konnte sie sich in Wartezimmern vorstellen. Ich hatte immer fest daran geglaubt, wir gehörten nicht zu dieser Art Leuten. Das ist dumm, aber genau das redete ich mir ein.

Der Tumor ist so groß wie eine Zitrone, aber er hat nicht gestreut, was gut ist. Am Montag will der Arzt den Therapieplan mit ihr besprechen, und sie wird uns darüber informieren.

Nachdem Mom aufgelegt hatte, telefonierten Amy und ich mit Lisa und Tiffany. Paul weiß es noch nicht. Sie hat es ihm noch nicht gesagt. Am Telefon hatte sie ganz schlicht gesagt: »Ich habe Neuigkeiten für euch. Ich habe Krebs.«

Heute ist der letzte Tag des Sommers. Es ist frisch, mit Temperaturen knapp über 15 °C. Vor der Probe ging ich zur neuen Wohnung auf der Thompson Street und sah Hugh eine Weile dabei zu, wie er Putz abschlug und die Ziegelmauer darunter freilegte.

24. September 1991
New York

Mom rief an, um zu sagen, dass ihr Behandlungsplan feststehe. Sie wollen operieren, aber dazu muss sie zuerst körperlich fit genug sein. Sie macht Fitnesstraining, um ihre Atmung zu verbessern. Es ist schwer, sich Mom beim Joggen oder auf einem Rad vorzustellen, also beginnt sie zunächst einmal mit Laufen. Unterdessen sortiert sie ihren Schmuck und legt einzelne Stücke für jede ihrer Töchter zur Seite. Sie sagte, sie steige nicht ins Grab, sondern nutze einfach nur ihre Zeit, und da ich keinen Schmuck trage, schickt sie mir eintausend Dollar. In letzter Zeit habe ich mir, nicht zuletzt wegen des Theaterstücks, vor Geldsorgen die Lippen blutig gebissen. Insofern kommt es mir sehr gelegen.

In der nächsten Woche wollen Mom und Eleanor eine Perücke kaufen gehen, was sehr beängstigend klingt. Sie sagte mir, sie rauche weiterhin, allerdings nur vier Zigaretten pro Tag. Anschließend sprüht sie das Badezimmer immer mit Parfum ein, damit Dad nichts riecht. Sie hat einen kollabierten Lungenflügel, also sollte sie besser nicht zu Lisas Hochzeit in die Berge reisen, aber sie hat es sich in den Kopf gesetzt. »Ich habe darüber mit Tiffany und Gretchen gesprochen und möchte nicht, dass irgendwer von euch beim Hochzeitsempfang raucht, zumindest nicht bei Tisch. Bobs Angehörige mögen das nicht, sodass ihr wenigstens vor die Tür gehen könnt.«

14. Oktober 1991
New York
Lisa hat am Samstag auf dem Gipfel von Eaglenest Mountain geheiratet. Ich hatte befürchtet, es könnte kitschig sein, aber tatsächlich war es schön, in der freien Natur und an einem so bezaubernden Ort zu sein. Lisa war in Weiß, trug aber kein Hochzeitskleid. Sie und Bob waren in einem schicken Hotel, und der Rest von uns schlief in einer Economy Lodge in Waynesville. Sie lag an einem Highway, aber auf der anderen Straßenseite war ein hübscher Friedhof, zu dem wir hinspazierten und in einem Kreis von Steinkreuzen, die groß genug waren, um Leute daran zu kreuzigen, Joints rauchten.

Heute früh hat Mom ihren ersten Termin beim Radiologen, und morgen machen sie ein MRT von ihrem Gehirn. Mittwoch sehen sie sich ihre Knochen an. Sie nimmt alles, wie es kommt. Das ganze Wochenende über hat sie Zigaretten geschnorrt und mich, Gretchen oder Tiffany um einen Zug angehauen.

15. Oktober 1991
New York
Den ganzen Tag über hatte ich rasende Kopfschmerzen, sodass ich zu einem Friseur auf der 6th Avenue ging, an dessen Laden ich schon mehrmals vorbeigekommen, aber noch nie drinnen gewesen bin. Der Friseur war Italiener und hatte alle Zeit der Welt. Mir fiel auf, dass er nur Erotikmagazine hatte, *Playboy* am soften Ende der Skala, und am harten *Pink in Film*, auf deren Cover eine Frau mit einem Anschnallpenis abgebildet war.

Während ich fort war, ist das Stück weitergelaufen. William sagte, die Aufführungen seien gut gelaufen, allerdings vor nur mäßigem Publikum, sechs bis acht Zuschauer pro Abend.

16. Oktober 1991
New York

Amy und ich gingen die 8th Avenue hinauf zum Intermezzo, wo Hugh und seine Freundin Sue zu Mittag aßen. »*Hier* seid ihr!«, rief Amy. »Was bildet ihr euch ein? Ihr könnt euch gar nicht leisten, hier zu essen, nicht, wenn ich ein fünf Monate altes Baby im Wagen habe. Und dann auch noch Wein! Ihr trinkt Wein! Ich hasse es, euer Sponsor zu sein, und wie.«

Alle starrten zu uns herüber, und Hugh wurde knallrot.

Nachher ging ich zu Macy's, füllte unzählige Formulare aus, pinkelte in ein Röhrchen und musste einen Sehtest machen. In diesem Jahr bekomme ich als wiederkehrender Zwerg $9 die Stunde. Reguläre Weihnachtsaushilfen kriegen nur $6.

28. Oktober 1991
New York

Gestern Abend war die letzte Aufführung unseres Stücks (*Jamboree*). Der Saal war ausverkauft, und wir holten noch ein paar zusätzliche Stühle. Leider waren es zu viele, sodass wir doch wieder ein paar leere Sitze hatten. Zuletzt kamen vierundsechzig Leute – großartig, bislang unser Rekord.

Nachher räumten wir am Set auf und kochten zu Hause Hühnchen, das wir um halb vier morgens aßen.

Am Vorabend hatte ich im P.S. 122 im Rahmen der Avant-Garde-Arama gelesen. Das Haus war ausverkauft, und obwohl man uns gesagt hatte, unseren Auftritt auf zwanzig Minuten zu begrenzen, machten die meisten Künstler viel länger – ein Mädchentrio, zum Beispiel, das einhundert Orangen langsam über die Bühne rollte.

Im Augenblick läuft es mit meinen Lesungen nicht besonders. Ich war im Nuyorican schlecht und auch im P.S. 122. Am nächsten Montag lese ich im La MaMa, dann im Ward-Nasse, anschließend auf einer Benefizveranstaltung und danach zwei Wochen lang auf Orchid Shows und zuletzt in einer anderen Galerie. Ich mache mich zu klein und lande zuletzt in kleinen Klitschen.

1. November 1991
New York
Hugh und ich sind gestern Abend in unsere neue Wohnung gezogen, aber ich habe gepennt, und wir bekommen unser Telefon erst am zwölften, wenn wir Glück haben. Ich hatte geglaubt, sie könnten es von irgendwo freischalten, aber stattdessen müssen sie jemanden herausschicken, und der Termin hätte schon vor Wochen beantragt werden müssen. Ich sollte das im letzten Monat erledigen, habe es aber nicht. Ich habe es vermasselt.

Nachdem ich für diesen Monat die Miete bezahlt und bei Rusty meine Schulden beglichen habe, bleiben mir noch $40. Möglicherweise kommt diese Woche im La MaMa noch etwas rein, aber ohne Telefon bin ich im Arsch, weil niemand mich erreichen kann.

3. November 1991
New York
Amy und ich hatten uns mit Jeff und Tina auf einen Drink im El Teddy's verabredet, dem schicken Mexikaner in Tribeca, wo es manchmal aufregend und manchmal furchtbar ist. Gestern

war einer der furchtbaren Tage. Ich stand vor einer Frau, die an der Bar saß und auf Freunde wartete, und sagte »Entschuldigung« zu ihr, während ich über sie hinweggriff und einen Tortillachip in Salsasoße tunkte. Dann steckte ich ihn mir in den Mund und kaute, als sie sagte: »He, Sie haben meine Hose bekleckert.«

Ich sah herab und beobachtete, wie sie mit einer feuchten Serviette rote Flecken auf ihrer Hose bearbeitete. Sie war stinkwütend, als hätte das das Fass zum Überlaufen gebracht. Zuerst kommen ihre Freunde nicht, dann ist der Laden rappelvoll, und jetzt hatte irgendein Idiot auch noch Salsasoße auf ihre helle Hose gekleckert.

»Au, verdammt!«, sagte ich. »Das ist mir furchtbar peinlich.« Mit dem letzten Wort flog ein kleines Stück Tortillachip aus meinem Mund und landete genau bei ihr im Auge. Ich konnte es nicht fassen.

»Herrgott noch mal«, sagte sie. »Jetzt haben Sie mich auch noch angespuckt!«

Sie hätte mich am liebsten umgebracht, und es wurde noch schlimmer, als ihre Freunde auftauchten. Ich sah, wie sie mit dem Finger nach mir zeigte, diesem Scheißkerl, der ihr Outfit ruiniert und sie dann auch noch angespuckt hatte.

5. November 1991
New York

Ich telefonierte heute von Albas Wohnung aus mit Mom. Sie hat in dieser Woche sechs Pfund abgenommen. Von der Chemo und der Bestrahlung wird ihr schlecht, und erst kürzlich hat sie wieder feste Nahrung zu sich nehmen können, nachdem sie fünf Tage hintereinander nichts essen konnte. Sie sucht in ihrer Bürste nach ausgefallenen Haaren, hat aber bislang keine finden können. Ich hatte erwartet, sie sei niedergeschlagen und deprimiert, aber sie erzählte jede Menge toller Geschichten aus dem Krankenhaus.

9. November 1991
New York
Der Eintritt für den Kinderzoo im Central Park kostet 10 Cent, also kaufte ich mir eine Karte und sah einen Wurf weißer Mäuse, die sich an ihre Mutter drängten. Es waren zweiundzwanzig Stück, alle neugeboren und nackt, wie pinkfarbene Radiergummis. Später ging ich in die Bibliothek und lieh mir die neu erschienene Biografie von Ronnie Milsap aus. »Der Zwillingsbruder deiner Mutter«, sagte ich zu Hugh, als ich nach Hause kam, obwohl sie natürlich gar keine Ähnlichkeit haben. Ronnie Milsap ist blind. Sein Großvater hieß Homer Frisbee.

Unsere Nachbarin Helen kam heute mit einer Chicken-Mitnahmebox an unsere Tür. Auf dem Deckel stand in großen Buchstaben *Hugh*. Vor ein paar Tagen hat sie ihm ein Pfund Würstchen gebracht. Und davor Truthahn-Hackbraten und mehrere Liter Milch. Hugh hat ihr ein Dutzend Rosen geschenkt, aber sie hat sie zurückgegeben und gesagt, sie sei dagegen allergisch. Es scheint ihr wichtig zu sein, dass niemand sich bei ihr revanchiert, damit der andere stets in ihrer Schuld steht. Letzte Woche hat sie ein paar neue Batterien für ihre Taschenlampe angenommen, aber das war das erste Mal.
»Wie sagt man?«, grummelte sie, nachdem sie mir heute Vormittag die Chicken-Box in die Hand gedrückt hatte. »Man sagt, ›Vielen Dank, Helen.‹«
Diese Frau ist eine Marke für sich.

Ich arbeitete für Alba, der schlecht war und die sich den ganzen Tag übergeben musste. Auf der Party gestern hat sie elf Bellinis getrunken, diese Cocktails mit Pfirsich und Prosecco. Anschließend trank sie drei Halbe-Liter-Dosen Bier. Igitt! Dabei sollte jeder Erwachsene doch wissen: Bier auf Wein, das lass sein. Wein auf Bier, das rat ich dir. Aber auf elf Prosecco-Cocktails sollte man gar nichts trinken, auch keinen zwölften.

14. November 1991
Raleigh
Mom ist gestern gestorben, ganz plötzlich, an einer durch die Chemotherapie verursachten Lungenentzündung. Amy rief mich an, um es mir zu sagen, und jetzt sind wir alle in Raleigh. Dad hat uns die Möglichkeit gegeben, sie noch einmal aufgebahrt im Leichenschauhaus zu sehen, aber ich hatte Angst davor. Alle anderen auch. Wie seltsam, hier in ihrem Haus zu sein und ihre Sachen zu sehen – das halb gelöste Kreuzworträtsel, ihre Post und die Seidenstrümpfe. Sie hat nicht damit gerechnet, gestern zu sterben, oder?

Als es passierte, waren Hugh und ich in unserer Küche in New York. Er machte Manicotti und erzählte von einem Huhn aus Holz, das er gekauft hatte, als mich plötzlich ein ganz merkwürdiges Gefühl überkam. Ich dachte, Hugh würde sterben und musste etwas in der Richtung gesagt haben, weil er mir vorwarf, ich wäre theatralisch. Ich kann es nicht glauben, dass es tatsächlich so war.

21. November 1991
New York
Vor einigen Tagen erhielten wir Besuch von Father Regis, dem neuen Priester der griechisch-orthodoxen Gemeinde. Er war vorbeigekommen, um eine Vorstellung davon zu bekommen,

was für ein Mensch meine Mutter gewesen war, und das auf dem Esstisch ausgebreitete unfertige 1 000-Teile-Puzzle war ein guter Hinweis. In den Tagen davor hatten wir weitergepuzzelt, damit unsere Hände etwas zu tun hatten, während wir herumsaßen und redeten. »Oh«, sagte der Priester, als er uns sah. »Ich sehe, Sie beenden das Puzzle im Gedenken an Ihre verschiedene Mutter, Gott habe sie selig.«

Aus seinem Mund klang das furchtbar kitschig.

22. November 1991
New York
Heute war Zwergen-Training, von eins bis vier. Die kurzen Filme zu Sicherheit und Diebstahl kannte ich noch vom letzten Jahr, aber es gab einen neuen über Ladendiebstahl, der von einem Typen im Gefängnis erzählt wurde. Die Wände seiner Zelle waren vernarbt und hässlich, und nachdem er gesprochen hatte, kam der Kassierer, der ihn beim Stehlen gesehen und die Sicherheitsleute alarmiert und dafür einen Fünfhundert-Dollar-Bonus bekommen hatte.

Die meiste Zeit über saß ich neben Richard, den ich vom letzten Jahr kenne. Er ist älter als ich, wohnt aber bei seinen Eltern. Er redet die ganze Zeit über süße Jungs.

23. November 1991
New York
Gestern Abend habe ich mich selbst übertroffen. Nach drei Martinis, fünf Bier und zwei Joints schlief ich auf dem Küchenboden ein. Das Sofa war keinen Meter entfernt, aber ich schätze, ich konnte nicht mehr gehen. Seit Donnerstag war ich jeden Abend high, und mein Alkoholkonsum ist außer Kontrolle. Seit ich wach bin, fühle ich mich wie ein Stück Scheiße – Kopfschmerzen, Hitzewallungen, Kälteschauer –, und oben-

drein habe ich den ganzen Tag auf einem Gerüst gestanden und mit Mark und Lili ein Restaurant angestrichen. Ich hatte gehofft, abzustürzen, einen Gedächtnisverlust zu erleiden und zu vergessen, dass ich trinke.

2. Dezember 1991
New York
Irgendjemand hat vor dem WeihnachtsLand gekotzt und eine Papiertüte darübergelegt. Ich sah die Tüte auf dem Boden liegen, und als ich sie aufhob, hatte ich Kotze an den Händen.

22. Dezember 1991
New York
Das WeihnachtsLand ist mittlerweile verdreckt. Heute Vormittag sammelte ich einen großen Beutel Müll ein: vollgeschissene Wegwerfwindeln, Dosen, Flaschen, Fäustlinge, Teile von verschiedenen Displays. Gestern ließ eine Frau ihren Sohn in einen Becher pinkeln, der natürlich prompt umkippte. »Das ist prima«, sagte ich, »aber der Weihnachtsmann braucht auch eine Stuhlprobe.«

31. Dezember 1991
New York
Bevor ich am Heiligabend den Flieger nach Raleigh nahm, hatte ich gearbeitet. Der Laden war rappelvoll, und ich fotozwergte fünfeinhalb Stunden lang, bevor ich meine Pause bekam. Zu Anfang war ich dem Weihnachtsmann Howard zugeteilt. Er fragt die Kinder immer, was sie ihm dalassen wollen, und ich musste lachen, als ein Kind kurz überlegte und »Streichhölzer?« sagte.

Für einen Pfeifenraucher eigentlich kein schlechtes Geschenk.

Weihnachten war hart. Zum Glück war Hugh da und half mit dem Kochen. Als Mom noch lebte, saßen wir stundenlang am Esstisch, aber in diesem Jahr verschwanden alle, sobald wir mit dem Essen fertig waren. Unter den Weihnachtsgeschenken in diesem Jahr waren viele, die Mom uns gekauft hatte, hauptsächlich aus Katalogen, was einen ganz schön mitnimmt.

Dad möchte über ihren Tod reden – er muss –, aber im Gegensatz zu uns, die wir ständig über unsere Gefühle plappern, fehlen ihm die Worte und er muss sich mit Klischees behelfen, die auf jeder Beileidskarte stehen. Für ihn ist das, als könne er eine Sprache nicht.

Er weiß auch nicht, wie man einkauft.

1992

13. Januar 1992
New York
Wenn ich in letzter Zeit in die Zukunft blicke, sehe ich nichts als ein einziges Desaster. Ich glaube, ich hatte meinen Höhepunkt 1988, und jetzt geht es nur noch abwärts. Wie furchtbar, auf diese Weise zu verfallen. Was junge Leute jung macht, ist, dass es für sie immer nur nach oben geht. Nicht aber für mich. Ich bin jetzt alt.

15. Januar 1992
New York
Von neun bis drei habe ich Möbel geschleppt und von vier bis acht Böden abgeschliffen. Jetzt bin ich fix und fertig, aber ich bin froh, dass ich gearbeitet und $90 verdient habe. Am Vormittag habe ich Richie kennengelernt und erfahren, dass er mit einem Mann namens Herman zusammenwohnt, der Aids hat und einen Zubehörladen für Satanisten betreibt. Herman hat eine Schwäche für Straftäter und macht gerade einem der Beschuldigten im Howard-Beach-Fall den Hof. Richie, der selbst schon im Gefängnis gesessen hat, lebt mietfrei und kümmert sich um die Hunde. Er hat eine Stimme wie Jackie Gleason, sodass es mich überrascht hat, dass er schwul ist. Offenbar hat er schon in mehreren Pornofilmen mitgespielt. »Ich bin top«, sagte er. »Ich weiß, das sagt jeder, aber ich bin's wirklich.«

20. Januar 1992
Bridgehampton, New York
Als ich heute aufwachte, schneite es. Während Hugh und Lili anstrichen, las ich in meiner Elvis-Presley-Biografie weiter. Gegen Ende seines Lebens konnten sie ihn praktisch nur noch mit einem Kran aus dem Bett hieven. Er war vollkommen zugedröhnt, verfettet und neben der Spur. Seine Fenster waren zugeklebt, damit kein Licht reinkam. Drogen hatten seinen Dickdarm gelähmt, sodass er Unmengen Abführmittel nehmen musste. Oft schiss er im Schlaf. Sein Schlafzimmer stank fürchterlich, und er hasste es, ein Bad zu nehmen oder zu duschen. Er war offenbar einfach nur dieser riesige Koloss, aber weder bösartig noch grausam. Wenn man das Buch liest, kann man nur Mitleid mit ihm empfinden. Wenn ich so viel Geld hätte, wäre ich vermutlich genauso und würde an Drogen sterben.

Als ich gestern Abend im Bett lag, stellte ich mir vor, Elvis sagte zu mir: »David, ich brauche deine Hilfe.«

Ich sagte, »Aber klar doch«, und half ihm wieder auf die rechte Bahn. Elvis verputzte jeden Morgen zum Frühstück ein Pfund Bacon, ein spanisches Omelett mit sechs Eiern und Kekse. Abends aß er zahlreiche Cheeseburger und Berge Kartoffelbrei mit Soße. Er redete und sah beim Essen fern, und wenn es kalt geworden war, ließ er sich neues bringen.

9. Februar 1992
New York
Hugh drückte mich heute auf einen Stuhl und sagte sanft, dass ich zwar viel jammere und klage, aber nicht wirklich tätig werde, wenn es darum geht, einen festen Job zu finden. »Glaubst du, irgendwer klopft an deine Tür und bietet dir einen Job an?«

Und ich sagte, natürlich wäre genau das meine Vorstellung. Weiß er denn gar nichts? Ich nehme die Dinge nicht selbst in die Hand – das ist nicht meine Art. Lieber warte ich ab und nehme das, was gerade kommt.

10. Februar 1992
New York

>Traumjob als Verwaltungsassistent
>Starbetreuer/Starbetreuerin
>Allround-Chefassistent
>Beantwortung von Fanpost
>Bürodienste u. kleinere Schreibarbeiten
>MADEMOISELLE 16E 40th St

Ich sah die Anzeige in der *New York Times* und dachte, *Keine Frage, das ist mein Traumjob – Fanpost bei der Zeitschrift* Mademoiselle *beantworten.* Ich rasierte mich, zog frische Sachen an und ging mich bewerben, ganz und gar nicht ängstlich, wie ich es normalerweise bin, sondern mit dem einen Gedanken, *Aus dem Weg. Der gehört mir.* Ich vermute, ich fragte mich, wer bei der Zeitschrift Fanpost bekam, aber das war egal. Ich würde jeden Brief beantworten. Vor allem stellte ich mir Hughs Gesicht vor, wenn ich ihm die Neuigkeit mitteilte: »Ich habe einen Job gefunden, und er ist wie geschaffen für mich.«

Als ich im Büro ankam und fünfzehn andere Bewerber sah, blieb ich immer noch gelassen. Im Bewerbungsformular wurde nach Vorkenntnissen gefragt, und es waren verschiedene Computerprogramme angegeben. Kannte ich Lotus? Quark? Wäre ich interessiert, gegen Zahlung von $70 an einem Kurs in einem von beiden teilzunehmen? Der Raum war groß, und wir saßen auf einem Einbau-Sofa, während auf zwei Fernsehschirmen *Die fabelhaften Baker Boys* lief. Ich hörte, wie die Rezeptionistin einen Namen aufrief und dann sagte: »Sie können jetzt für ihren Test in Maschinenschreiben vortreten.«

Wildes Geklapper drang aus dem Raum, in dem der Test durchgeführt wurde, und ich dachte, *Scheiße*. Nach dreizehn Jahren kann ich immer noch nur mit einem Finger schreiben. Ich bin schnell, aber ich muss dabei auf die Tastatur schauen. Ein Test stand außer Frage, also wandte ich mich an die Rezeptionistin. Sie fragte, für welchen Job ich mich bewerben wolle, und als ich »Fanpost« sagte, sagte sie, ich solle mir keine Sorgen machen. »Nehmen Sie doch bitte wieder Platz.«

Als ich zu meinem Interview aufgerufen wurde, erklärte mir die Frau, die mit Nachnamen Pizza hieß, die Stelle sei bereits vergeben. »Aber haben Sie schon einmal aushilfsweise gearbeitet?« In dem Augenblick begriff ich, dass dies die Zeitarbeitsvermittlung Mademoiselle und nicht die Zeitschrift *Mademoiselle* war. Ich erklärte ihr, ich hätte den Test in Maschinenschreiben nicht gemacht, und sie sagte, manchmal bräuchten Firmen nur jemanden fürs Telefon. Abgesehen davon, wollten sie vermutlich jemanden mit einer angenehmen Stimme und einem dazu passenden Gesicht.

»Trotzdem vielen Dank«, sagte ich.

Als ich nach Hause kam, klingelte das Telefon. Es war Dad, der mir riet, ich solle es als Model versuchen. Ich erklärte ihm, das wäre lächerlich, und er sagte, keinesfalls, er käme gerade vom Friseur und hätte dort ein Exemplar des *GQ Magazine* mit einem Typen auf dem Cover gesehen, der genauso ausgesehen hätte wie ich. Ich ging zum Zeitschriftenkiosk und entdeckte das *GQ*, und die Person auf dem Cover war kein Model, sondern der Schauspieler Gary Oldman.

11. Februar 1992
New York

Am Freitag habe ich um 14.30 Uhr ein Vorstellungsgespräch im World Trade Center wegen eines Teilzeitjobs als Möbelpacker in einem Büro. Manchmal habe ich diese kleinen Fantasien. Ich gehe an einem Gebäude vorbei und stelle mir vor, dort zu arbeiten, und dann habe ich ganz plötzlich das Gefühl, als hätte ich tatsächlich einen Job. Und in einer großartigen Firma. Alle sind freundlich und großartig.

Ich ging an einem Doppelhaus an der Ecke 7th und Christopher Street vorbei und sah ein Schild mit der Ankündigung einer Comedy-Nacht am Mittwoch. Zu Hause rief ich an, um zu fragen, wie es funktionierte. Mussten die Leute vorsprechen? Der Typ sagte mir, ich solle am nächsten Tag noch einmal anrufen und mit Colette sprechen, die für die Veranstaltung »Stars von Morgen« zuständig ist.

Hugh sagt, wenn ich das mache, verlässt er mich. Unterdessen ist Mike Tyson wegen Vergewaltigung verurteilt worden. Ich habe ihn immer für den sexiest Typen der Welt gehalten und mag mir gar nicht vorstellen, dass er sich jemandem gewaltsam aufdrängt.

12. Februar 1992
New York

Ich habe mich für einen Job in einem Sandwich-Laden an der Upper East Side beworben. Die Frau, mit der ich sprach, hieß Charlotte, und ich war der fünfte Bewerber. Ich weiß nicht, wer der Erste war, aber die drei vor mir kamen alle aus Pakistan.

»Warum möchten Sie mit Sandwiches arbeiten?«, fragte Charlotte.

Und ich dachte, *Eigentlich will ich das gar nicht. Ich brauche ganz einfach den Job.*

Als Nächstes ging ich zu 5 & 10 No Exaggeration. Das ist eine Kombination aus Antiquitätengeschäft und Restaurant. Die Kellner müssen Budapester, Hosenträger und Fliegen tragen, und es herrscht Rauchverbot. Ich weiß auch nicht, warum ich überhaupt hinging. Die New Yorker Restaurants suchen Kellner, die aussehen wie Models. Wer nicht gut aussieht, hat keine Chance. Und dann ist da das Problem, dass ich keinerlei Erfahrung habe.

Heute ist Lincolns Geburtstag, deshalb war die Bibliothek geschlossen.

1. März 1992
New York
Patrick und ich haben Möbel von Jericho, Long Island, nach Park Slope in Brooklyn verfrachtet. Kurz vor dem Ziel hatte ich einen Geruch wie von einer brennenden Kerze in einem ausgehöhlten Kürbis in der Nase. Dann sah ich Rauch hinten aus dem Transporter kommen, und wir hielten am Straßenrand. Offenbar hatte einer von uns eine brennende Zigarette aus dem Fenster geworfen, die wieder hereingeweht und auf einer Umzugsdecke gelandet war. Sie hatte sich durch zwei Lagen Stoff gefressen, aber zum Glück nicht die Tischplatte verkokelt. Die Leute, für die wir die Möbel in Jericho eingeladen hatten, ein älteres Paar, hatten ein makelloses Haus. Seltsamerweise hatten sie an sämtlichen Türen im Haus Türklopfer aus Messing – an der Tür zum Badezimmer, zu den Schlafzimmern, den Vorratsräumen, überall. »Seien Sie vorsichtig«, sagten sie ständig. »Vorsichtig mit der Ecke! Achtung Stufe!«

Das Paar in Park Slope war Ende dreißig und hatte ein Kleinkind. Sie lachten viel und waren sehr freundlich. Brooklyn ist mit Graffiti überzogen. Von oben bis unten.

19. März 1992
New York
Hugh und ich fuhren nach Westport, Connecticut, um zwei Tuxedo-Katzen abzuholen, die der kürzlich an Gebärmutterkrebs gestorbenen Schauspielerin Sandy Dennis gehört hatten. Im Zug auf der Rückfahrt nach New York wurden zwei schwarze Teenager in der Toilette erwischt. Sie hatten keine Fahrkarte und waren schockiert, als der Schaffner sie aufforderte, ihre Walkmans abzugeben, und sagte: »Die sollten ungefähr den Fahrpreis decken.«

»Sie verstehen nicht«, sagte einer der Teenager. »Das sind nicht unsere Walkmans.« Er sagte, sie gehörten Freunden und dass sie auf eine wirklich gefährliche Schule gingen, an der jeden Tag jemand angeschossen oder getötet wurde.

»Das ist nicht mein Problem«, sagte der Schaffner.

»Aber ...«, sagte der Jugendliche. »Aber ...«

Der Schaffner sagte, sie müssten an der nächsten Station an der 125th Street aussteigen.

Dann meldete sich der andere Junge und sagte: »Aber wir wollen zu Grand Central.«

»Hört zu«, sagte der Schaffner, »entweder ihr steigt an der 125th Street aus, oder ihr wandert ins Gefängnis.«

Worauf der erste Junge fragte: »In welches?«

22. März 1992
New York
Patrick blieb gestern Abend lange auf und sah sich eine Sendung über Termiten an, die Holz nicht fressen, sondern es offenbar in ihren Backen oder sonst wo verstauen. Anschließend bringen sie es zu ihrem Hügel, wo sie mit dem Mulch Pilze ziehen. Kann das wahr sein? Manchmal bin ich zu leichtgläubig.

23. März 1992
New York

In dem Buch, das ich gerade lese, steht, Judy Garland habe einmal im Greek Theatre in Los Angeles »Over the Rainbow« gesungen, als ihr eine Motte in den Mund geflogen sei. Sie konnte sie mitten im Song nicht einfach ausspucken, also schob sie sie in die Backe und wartete, bis das Lied zu Ende war. Aber auch hier die Frage, kann das wahr sein?

15. Juni 1992
New York

Normalerweise trinkt Hugh zum Frühstück eine Tasse Tee und isst ein Stück Obst. Meistens einen Apfel, aber heute Morgen war es eine Banane, die zu lange in der Obstschale gelegen hatte. Die Schale war angelaufen und beinahe schwarz, und das Innere hatte die Farbe von Eiter und sah glänzend und eklig aus. Ich hatte gerade eine der Katzen gestreichelt und konnte nicht anders, als die Haare auf Hughs matschiger Banane zu verteilen. Dann lehnte ich mich zurück und zuckte zusammen. Es sah ganz und gar widerlich aus, um nicht zu sagen obszön.

21. Juni 1992
New York

Vor einigen Wochen wurde mein Name im *Interview Magazine* erwähnt, und heute bekam ich eine Postkarte, auf der stand: *Lieber Mr Sedaris, Sie sind sehr süß und mir gefällt, was Sie über die Welt zu sagen haben. Es ist ein verrückter Ort, aber wegen Ihnen lohnt es sich, hier zu sein. Ihre Verehrerin, Jean Snyder.*

Die Karte ist genau das, was ich gebraucht habe. Natürlich ist sie durchgeknallt, aber es tut gut zu wissen, dass irgendein Fremder an mich denkt.

23. Juni 1992
New York

Auf Coney Island gingen wir an einer Schaubude vorbei, die mit vier riesigen Bildern eines zweiköpfigen Babys geschmückt war. Auf dem ersten trug es eine Windel und hielt eine Rassel in der Hand. Das zweite zeige seine ersten unsicheren Schritte. Auf dem dritten Bild schien es unschlüssig zu sein, mit einem lachenden und einem weinenden Gesicht. Das vierte Bild hätte eigentlich an den Anfang gehört. Es zeigte den Säugling, eingewickelt in ein Tuch, wie er von einem Storch mit Sonnenbrille gebracht wurde.

Ich musste das mit eigenen Augen sehen, und während Hugh draußen wartete, kaufte ich ein Ticket und ging hinein. Dort sah ich das Baby mit den zwei Köpfen, aber nicht, wie es Backe, Backe Kuchen spielte oder mit einem Wachsmalstift die Wand beschmierte, sondern eingelegt in einem Glas mit Formaldehyd. Drei der vier Bilder, die draußen hingen, waren reiner Beschiss, da es bei seinem Tod nicht mehr als ein paar Stunden alt gewesen sein konnte. Selbst im Glas hatte der Säugling mehr verdient als ich.

24. Juni 1992
New York

Die Postkarte, die ich vor einigen Tagen von einer Fremden bekommen hatte, war getürkt. Hugh hatte sie geschrieben, nicht Jean Snyder. Er war mit ihr als Kind in Beirut zur Schule gegangen. Offenbar hat er sie auf der Schreibmaschine getippt, eine gebrauchte Briefmarke aufgeklebt und den Datumsstempel mit Bleistift verändert. Manchmal muss man es ihm wirklich lassen.

3. Juli 1992
New York
Ich schaute heute Vormittag in einem Discountergeschäft am Broadway nach Bohnerwachsentferner für einen meiner Reinigungsjobs. Es war die Art von Laden, in dem alles unter einem anderen Namen verkauft wird. Sie haben zum Beispiel ein Allzweckspray, das Universum statt Universal heißt. Sie verkaufen kein Ajax, sondern Apex. Die Besitzer des Ladens sind Männer mit schwarzen Turbanen, die mich beim Eintreten aufforderten, meine Tasche abzugeben. Das tat ich, und als ich das Gewünschte nicht fand, ging ich sie wieder abholen.

»Sie haben etwas gestohlen«, sagte der Gorilla an der Ladentheke.

Das Gleiche ist mir erst vor wenigen Wochen passiert, deshalb ging ich sofort hoch. »Wollen Sie damit sagen, ich wäre ein Ladendieb?«

»Sie haben etwas in Ihrer Tasche«, sagte er mir.

»Ach ja?«, sagte ich. »Sind Sie sich sicher?« Ich leerte meine sämtlichen Taschen, vorne und hinten. »Verkaufen Sie Schlüssel zu meiner Wohnung? Verkaufen Sie halb leere Zigarettenschachteln und Streichholzheftchen von einem Restaurant in Providence, Rhode Island? Oder, hey, vielleicht habe ich mein Portemonnaie gestohlen!«

Der Mann sagte: »Ich kann Sie jeder Sache beschuldigen, zu der ich Lust habe.«

Später bereute ich, meine Taschen geleert zu haben. Ständig höre ich Leute rufen: »Sie glauben, ich hätte etwas gestohlen? Holen Sie die Polizei.« Ich frage mich immer, warum sie so ein Theater darum machen. Warum zeigt man nicht einfach, dass man nichts gestohlen hat?, denke ich.

Beide Male habe ich in diesem Monat meine Unschuld bewiesen, aber keiner der Gorillas hat sich entschuldigt. Sie sagten nur, »Hmmmm«, und beim Hinausgehen verfluchte ich die gesamte Sippschaft: Scheißkoreaner. Gottverdammte ... wozu auch immer Leute mit Turbanen gehören.

In beiden Fällen trug ich schäbige Arbeitskleidung und roch nach Ajax bzw. Apex, wie sie es nennen. Heißt das, ich sollte einen Anzug tragen, wenn ich Arbeitsutensilien einkaufe, und nach der Rückkehr an den Arbeitsplatz wieder die alten Lumpen anziehen? Natürlich ist das alles noch gar nichts. Wenn ich schwarz wäre, erlebte ich das mehrmals am Tag. Und ich wäre den ganzen Tag stinkwütend.

5. Juli 1992
New York
Ich wachte auf, weil irgendwo jemand rief: »Ma, Ma! Hilf mir, Ma. Mach die Tür auf. Ma. Ma. Mach die Tür auf.« Das ging über Stunden so, und die Stimme klang seltsam, nicht wie die eines Kindes, sondern eher wie die eines Mannes.

Ich fragte Helen, die sagte, es sei Franny, die Italienerin von unten, die am Montag einhundert Jahre alt wird. Ihre Tochter wohnt auf der gleichen Etage und sieht nach ihr, unterstützt von einer jamaikanischen Pflegekraft, die über Nacht und an Wochenenden kommt. Wenn die Tochter außer Haus ist, ist es besonders schlimm, und Franny ruft nach ihrer Mutter, ihren Brüdern und ihren Schwestern, die alle schon tot sind. Als Helen heute Morgen nach unten ging, sagte Franny, sie solle sich verpissen.

»Ist das zu fassen!«, sagte Helen. »Diese Ausdrucksweise. Einhundert Jahre alt, und dann ein solches Mundwerk.«

23. Juli 1992
New York
Ich arbeitete mit Patrick, der mir erzählte, Richie sei in der letzten Woche verhaftet und gegen Zahlung von $100 000

Kaution wieder freigelassen worden, die sein Vater durch den Verkauf seiner Taxilizenz aufgebracht hatte. Nach Richies Version der Geschichte, kam er aus einer Bar, als zwei Männer ihn ausrauben wollten. Es kam zum Kampf, und nachdem einer der Typen weggerannt war, schlug Richie dem zweiten mit einer Bierflasche ins Gesicht, und zwar so fest, dass die Flasche zerbrach. Als die Polizei eintraf, stand Richie über dem blutenden, bewusstlosen Mann, und es wurde noch schlimmer, als der Typ, der vermutlich auf einem Auge blind bleiben wird, ins Koma fiel. Ich würde niemals versuchen, Richie auszurauben. Zunächst einmal ist er riesig. Er ist stark, und er fürchtet sich vor nichts. Das erkennt man auf den ersten Blick.

15. August 1992
New York
Ich flog mit einem brandneuen Pass, der noch warm war, und fünf Büchern über Serienmörder – Robert Berdella, Billy Lee Chadd, Henry Lee Lucas, Jeffrey Dahmer und Ted Bundy – nach Frankreich. Der Übelste von ihnen lächelte, als die Polizeifotos gemacht wurden, obwohl gesagt werden muss, dass sie alle ziemlich üble Burschen waren. Interessant war, dass viele der Mütter lieber ein Mädchen statt eines Jungen gehabt hätten. Einer der fünf (ich weiß nicht mehr, wer es war, da sich in meinem Kopf alles vermischt hat) musste zur Schule ein Kleid und eine Haube tragen. Wie altmodisch das klingt, eine Haube.

In der Normandie fuhren wir durch die Gegend, manchmal mit einem Ziel, manchmal einfach drauflos. Die Dörfer sahen so aus, wie ich sie mir vorgestellt hatte – gepflegte Vorgärten, Steinhäuser, Blumenkästen vor den Fenstern. Hughs Haus ist in La Bagotière, einem kleinen Weiler. Etwa fünfundzwanzig bis dreißig Leute leben dort, niemand Besonderes. Die G.s von gegenüber züchten Schafe, Pferde, Hühner und Kaninchen. Sie sind Mitte sechzig und leben unter einem Dach mit Madame G.s Mutter und Mr G.s Schwester Bridgette, die Downsyndrom hat und den ganzen Tag an einem Tisch im Freien Dominopartien legt. Sie trägt eine Brille mit sehr dicken Gläsern, und obwohl sie nicht viel sagt, streckt sie ihre Hand aus, wenn man ihr die eigene entgegenstreckt. Der halbwüchsige Junge nebenan ist geistig zurückgeblieben, genau wie Sandrine zwei Türen weiter. Das ist ziemlich viel für ein Nest dieser Größe, einer von zehn.

Hughs Haus ist aus Stein, und er schätzt, dass es ungefähr dreihundert Jahre alt ist. Momentan gibt es weder fließendes Wasser noch einen Stromanschluss. Ich half ihm die ganze Woche dabei, es auszuräumen und sauber zu machen. Klempner und Elektriker kamen vorbei, aber ich verstand kein Wort von dem, was sie sagten. Wir wohnten etwa achthundert Meter weiter in einem Haus, das Hughs Freundin Geneviève, einer Apothekerin, und ihrem Mann Momo gehört, der irgendein gewähltes Amt bekleidet.

Am Ende der Woche fuhren wir nach Paris. Es gibt dort jede Menge Läden, die die Zeit vergessen zu haben scheint. In einem kaufte ich fünf Gumminasen. Das ist eine für jeden Serienmörder, von denen ich während meines Aufenthalts in Frankreich gelesen habe.

20. August 1992
New York
Heute machte ich in der Wohnung eines zweiundvierzigjährigen Mannes namens Tommy sauber, der klein und schmächtig war und im Bademantel an die Tür kam. Außerdem trug er Socken, die vorne überhingen und beim Gehen hin und her flappten. Zuerst schickte er mich zu einer Lagerfirma

fünfundzwanzig Kartons kaufen. Die kamen zu den dreißig Kartons in seiner Wohnung hinzu, von denen die meisten halb voll mit Dingen waren, die er in den drei Jahren seit seinem Einzug noch nicht ausgepackt hatte. Ein Karton enthielt einen Zwei-Dollar-Schein, ein Platzset mit Illustrationen verschiedener Vitamin-C-Quellen, ein Buch mit dem Titel *Wie werde ich witzig*, mehrere braune Umschläge und Dutzende Listen und Zettel mit Botschaften wie »Ich faste, um als Mensch zu wachsen« und »Hunger ist ein Bewusstseinszustand«.

Am Nachmittag schickte er mich in seine neue Wohnung, wo ich die Fenster maß und anschließend im Eisenwarenhandel Kindersicherungen dafür besorgte. »Haben Sie Kinder?«, fragte ich.

Er sagte Nein, aber er sorgte sich um seine Freunde, die vorbeikommen und aus dem Fenster fallen könnten.

»Haben Sie viele blinde Freunde?«, fragte ich.

Tommy besitzt fünfzig identische Servierplatten aus Edelstahl und brät sich dreimal täglich ein Steak. In seinem Gefrierschrank lagen zweihundert Portionen Fisch, jede mit Datum und Inhalt versehen: *18.1. Kabeljau, 29.2. Red Snapper* etc. Als ich ihn danach fragte, erklärte er, vor den Steaks habe er eine Fischphase gehabt. Im Schrank hatte er Dutzende Hosenträger, viele davon neonfarben, sowie jede Menge Krawatten und Hüte. Er ist ein Einzelkind. Sein Vater starb »vom Trinken«, und seine Mutter lebt in Massachusetts. Er fragte mich, ob ich ihm morgen noch einmal helfen könne, doch habe ich – zu meinem Glück oder Bedauern – morgen bereits einen Auftrag mit Bart.

4. September 1992
New York
Auf der 8th Avenue liefen zwei Bodybuilder-Tunten vor mir her. Als die Alarmanlage eines Wagens losging, sagte die eine zur anderen: »Das ist die Nationalhymne von Puerto Rico.« »Wirklich?«, sagte der andere Typ. »Das ist tatsächlich deren Hymne?«

5. September 1992
New York
Gestern ist der Mann, den Richie mit einer Flasche geschlagen hat, gestorben. Patrick hat es mir heute bei der Arbeit erzählt. Richie führte gerade einen von Hermans Hunden aus, als die Bullen ihn anhielten und fragten, wie es sich anfühle, ein Mörder zu sein. Als Antwort schlug Richie dem Polizisten ins Gesicht, und der ging bewusstlos zu Boden. Dafür ging er erneut in den Knast. Der Typ kann einfach keinem Ärger aus dem Weg gehen. Nüchtern ist er der sanfteste Mensch, den man sich vorstellen kann, aber er hat bereits zwei Menschen getötet. Den ersten, als er noch ein Teenager war. Und jetzt ist er – um die dreißig?

27. September 1992
New York
Ich ging mit Marge und zwei Freunden, einem Mann und einer Frau, zu Walker's. Dan beherrscht fließend die Zeichensprache, und Pat hat gerade einen Abschluss in der Geschichte des Tanzes gemacht. Im Gespräch erfuhr ich, dass ihr Vater von Anfang der Vierzigerjahre bis Mitte der Siebzigerjahre eine Berühmtheit beim Radiosender WABC war. Die Familie lebte in New Canaan, Connecticut, und jedes Jahr am Weihnachtsmorgen wurde seine Show live aus ihrem Wohnzimmer gesendet.

Pat bekam Postkarten und Briefe von Hörern und wurde von einem Chauffeur nach Manhattan kutschiert, um ihrem Vater als Conférencier von *Circus of the Stars* zuzusehen. Einmal wurde ihr Vater von einem Helikopter nach Hause gebracht, und sie weiß noch, wie sich die jungen Bäume vom Wind der Rotoren zur Seite bogen. Pat war zu der Zeit eine echte Pferdenärrin. Sie erzählte weiter, dass ihr Vater Alkoholiker und sechsmal verheiratet gewesen sei und dass ihre Mutter seine fünfte Frau gewesen sei. Sein Trinken machte mir nichts aus, aber die zahllosen Ehen und der Gedanke an die vielen Stiefschwestern trübten nachhaltig das rosige Bild, das ich mir in meiner Vorstellung gemacht hatte.

29. September 1992
New York
Patricks Lkw hat den Geist aufgegeben, und er hat Sozialhilfe beantragt. Er sagte es mir heute am Telefon, und dann fügte er hinzu, Richies Mordanklage sei fallen gelassen worden. Nachdem er aufgelegt hatte, rief Hughs Freundin Leslie an. Sie ist Einkäuferin für Barneys und fliegt morgen nach Mailand und Paris. Da redet einer über Sozialhilfe und der Nächste über die furchtbare Donna-Karan-Kollektion.

9. Oktober 1992
New York
Beim Saubermachen heute Morgen hörte ich im Radio eine Call-in-Show, in der die Moderatorin Leuten half, Dinge zu finden. Nicht verlorene Dinge, sondern Waren und Dienstleistungen. Die erste Anruferin suchte nach Denimstiefeln. Sie sagte, sie habe überall gesucht und hätte gerne ein paar Nummern, damit sie dort anrufen könne, bevor sie in die Stadt fährt. »Ich habe bereits einige Paare, aber wissen Sie, wenn sie

einmal anfangen auszufransen, bleibt einem nichts anderes übrig, als sich neue zu kaufen! Ich habe ein Paar normale und ein Paar stonewashed, aber sie sind beide hinüber. Ich schwöre, wenn ich einen Laden finde, kaufe ich einhundert Paare.«

13. Oktober 1992
New York
Hugh ist wegen eines Jobs in Boca Raton, Florida, und in einem Days Inn untergebracht. Ich rufe an und bitte, mit seinem Zimmer verbunden zu werden, habe aber eine Vietnamesin am Apparat. Nachdem wir ein paar Worte gewechselt haben, rufe ich erneut an der Rezeption an und sage, es sei nett gewesen, sich mit jemandem aus Südostasien zu unterhalten, nur würde ich jetzt gerne Hugh Hamrick sprechen. Sie verbinden mich mit dem Zimmer von Lisa Gold, die zusammen mit Hugh den Job in Boca Raton macht. Ich rufe ein drittes Mal an und sage der Rezeptionistin, es sei schön gewesen, mit Linda zu plaudern. Obwohl sie nur zehn Blocks von mir entfernt in New York wohne, sähen wir uns nur selten, und ich wisse diese Gelegenheit durchaus zu schätzen. Nur würde ich jetzt wirklich sehr gerne endlich mit Hugh Hamrick in Zimmer 412 sprechen. Herr Jesus.

15. Oktober 1992
New York
Der neue Pakistani an der Kasse im Grand Union heißt Dollop.

27. Oktober 1992
New York
In Saugerties hatten wir eine Kellnerin, die für Bush war. »Ich stimme für ihn, weil meine Generation so etwas macht«, sagte sie. »Mein Exmann ist ein Blödmann und ein Arschloch mit

einer hohen Pension und wählt mal so und mal so. Aber ich hatte meine besten Jahre, als die Republikaner im Amt waren. Wissen Sie, was ich meine?«

31. Oktober 1992
New York
Wir gingen mit Ken und Taro zur Halloweenparade. Mein Lieblingskostüm war ein sehr dünner, schmutziger Weihnachtsmann, der eine Plastiktüte voller leerer Dosen schleppte. Neben ihm lief ein schmieriger Ronald McDonald.

25. November 1992
New York
Helen zog heute Morgen über den koreanischen Lebensmittelmarkt an der Ecke Spring und Thompson Street her. »An einem Tag kostet ein Apfel vierzig Cent und am nächsten sind es fünfzig Cent. Für einen Apfel, diese Scheißkerle! Das Mädchen an der Theke fragte mich, ob ich an Thanksgiving einen Truthahn brate, und ich sagte, ›Was geht dich das an?‹

Sie sagte: ›Meine Mutter macht keinen.‹ Und ich sagte: ›Tja, deine Mutter ist eine faule Schlampe.‹«

3. Dezember 1992
New York
Vor einigen Wochen bekam ich einen Anruf von einem Typ namens Don, der meine WeihnachtsLand-Geschichte in der *New York Press* gelesen hatte. Er unterrichtete eine Art Highschool-Programm im Keller der Fulton-Sozialsiedlung und fragte, ob ich seine Klasse besuchen könnte. »Die Kids werden Ihre Geschichten lieben, aber sie im Beisein des Autors vorzulesen macht sie bestimmt nervös«, sagte er. »Wenn Sie nichts dagegen haben, werde ich ihnen sagen, Sie seien Student an der

Uni und wollten sich meinen Unterricht anschauen. Und wenn Sie dann fertig sind, gegen Ende der Stunde, werde ich Ihre tatsächliche Identität enthüllen.«

Er gab mir die Adresse, und an diesem Nachmittag war es dann so weit und ich wurde als James von der Columbia University vorgestellt. Kopien der WeihnachtsLand-Geschichte waren an die Schüler verteilt worden. Dann sagte Don. »Eddie, möchtest du anfangen?«

Eddie, ein Zweiundzwanzigjähriger mit eingekerbten Brauen und tätowierten Buchstaben auf den Fingerknöcheln, begann. »›Ich saß in einer Kaff ... einer Kaff ... in einer ... Ich saß in einer Kaff ...‹«

»Silbe für Silbe«, sagte Don. »Komm schon, Eddie, du schaffst das.«

Ich fühlte mich unter diesen Schülern unwohl. Es waren laute und kräftige Typen, die sich in der Pause gegenseitig gedroht und den Mädchen auf der Straße aus dem Fenster zugebrüllt hatten. Sie wirkten alle flatterhaft und einschüchternd, aber mit einer Buchseite konfrontiert, waren sie hilflos wie kleine Kinder. Sobald jemand mit einem Absatz fertig war, legte er den Kopf auf die Tischplatte oder ging ans Fenster, um zu sehen, was draußen los war. Dann kam der Nächste an die Reihe. »›Schneeball macht einfach ... Zwerge scharf, Zwerge und Weihnachtsmänner.‹«

Es war seltsam, meine Erfahrungen aus ihrem Mund zu hören. *Was hast du gemacht, als ich durch den Irrgarten lief oder mit Fünf-Cent-Stücken beworfen wurde?*, überlegte ich, während ich jemanden in einem Gang-Starr-Kapuzenpulli ansah. *Und was habe ich gemacht, als du dir die Träne auf die Wange hast stechen lassen?*

Es dauerte mehr als eine Stunde, bis sie die Geschichte durchhatten. Don gratulierte der Gruppe für die gute Arbeit, verschränkte seine Arme vor der Brust und lehnte sich in seinem Stuhl zurück. »Also gut«, sagte er. »Stellt euch vor, ihr würdet der Person, die das hier geschrieben hat, begegnen. Was würdet ihr sie fragen?«

Der Typ neben Eddie hob die Hand. »Ich würd fragen, Yo, Schwuchtel oder was?«

15. Dezember 1992
New York
Ira Glass rief an, um mir zu sagen, dass *Morning Edition* gerne meine »WeihnachtsLand-Tagebücher« im Radio bringen würde. Sie zahlen mir $550 und ihm $200 für die Produktion. Morgen gehe ich in ein Aufnahmestudio.

24. Dezember 1992
Raleigh
Gestern Morgen wurde meine Geschichte in *Morning Edition* auf National Public Radio gesendet. Ira und ich hatten am Vorabend noch am Telefon überlegt, was geschnitten werden sollte. Ich bin allergisch gegen meine Stimme, aber der Gesang war in Ordnung. Hughs Freundin Marion rief nach der Übertragung um 7.40 Uhr an und sagte, wie sehr es ihr gefallen hätte. Eine Minute später rief eine Telefonistin an und sagte, sie sei zu spät zur Arbeit erschienen, weil sie auf dem Parkplatz im Wagen gesessen und mir zugehört habe. Sie sagte, sie habe bereits beim Sender angerufen und lauter gute Dinge gesagt, und dann überlegt, sich auch noch einmal persönlich an mich zu wenden. Um 9.40 Uhr wurde der Beitrag wiederholt, und ich bekam Anrufe von William, Allyn und mehreren Fremden. Kaum hatte ich ein Gespräch begonnen, ertönte das Anklopfsignal. Um zehn ging ich zum ersten von vier Reinigungsjobs aus dem Haus, und als ich um sechs nach Hause kam, war

mein Anrufbeantworter voller Nachrichten, zumeist von Leuten, die ich gar nicht kenne und die meine Nummer aus dem Telefonbuch hatten. Eine Frau aus Oregon hatte angerufen, ein Typ, der in Philadelphia ein Theater leitet, ein Autor für eine Fernsehshow; zwei NPR-Sender hinterließen die Nachricht, sie würden von Anrufen von Leuten überschwemmt – ihr Ausdruck –, die mit mir in Kontakt treten wollten. Ein fremder Mann aus Rochester fragte stotternd, ob er eine Kassette mit der Aufnahme haben könnte. Ich war wunschlos glücklich. Dann machten Hugh und ich uns auf zum Flughafen.

1993

16. Januar 1993
New York
Helens zweiundvierzigjähriger Neffe, der Lehrer an einer staatlichen Schule war, ist heute an Aids gestorben. Als ich ihr mein Beileid aussprach, sagte Helen: »Dieser Großkotz. Hielt sich für was Besseres, weil er auf der Uni gewesen war, und wo ist er jetzt mit seinem Abschluss gelandet? Unter der Erde. Als ich ihn das letzte Mal sah, hab ich ›Tommy!‹ hinter ihm hergerufen, aber er ist einfach weitergegangen. Ich sage nur, ›Fick dich, Mr Oberschlau.‹ Jetzt wissen wir alle, wie schlau er war.«

24. Februar 1993
New York
Heute war ein traumhafter New Yorker Tag. Am Vormittag traf ich mich mit Geoff Kloske, Lektoratsassistent bei Little, Brown, der mich vor einigen Wochen angerufen und gefragt hatte, ob er mein Manuskript lesen dürfe. Er ist erst dreiundzwanzig, ein junger Spund, und hat eine Großmutter in Jacksonville, North Carolina. Wir tranken Kaffee und nachher stellte er mich seinem Boss, Roger, vor, einem großen, gut aussehenden Kettenraucher, der sagte, auch ihm habe mein Manuskript gefallen und er werde sich in den kommenden ein oder zwei Wochen bei mir melden.

Nachher ging ich zur Probe unseres neuen Stücks *(Stump the Host)*. In einer Woche ist Premiere.

8. März 1993
New York

Am Abend vor der Premiere (im La MaMa) stieg William aus, weil er keinen Spaß bei der Sache habe, wie er sagte. »Und wenn man keinen Spaß hat, warum dann das Ganze?«

Eine Weile war ich völlig panisch, doch dann beschloss ich, die Rolle selbst zu spielen, da ich den Text ohnehin kenne. Also stand ich am Donnerstag, Freitag und Samstag auf der Bühne. Zur Premiere waren vierzehn Leute erschienen. Freitag hatten wir vierzig Zuschauer, und Samstag waren wir ausverkauft. Meryl hat noch einmal verlängert, und dankbarerweise hat Paul Dinello eingewilligt, meinen Part zu übernehmen. Hugh und Amy sagen: »Na, siehst du, du liebst es, auf der Bühne zu stehen.«

Aber sie haben unrecht. Ich liebe es nicht. Zumindest nicht so, wie sie denken.

9. März 1993
New York

Roger Donald von Little, Brown rief an, um mir zu eröffnen, er würde mit mir gerne einen Vertrag über zwei Bücher abschließen. Zur Feier des Tages kaufte ich mir ein Jeanshemd und dachte verwundert, wie schnell sich doch alles ändern kann. Ich hätte nie gedacht, dass ich einmal ein Jeanshemd tragen möchte.

13. März 1993
New York

Am Donnerstagabend traf ich mich mit Don Congdon, dem mir von Roger Donald empfohlenen Agenten. Er schlug ein gemeinsames Mittagessen vor und nahm mich mit zu Le Madri, einem Italiener in der Nähe seines Büros und das edelste

Restaurant, in dem ich je in New York gewesen bin. Don ist Ende siebzig und war sehr elegant gekleidet. Schicker Anzug, Krawatte von Pucci, Überzieher, sogar ein schwarzes Barett. Der Restaurantchef kannte ihn. »Hier entlang, bitte, Mr Congdon.«

Unser Kellner goss Olivenöl auf einen Teller und gab uns eine Schale mit Brot, das wir vermutlich in das Öl tunken sollten. Ich hatte ein dünn geschnittenes Steak, das zu einem Turban gerollt war, mit geröstetem Radicchio- und Endiviensalat. Don hatte Nudeln, die er nicht aufaß.

Während des Essens erfuhr ich, dass er William Styron, Russell Baker, Ellen Gilchrist und Thomas Berger vertritt. Er hat Lillian Hellman bei einer Inszenierung von *Die kleinen Füchse* in Russland, glaube ich, vertreten, und ebenso Frank O'Connor. Er erzählte mir, wie er mit J.D. Salinger, den er Jerry nannte, durchs Village spaziert sei, und von dem Abend, an dem sie Billie Holiday singen gehört hatten. Ich erfuhr, wie Don zur Zeit der Prohibition von der Polizei festgenommen wurde, und hörte danach irgendeine Geschichte über Dashiell Hammett. Das einzige Problem war, dass alles in der Vergangenheit lag. Abgesehen davon, mochte ich seine Sprache, besonders den altmodischen Slang.

30. April 1993
New York

Zwischen zwei Reinigungsjobs kaufte ich einen Kaffee und setzte mich in den Union Square Park, um zu lesen. Die Bänke dort sind mit Armlehnen unterteilt, die offenbar verhindern sollen, dass die Leute sich darauf ausstrecken und schlafen. Ich hatte mir gerade eine Zigarette angezündet, als ein Typ auf mich zukam – drahtig, etwa mein Alter, in einer verdreckten weißen Jeans und einem Metallica T-Shirt. Er hatte schulterlanges Haar, ein dünnes Oberlippenbärtchen und hielt eine Papiertüte in der Hand. *Exhäftling*, dachte ich. Das war ein Spontanurteil, aber ich stehe dazu.

Der Typ bat mich um eine Zigarette, und als ich ihm die Schachtel hinhielt, nahm er eine, ohne sich zu bedanken. Dann zeigte er auf meine Tasche mit Reinigungsmitteln, machte eine wegwischende Geste mit der Hand und sagte: »Ich will mich da hinsetzen.«

Es gab genügend andere freie Bänke, also sagte ich Nein.

»Verdammt noch mal«, sagte er. »Ich hab dir gesagt, du sollst deinen Mist da wegräumen.«

Ich stand auf, nahm meine Tasche und ging, da ich wusste, dass er sie anderenfalls auf den Boden geschmissen hätte. Hätte ich sie hingegen selbst zur Seite gestellt, hätte er sich neben mich gesetzt und alle möglichen anderen Dinge von mir haben wollen. Den ganzen Nachmittag lang dachte ich darüber nach und wünschte mir, ich wüsste, wie man sich gegen andere behauptet.

2. Mai 1993
New York

Gestern fuhr ich mit dem Fahrrad über die Brücke nach Brooklyn. Auf dem Rückweg hatte ich einen Platten und war total erschöpft, als ich endlich zu Hause war. Heute früh erblickte ich im Spiegel neben dem Bett einen Wal – einen mit Fell –, der mich anstarrte. Einen sehr müden Wal mit Fell und daneben eine Katze. Die Katze kam mir bekannt vor.

12. Mai 1993
New York

Bart und ich fuhren nach Long Island City zur Reinigung eines Lofts, in dem kurz zuvor ein Film mit Marilyn Chambers gedreht worden war. Die Crew hatte bis gestern gedreht, und ich war auf jede Menge Sperma gefasst. Unterwegs erzählte Bart mir, wie er vor vielen Jahren, als er noch im Modebusiness gearbeitet hatte, nach Tuscon geschickt worden war. Eins führte zum anderen, jedenfalls war er an seinem zweiten Abend hoffnungslos irgendwo in der Stadt versackt. Es war schon spät, und als er nach einem Taxi suchte, hielt ein Wagen an, und man bot ihm an, ihn mitzunehmen. Die Insassen waren Mexikaner, sodass er sein ganzes Highschool-Spanisch zusammenkramte und sagte: »*Muchas gracias*« und »*Su automóvil es muy grande y bonito tambien.*«

Der Fahrer fuhr an Barts Hotel vorbei und brachte ihn in die Wüste. Dort fielen sie zu viert über ihn her und schlugen ihn brutal zusammen. Sie brachen ihm die Nase. Sie hielten ihn fest und traten ihm in die Rippen und in die Magengrube. Sie stießen Barts blutiges Gesicht in den Dreck, und als er fortrannte, stürzte er in einen Kaktus. Einer der Männer hatte seinen Zimmerschlüssel genommen, und während Bart blutend im Dunklen die Straße entlangkroch, fuhren sie zu seinem Hotel und stahlen seine sämtlichen Sachen. Seine Nase war nachher so geschwollen, dass er keine Brille tragen konnte. Im Bericht des Arztes war auch sein Alkoholpegel vermerkt, und als sein Boss davon erfuhr, feuerte er ihn.

Das Loft ging über die gesamte Etage eines Hauses, das einem Innenarchitekten gehörte. Ein bleicher Typ mit Pferdeschwanz drückte uns eine Rolle Papiertücher, Glasreiniger und eine Sprayflasche Ölseife in die Hand. Es war nicht viel, aber bis auf zwei Sofas und eine Kupferbadewanne war das Loft leer. Ich fegte anderthalb Stunden und wischte noch einmal anderthalb Stunden.

Während ich wischte, stellte ich mir vor, ich wäre bei der Marine und putzte ein Kriegsschiff. Als das schal wurde, tat ich so, als wäre dies *mein* Loft, obwohl es nur wenige Minuten funktionierte, wer will schließlich schon in Queens wohnen? Das Einzige, was ich fand, war ein kleines Stoffdreieck an einer Nylonschnur. Es war mit Make-up verschmiert, also konnte es sich eigentlich nur um ein Kostüm handeln.

20. Mai 1993
New York
Heute Vormittag erzählte Bart mir von einer Frau, bei der er früher geputzt hat. »Die dreckigste Bude, die ich je gesehen habe«, sagte er.

Ich fragte, wie dreckig, und er erzählte, als er das erste Mal den Teppich gesaugt habe, habe er $38 Kleingeld eingesammelt. Er wusste das so genau, weil er das Geld behalten hatte.

10. Juni 1993
New York
Hugh und ich machten gegen Mitternacht einen Spaziergang und landeten am Park an der Ecke Thompson und Spring Street, wo wir uns hinsetzten und ein Eis aßen. Kurz darauf kamen zwei Männer um die Ecke. Der eine sagte zum anderen: »Ich muss *jetzt* über diese Scheiße reden.« Um seine Aussage zu unterstreichen, rammte er seinen Ellbogen in das Fenster eines geparkten Wagens. Sein Freund lief zu einem freien Tisch, und nachdem er eine Weile rumgestanden und sich den Ellbogen gerieben hatte, gesellte der Typ, der das Wagenfenster eingeschlagen hatte, sich zu ihm.

Von zu Hause aus rief ich die Polizei an, und jemand sagte: »Wenn Sie mir bitte Ihren Namen sagen wollen, Ma'am.«

Bei der Polizei halten mich alle für eine Frau.

19. Juni 1993
New York

Heute Morgen telefonierte ich mit Paul. Während des Gesprächs erzählte er mir, er würde gerade seine Zehen mit Bimsstein abreiben, um Spuren von Textmarker zu entfernen.

»Warum hast du Textmarker an deinen Zehen?«, fragte ich.

Er erklärte mir, Donnerstagabend sei er auf einem Live-After-Five-Konzert im Einkaufszentrum von Raleigh gewesen. Dort hatte er fünf Bier getrunken. Danach noch ein paar Kurze in einer Bar, und weiter erinnere er sich nicht. Am nächsten Tag sei er überall mit Textmarker beschmiert aufgewacht. Seine Freunde hätten es gemacht, und auch wenn es verdammt schwer abzukriegen sei, könne er noch von Glück reden.

»Als zuletzt jemand abgestürzt ist, haben sie ihm eine Zielscheibe auf den Arsch gemalt und ihm einen Käseflip hinten reingeschoben.«

21. Juni 1993
New York

Amy ist in eine neue Wohnung gezogen und hat mir gestern Abend am Telefon davon erzählt. Sie wohnt über einem verheirateten Paar Mitte vierzig, das auf seine kleine Enkeltochter Amber aufpasst. Die Frau hat einen Stufenhaarschnitt und mehrere Tattoos, unter anderem eins mit den Worten *Brandi liebt ...* Der Name ist weggekratzt. Ihr Sohn ist fünfundzwanzig, und seine Frau hat ihn nach der Geburt ihres Kindes verlassen.

»Und Sie haben sie nie wiedergesehen?«, fragte Amy.

»Oh, einmal war sie noch da, aber mein Sohn hat sie windelweich geprügelt und ihr gesagt, sie solle sich nie wieder blicken lassen«, erklärte Brandi.

Der Sohn will jetzt eine dreißigjährige Prostituierte heiraten. »Ich hab ihm gesagt, wenn du 'ne Tussi mit 'nem knackigen Arsch findest, bleib dran.«

Brandi kann schlecht schlafen und kommt oft hoch, um sich über Amys Lärm zu beschweren. Gestern sagte sie: »Wenn du das Radio nicht leiser stellst, breche ich dir beide Beine.«

22. Juni 1993
New York
Gestern Abend ging ich in den Park, um Pot zu kaufen. Hugh erzählte ich, ich würde unten im Laden Milch kaufen, aber mein langes Fortbleiben musste ihn misstrauisch gemacht haben. Als ich nach Hause kam, hing ein Zettel mit der Aufschrift *KEINE DROGEN* an unserer Wohnungstür. Er hatte die Kette vorgelegt, und ich erklärte durch den Türspalt, ich wäre tatsächlich Milch holen gewesen und sei auf dem Rückweg Dale begegnet.

»Und worüber habt ihr geredet?«

»Oh, dies und das.« Der einzige Dale, den ich kenne, ist ein verfetteter, zotteliger Hund, den Hugh und ich vor ein paar Monaten im Park gesehen haben. Ich selbst habe ihm den Namen gegeben und benutze ihn nun ständig. »Ich habe schon wieder einen Brief von Dale bekommen«, sage ich. »Er sagt, ich soll dich grüßen.«

Ich hätte mir einen anderen Namen einfallen lassen sollen, denn mit dem hatte ich keine Chance, ins Haus zu kommen.

1. Juli 1993
New York
Wegen der Sendung im Radio will die *New York Times* ein Porträt von mir bringen. Gestern rief ein Reporter bei Amy an, die ihm sagte: »Ich verrate Ihnen kein Wort über diesen Scheißkerl, bevor er nicht für die Abtreibung bezahlt, zu der er mich gezwungen hat.«

2. Juli 1993
New York
Ich saß betrunken und zugekifft um drei Uhr früh vor dem Fernseher, wo ein Vierundzwanzig-Stunden-Marathon von *Twilight Zone* lief, als ein Werbespot kam. Ein Mann zeigte mit dem Finger auf mich und sagte: »Was soll das, mitten in der Nacht vor der Glotze zu hocken? Sie sind betrunken, Sie sind bekifft, Sie sind ein Wrack und Sie zerstören das Leben Ihrer Nächsten.«
  Es war, als könne er mich sehen.

1994

8. Januar 1994
New York
Stitches (unser Stück) hatte am Donnerstag vor fünfzig Leuten Premiere. La MaMa fasst maximal 120 Leute, also war es ganz passabel. Freitag war ausverkauft, genau wie heute. Gestern Abend war die *Times* da; heute waren es *Newsday* und die *Voice*. Ich möchte ihnen sagen, dass das alles nur Spaß ist. Es ist kein richtiges Theaterstück, sondern das, was herauskommt, wenn man mit einer Bong in der Hand rumfeixt. Was auch immer auf der Bühne passiert, liegt außerhalb meiner Kontrolle und in den Händen der Schauspieler. Mein Job ist es, den Gastgeber zu spielen und die Leute an der Tür zu begrüßen.

11. Januar 1994
New York
Anscheinend haben Amy und ich es diesmal geschafft. Heute kamen die Kritiken in *Times*, *Newsday* und der *Voice* raus. *Newsday* war sehr angetan und lobte jeden, vor allem Amy. Die *Times* bemängelte, das Stück sei zu lang, aber ansonsten war die Besprechung fantastisch. La MaMa hat die Laufzeit verlängert und gesagt, mehrere Produzenten hätten angerufen, um das Stück möglicherweise in größeren Häusern aufzuführen. Ich kann es nicht fassen, dass die Leute uns ernst genommen haben. Amy und ich haben alles erreicht, was wir uns von dieser Show erhofft haben: den Namen der Talent

Family in der Zeitung, ein großes Publikum und eine Verlängerung. Nach der Eröffnungswoche haben wir sieben Minuten gestrichen und zwei Szenen umgeschrieben. Heute ist der glücklichste Tag.

18. Januar 1994
New York
Gestern war eine Besprechung in der *New York Daily Review*, in der es unter anderem heißt: »Wie einem jeder Neunjährige sagen kann, ist nichts so lustig, wie ein durch plastische Chirurgie verunstaltetes Gesicht, außer der Anblick eines Amputierten, der Gitarre zu spielen versucht. Für alle ewig Neunjährigen gibt es in New York derzeit keine Show, die widerlicher wäre oder die Grenzen des guten Geschmack so sehr verletzt wie *Stitches*.«

30. Januar 1994
New York
Am Freitagabend verließen sechs Leute die Aufführung. Alle waren über sechzig, und als ich sie vorher in der Lobby ihre Tickets abholen sah, dachte ich, wie schön, so ein breites Publikum zu haben. Als sie gingen, hörte ich einen von ihnen auf der Treppe sagen: »Das ist was für Vollidioten.«

26. Februar 1994
New York
Ich ging unten an der Ecke für Helen Zigaretten kaufen, und als ich zurückkam, wollte sie mit mir über die Olympischen Winterspiele diskutieren. »Hast du's im Fernsehen gesehen? Diese Tonya Harding? Ich hab sie noch nie leiden können. Sie ist eine Straßenkämpferin, jawohl, ein gemeines Rotzluder. Nancy Kerrigan ist nett, aber nicht diese Straßenkämpferin.«

Tonya Harding ist tatsächlich anders als der Rest. Ich wollte die Geschichte nicht glauben, bis ich ein Bild von ihr sah. Mit ihrem wilden Make-up sieht sie aus wie die Kinderzeichnung einer wütenden Babysitterin. Was auch sonst dahinterstecken mag, sie hat es geschafft, mich zu fesseln. Sie kommt mir nicht gemein vor. Sie scheint eher der Typ zu sein, der alles als unfair empfindet.

28. Februar 1994
New York
Helen klopfte heute Vormittag an die Tür und bat mich, Scheiße für sie zur Post zu bringen. Und zwar buchstäblich. »Es ist eine Stuhlprobe«, sagte sie.

4. April 1994
New York
Heute hörte ich im Radio eine Geschichte über einen in Singapur lebenden Amerikaner, der verurteilt worden ist, weil er parkende Wagen mit Graffiti besprüht hat. Er wurde zu einer Geldstrafe und Stockhieben verurteilt. Ein Staatsbediensteter beschrieb den Vorgang: »Der Verurteilte trägt einen Nierenschutz, um ernsthafte Schäden zu verhindern. Wir sagen den Männern, sie sollen auf das Hinterteil zielen.«

Amerikanische Diplomaten versuchen, die Strafe durch eine Berufung zu umgehen, aber ich denke, sie ist nur gerecht. Wer anderer Leute Autos mit Farbe besprüht, sollte zumindest ordentlich den Hintern versohlt bekommen.

19. April 1994
New York
In der Bibliothek entdeckte ich das Buch *Zuhälter: Die Geschichte meines Lebens* von Iceberg Slim. Es ist die Art von

Buch, das man von Anfang an lesen muss, ansonsten versteht man den Slang nicht. Ein Kapitel heißt »Wie man einen Stall aufbaut«. Darin wird beschrieben, wie man eine Frau zur Prostitution zwingt, indem man ihren Willen bricht. (Er schlägt vor, sie mit einem auseinandergebogenen Drahtkleiderbügel zu schlagen.)

22. April 1994
New York

Helen redet von nichts anderem als ihren Schmerzen. Jedes Mal, wenn ich ihr begegne, fängt sie davon an, und ich kann es nicht mehr hören. Anderer Leute Schmerzen sind uninteressant. Meine eigenen dagegen sind faszinierend. Ich ging um Mitternacht ins Bett, schlief aber erst um sieben Uhr früh ein. Mein Knie tat so weh, dass ich mich nur stöhnend herumwälzen konnte. In der Zeit las ich eine komplette Ausgabe der Zeitschrift *Source*, die sich als »das Magazin für Hip-Hop-Musik, Kultur und Politik« bezeichnet.

Mein Favorit war ein Interview mit Warren G. »Ich hatte das ganze Album fertig, aber ich habe alles wieder zurückgezogen«, sagte er. »Jetzt sollen DJ Pooh und QD3 und Bobcat und all die anderen sehen, was sie draus machen. Ich steh nicht auf diesen Bullshit, diese ganze Scheiße, der eine Motherfucker verarscht den anderen und diese Scheiße. Der ganze Dreck geht mir am Arsch vorbei.«

5. Mai 1994
New York

Als Teil der Werbekampagne für mein Buch *(Fuselfieber)* wurde ich vom *Avenue Magazine* interviewt und fotografiert. Reden ist okay, aber ich hasse es, fotografiert zu werden. Zuerst wollte die Fotografin ein Bild mit Dennis (meiner Katze) und mir mit einer Katzenmaske vor dem Gesicht machen. Dann sollte ich so tun, als hinge ich am Geweih im Wohnzimmer. Als Nächstes sagte sie mir, ich solle meinen Hals zwischen den Jalousietüren einklemmen, nach oben schauen und einen tiefgefrorenen Truthahn vor die Nase halten. Kurz bevor ihr der Film ausging, sagte die Fotografin: »Wie wär's, wenn wir noch etwas Lustiges ausprobieren?«

10. Mai 1994
New York
Auf der Broome Street sah ich ein Paar, das seinem Labrador Retriever den Arsch massierte. Dann schob der Mann seinen Finger hinein und förderte einen Klumpen Scheiße zutage. Er trug keinen Handschuh oder etwas Ähnliches. Hundefreunde.

14. Mai 1994
New York
Heute Abend traf ich mich in einem Café mit Dawn Erickson. Trotz gelegentlicher Briefe hatten wir uns seit der Kent State 1976 nicht mehr gesehen, und weil sie weder raucht noch je getrunken oder Drogen genommen hat, sieht sie noch genauso aus wie früher. Ich erfuhr, dass sie immer noch Stoffe entwirft, dass sie viel reist, meistens allein, und dass ihre Mutter Krebs hat. Ihr Vater starb vor vierzehn Jahren bei einem Fallschirmsprung. Sie trinkt nach wie vor keinen Kaffee und bestellte Wasser.

Nachher ging ich zum Grand Union, um fürs Abendessen einzukaufen, als ein junger Mann mich am Arm berührte. »He, passen Sie auf, wo Sie herlaufen. Sie hätten beinahe meinem Baby Ihren Korb an den Kopf gestoßen.«

»Tut mir leid.«

Der Typ hatte eine aufwendig frisierte schulterlange Mähne und trug eine Jogginghose, an der das Hinterteil ausgeschnitten war. Ich dachte, er trüge Fellunterwäsche, bis ich erkannte, dass es sein behaarter Arsch war. »Sie hätten beinahe mein Baby geschlagen«, wiederholte er.

Ich sagte: »*Beinahe*. Aber ich hab's nicht gemacht, richtig?«

Er suchte ganz einfach Streit. Tatsächlich war ich seinem Baby nicht einmal nahe gekommen. Ich stellte mich hinter ihn in die Schlange und hörte zu, wie er die Kassiererin beschuldigte, ihm falsch herausgegeben zu haben. Der Filialleiter wurde gerufen, und ich fragte mich, wie jemand so in der Öffentlichkeit herumlaufen konnte, mit einem blanken Arsch. Mich sollte das ja nicht stören, allerdings will ich nicht die Ärsche sehen.

21. Juni 1994
New York
Ich stand gestern beim Boarding meiner Maschine nach Indianapolis an, als ein Russe im Rollstuhl in Begleitung seiner Familie zum Gate rollte. »Kann er nicht laufen?«, fragte die Frau am Schalter.

Als sie bemerkte, dass keiner von ihnen Englisch sprach, wiederholte sie noch einmal lauter: »Kann er überhaupt nicht laufen?«

Beim Vorbeigehen sah ich, dass die Hosenbeine des Mannes leer waren und er entweder ohne Beine geboren worden war oder man sie ihm amputiert hatte. »Nun, könnte er denn laufen, wenn er es versuchte?«, fragte die Frau, die nicht halb so viel mitbekam wie ich.

1. Juli 1994
New York
Heute putzte ich bei den R.s. Es sind nette Leute, aber unglaublich schlampig. Jede Woche entdeckt der Sohn etwas anderes, das er als Aschenbecher benutzen kann. Heute war es die Papierhülle eines Cupcakes. Ich meine, also wirklich. Was spricht gegen eine Untertasse? Sie lassen auch gerne überall ihr Kleingeld herumfliegen. Heute Nachmittag fand ich Penny-Münzen in der einen und Zehn-Cent-Münzen in der anderen Badewanne.

9. Juli 1994
New York
In unserer Wohnung ist es heiß und stickig, deshalb gingen Hugh und ich ins klimatisierte Museum of Television and Radio und sahen den ganzen Tag fern. Zuerst sahen wir eine einstündige Dokumentation über Frauen in Filmkomödien. Wir saßen hinter drei älteren Frauen, von denen sich eine ständig umdrehte und mich anschnauzte, weil ich meine Knie gegen ihre Rückenlehne drückte. Ein einziges Mal. Mehr nicht, ich schwör's, aber sie gab einfach keine Ruhe. Sie hätte es sogar gemerkt, wenn eine Fliege auf ihrer Rückenlehne gelandet wäre. Als sie sich zum dritten Mal nach mir umdrehte, sagte ich, sie solle sich verpissen. Ich glaube nicht, dass sie es hörte, aber ich schämte mich trotzdem, es gesagt zu haben.

11. Juli 1994
New York
In den Nachrichten sahen wir einen Beitrag über Braune Nachtbaumnattern aus Guam. Sie sind sehr lang, diese Viecher, und gefährlich, aber nicht besonders helle. Der Bericht zeigte einen menschlichen Säugling, den eine Schlange versucht

hatte zu verspeisen. Das Kind wog ganze fünfzehn Pfund; die Schlange zwei. Manchmal kommen sie durch den Toilettenabfluss, und eine hatte einen Mann in die Hoden gebissen (!).

Dem Bericht zufolge breiten sich die Schlangen aus. Eine wurde in Texas entdeckt. Wenn ich irgendwelche Schreckensmeldungen über New York höre, erinnere ich mich daran, dass wir hier zumindest keine Schlangen haben. Ratten ja, aber keine Schlangen.

15. Juli 1994
New York
Hugh und ich waren im Dixon Place Theater, und jetzt möchte ich für die zwei schlimmsten Stunden meines Lebens entschädigt werden. Wir wollten Lili singen und Gitarre spielen hören, und wäre nur sie aufgetreten, wäre alles prima gewesen. Bedauerlicherweise traten noch mehrere andere Künstler auf. Der erste und schlimmste Auftritt war von einer Frau namens Estelle. Ich würde sie nicht als Tänzerin bezeichnen; eher hüpfte sie über die Bühne, während eine zweite Frau ein Gedicht vorlas und eine dritte mit einem Stock auf Töpfe und Pfannen einhämmerte. Die drei trugen so etwas wie Kriegsbemalung im Gesicht. Falls sie damit den Feind erschrecken wollten, gelang ihnen das nicht. Falls es zur Unterhaltung des Publikums gedacht war, schlug auch das fehl. Estelle wirbelte im Kreis herum. Sie machte ein paar tänzelnde Schritte, ruderte mit den Armen und ließ sich zu Boden fallen. Leider stand sie danach wieder auf und begann von vorn. Es war mein schlimmster Albtraum von Performance-Kunst.

Nach ihr kam ein dünner, bärtiger Troubadour. »Der nächste Song handelt von Illusionen und Fälschungen«, sagte er an einer Stelle. »Ich denke, Sie alle wissen, wovon ich rede.«

Er hatte entweder eine großartige oder eine unsägliche Stimme. Ich konnte das nicht recht entscheiden.

25. August 1994
La Bagotière, Frankreich

Hugh und ich sind gestern Nachmittag in Schottland losgefahren und waren fast vierundzwanzig Stunden später in Frankreich. Der erste Abschnitt der Reise war eine Busfahrt von Pitlochry nach Edinburgh. Ich saß hinter zwei jungen Frauen und einem dicken kleinen Mädchen, das vermutlich einer der beiden gehörte. Sie hatten das Kind abwechselnd auf dem Schoß. Ich sah zu, wie die eine das Mädchen auf ihr Knie setzte und ihm Schokoladenbonbons in den kleinen Mund stopfte. Dann reichte sie es ihrer Freundin, die Coca-Cola in ein Babyfläschchen goss und das Kind daran nuckeln ließ, bis es spucken musste. Danach gab sie es wieder zurück für eine weitere Ladung Süßigkeiten. Die Kleine trug mehrere goldene Armreifen und Ringe, und ich fragte mich, wie sie die jemals von ihren immer speckiger werdenden Gelenken und Fingern kriegen wollte.

4. Oktober 1994
New York

Heute Nachmittag sah ich mit David Rakoff *Am wilden Fluss* im Kino. Zu Beginn lief eine sehr lange Vorschau für den neuen Film von Warren Beatty. Die wollte gar kein Ende nehmen, und als sie endlich vorbei war, flüsterte David mir zu: »Die verbleibenden sieben Sekunden des Films sind bestimmt sehr beeindruckend.«

Später beim Essen versuchte Paul D. uns einzureden, Kühe seien Nachttiere und nur die Farmer zwängen sie dazu, tagsüber wach zu bleiben. Ich finde die Vorstellung, eine Kuh wach zu halten, sehr komisch.

31. Oktober 1994
New York
Als Vorbereitung für unser neues Stück *(One Woman Shoe)* gingen Amy und ich zum Fürsorgeamt auf der 14th Street. Wir überlegten, was wir sagen sollten, wenn jemand uns nach dem Grund unseres Besuchs fragte, und einigten uns auf: »Man hat uns gesagt, wir sollten Montag wiederkommen.«

Aber es fragte niemand.

Ich stellte mir vor, es müsse möglich sein, den ganzen Tag im Fürsorgeamt zu verbringen, ohne von irgendwem angesprochen zu werden. Nachdem wir den Wartesaal im Erdgeschoss betreten hatten, stellten wir uns in einer Schlange an, die sich keinen Schritt vorwärtsbewegte. Von sechs Schaltern waren ganze zwei besetzt, und die Frau hinter einem war zu Halloween als Katze verkleidet, einschließlich Ohren und Schnurrhaaren. Es gab einige Unstimmigkeiten, wofür die Leute in unserer Schlange überhaupt anstanden. Die Frau vor uns hatte keine Zähne mehr und hatte eine Holzkiste zum Sitzen mitgebracht. Wenig später versuchte eine Latina, ihre Freundin in die Schlange einzuschmuggeln, woraufhin die Frau ohne Zähne sofort nach dem Wachmann rief. »Ich weiß, wer vor mir ist, und ich weiß, wer hinter mir ist«, sagte sie, »und die war ganz bestimmt nicht vor mir, sonst hätte ich sie gesehen.«

Andere Leute fielen ein, aber die Latina hielt die Stellung und behauptete, ihre Freundin hätte Asthma und müsse vorgelassen werden.

»Ach ja, mein Baby hat auch Asthma«, sagte eine Schwarze.

»Na, und wo ist das Baby?«

Die Schwarze deutete auf ihren Bauch. »Hier drinnen.«

Die Freundin der Latina wurde ans Ende der Schlange geschickt. Wie viele andere trug sie eine Spandex-Hose.

Darüber trug sie ein T-Shirt, auf dem fickende Cartoon-Schweine in verschiedenen Stellungen aufgedruckt waren.

Jeder in der Schlange schien eine Geschichte über ein verlegtes Formular, einen nicht eingegangenen Scheck oder ein gestohlenes Portemonnaie zu haben. Jeder beschwerte sich über das Personal. »Die schikanieren uns, in der Hoffnung, dass wir einfach aufgeben und verschwinden. Die Schlampen tun so, als würde die Kohle aus ihren eigenen Taschen kommen.«

»Ich habe gehört, UPS würde Leute einstellen«, sagte eine Frau zu einem der wenigen Männer im Raum.

»Für die arbeite ich nicht, denn ich bin ausgebildeter Koch«, sagte der Mann.

Einige Leute humpelten oder trugen einen Arm in der Schlinge. Ein Mann lief wie eine Marionette in der Hand eines Anfängers, die Knie bis fast auf den Boden gebeugt.

Der Schalterraum war schmutzig und niemand achtete auf die *RAUCHEN-VERBOTEN*-Schilder. Auf dem Boden lagen Krümel und Zigarettenstummel, ringsum der Lärm sich streitender Leute und weinender Kinder. Auf den Sitzen saßen erschöpfte Menschen, einige schliefen, einige wenige lasen. »Ich bin seit neun heute früh hier!« Es waren Weiße, Schwarze, Puerto Ricaner, Japaner und eine indische Familie – die Mutter redete, als wolle sie einen Geist heraufbeschwören, während ihre Tochter nur stur geradeaus starrte. Durch Lautsprecher wurden Namen von Personen aufgerufen, die in den seltensten Fällen da waren. Die Leute schienen sich untereinander zu kennen. Sie unterhielten sich. So viel mit Warten verbrachte Zeit.

Überall hingen Schilder. NOTIEREN SIE SICH DEN NAMEN IHRES SACHBEARBEITERS, ERSCHEINEN SIE ZU IHREN TERMINEN. Die Schilder waren mit Graffiti beschmiert. Männer machten sich an wartende Frauen ran, doch die Frauen beachteten sie nicht. Manchmal gaben sie auch ihren Platz auf, um ihre Ruhe zu haben.

Eine Frau mit geflochtenen Zöpfen trat immer wieder aus der Schlange, um in den Abfalleimer zu spucken. Ein erwachsener Mann nuckelte an einem Schnuller und besudelte seine Hände mit Speichel. Er hob sein Hemd hoch, lief im Kreis, starrte dann die Wand an, als wäre es ein Spiegel, und lachte. Es fühlte sich falsch an, an diesem Ort zu sein. Amy und ich konnten jederzeit gehen. Die anderen konnten es oder konnten es nicht, je nachdem, wie man darüber dachte. Womit wir wieder bei unserem Stück wären.

14. Dezember 1994
New York

Ich ging zu einem Deli an der 2nd Avenue und 73rd Street und wartete hinter einer fünfundsiebzigjährigen Frau mit wüsten grauen Haaren und schlackernden, viel zu weiten Hosen. Sie bestellte einen Happen Geflügelsalat, und als der Verkäufer fragte, was »ein Happen« für sie sei, wandte die Frau sich zu mir und verdrehte die Augen. »Sehen Sie, die wissen's nicht, weil sie kein Englisch verstehen. Ich möchte mir zu Hause ein Sandwich machen. Ich habe Brot zu Hause, aber die verstehen's einfach nicht.«

27. Dezember 1994
New York

Am Weihnachtsnachmittag kramte Dad seinen Filmprojektor und ein halbes Dutzend alter Super-8-Filme aus den späten Sechzigern und frühen Siebzigern hervor. Ich weiß noch, wie er damals mit der Kamera vor uns stand, aber genau wie bei den Fotos, die er jedes Jahr von uns auf der Treppe macht, wusste ich nie, was aus ihnen geworden war. Zwei Freundinnen von Lisa waren vorbeigekommen, und obwohl es nichts Öderes gibt, als sich die Filme anderer Leute anzuschauen, zeigten wir sie trotzdem. In dem Augenblick, als Mom auf der Leinwand erschienen, waren unsere Gäste vergessen. Sie murmelten irgendetwas beim Hinausgehen – »Frohe Weihnachten« oder vielleicht »Eure Küche brennt«, was auch immer.

Ich wusste nicht, dass es von unserer Mutter bewegte Bilder gab. Der erste Film war von St. John im Jahr 1972. Mom, Dad, Tante Joyce und Onkel Dick. Wir sehen die Insel. Boote. Noch mehr Insel. Wieder Boote, und dann erscheint Mom und winkt, bevor sie in einer Strohhütte verschwindet. Dann bekommt jemand anderes die Kamera in die Hand gedrückt, und wir sehen Dad, wie er Mom aus der Hütte zerrt. Er ist jung und gut aussehend – er sieht immer gut aus. Als er mit dem Finger auf die Kamera zeigt, vergräbt Mom ihren Kopf an seiner Brust. Dann fasst er sie am Kinn, und sie küssen sich.

Nachdem die Szene vorbei war, stampfte Dad mit dem Fuß auf, wie jemand, dem gerade der Bus vor der Nase weggefahren ist und der weiß, dass der nächste Bus erst in mehreren Stunden kommt. Er spulte den Film zurück und ließ die Szene ein zweites Mal laufen, und dann ein drittes Mal.

»Noch mal«, riefen wir. »Zeig sie noch einmal.« Sie beide auf einer Insel zu sehen, so jung und glücklich. Ich konnte unser Glück nicht fassen: diesen Moment auf Film zu haben!

1995

9. Januar 1995
New York
Heute habe ich bei Judith geputzt. Ihre Vollzeit-Haushälterin, Faith, kam eine halbe Stunde zu spät, sodass ich vor der Tür wartete und mich mit Mary unterhielt, der jungen Frau, die einmal im Monat kommt und der Katze die Krallen schneidet. Sie hat früher in einer Tierklinik gearbeitet und hat zu Hause »einen Stall voller Viecher«, wie sie sagt. Zuerst ein Frettchen, das es darauf abgesehen hatte, aus seinem Käfig auszubrechen und die Meerschweinchen zu töten, was es schließlich auch tat. Sie liebt Vögel, aber nur, wenn sie in ihrer Wohnung frei umherfliegen können. Außerdem liebt sie Katzen, und um alle glücklich zu machen, hat sie eine blinde adoptiert. So kann die Katze die Vögel zwar hören, sie aber nicht fangen.

Mary erzählte mir, in New York City sei das Halten von Affen verboten, weil sie menschliche Krankheitserreger verbreiten. Dennoch hat sie einmal zwei Affen gepflegt. »Sie gehörten Leuten, die im Lotto gewonnen hatten«, sagte sie. »Das Erste, was sie mit dem Geld machten, war, ihrem Sohn zwei Kapuzineräffchen zu kaufen, die er sich gewünscht hatte.« Die Affen lebten zuerst im Zimmer des Sohnes, dann in der Garage und landeten zuletzt in einem Schuppen weitab vom Haus. Offenbar waren es blutrünstige Tiere, und bevor sie verbannt wurden, musste der Junge regelmäßig mit Verletzungen zum Arzt.

11. Januar 1995
New York
Ich lief auf der Straße hinter zwei Männern her. Der eine erzählte dem anderen, er hasse es, wenn Danielle seine Hand halte. »Es kann ja sein, dass ich auf der Straße mit einer Schnalle reden möchte. Weißt du, was ich meine?«

24. Januar 1995
New York
Heute erschien in *Newsday* eine positive Kritik von *One Woman Shoe*. Der Typ schrieb, nach einer Weile habe er nicht mehr gewusst, was das alles sollte, aber das sei egal gewesen, weil er so viel lachen musste. Er schrieb, das Stück sei stärker und überzeugender als das »unausgegorene *Stitches*«, was einigermaßen seltsam ist. Letztes Jahr haben sie es in den höchsten Tönen gelobt, und jetzt ist es unausgegoren. Am Donnerstag erscheint die Kritik in der *Times*.

26. Januar 1995
New York
Wir haben eine fantastische Besprechung in der *Times* bekommen. Rakoff rief mich gestern Abend an und las sie mir vor, und ich dachte, er mache einen Witz. So eine Kritik verändert manches. Zunächst einmal killt sie das Überraschungsmoment und weckt im Publikum eine »So, jetzt zeigt mal«-Einstellung. Aber sie bringt auch die eigene Truppe durcheinander. Heute Abend waren alle neben der Spur. Nichts passte zusammen, und die Show fühlte sich viel zu lang an. Erst waren wir wegen der großartigen Kritik ganz euphorisch, aber am Ende des Abends waren alle deprimiert.

7. Juli 1995
New York
Gestern Abend hielt jemand Mitch auf der Straße an und sagte: »Ich brauche noch fünfundsiebzig Cent, damit ich mir einen Cheeseburger kaufen kann. Können Sie mir helfen?«
Mitch sagte, »Kaufen Sie sich einen ohne Käse« und ging weiter.

18. September 1995
New York
Gestern Abend um elf rief eine Frau an und wollte Rich sprechen.
Ich sagte, hier gebe es keinen Rich.
»Okay«, sagte sie. »Wollen wir wirklich dieses Spiel spielen?«
»Spiel? Hören Sie –«, sagte ich.
»Rich schickt also seinen Mitbewohner vor, hab ich recht?«
»Es gibt keinen Mitbewohner. Hören Sie, Sie sind verbunden mit David Sedaris und Hugh Hamrick –«
»Rich? Bist du das, du blödes Arschloch?«
»Es gibt hier keinen Rich«, wiederholte ich. »Sie haben sich verwählt.«
»Glaubst du, du kannst mich verarschen, Rich? Du hast keine Ahnung, mit wem du es zu tun hast.«
»Ganz genau«, sagte ich. »Ich habe nicht die leiseste Ahnung. Sie vergeuden bloß Ihre Zeit.«
Dann legte sie wütend auf.

1996

1. Januar 1996
New York
Amy hat sich zum neuen Jahr vorgenommen, mehr Freundschaften mit Asiaten zu schließen. Sie hofft, sie auf Gemeindeversammlungen und in kleinen Restaurants zu finden. Ich glaube, es ist großartig, ein Ziel zu haben.

Hughs Freundin Sue, die aus Georgia stammt, hatte uns zum Neujahrs-Brunch mit Schinken, Blattkohl und Schlangenbohnen eingeladen, einem traditionellen Südstaatengericht, das Glück und Wohlstand bringen soll. Sie kochte den Blattkohl mit einer Penny-Münze. Ich erzählte Amy davon, und nun versuchen wir, uns andere Rezepte mit Münzen auszudenken.

24. Januar 1996
New York
Es ist wirklich eine Qual, den ganzen Tag im Haus zu sitzen und zu schreiben. Vielleicht könnte der Gedanke, nachher wieder putzen gehen zu können, mich motivieren, das Buch schneller zu Ende zu bringen. Das Problem ist, dass ich noch nicht einmal angefangen habe. Heute schrieb ich einen Brief an Karen Dobragosz, mit der ich zusammen zur Highschool gegangen bin. Sie hat mir vor mehr als einem Jahr eine Weihnachtskarte geschrieben, und jetzt habe ich ihr geantwortet. Eine Sache erledigt. Danach las ich eine fünfunddreißig Seiten lange Geschichte von einem Typen aus Colorado

namens Robert. Er hatte sie mir vor Wochen geschickt und gestern Abend angerufen und gefragt, warum er nichts von mir gehört habe.

Die Geschichte war nicht leicht zu lesen. Die Figuren sagen laufend Dinge wie »Whattya doin'?« und »Nuthin'«.

Anschließend schrieb ich zwei Empfehlungsschreiben. Das klingt nicht nach sehr viel, aber ich saß von zwölf bis halb sieben am Schreibtisch. Mehr oder weniger.

30. Januar 1996
New York
Helen rief mich zu sich, um mir eine Hähnchen-Quiche zu geben, aber tatsächlich wollte sie sich über die Hitze in ihrer Wohnung beklagen. Der Vermieter hat ihr vorgeschlagen, die Fenster zu öffnen, aber sie sagt, dann wäre die Klimaanlage ganz umsonst. Es hat keinen Sinn, sie im Winter laufen zu lassen, aber sie macht es trotzdem, zusammen mit der Heizung und drei Ventilatoren.

8. Februar 1996
New York
In der Zeitung war ein Artikel über eine fünfundfünfzigjährige Krebskranke, die ihrem zwanzigjährigen Nachbarn Geld dafür gab, sie zu töten. Der junge Mann strangulierte sie, aber sie kam wieder zu sich und wollte anschließend ihr Geld zurück, weil er den Auftrag vermasselt hatte. Sie gerieten in Streit, und er erschlug sie mit einer Bohrmaschine.

12. Februar 1996
New York
Heute Vormittag las ich in einem Artikel, die Pfadfinderbewegung wurde gegründet, um Jungen aus den Fängen ihrer

Mütter und Lehrerinnen zu befreien. Die Sorge war, sie könnten schwul oder *unnormal* werden, wie man damals sagte. Die Eltern wurden aufgefordert, genau darauf zu achten, ob ihre Jungen freiwillig gerne badeten oder ein Tagebuch schrieben. Schuldig und noch mal schuldig.

27. Februar 1996
Albany, New York

William Kennedy und seine Frau sind der schlimmste Albtraum jedes Kellners. Gestern Abend beim Essen bestellten sie ihre Getränke pur. Dann, als sie kamen, baten sie um eine Schale mit Eiswürfeln. Mrs Kennedy wollte ihren Salat ohne Zwiebeln, während er seinen ohne Tomaten und Gurke wollte. Sie bestellte ihr Hauptgericht ohne Brokkoli und Kartoffeln und fragte, ob sie ihr Filet stattdessen mit Spinat haben könne. William wollte seine Pasta ohne Pilze.

Als das Essen gebracht wurde, sah sie auf ihren Teller, runzelte die Stirn und sagte: »Oh, nein. Ich glaube, ich möchte doch lieber etwas anderes. Bringen Sie mir ein Sirloin Steak, blutig.«

Die beiden bestellten bei Hilfskellnern und riefen einmal die Chefin an den Tisch, um sich ein Club Soda bringen zu lassen. Sie waren nicht böswillig, aber ich kann mir nicht vorstellen, dass einer von ihnen jemals in einem Restaurant gearbeitet hat.

14. April 1996
New York

Gestern sah ich Helen zum ersten Mal seit Ende Januar. Sie rief mich zu sich, um ihren Wischmopp zu reparieren, und als ich in die Wohnung kam, hatte sie ihr Gebiss nicht im Mund. »Du bist zu dick«, sagte sie. »Du musst etwas von deinem Speck Hugh geben. Der hat keinen Arsch in der Hose.«

13. Mai 1996
New York
Gestern Abend rief ein Mann an und sagte, er habe mein Buch gelesen und wollte fragen, ob ich bei ihm putzen könne. Ich sagte, ich könne ihm Barts Nummer geben, aber er wiederholte, er wolle mich. Im Gegenzug, sagte er, würde er mir vier Geschichten für mein nächstes Buch geben. Als ich ihm erklärte, in meinem Buch gehe es nicht um die Geschichten anderer Leute, wurde er schnippisch und brüllte, »Dann schauen Sie demnächst gefälligst auf dem Display nach, bevor Sie den Hörer abnehmen!«, und legte auf.

21. Juni 1996
New York
Ein Fremder aus New Jersey rief an und fragte, ob ich das Skript für einen Film geschrieben hätte, den er gerade im Kino gesehen habe. Ich verneinte, und er redete eine Weile über dies und das. Er bot mir einen Weg zur Überwindung einer Schreibblockade an, was seltsam war, da ich nichts davon erwähnt hatte. Es stellte sich heraus, dass er Maler war und sich mit einem Porträt abmühte. An dem Tag war meine Schreibmaschine kaputtgegangen. Da ich ohnehin nicht arbeiten konnte, saß ich im Schaukelstuhl und hörte ihm zu.

6. August 1996
La Bagotière
Die Arbeiten am Haus gehen voran. Inzwischen haben wir nicht nur einen Wasseranschluss, sondern sogar eine Waschmaschine. Das spart uns die Mühe, in der Wanne zu waschen, was immer eine Ewigkeit dauerte, besonders das Auswringen.

Ich schreibe weiterhin neue Vokabeln auf Karteikarten. »Was heißt das?«, frage ich Hugh ständig, wenn er mit Leuten redet. »Wie buchstabiert man das?« Schon wenige Stunden nach unserer Ankunft verlor er die Geduld.

Am Vormittag fuhren wir in die Kleinstadt Flers und trafen dort R. und ihren Mann P. Sie sind ein fittes, attraktives Paar und fünfzehn Jahre älter als wir, aber sie erwarten, dass ihre Freunde genauso jung und gut aussehen sollten wie sie. Nachdem sie mich geküsst hatte, legte R. ihre Hand auf meinen Bauch, zwickte mich in die Wange und sagte, ich sei dick und bleich. »Sehen Sie mich an!«, flötete sie. »Ich bin braun gebrannt! P. und ich haben die Olympischen Spiele im Fernsehen verfolgt. Die schwarzen Läufer rennen, als wäre ihnen der Teufel auf den Fersen, und das machen wir jetzt auch! Jeden Morgen gehen wir im Wald joggen. Und anschließend lege ich mich zu Hause in die Sonne.« Sie lud uns zum Lunch ein, aber ich lehnte ab. Drei grüne Bohnen, und sie ist satt.

9. September 1996
New York
Ich bin vor einigen Tagen so viel in Paris gelaufen, dass ich mir mit meinen langen Nägeln meine Zehen blutig gescheuert habe. Vor der Abfahrt zum Flughafen habe ich sie geschnitten, und da ich keine Nagelschere finden konnte, habe ich dazu Colettes Geflügelschere benutzt. Das ist genau der Grund, warum man keine Leute in seiner Wohnung haben möchte, wenn man nicht da ist, oder selbst dann, wenn man zu Hause ist.

10. Oktober 1996
New York
Amy ist als Schöffin vor Gericht geladen worden und rief aus dem Gerichtsgebäude an und sagte: »Es ist ein Vergewaltigungsfall. Ich hoffe, die nehmen mich. Der Typ ist so süß!«

18. November 1996
New York

Gestern am frühen Abend stieg ich an der 59th Street in die U-Bahn-Linie 6. Der Zug war voll, und ich stand vor einer Gruppe von drei Schwarzen. Sie waren Ende zwanzig und trugen alle ähnlich aussehende Bomberjacken. Der Typ in der Mitte war der schwerste der drei, und als der Zug anfuhr, stieß er mich an, streckte die Hand aus und sagte: »He, du. Da drüben ist ein Platz frei. Sag der Lady, sie soll ihre Tasche wegnehmen, damit du sitzen kannst.«

»Schon okay«, sagte ich. »Ich kann ganz gut stehen.«

Er verzog die Lippen und äffte mich vor seinen Freunden nach. »Ich kann ganz gut stehen.« Sie lachten, und er machte weiter. »Ich kann's nicht ab, wenn alle möglichen Leute mir ihre Bazillen ins Gesicht pusten. Arschlöcher. Alles Schwuchteln und Lesben, überall nur noch Schwuchteln und Lesben. Yo, Mann. Ich sag dir jetzt noch einmal, du sollst dich hinsetzen.« Dann hob er den Fuß, setzte ihn an meine Hüfte und stieß mich nach vorn.

»Warum machst du das?«, fragte ich. »Ich meine, welchen Unterschied macht es, ob ich stehe oder sitze? Was kümmert es dich?«

Er sagte, ich würde ihm die Sicht versperren und er wolle das Mädchen auf dem Platz gegenüber beobachten. Ich ging ein paar Schritte weiter den Wagen entlang und fragte mich, warum er das nicht gesagt hatte, und hasste ihn aus ganzem Herzen. Angewidert hörte ich mit an, wie er die junge Frau anquatschte, auf die er nun wieder freie Sicht hatte. »Du bist eine bezaubernde Lady, hat dir das schon mal jemand gesagt?«

Er redete immer weiter, und gegen allen telepathischen Rat, den ich ihr sandte, ging sie auf ihn ein. Nein, sie sei nicht verheiratet, aber sie habe einen festen Freund. Ja, sie würde seine Telefonnummer aufschreiben, aber sie würde nichts versprechen. Er sagte laut die Nummer, und ich war so dumm, sie nicht aufzuschreiben. Hätte ich einen Stift zur Hand gehabt, hätte ich ihn Tag und Nacht angerufen, bis er gezwungen gewesen wäre, seine Nummer zu wechseln. »Ja«, hätte ich gesagt. »Wir sind uns im Zug begegnet, und du hast gesagt, wir sollten telefonieren. Erinnerst du dich?«

26. November 1996
New York
Hugh ist heute Morgen gefahren, um Thanksgiving mit seiner Mutter Joan zu verbringen, die ich nur noch Maw Hamrick nenne. In letzter Zeit mache ich mir einen Spaß daraus, so zu tun, als wäre sie einer meiner engsten Freunde. Wann immer ich Hughs Schlüssel in der Tür höre, nehme ich das Telefon in die Hand und tue so, als wären wir mitten in einer Unterhaltung. »Aber ja«, sage ich, »ich weiß, wie schwer das ist, aber wir reden ein andermal weiter, wenn wir ungestört sind und Hugh uns nicht nervt. Oops, Moment mal ... Ich glaube, da kommt er gerade.« Ich behaupte, Geschenke und Schecks von ihr zu bekommen, und habe angebliche Briefe von ihr geschrieben, in denen sie sagt, sie wünschte, ich anstatt er wäre ihr Sohn.

Ihn lässt das alles kalt, weil es so völlig übergeschnappt ist. Tatsächlich würde sie viel lieber Zeit mit Hugh als mit mir verbringen. Letzten Monat hat Joan uns für ein paar Tage besucht und hat vormittags Tee getrunken und die Seiten mit internationalen Nachrichten in der *Times* gelesen. Es ist der letzte Teil, den ich lesen würde, aber da sie in Afrika und im Mittleren Osten gelebt haben, lieben die Hamricks nichts so sehr, wie über die Weltpolitik zu diskutieren. Ständig reden sie über irgendeine Krise in Karachi oder Ghana, und sie kennen zahllose Botschafter und Attachés mit Vor- und Nachnamen. Sie sind so ganz anders als meine Familie.

29. November 1996
New York

Ich feierte Thanksgiving bei Amy und machte mich um drei Uhr früh betrunken und bekifft auf den Nachhauseweg. Sie hatte eine ganze Reihe Leute eingeladen, und jeder ihrer Gäste konnte sich für $5 mit einem Puritanerhut und ihrem Kaninchen Tattle Tail fotografieren lassen. Acht Leute nahmen das Angebot an, aber zuletzt zahlte keiner von ihnen. In letzter Zeit gebe ich mir Mühe, ein besserer Zuhörer zu sein. Dazu gehört, Fragen zu stellen wie: »Sag, Louis, hast du viele Kerzen im Haus?«

Louis kellnert mit Amy bei Marion's, und er erzählt gern die dicksten Lügen, um sich dann von den Leuten ausquetschen zu lassen. Gestern Abend behauptete er, der erste Rapper gewesen zu sein.

»Tatsächlich, der erste?«

»Ja«, sagte er. »Und es war verdammt schwer, weil niemand glaubte, dass es einmal eine so große Sache werden würde.«

»Haben die Leute dich hochgenommen?«, fragte ich.

»Oh ja, alle.«

»Und hat es wehgetan?«

»Und wie. Es war die Hölle.«

Ein ehemaliger Nachbar von Lisa wurde letztlich beim Sex mit seiner Labrador-Hündin erwischt, und als ich Louis davon erzählte, fragte er, ob der Hund schwanger werden könne.

»Meinst du das ernst?«, sagte ich. »Wie alt bist du?« Als Kind denkt man vielleicht darüber nach, ob es Wesen geben kann, die halb Junge/halb Pony sind. Wenn solche Kreuzungen möglich wären, wäre die Welt voller sprechender Ziegen und Schafe, die sich selbst scheren würden.

30. November 1996
New York

Helen rief an und fragte, ob ich etwas Soße wolle. Ich sagte, unser Kühlschrank sei voll, und sie fing wieder mit ihrer Lieblingsgeschichte über unseren fünfundsiebzigjährigen Nachbarn an, der nachts heimlich in ihre Wohnung eindringe. Die Sache ist völlig abstrus, aber sie ist davon überzeugt, dass da irgendetwas vor sich geht. Anschließend berichtete sie mir von ihren jüngsten Auseinandersetzungen mit den Leuten vom Lebensmittelgeschäft und den Handwerkern, die über ihr die Wohnung renovieren. Danach erzählte sie von ihrem Neffen und warum sie an Thanksgiving nicht ihre Tochter besuche. Ihr Monolog dauerte zwanzig Minuten, und zuletzt sagte sie: »Na schön, wenn du meine Soße nicht willst, leck mich.«

18. Dezember 1996
New York

Gestern Abend trafen wir uns zur ersten gemeinsamen Lesung unseres Stücks (*The Little Frieda Mysteries*), und ich hatte Mitleid mit jedem im Raum. Was ich geschrieben hatte, war schwerfällig und langatmig, sodass ich es niemandem übel nehmen würde, wenn er aussteigen wollte. Die Szene mit Amy und Chuck (Coggins) hat Potenzial, aber den Rest können wir vergessen.

Eine Stunde vor unserem Treffen stand ich im Copyshop an der Prince Street hinter einer Frau mit schwarz gefärbten Haaren an. Sie ließ Farbkopien von Fotos von sich machen, was eine halbe Ewigkeit dauerte, und erzählte dabei dem Typen hinter der Theke, sie sei auf der Suche nach einer neuen Wohnung, obwohl ihre jetzige spottbillig sei. »Ich habe zwei Eidechsen auf der Thompson Street, aber sie bekommen praktisch kein Licht.«

1997

29. Januar 1997
New York
Am Montag wurden wir von Duane Michals für den *New Yorker* fotografiert. Das Bild soll in der Rubrik Goings On About Town erscheinen. Mit Anfang zwanzig war ich ein großer Fan von ihm, all die vielen Fotos mit den kursiv gesetzten Bildunterschriften. Amy und ich hatten uns geschworen, keine Faxen zu machen, und eine Stunde später hatten wir unsere Arme in Schlingen und saßen auf einem ramponierten Klavier.

Mr Michals war ein echter Scherzkeks, und am Ende der Sitzung tat uns der Mund weh vom vielen gezwungenen Grinsen. »Wussten Sie, dass Flaubert nebenbei Gynäkologe war? Er hat darüber ein Buch geschrieben – *Madame Ovary*.«

Vor vielen Jahren hat er einmal ein auf dem Kopf stehendes Model fotografiert, das ihn dabei versehentlich mit seinen schweren Stiefeln getreten und den Schädel gebrochen hat. Seither hat er eine Metalplatte im Kopf.

3. Februar 1997
New York
Der *New Yorker* bringt meinen Text zum Valentinstag in der Rubrik Shouts & Murmurs. Chris hat die Fahnen per Bote geschickt, und beim Durchlesen stellte ich fest, dass ich viermal

den Ausdruck »wir hoffen« verwendet habe. Als ich ihn gestern am Telefon darauf hinwies, sagte er: »Mann, Sie sind ja wie ein selbst reinigender Backofen!«

4. Februar 1997
New York

Ich hatte heute ein furchtbares Erlebnis mit einem Fotografen namens Chris, der für irgendeine Zeitschrift Aufnahmen von mir machen sollte. Wir waren gerade dabei, eine technische Probe für unser Stück vorzubereiten, und weil wir so viel zu tun hatten, fragte ich ihn, ob wir uns im Theater treffen könnten. Chris schlug vor, die Aufnahmen im Flur im Keller zu machen, also gingen wir nach unten und er und sein Assistent bauten ihre Lampen und Schirme auf. Ich finde es zunehmend schwieriger, Aufnahmen von mir machen zu lassen, vor allem jetzt, da immer irgendein blöder Gag dabei sein muss. Das Konzept dahinter ist, dass man sich erniedrigen muss, damit die eigene Persönlichkeit durchscheinen kann. Ich muss an einem Haken von der Decke baumeln oder auf allen vieren durch irgendeine Pfütze krabbeln.

Als Erstes drückte Chris mir eine Packung Bühnenzigaretten in die Hand, die ich mir in den Mund stecken sollte – die ganze Schachtel. »Die Verpackung reflektiert das Licht, sagte er. »Könnten Sie Ihren Kopf etwas senken?«

Normalerweise tue ich, was man mir sagt, in der Hoffnung, auf diese Weise schneller fertig zu werden. Heute jedoch war ich eingeschnappt. »Das kann ich nicht«, sagte ich, nachdem ich die Packung aus dem Mund genommen hatte. »Ich komme mir blöd vor.«

»Wenn Sie sich blöd vorkommen«, sagte er, »denken Sie sich was anderes aus. Wenn ich Ihnen mit einer bescheuerten Idee komme, lassen Sie sich etwas noch Bescheuerteres einfallen.«

Ich erklärte ihm, es sei nicht meine Aufgabe, mir noch bescheuertere Dinge einfallen zu lassen als er, schließlich sei ich weder Comedian noch Schauspieler, und ich wisse nicht, was an einem Bild falsch sei, auf dem ich einfach bloß stehe oder auf einem Stuhl sitze.

Und damit war's das. Er sagte, er habe schon mit einigen »schwierigen Leuten« gearbeitet, und ich verstand sie alle. Ich meine, also wirklich. Wie kann jemand einen auf den Bahngleisen festbinden wollen, und wenn man sich weigert, ist man der Spielverderber?

Ich erzählte ihm von dem Fotografen von letzter Woche, der wollte, dass ich auf eine Glasscheibe spucke und anschließend mein Gesicht hineinpresse.

»Klingt interessant«, sagte Chris. »Wie hieß der Mann?«

Ich sagte, ich hätte es vergessen, worauf er nur nickte und sagte: »Mehr brauche ich nicht zu wissen.«

15. Februar 1997
New York
Tiffany traf gestern zu einem Kurzbesuch ein. Sie nimmt stimmungsstabilisierende Psychopharmaka, was man deutlich merkt. Sie hört jetzt den Leuten zu und ist auch weniger reizbar. Ich nahm sie mit zu Little, Brown und stellte sie allen Leuten vor. Hugh machte ein Lammkarree zum Abendessen, und dann sahen wir uns alle das Stück an und gingen anschließend etwas trinken. Sie ist besonders unterhaltsam, wenn sie von Ludovic erzählt, einem Franzosen, der einige Zeit bei ihr wohnte. »Er sagte zu mir: ›Ich mag dich, Tiffany, aber ich bin nicht in dich verliebt.‹«

Sie erklärte ihm, in Amerika sage man es den Leuten nicht, wenn man sie nicht liebt; in dem Fall schweige man besser. Ich wünschte, ich hätte es Wort für Wort aufgeschrieben. Es war absolut komisch, wie sie es erzählte.

5. März 1997
New York
Dad war zur Vorstellung meines neuen Buches hier, und heute früh weckte ich ihn um vier Uhr. Kurz darauf begleitete ich ihn zur 6th Avenue, wo er ein Taxi zur Penn Station nahm. Es war noch dunkel, und es waren eine Reihe bemerkenswerte Leute unterwegs: ein Mann, der etwas über beschissene schwarze Kriminelle brüllte, eine schluchzende Frau, der betrunkene Hausmeister von gegenüber. Witzig, wie normal mir das inzwischen alles vorkommt. Bevor er in das Taxi stieg, sagte Dad, ich solle ein guter Junge sein. Er sagte es, als wäre ich sieben Jahre alt, als hätte er gar nicht mitbekommen, dass ich inzwischen erwachsen bin. Es machte mich so traurig.

28. März 1997
Iowa City, Iowa
Irgendwer sagte mir, Minneapolis, wo ich gestern war, sei die schlankeste Stadt in den Vereinigten Staaten. Ich weiß nicht, ob das stimmt, aber sie hatten dort einen Waschsalon, der Schleudergang hieß. Ich kam auch an einem Geschenkeladen mit dem Namen Caardvark vorbei. Der schwule Buchladen, in dem ich las, hieß Brother's Touch. Er sah so aus, wie ich befürchtet hatte, jede Menge Flaggen und Windsäcke in Regenbogenfarben. Das Mikrofon war in der Zeitschriftenabteilung aufgebaut, sodass hinter mir alle möglichen Bilder von Männern waren, einige mit Suspensorium oder auch welche mit Knebeln im Mund, die aussahen wie Tischtennisbälle. Was mich aber am meisten nervte, waren die Räucherstäbchen, die nach Kokos stanken.

29. März 1997
Atlanta, Georgia
Der Flughafen von Cedar Rapids war österlich geschmückt. Auf dem Handgepäckscanner lagen Kunstgras, Marshmallow-Küken und Plastikeier, und als ich darauf starrte, bat mich eine junge Sicherheitsbeamtin, meine Tasche zu öffnen. Sie entdeckte die Flasche Scotch, die Little, Brown mir geschickt hatte, und sagte: »Tut mir leid, Sir, aber ich muss das ausschütten.«

Ich dachte, das sei die Vorschrift in Iowa, aber dann trat ihre Chefin vor und sagte: »Nein, Tanya, Sie müssen das nicht wegkippen. Sie müssen bloß dran riechen und sicherstellen, dass es kein Benzin ist.«

»Tatsächlich? Seit zwei Monaten habe ich es immer ausgeschüttet!«

»Nun, das war nicht nötig«, erklärte ihre Vorgesetzte.

Tanya öffnete meine Scotch-Flasche, hielt sie sich unter die Nase und zuckte zurück. »Jetzt habe ich Schnaps an den Fingern«, sagte sie. »Na toll!«

Ihre Vorgesetzte verdrehte die Augen. »Oh, gehen Sie zum Trinkbrunnen, geben Sie etwas Wasser hinzu und gönnen Sie sich einen Drink«, sagte sie. »Wird Ihnen guttun.«

13. April 1997
Portland
Heute Vormittag sah ich am Flughafen in Seattle einen Jungen, ungefähr zehn Jahre alt, der etwa alle fünfzehn Sekunden den Kopf zur Seite ruckte. Es war, als würde ich mich selbst als Jungen sehen. Sein Vater sagte: »Aaron, ich warne dich ...« Ich wollte zu dem Jungen hinrennen und ihn schwungvoll in die Luft heben.

10. Mai 1997
New York
Ich habe *Nickel Dreams*, die jüngst erschienene Autobiografie von Tanya Tucker, zu Ende gelesen. Jedes Mal, wenn sie den Ausdruck »mein neuer Freund« oder »meine neue Freundin« benutzte, zückte ich meinen Stift, da ein weiterer toller Name folgen würde. Das ganze Buch ist voll davon, und meine Favoriten sind Peanutt Montgomery, Sonny Throckmorton, Michael Smotherman, Dave Dudley und Sheila Slaughter.

17. Mai 1997
La Bagotière
Mr G.s neues Hengstfohlen ist krank, und wir sahen zu, wie er im Stall die Mutter molk. Dann fütterte er das Fohlen mit der Flasche, wobei er nach kurzer Zeit den Saugstutzen abnahm, dem Tier die Milch in den Rachen schüttete und sagte: »Na, nun komm schon, trink.« Anschließend steckte seine Frau dem Fohlen ein Thermometer in den Arsch, und gemeinsam zwängten sie dem Tier etwas Paraffinöl in den Schlund – und das alles, weil der Tierarzt am Wochenende einen Aufschlag verlangt.

Als jemand aus New York finde ich es schockierend, in der Nähe von Tieren zu sein. In der Garage sind die Gänseküken, mit kahlen und blutigen Rücken, wo sie sich gegenseitig die Federn ausgerupft haben. Die Lämmer sind in ihren Boxen. Die Lämmchen sind zutraulich, aber schon jetzt ist ihr Fell mit Dreck und Kot verklebt. Im Stall daneben sitzt ein neun Jahre altes Mutterschaf vor einer Schüssel voller Pampe. Ihm sind sämtliche Zähne ausgefallen, deshalb kann es weder auf der Wiese grasen noch Heu oder Trockenfutter fressen.

19. Juni 1997
New York
Ich sah gestern die *Simpsons*, als Tiffany anrief. Sie hat den vergangenen Monat in Raleigh verbracht, und es war schräg, wie sie davon erzählte. »Dann wollte Gretchen, dass ich dem ausgestopften Biber einen anderen Hut aufsetze, und ich sagte: ›Ist das eine *Aufforderung* oder eine *Bitte*?‹«

Besonders verärgert war sie über eine Lampe, die Dad in seinem Wagen zu ihrer und Pauls Wohnung bringen sollte. »Das hat etwas mit *Respekt* zu tun«, wiederholte sie mehrere Male, während ich ohne Ton auf den Bildschirm starrte und mich fragte, was ich alles verpasste.

27. Juni 1997
New York
Gestern Abend redete ich mit Paul, der sich beklagte: »Ich habe schon so lange keine Muschi mehr gesehen, ich würde mit Steinen danach schmeißen.«

Ich wünschte, ich hätte diesen Satz noch in unser Stück einbauen können. Dann entdeckte ich, dass wir in *Time Out* unter den Veranstaltungen für Kinder stehen.

»*Unsere* Show?«, sagte Amy, als ich ihr davon erzählte. »Die, in der gekifft und geflucht wird und die den Satz enthält: ›Pssst, Glen. Hey, Glen, soll ich dir einen blasen?‹«

Ich werde morgen genauer drüber nachdenken.

28. Juni 1997
New York
Als hätte Amy nicht genug damit zu tun, ihren Text zu lernen, hat eine Freundin sich bei ihr eingeladen, um Aale zu kochen. Ich weiß auch nicht, wie sie immer an solche Sachen kommt.

Heute hat sie im Drogeriemarkt gesehen, wie eine Polizistin ein Fläschchen Grundierung geöffnet, einen Flecken auf der Nase damit übertüncht und das Fläschchen zurück ins Regal gestellt hat. Ein Bulle!

1. Juli 1997
New York
Wir haben heute unser Stück vor fünfzehn Leuten vom Lincoln Center vorgelesen, und als wir fertig waren, stand John, der für das Festivalprogramm zuständig ist, auf und sagte: »Nun, mir ist es egal, was die anderen sagen, *mir* hat es gefallen.«

Nachher lief ich eine Weile durch den Park und dachte nach. Auf der Fahrt nach Hause stieg eine sehr dünne Frau, der ein Schneidezahn fehlte, in die U-Bahn und sagte: »Kann ich kurz um Ihre beschissene Aufmerksamkeit bitten?« Als niemand aufsah, nannte sie uns einen Haufen arroganter Spießer. »Für die anderen Schlampen habt ihr Geld. Ihnen helft ihr, aber mir nicht, also fickt euch.«

Sie stellte sich direkt vor eine junge Frau, die ihr etwas Geld gab, und auch die nächste, bei der sie es versuchte. »Na, das ist ja großartig«, sagte die Frau. »Richtig großartig, ihr Arschlöcher.«

6. Juli 1997
New York
Letzte Woche schenkte Amy Hugh und mir einen großen Plastikkanister industrielles Frittieröl, und heute Nachmittag ging ich damit zum Waschsalon, da ich es mit dem beinahe identischen Waschmittelkanister verwechselt hatte – gleiche Größe, gleiche Farbe. Der einzige Unterschied war der Ausgießer. Nur der verhinderte, dass ich einen ordentlichen Schuss davon in die Maschine kippte. In dem Fall wäre es das

Beste gewesen, sich unauffällig davonzumachen, neue Kleidung, Bettlaken und Handtücher zu kaufen und diesen Waschsalon nie wieder zu betreten. Ich vermute, die Wäsche wäre nach einer Ölspülung ziemlich ruiniert gewesen.

11. Juli 1997
New York

Gestern war einer der glücklichsten Abende meines Lebens. Unser Stück war ausverkauft, alle Plätze besetzt, einschließlich der in den hinteren Reihen aufgestellten Klappstühle. Von der Besprechung in der *Times* erfuhr ich erst, als Amy mir am Telefon davon berichtete. Dann rief Drew, der Choreograf, an und las sie mir vor, ehe ich ihn davon abhalten konnte. Sie klingt so, als hätte ich sie als eine Art Witz selbst geschrieben. Sie erwähnten Hughs Bühnenbild und seine originelle Regie. »Vulgarität sollte nicht so lustig sein, aber hier wird sie auf die Spitze getrieben und lächerlich gemacht.«

Ach ja, wir haben sie lächerlich gemacht?

Ich hatte gehofft, sie würden alle Schauspieler gleichermaßen loben, und es schmerzt, dass sie Toby und Sarah nicht erwähnen. Ich kann ihre Entscheidung nicht nachvollziehen, aber insgesamt ist es eine glänzende Kritik. Nach der gestrigen Aufführung luden uns die Leute vom Lincoln Center Festival in ein schickes Restaurant ein. Ich war mir so sicher, das Stück würde durchfallen.

28. Juli 1997
New York

Gestern Abend sah ich *Alien Autopsy: Fact or Fiction*, einen zehnminütigen Film, den man auf eine Stunde gestreckt hatte. »Ist das tatsächlich authentisches Filmmaterial eines Bewohners von einem anderen Planeten oder bloß ein übler

Scherz, der an unsere tiefsten Ängste rührt? Gleich nach der Werbepause.«

Ich wartete auf die eigentliche Autopsie, aber stattdessen wurde wieder und wieder das gleiche Foto gezeigt: ein Arzt im Schutzanzug, der mit einem Füllfederhalter auf eine Fleischwunde des Alien zeigt. Der Außerirdische selbst sah aus wie ein Kind mit einer Halloweenmaske, die Genitalien durch Pixel unkenntlich gemacht. Es wurden mehrere Leute interviewt, die den Absturz bei Roswell vor fünfzig Jahren erlebt hatten. Eine verwirrt aussehende Frau sagte, Regierungsvertreter hätten ihr gedroht, an die Öffentlichkeit zu gehen. »Wir sahen das UFO am Boden, und daneben waren zwei kleine weinende Wesen, die einen dritten Alien wiederzubeleben versuchten, der aller Wahrscheinlichkeit nach tot war. Dann rannten die beiden Überlebenden zu dieser Metallbox. Ich weiß nicht, was sie enthielt, aber ich erinnere mich noch, dass ich dachte, *Diese Box scheint den Außerirdischen sehr wichtig zu sein.*«

29. Juli 1997
New York
Gestern erschien in der *Times* eine Gesamtkritik des Lincoln Center Festivals von Ben Brantley. »›Verwundere mich‹, Djagilews viel zitiertes künstlerisches Credo, ist das Gebot von Leuten, die selbst definierte ›kulturelle Events‹ wie ›Les Danaides‹ besuchen … Aber allein ›Incident‹ der Sedaris-Geschwister löste Verwunderung aus. Dieses Stückeschreiberteam hat ein beispielloses Ohr für amerikanische kulturelle Klischees und ein gleichermaßen feines Händchen dafür, diese Klischees ins schier Absurde zu treiben.«

Die Freude über die Kritik wurde durch einen Anruf der Fotografin vom *People Magazine* zunichtegemacht. Sie bringen eine Story über mein Buch, und sie teilte mir mit, sie würde gerne ein Bild von mir machen, auf dem ich in ein Handtuch gewickelt bin oder hinter dem Duschvorhang hervorschaue. Das passiert, wenn man seinem Buch den Titel *Nackt*, anstatt, sagen wir, *Stille Würde* gibt.

31. August 1997
La Bagotière

Beim Aufwachen hörten Hugh und ich die Nachricht von Prinzessin Dianas Tod, buchstäblich zu Tode gehetzt von den Fotografen. Ich habe den ganzen Vormittag über BBC gehört. Die Korrespondenten interviewen eine Person nach der anderen, darunter auch einen »Qual-Experten«, der sagte, der Tod eines Menschen sei oft sehr schmerzhaft.

3. Oktober 1997
New York

Tiffany rief heute Morgen schluchzend per R-Gespräch an und sagte, sie könne nicht aus dem Haus gehen. Das passiert ihr in regelmäßigen Abständen. An anderen Tagen kann sie zwar das Haus verlassen, wacht aber trotzdem weinend auf. Sie tut mir leid, aber ich weiß nicht, was ihr fehlt. Gibt es dafür keine Medikamente? Sie redet über Mom, über die Schule, auf der sie vor zwanzig Jahren war, all das Zeug aus der Vergangenheit, wieder und wieder.

5. Oktober 1997
New York

Hugh und ich gingen mit Amy und Mitch in ... *denn zum Küssen sind sie da*, einen der schlechtesten Filme, den ich seit Langem gesehen habe. Es war einer dieser »Ich-glaube-wir-haben-da-einen-Serienkiller-an-der-Backe«-Thriller. Ich saß neben einem Fremden, und nach zwanzig Minuten waren wir dabei, uns gegenseitig mit dem Ellbogen zu stoßen und die Augen zu verdrehen. Zu allem Übel musste ich einmal mehr den endlos langen Vorfilm zu *Titanic* über mich ergehen lassen. Wer, glauben sie, wird sich diesen Film ansehen?

18. Oktober 1997
Columbus, Ohio

Am Flughafen von Columbus wurde ich von Rick abgeholt, einem freundlichen und lebensbejahenden Menschen, der freudestrahlend verkündete, er werde mich zum Essen in ein Restaurant namens Johnny Rockets einladen. »Sie werden begeistert sein«, sagte er. »Ein Laden im Fünfzigerjahre-Stil, wo die Kellnerinnen Kaugummi kauen und mit der Ketchupflasche kleine Bilder auf den Hamburger malen. Manchmal singen sie auch, und wenn man zehn Cent einwirft, machen die kleinen Jukeboxen auf den Tischen Musik!«

Es klang furchtbar, aber ich wollte ihn nicht enttäuschen und biss die Zähne zusammen. Als die Kellnerin tatsächlich fragte, ob sie mir etwas auf meinen Hamburger malen solle, schlug ich ein Hakenkreuz vor, hätte es aber am liebsten sofort wieder zurückgenommen.

»Oder ein Gesicht«, sagte ich. »Ein lustiges Gesicht wäre auch prima.«

Der gute Rick erinnerte uns daran, dass das Hakenkreuz, bevor die Nazis es übernahmen und etwas Hässliches daraus machten, ein keltisches Symbol für Glück war.

Nach dem Essen ging er mit mir zu Target, und ich erfuhr, dass er kürzlich bei einem Gewinnspiel bei Big Bear, einer lokalen Supermarktkette, mitgemacht und freien Einkauf für ein ganzes Jahr gewonnen hatte.

20. Oktober 1997
New York

Die Frauen in New York sind heute Abend gereizt. An der Ecke von Houston und Thompson Street hörte ich eine Schwarze, die ihren Freund anbrüllte: »Ich will dir eins sagen, Motherfucker, ich brauch dich nicht.«

Kurz darauf ging vor mir auf dem West Broadway ein weißes Paar, wobei die Frau mehrere Schritte vor ihrem Freund herlief. »Sag bloß nicht noch einmal ›pst‹ zu mir, du Arschloch, und schon gar nicht vor einer Angestellten.«

Offenbar hatte er versucht, von einem Münztelefon aus einen Tisch im Restaurant zu reservieren, und hatte sie gebeten, etwas leiser zu sein, damit er die Frau am Telefon besser verstehen konnte. Das war definitiv falsch gewesen. Nachdem sie sich über die Aufforderung, leiser zu sein, beklagt hatte, ereiferte sie sich über die bescheuerte Art, wie er mit anderen Leuten redete. »Wenn wir zum Beispiel in ein Taxi einsteigen und du den Fahrer fragst, wie es ihm gehe. Als wenn das irgendwen einen Scheißdreck interessiert, am allerwenigsten ihn selbst. Er will nur die verdammte Adresse, und du tust so, als wärst du sein bester Freund, also komm mir bloß nicht noch einmal damit, ich solle leise sein.«

Er machte keinerlei Anstalten, sich zu verteidigen, und ich stellte mir vor, er könne sich beim Essen auf eine lange Tirade gefasst machen. Es kommt nur selten vor, dass man nach einem Streit entspannt essen geht. Vielleicht hätte er sagen sollen: »Weißt du was, du hast recht. Es tut mir leid. Das war taktlos, und es wird nicht wieder vorkommen.«

Ich ging noch mehrere Blocks hinter ihnen her, in der Hoffnung, er würde diesen Weg wählen, aber nichts geschah. Mich ärgerte, wie sie bei jedem neuen Vorwurf mit den Fingern schnippte. Ich fragte mich, was er an ihr fand, aber als wir die Broome Street erreichten, fragte ich mich, was sie an ihm fand.

23. Oktober 1997
New York

Ich finde es seltsam, dass keiner von Hughs Eltern das *People Magazine* gekauft hat, in dem etwas über ihn steht. Sein Vater sagt: »Ich werfe nicht drei Dollar zum Fenster raus. Sag mir einfach, was drinsteht.« Seine Mutter blätterte bei Target durch ein Exemplar und sagte später am Telefon: »Ich habe zu Hause bessere Fotos von dir.«

Andere Eltern hätten ein Dutzend Exemplare gekauft. Es geht ja nicht um die Anschaffung eines mehrbändigen Lexikons. Ich meine, also wirklich.

20. November 1997
New York

Paul rief mich aus Raleigh an und sagte, er habe zwei Veilchen. Offenbar hat er sich in einer Bar mit einem Typen geprügelt, der viel größer und kräftiger war als er.

Ich: Und wann hat er aufgehört, dich zu schlagen?
Paul: Als er fertig war.

26. November 1997
New York

Auf dem Heimweg vom Kino ging ich durch die kleine Fußgängerzone zwischen 3rd und 4th Street. Ein Weißer, etwa in meinem Alter, saß auf einer Bank und brüllte: »Seid ihr taub? Ich hab gefragt, wie spät es ist.«

Er rief es einer Gruppe von drei Frauen hinterher, von denen eine Japanerin war. Als sie ihm nicht antworteten, stand er auf und lief hinter ihnen her. »He, du. Ja, genau du, Japse. Ich habe dich was gefragt.«

Eine der Frauen drehte sich um. »Entschuldigung«, sagte sie. »Ich habe nicht bemerkt, dass Sie mit uns geredet haben.«

»Scheiß auf die Entschuldigung!«, brüllte der Mann. »Ich hab nach der Zeit gefragt.«

Das ist jetzt einige Stunden her, doch ich muss immer noch daran denken und hasse mich dafür, so ein Feigling zu sein. Die korrekte Antwort auf die Frage des Mannes wäre gewesen: »Es ist Zeit für Sie, sich ein paar Manieren anzugewöhnen.« Er war kein Verrückter, aber man sah, dass er einige Zeit im Gefängnis gesessen hatte. Ich frage mich, was er wohl an Thanksgiving macht, und dann frage ich mich, wo er gelernt hat, wie man Leute anspricht.

29. November 1997
New York

Ich ging zum Haareschneiden und saß auf einem Stuhl neben einem Mann, der frisch aus dem Gefängnis entlassen war. Der Friseur fragte, warum er gesessen habe, und er sagte: »Schwere Körperverletzung. Ich musste eine Italienerin verprügeln, weil sie einfach nicht den Mund halten konnte.«

Ich dachte, der Friseur, der ebenfalls Italiener war, würde ihm die Kehle aufschlitzen, aber stattdessen stellte er den Fernseher lauter.

20. Dezember 1997
New York

Ich habe in dieser Woche ein halbes Dutzend Bücher über furchtbare Krankheiten gekauft, einige für mich und einige als Weihnachtsgeschenk für Gretchen. Mein Lieblingsfoto zeigt eine Frau mit schrecklicher Arthritis. Ihre Finger sind verdreht und spitz zulaufend, fast wie Karotten, aber ihre Fingernägel sind gepflegt und lackiert. Sie arbeitet mit dem, was sie hat. Das Gleiche lässt sich von den Zahnfleischerkrankungen hinter geschminkten Lippen sagen.

26. Dezember 1997
New York
Einer Tradition folgend, sahen Dad, Lisa, Paul, Amy und ich am Weihnachtstag, nachdem wir die Geschenke ausgepackt hatten, einen Film über Schwarze im Kino. Dieses Jahr war es *Jackie Brown*. Im Jahr davor war es *Rendezvous mit einem Engel*, und davor *Warten auf Mr Right*. Eigentlich wollten wir in diesem Jahr *Soul Food* sehen, aber die einzige Vorstellung war um neun Uhr vormittags.

Nachher beim Essen erzählte Dad von einer Frau, die wir von früher von der Kirche kannten. «Ich habe sie vor Kurzem gesehen, und Donnerwetter, sie sieht aus wie ein Mann», sagte er. »Sie hat einen Bart und alles, wie ein borstiges Schwein.«

Als Gretchen ihn ausschimpfte, sagte er, er habe das nicht als Beleidigung gemeint. »Aus den Borsten eines Schweins werden einige der feinsten Pinsel hergestellt, sowohl Maler- als auch Rasierpinsel! Ich habe sogar selbst einmal einen besessen.«

1998

1. Januar 1998
New York
Ich brachte Helen die Mandarinen, um die sie gebeten hatte, und sie erschien an der Tür wie ein alter Mafiaboss hinter einer großen Sonnenbrille. »Meine normale Brille ist bei einem Sturz zerbrochen«, erklärte sie mir. Wir saßen noch eine Weile in der Küche, und bevor ich ging, schenkte sie mir einen muskatnussfarbenen Hosenanzug für Amy. »Alle meine Freundinnen haben fette Ärsche, ich kenne niemanden, dem er passen würde. Sag ihr, sie solle ihn mit Woolite oder mit irgendeinem anderen Scheißzeug waschen.«

2. Januar 1998
New York
Eine junge Frau rief an und sagte: »Wer ist da?« Ich fragte, wen sie sprechen wollte, und sie sagte: »Welche Nummer ist das?« Nachdem ich es ihr mitgeteilt hatte, sagte sie: »Sie brauchen mich nicht anzuschreien.« Dann sagte sie, sie würde sich in einigen Minuten wieder melden und legte auf.
    Mehrere Stunden später rief ein Mann an und fragte, ob ich David Sedaris sei. »Ich habe mit ein paar Kumpels ein Geschenk für Sie gekauft, und wir würden gerne vorbeikommen und es Ihnen überreichen.«
    Ich sagte, heute käme es ungelegen, und schlug vor, er solle mich morgen noch einmal anrufen. Wie dumm kann man sein?

7. Januar 1998
New York

Als ich Helen die bestellten Hähnchenschnitzel vorbeibrachte, sang sie »I Got You, Babe« zu Ehren von Sonny Bono, der vor zwei Tagen bei einem Skiunfall tödlich verunglückt war. »Ich mag diese Chastity«, sagte sie. »Ihr Vater soll sehr verständnisvoll reagiert haben, als sie ihm sagte, sie sei eine Lesbe.« Ich blieb eine Stunde bei ihr, und sie berichtete mir von ihren diversen Streitigkeiten in dieser Woche. »Ich bin keine Querulantin. Ich halte mich ab sofort aus allem raus.« Bevor ich ging, gab sie mir einen weiteren Hosenanzug für Amy, diesmal mit einer nietenbesetzten Jacke. Man kann sich Helen darin kaum vorstellen, aber sie schwört, ihn zur Kirche getragen zu haben. »Der Monsignore sagte: ›He, Teufelsbraut, wo ist Ihr Pferd?‹ Ich erklärte ihm, daheim in der Garage. Ha! Du lachst, aber das habe ich ihm wirklich gesagt.«

20. Januar 1998
New York

Franny, die Frau unter uns, ist gestern Nacht kurz vor ihrem 106. Geburtstag gestorben. Helen erzählte es mir und sagte: »Meine Mutter ist mit sechsundvierzig gestorben! Ich weiß noch, dass ich sie fragte: ›He, Ma, was schenkst du mir zum Geburtstag?‹ Sie sagte: ›Ich schenke dir etwas, das du niemals vergessen wirst.‹ Und das hat sie getan. Sie starb.«

Typisch Helen. Alles muss sich immer nur um sie drehen.

21. Januar 1998
New York

Ich rief meinen Agenten Don an, um mit ihm über die Situation bei Little, Brown zu sprechen, doch er begann, von Mary Todd Lincoln zu reden. Dann kam er auf Abe Lincoln und danach auf FDR zu sprechen. Als der Name Bill Clinton fiel, schöpfte ich Hoffnung, da wir uns endlich dem gegenwärtigen Jahrzehnt näherten, aber dann ging er wieder zurück zu *Collier's Magazine*, bevor er zuletzt sagte, das Beste sei, abzuwarten und Little, Brown die Initiative zu überlassen.

24. Januar 1998
New York

Ich habe in letzter Zeit viel Talk Radio gehört. Der Präsident ist in einen Sexskandal verwickelt, der ihn sein Amt kosten könnte, wenn nachgewiesen wird, dass er die junge Frau zur Falschaussage vor der Grand Jury, oder wer auch immer belogen werden musste, angestiftet hat. Ein Sender hat einen Preis für denjenigen ausgesetzt, der den besten Namen für den Skandal findet. Ich finde es einfallslos, überall das Wort *-gate* anzuhängen, obwohl sich gegen Fornigate oder Tailgate, die beiden Hauptfavoriten, schwerlich etwas einwenden lässt. Wer weiß, was noch daraus wird.

26. Januar 1998
New York

Während die Normalos den Super Bowl auf NBC verfolgten, kämpften die anderen Sender um die weiblichen und schwulen Zuschauer. Auf Channel 9 lief *Funny Girl*, und auf Channel 2 das Remake von *Gypsy* mit Bette Midler. Unterdessen brachte Channel 13 eine Folge von *Nature* zum Thema Katzen. Hugh und ich schalteten hin und her zwischen dem einen Musical und dem anderen Musical und der Calico-Mutter, die ihren Jungen das Jagen beibrachte. Unsere Katze Dennis verschlief dagegen die Unterrichtsstunde.

10. Februar 1998
New York

Helen rief mich an und bat mich, zu ihr zu kommen und ihr den Rücken mit Tigerbalsam einzureiben. Unser Nachbar Joe hatte angeboten, es zu tun, aber sie hatte mit dem Hinweis abgelehnt, sie wolle nicht vergewaltigt werden. »Auf so was stehe ich nicht«, erklärte sie mir. »Schon gar nicht in meinem eigenen Bett.« Neulich abends vertraute sie mir an, ihr eigentlicher Name sei Elena, und als junges Mädchen sei ihr Spitzname Rocky gewesen, weil sie sich ständig geprügelt habe. Sie schickte mich mit etwas Spaghettisoße, in der einige Brocken Hähnchenbrust schwammen, nach Hause. Hugh schüttete sie in den Abfall, genau wie das Kalbfleisch, das sie mir vorgestern mitgegeben hatte.

13. Februar 1998
New York

Ein deutscher Verlag hat einen hübschen Vorschuss für *Nackt* angeboten, und Don meint, wir sollten zusagen. »Genauso viel, wie die Japsen ausgespuckt haben«, sagte er.

15. Februar 1998
New York

Helen rief um acht Uhr früh und dann noch einmal drei Stunden später an. »Komm vorbei. Ich habe Hühnchen mit Kartoffeln und Erbsen für dich gekocht.« Ich ging zu ihr, und sie erzählte mir von ihrem jüngsten Streit mit dem Feinkosthändler auf der Ecke Spring und Sullivan Street. Ihr Lieferjunge ist taub, und Helen beschuldigt ihn, ihren Stift geklaut zu haben. Dabei handelt es sich offenbar bloß um ein einfaches Versehen. Der Junge hat den Stift benutzt und ihn dann versehentlich eingesteckt. Ich stelle mir vor, wie verblüfft er war, als Helen über ihn herfiel und ihren Stift zurückverlangte. Später rief sie das Geschäft an und sagte: »Diese Missgeburt kommt mir nicht mehr ins Haus. Und wenn er sich ein Trinkgeld erhofft hat, soll er meinetwegen den Scheißstift behalten!«

Dem Lieferboten von Grand Union unterstellt sie, er würde Dosen von ihrer Bestellung unterschlagen und sie auf der Straße verkaufen. So paranoid ist sie inzwischen geworden.

16. Februar 1998
New York
Jede Menge häuslicher Gewalt heute Abend in *Cops*. Eine junge Frau wird ins Gesicht geschlagen, und ihr Freund rastet aus, als die Beamten in seinen Wohnwagen eindringen, um ihn festzunehmen. Er ist kräftig, und drei Beamte müssen ihn zu Boden ringen. Unterdessen schreit seine Freundin: »Ich will nur mit dir reden, Baby.« Und die Bullen bittet sie: »Er wollte Ihnen nicht wehtun. Er hatte bloß Angst.«

Während der Freund abgeführt wird, brüllt er: »Das verzeihe ich dir nie, Randi. Wenn ich rauskomme, mach ich dich fertig.«

Sie antwortet: »Soll ich für dich die Kaution zahlen?«

»Weißt du«, sagt er zu ihr, als sie ihn in den Wagen drücken, »sie wissen nicht, wie du bist. Sie haben keine Ahnung, wie du mit mir redest und mich dazu zwingst, dich zu schlagen.«

»Tut mir leid«, heult sie. »Ich hol dich heute Abend raus.«

22. Februar 1998
New York
Sie übertragen die Abschlusszeremonie der Olympischen Winterspiele in Nagano. Das heißt, ich kann ungestört schreiben, ohne dass Hugh alle fünf Minuten brüllt: »David, komm schnell – beeil dich!«

Gestern Abend habe ich ihm so schonend wie möglich erklärt, dass ich mich nicht für Eiskunstlauf interessiere. Mir sind Michelle Kwan oder Tara Lipinski schnuppe, und ich wäre glücklich, wenn ich die Ausdrücke *dreifacher Lutz* oder *Doppelaxel* nie wieder hören müsste. Ich habe ihm dies am Freitag gesagt, und eine Stunde später komme ich in die Küche und finde ihn in Tränen aufgelöst. »Es ist herzzerreißend«, sagte er und sah sich seine geliebten Eiskunstläuferinnen an.

Gestern Abend rief er mich, um Michelle Kwan bei ihrem abschließenden Schaulauf zu sehen. Der Wettbewerb war beendet, aber die Läuferinnen durften noch einmal aufs Eis und ohne Wertung auftreten. Die Bobfahrer dürfen das nicht, aber offenbar haben die Eiskunstläufer viele Fans wie Hugh, der einfach nicht genug kriegen kann. Im Augenblick überbrücken sie die Zeit mit einem Soft-News-Beitrag, in dem der Zuschauer erfährt, dass »Reis für die Menschen in Nagano sehr wichtig ist«. Dem Sprecher gelingt es, seinen Drei-Minuten-Beitrag auf zehn Minuten auszudehnen. Das Geheimnis besteht darin,

        g a n z l a g s a m z u s p r e c h e n.

4. März 1998
New York

Ich rief meinen Drogen-Lieferservice an, und sie schickten einen jungen Weißen namens Luke vorbei. Wie alle kam er mit dem Fahrrad und stand mit Gras in vier verschiedenen Qualitätsgraden an meiner Tür. Ich beklagte mich über den Baulärm vom Hotel gegenüber, und er sagte mitfühlend, »Oh, Alter.«

Ich fragte ihn, wo er wohne, und er sagte, Williamsburg. »Ist wie eine Partyzone, aber echt relaxt.«

Luke war die Parodie eines Kiffers. Ich denke, das gefiel mir
an ihm. Ich hasse es, am helllichten Tag von jemandem Gras zu
kaufen, der ungemein redegewandt ist. Ich käme mir dann
noch mehr wie ein Loser vor.

13. März 1998
New York

Helen ist heute Nachmittag gestürzt, und ich sah zu, wie die
Sanitäter sie die Treppe runtertrugen. Joe zufolge war sie auf
einen Stuhl gestiegen, um eine Glühbirne zu wechseln, und hat
sich vermutlich die Hüfte gebrochen. Ihre Tochter kam, in einen
Pelzmantel gekleidet, und sagte: »Sie müssen Dave sein, der von
ihr in den Wahnsinn getrieben wird. Willkommen im Klub.«

19. März 1998
New York

Hugh durchläuft in Bezug auf das Kreuzworträtsel der *New
York Times* verschiedene Phasen. Für einige Monate widmet
er sich ihm mit religiöser Inbrunst, dann wieder lässt er es links
liegen. Manchmal sehe ich ihm über die Schulter, und wann
immer ich ein Lösungswort weiß, komme ich mir unheimlich
schlau vor. Vor ihrem Tod hatte Mom damit angefangen, die
Kreuzworträtsel im *Raleigh News and Observer* zu lösen. Sie
kaufte ein Heft mit einfachen Rätseln, und es brach mir das
Herz, als ich es nachher im Mülleimer im Bad fand. »Edel-
metall« mit vier Buchstaben, und sie hatte *Blei* statt *Gold*
geschrieben.

Ich habe mir nie viel aus Kreuzworträtseln gemacht, bis zu
diesem Wochenende, als ich das Rätsel im *People Magazine*
von dieser Woche vollständig löste. Ich gebe zu, die Hinweise
machten die Sache ziemlich leicht. »Starsky und _____«. »Mit
Sonny verheiratete Sängerin.« Es war etwa Fünftklässlerniveau,

aber nachdem ich fertig war, musste ich es die ganze Zeit anschauen.

Ich zeigte es Hugh, und dann stöberte ich im Altpapierstapel am Straßenrand und entdeckte noch zwei weitere *People*-Ausgaben. Ich liebe es, zu kiffen und dabei ein Kreuzworträtsel zu lösen, aber noch besser ist es, sie gleich nach dem Aufwachen zu machen.

27. März 1998
New York
Ken Shorr ist in der Stadt und kam heute Vormittag vorbei. Wir gingen in ein Café an der Sullivan Street und saßen an einem Tisch im Freien, als ein älterer Mann uns fragte, ob wir ihm helfen könnten, eine Pflanze in ein Loch zu setzen, das er gerade gegraben hatte. Es war eine seltsame und überraschende Bitte, deshalb willigten wir ein und folgten ihm die Straße entlang zu einem Haus, an dem ich bestimmt schon fünfhundertmal vorbeigelaufen bin. Es hatte einen Aufzug, mit dem wir ins Souterrain fuhren, wo, wie er erklärte, die Wohnung seines Schwiegersohns sei. »Er ist Chinese«, fügte er hinzu, »und komponiert eine Oper. Ich hatte gehofft, das Hausmädchen könne mir mit der Pflanze helfen, aber sie ist nicht stark genug.«

Unten angekommen, gelangten wir durch einen dunklen schmalen Flur in eine frisch duftende Wohnung. Sie ging hinaus auf einen kleinen Hinterhof, wo der Mann auf einen stattlichen Baum zeigte, dessen Wurzeln in einer sackleinernen Kugel steckten. Er musste dreihundert Pfund wiegen und sollte vier Treppenstufen hoch und dann zu einem knapp zwei Meter entfernten Loch geschleift werden.

Ken und ich versuchten, ihn hochzuheben, aber obwohl wir alles gaben, stand er schon nach wenigen Sekunden wieder auf dem Boden und wir hechelnd daneben. »Ich kann gar nicht verstehen … warum ihr Hausmädchen … das nicht alleine hinbekommen hat«, sagte Ken schnaubend. »Meins konnte zwei Bäume … tragen und gleichzeitig den … Kindern … die Brust geben.«

Der Mann zwinkerte mit den Augen.

Beim zweiten Versuch wuchteten wir ihn eine Stufe hinauf. Dann noch eine und noch eine. Als wir uns dem Loch näherten, stellten wir fest, dass es viel zu flach war. Irgendwer musste es tiefer graben, aber definitiv keiner von uns beiden. Der Mann war so gebrechlich, dass er wohl Stunden dafür gebraucht hätte, deshalb sagten wir nichts und zerrten den Baum in das viel zu flache Loch, wo er jämmerlich aussah.

28. März 1998
New York

Hugh und ich gingen Helen im Krankenhaus besuchen. Während unseres halbstündigen Aufenthalts dachte ich ständig, wir wären im falschen Zimmer. Man hat ihr das Gebiss herausgenommen, sodass sie schwer zu verstehen war. »Wie geht es dir?«, fragte Hugh.

Sie zeigte zur Wand und sagte, er solle den Kühlschrank öffnen.

Ihr Haar ist viel länger als bei unserer letzten Begegnung. Der kupferrote Hennaton ist verschwunden, und sie sieht zwanzig Jahre älter aus. Später erzählte sie ihrer Tochter Ann, zwei Männer seien da gewesen. Sie konnte sich nicht mehr an unsere Namen erinnern und wusste nicht, warum wir gekommen waren.

30. März 1998
New York
Weil ich mit meiner BBC-Story nicht weiterkam, verbrachte ich einen Großteil des Tages damit, den Gefrierschrank abzutauen. Am Nachmittag rief ich den Lieferservice an und bestellte etwas Gras, und eine Stunde später stand ein Typ namens Stogie vor der Tür. Nachdem er das Geld gezählt hatte, sah er das Papier auf meinem Tisch und sagte: »He, sind Sie David Sedaris? Meine Frau steht auf Sie.« Er fragte, ob er ein Autogramm haben könne, worüber ich mich mächtig geschmeichelt fühlte. Ich meine, da stand ein richtig großer Gras-Dealer vor mir, und dann wollte *er* von *mir* ein Autogramm? Es war nett von ihm zu fragen, und seine Aufmerksamkeit machte es viel leichter, meine BBC-Story zu Ende zu schreiben.

10. April 1998
Hanover, New Hampshire
Heute Morgen war ich mit Georgia verabredet, die mit mir über den Fluss zu einem Radiointerview in Vermont fuhr. Nachher gingen wir in ein Restaurant, wo sie jeden zu kennen schien. Als wir nach dem Essen aufbrachen, stellte sie mich einer achtzigjährigen Amerikanerin japanischer Herkunft namens Bea vor, die sagte: »Wir sind gerade von unserem Karfreitags-Friedensmarsch zurück!«

Bea, so erfuhr ich, lebt einige Monate im Jahr in einer Quäker-Seniorensiedlung in der Nachbarschaft. »Den Rest des Jahres verbringen wir auf der Farm.«

»Ihrer Farm?«, fragte ich.

»Oh ja, schon seit Jahrzehnten. Mein Mann und ich hängen an dem Land.«

Ich fragte, was sie anbaue, und war leicht enttäuscht, als sie »Weihnachtsbäume« sagte. Seien wir ehrlich, das ist nichts, was einen um fünf Uhr früh aus dem Bett scheucht. Ich könnte falsch liegen, aber kommen Weihnachtsbäume nicht ziemlich gut alleine klar?

15. April 1998
New York

Ich kam heute Nachmittag an der Ecke 7th Avenue und 50th Street an einer Gruppe Schwarzer Hebräer vorbei. Das sind die Leute, die seltsame Roben tragen und davon reden, wie sehr Jesus die Weißen hasse. Ich lief vorbei, ohne mich um sie zu kümmern, als der Typ mit dem Mikrofon mich als weiße Schwuchtel beschimpfte.

17. April 1998
New York

Rakoff trat heute in *As the World Turns* auf. Er spielte einen Talentscout von der Visage Modeling Agency und sagte Sätze wie: »Soll das ein Witz sein, ich würde niemals eine Rebecca-Drake-Modenschau verpassen. Ich bin ganz verrückt nach ihren Sachen.« Ich hatte diese Soap noch nie zuvor gesehen, werde aber keine Folge verpassen, solange er mitspielt. Montag ist er wieder dabei und sagt: »Verzeihen Sie, Miss, aber dürfte ich mir Ihr Portfolio ansehen?«

20. April 1998
New York

Heute Abend wurde ich auf dem Nachhauseweg vor einer Pizzeria an der Ecke Spring und Thompson Street Zeuge einer Schlägerei. Ich weiß nicht, wer angefangen hatte, aber der Kickboxer gewann spielend, gewissermaßen ohne einen Finger zu rühren.

27. April 1998
New York

Ich lese gerade ein Buch von Maria Flook, das Amy mir empfohlen hat. Es geht darin um die Schwester der Autorin, die mit vierzehn Jahren mit einem Fünfzigjährigen durchbrannte, den sie auf der Bowlingbahn kennengelernt hatte. Er brachte sie nach Norfolk, Virginia, wo sie als Prostituierte arbeitete. Einmal stehlen die beiden einen Pelzmantel. Sie sind in dem Geschäft, und er sagt ihr, sie solle an der Tür warten, während er beim »jüdischen Klavier« steht. Das ist seine Bezeichnung für die Kasse, jüdisches Klavier. Es ist wirklich ein gutes Buch.

7. Mai 1998
La Bagotière

Auf dem Weg nach Ségrie-Fontaine begegnete ich drei jungen Mädchen, die mitten auf der Straße lagen. Es war nicht besonders klug, sich ausgerechnet an dieser Stelle auszuruhen, weil die Straße auf beiden Seiten eine Kurve machte. Als ich an ihnen vorbeilief, standen zwei der Mädchen auf und fragten, ob ich eine Zigarette für ihre Freundin hätte. Ich sagte, ich hätte nur Menthol-Zigaretten, aber sie sagten, das wäre kein Problem.

Die Teenager in der Normandie kommen mir immer so unschuldig vor. Selbst wenn sie irgendwo auf dem Dorfplatz abhängen, lächeln sie einem zu und grüßen.

Hugh kam eine Stunde später auf dem Rad an den Mädchen vorbei, und sie hielten ihn an und fragten, ob er Engländer sei.

»Amerikaner«, erwiderte er.

Als sie hörten, dass er in New York lebte, fragten sie, ob er schon einmal Leonardo DiCaprio begegnet sei. »Ja, tatsächlich«, sagte er. »Und zwar …«

Ich war dabei gewesen und kann mich noch gut daran erinnern. DiCaprio stieg vor dem Museum of Natural History in Begleitung einer bezaubernden jungen Frau aus dem Taxi. Er wollte mit einem Fünfzig-Dollar-Schein bezahlen, aber der Taxifahrer konnte nicht herausgeben. Daraufhin stellte der Filmstar sich vor einem Hot-Dog-Stand an, um den Schein zu wechseln. Das ist der Vorteil, wenn man in New York ein Star ist: Man bekommt sein Geld gewechselt.

Die Mädchen fragten Hugh, ob er noch andere berühmte Leute gesehen habe, und er sagte etwas Unverbindliches in der Art von, »Na ja, den einen oder anderen.«

Ich führe Buch über alle Stars, denen ich begegnet bin, aber selbst wenn nicht, hätte ich mir etwas ausgedacht, bloß um ihre Reaktion zu sehen. Ich hätte ihnen das New York gegeben, das sie sich vorstellten, wo man nur vor die Tür gehen muss, um Madonna und Michael Jackson zu begegnen, die gerade ihrem Nachwuchs die Brust geben. Wenn man den Mädchen allerdings nur einen Star präsentieren wollte, war Leonardo DiCaprio genau der richtige. Hugh stieg wieder aufs Fahrrad, und als er losfuhr, legten die Mädchen sich erneut auf die Straße, gefangen in der tiefsten Provinz, dass es wehtun musste.

12. Mai 1998
New York

Vorgestern Abend um sechs ist Helen gestorben, fünf Tage nachdem sie in ein Pflegeheim in Staten Island gebracht worden war. Im Beerdigungsunternehmen auf der Bleecker Street begegnete ich ihrer Schwester Minnie, die eine Baritonstimme wie ein Mann hatte. »Wir haben Helen immer ›Baby Hippo‹ genannt, weil sie so breite Hüften und einen so dicken Hintern hatte«, sagte sie.

Hugh erklärte ihr, Helen sei in jedem unserer Programmhefte dankend erwähnt. »Sie hat uns die Nähmaschine geliehen, auf der wir unsere Vorhänge genäht haben.«

»Das war *meine* Maschine«, sagte Minnie. »Sie hätten sich bei mir bedanken sollen anstatt bei ihr.«

Die Ähnlichkeit der beiden Schwestern war frappierend.

23. Mai 1998
New York
Mein Freund Doug ist aus Los Angeles zu Besuch. Seit ich ihn kenne, ist er Single. Letztens hatte er einen Typen kennengelernt, der ihm im Bett zugeflüstert hatte: »Lass uns so tun, als wären wir Cousins.«

»Es ist eine Sache, Brüder oder eine Vater-Sohn-Beziehung zu spielen, aber wie tut man so, als wäre man der Cousin des anderen?«, fragte Doug.

Den Rest des Nachmittags verbrachten wir damit, uns mögliche Dialoge auszudenken, wobei »Ist es nicht komisch, dass unsere Väter sich so ähnlich sehen?« und »Warum sage ich zu meiner Mutter Mom und du Tante Sharon?« unsere Favoriten waren.

6. Juni 1998
Chicago
Ein Witz, den mir Bill Young, der Begleiter auf meiner Lesetour, erzählte:

Frage: Hast du von der polnischen Lotterie gehört?

Antwort: Der Gewinner bekommt eine Million Jahre lang $1 Dollar pro Jahr.

Dann sagte er noch: »Das Gute am französischen Mineralwasser ist zu wissen, dass noch keiner drin gebadet hat.«

10. Juni 1998
Birmingham, Alabama
Ich rauchte vor dem Flughafen von Atlanta eine Zigarette, als ich einen geistig verwirrten Mann im Aschenbecher nach brauchbaren Kippen stöbern sah. Er humpelte, offenbar weil er zu enge Schuhe trug, und hatte von den vielen Aschenbechern, die er bereits abgegrast hatte, prallvolle Taschen. Ich saß auf einer Bank, und als er vor mir stand, sah ich auf den Anhänger an seinem Rucksack.

Name: E Dog
Straße: Meine Straße
Stadt: Meine Stadt
Land: Mein Land

14. Juni 1998
Nashville, Tennessee
Während ich auf meinen Flug wartete, setzte ich mich neben einen älteren Mann und seine sechsjährige Enkelin. Kurz bevor wir zum Boarding aufgerufen wurden, kletterte das Mädchen auf seinen Schoß und boxte auf seinen Kolostomiebeutel.
»Ist das dein Portemonnaie?«, fragte sie in einem Singsang, der verriet, dass sie genau wusste, was es war.
»Oh, May-June«, sagte der Mann müde, »du weißt, dass es nicht mein Portemonnaie ist.«
»Der ist ganz voll Pipi«, sagte das Mädchen. »Wirfst du ihn zu Hause in die Toilette?«
»Ich glaub schon«, sagte der Mann, zweifellos die Sekunden zählend, bis einer von ihnen – ganz egal, wer – ins Flugzeug steigen und ganz weit wegfliegen würde.

21. Juni 1998
San Francisco

Gestern traf ich in Los Angeles eine ehemalige Literaturagentin.

»Warum haben Sie aufgehört?«, fragte ich.

Sie seufzte. »Ich war es leid, dass Autorinnen mich anriefen und sagten, ›Meine Duschhaube kneift.‹«

Ein Witz von meinem Lesetourbegleiter Frank:

Prinzessin Diana und Mutter Teresa sind im Himmel, und Letztere ist nicht besonders glücklich. »Das ist unfair«, sagt sie. »All die Jahre habe ich im Dreck gelebt und mich um die Armen und Kranken gekümmert. Und *sie* hat nichts anderes gemacht, als auf Cocktailpartys zu gehen und schicke Kleider vorzuführen, wieso hat *sie* dann einen Heiligenschein und ich nicht?«

Gott antwortet: »Das ist kein Heiligenschein, sondern ein Lenkrad.«

29. Juni 1998
New York

Heute Vormittag hatte ich zum ersten Mal meinen Französischkurs bei der Alliance Française auf der Upper East Side. Insgesamt sind wir acht Teilnehmer, und die Altersspanne reicht von einer Frau Mitte fünfzig bis zu einem Jungen, der wie fünfzehn aussieht. Ich hatte mir Sorgen gemacht, der Schlechteste zu sein, aber diese Ehre gebührt einer Australierin, die während des Unterrichts einen Anruf bekam und losbrüllte: »*Bonjour!* Nein, ich bin's. Ich bin im Französischkurs!«

Unsere Lehrerin ist eine schöne, traurig dreinblickende Pariserin mit langen braunen Haaren. Da es sich um einen Fortgeschrittenenkurs handelt, ging ich davon aus, dass jeder, so wie ich, zuvor schon einmal einen Kurs belegt hat. Eine

Teilnehmerin ist Amerikanerin japanischer Abstammung, und als die Lehrerin sie auf Französisch fragte, antwortete sie auf Englisch: »Wie? Sie fragen mich, was ich mache? Ich lerne Französisch, oder?«

30. Juni 1998
New York
Don rief heute Nachmittag an, als ich gerade aus dem Haus wollte. Ich sagte, ich würde ihn morgen zurückrufen, und er sagte, ich solle es gegen halb eins versuchen. »Sag Cristina, dass du es bist, und wenn mir jemand gerade ein Ohr abkaut, kegel ich ihn ruckzuck aus der Leitung.« Ich liebe diesen Slang von vorgestern.

1. Juli 1998
New York
Heute war meine zweite Französischstunde, und ich musste Fabienne in dem Dialog »*Comment trouvez-vous Paris?*« spielen, den wir für heute auswendig lernen sollten. Fabienne ist ein grüblerischer Mensch, und ich hatte lange daran gearbeitet, ihren Tonfall hinzubekommen, insbesondere die Zeile »Ich, diese Stadt? Mir gefällt sie nicht. Ich ziehe meine Normandie vor.«

Die Australierin schwänzte heute, aber die Japano-Amerikanerin war da. Als die Lehrerin sie bat, die Rolle von Carmen zu übernehmen, schüttelte sie den Kopf und sagte: »Ich glaube nicht.«

Der Typ aus Brasilien hatte ebenfalls keine Hausaufgaben gemacht, ihm sei einfach nicht danach gewesen. Cécile, unsere Lehrerin, ist sehr schüchtern und wird sofort rot. Sie musste alle ihre Kraft zusammennehmen, um leise zu sagen: »Beim nächsten Mal sollten Sie sich vorbereiten.«

Gestern Abend half Hugh mir mit dem Dialog, und heute Nachmittag habe ich mit der neuen Aufgabe begonnen, bei der Jean-Claude über die U-Bahn meckert.

10. Juli 1998
New York
Rosalie ist letzten Mittwoch in unseren Kurs gewechselt, weil sie sich bei ihrer vorherigen Lehrerin unterfordert fühlte. Sie ist mit Abstand die Beste im Kurs, immer gut gekleidet und hilft uns, wo sie nur kann. Ganz anders dagegen die Australierin, die heute mit Rollerblades in die Klasse kam, zu spät war und dann auch noch das Fenster öffnete, weil ihr kalt war. Einfach so, ohne die anderen zu fragen.

20. Juni 1998
New York
Heute war eine ungewöhnliche Unterrichtsstunde. Wir beschäftigten uns zehn Minuten mit dem Futur und gingen dann zu den reflexiven Verben über. Die Lehrerin sagte, ob es noch Fragen gebe, und jemand fragte, woher sie so gut Spanisch könne. Sie erklärte uns, ihr Mann sei Puerto Ricaner und sie habe es von ihm aufgeschnappt. Dann wollte jemand wissen, wie lange sie in Paris gelebt hatte. Anschließend fragte ich, wo sie vorher gelebt hatte, und als sie Marokko sagte, kamen Fragen von allen Seiten. »Wo leben Ihre Eltern? Was ist Ihr Vater von Beruf?«

Der Brasilianer, der nie seine Hausaufgaben macht, ging dazwischen und sagte: »Was ihr hier macht, ist sehr unhöflich.«

Sharon erklärte, dass wir es nicht böse gemeint hätten und dass Amerikaner manchmal zu direkt sind. Ich fügte hinzu, dass ihr Leben für uns sehr exotisch sei und wir einfach nur neugierig seien. Ich meine, wir haben sie schließlich nicht gefragt, ob sie Tampons oder Binden benutzt.

3. August 1998
La Bagotière
Hugh, Dennis und ich flogen mit TWA von New York nach Paris. Die Maschine war entweder halb voll oder halb leer, je nach Standpunkt. Ich saß neben einer eleganten Frau von der Upper West Side, die etwa sechzig sein mochte und die nach dem Start sagte: »Also gut, ich erzähle Ihnen eine Geschichte, und dann sage ich nichts mehr.«

In der Geschichte ging es um einen weiblichen Fahrgast in einem Linienbus, die eine Boa Constrictor unter ihrer Bluse hatte, die Schlange wie ein Verband um ihren Leib gewickelt. Es war eine gute Geschichte. Beim Zuhören dachte ich an das kommende Jahr in Frankreich und fragte mich, wann ich wohl das nächste Mal alles verstehen würde, was ein Fremder mir erzählte. Der Französischkurs in New York war sicher hilfreich gewesen. Am Charles de Gaulle erwischten wir ein Taxi mit einem gut gelaunten Fahrer, der begeistert von zwei Unfällen erzählte, die er am Vormittag beobachtet hatte. Es dauerte eine ganze Stunde bis zum Bahnhof Montparnasse, wo wir den Zug in die Normandie bestiegen. Da es noch Zeit bis zur Abfahrt war, ging ich hinaus auf den Bahnsteig, um eine Zigarette zu rauchen, als eine alte Frau mich fragte, ob ich ihre Tasche die Treppe hinauftragen könne. Nachher wollte sie mir 5 Francs geben, was ich natürlich ablehnte, aber da ich nun keinen Job und auch keine Arbeitserlaubnis habe, hätte ich das Geld vielleicht besser nehmen sollen.

Den August verbringen wir in der Normandie, aber dann beginnt mein Französischunterricht, und wir müssen uns eine Wohnung in Paris suchen.

21. August 1998
Paris
Gestern Nachmittag machte ich bei der Alliance Française einen Einstufungstest: fünfundzwanzig Multiple-Choice-Fragen und ein kurzer Aufsatz, in dem ich eine Party beschreiben sollte. Ohne den Kurs in New York wäre ich aufgeschmissen gewesen, aber dank des Kurses und der vielen seltsamen Vokabeln, die ich in den vergangenen Jahren gelernt habe, habe ich mich, glaube ich, ganz tapfer geschlagen. »Die Party fand im Haus meines Onkels Robert statt, der mit einer haarlosen Katze am Meer wohnt. Meine Familie nahm daran teil und aß sehr viel. Ich trank zu viel und hatte ein aufgedunsenes Gesicht.«

Nachdem ich fertig war, ging ich zu einem Schreibtisch, wo eine gut gekleidete Frau mittleren Alters einen Plastikbogen mit Löchern auf meinen Multiple-Choice-Test legte. »Sehr gut«, sagte sie. Dann ging sie mit einem Stift meinen Aufsatz durch und strich meine sämtlichen Rechtschreib- und Grammatikfehler an. Anschließend sah sie zu mir auf und fragte, ob ich ein Wörterbuch benutzt hätte.

»Ich?«

Es schien ihr unbegreiflich, dass jemand auf meinem Niveau einen Fachbegriff für eine Gesichtsschwellung kannte und sogar richtig schreiben konnte. Ich erklärte ihr mein »Zehn-neue-Wörter-pro-Tag«-Programm, und sie legte ihren Stift zur Seite und sagte: »Sehr gut! Das ist eine ausgezeichnete Lernmethode.«

Unterdessen können wir unsere Mietwohnung erst Mitte September beziehen, sodass es so aussieht, dass ich bis dahin zwischen Paris und der Normandie hin und her pendeln werde.

31. August 1998
Paris

Der Zug aus der Normandie war voll mit Leuten, die aus den Ferien zurückkamen, und als wir in Paris eintrafen, war im Bahnhof die Hölle los. In der Schlange am Taxistand standen bestimmt achtzig Leute, alle mit großen, schweren Koffern. Die Taxen waren knapp, und es dauerte eine Stunde, bis wir endlich eins hatten, vor allem weil sich ständig Leute in der Schlange vorpfuschten. Zuerst eine dicke Frau mit einem ebenfalls aus der Form geratenen Kind. Dann eine vierköpfige Familie, wobei die Großmutter an der Hand geführt wurde. Irgendwer beschwerte sich, und sie rief: »Ich bin blind.«

Offenbar gibt es eine Vorschrift, dass Behinderte sich direkt vorne in der Schlange anstellen können. Das scheint nur gerecht zu sein, da sie Busse und Bahnen nicht benutzen können, aber dann lief die Sache aus dem Ruder und ein Dutzend weiterer Leute drängten nach vorn. Entweder war der Zug aus Lourdes gerade eingelaufen, oder die französische Regierung betrachtet den Besitz eines Mobiltelefons und etwas zu viel goldener Klunker neuerdings als Behinderung.

1. September 1998
Paris

Mit meiner Französischlehrerin habe ich wirklich Glück gehabt. Sie will ihr Alter nicht verraten, aber ich vermute, sie ist Ende vierzig, humorvoll und impulsiv. Ich bin der älteste Schüler im Kurs und der einzige Amerikaner. Die anderen sind Japaner, Thailänder, Polen, Italiener, Ägypter und Chinesen. Als Erstes machten wir heute Übungen zum Satzbau. Dann gingen wir das Alphabet durch und stoppten jedes Mal, wenn der Vorname eines der Teilnehmer mit diesem Buchstaben begann. Ich war als Dritter an der Reihe und sollte mich vorstellen, indem ich etwas zu Herkunft, Beruf, Familienstand, einigen Vorlieben und Abneigungen und dem Grund, warum ich in Paris lebte, sagte.

Eine überraschende Zahl von Schülern mochte keine Sonne und liebte Zigaretten. Ein japanisches Mädchen sagte, sie hasse Mücken, woraufhin die Lehrerin zum Spaß sagte: »Tatsächlich? Ich dachte, alle liebten sie.«

Anders als meine Lehrerin in New York, die zwischendurch zumindest versuchte, etwas auf Englisch zu erklären, ist diesmal alles auf Französisch. Nach der Stunde fühlte sich mein Kopf völlig matschig an.

3. September 1998
Paris
Gestern Abend saß ich drei Stunden an meinen Hausaufgaben. Heute stand ich früh auf und verbrachte weitere viereinhalb Stunden damit. Ich überlegte, ob ich es vielleicht übertrieb, aber das half mir nicht, mich auf meine Stunde oder auf die Lehrerin vorzubereiten.

Meine Mitstudenten haben damit begonnen, Lager zu bilden. Die Polen sitzen zusammen, genau wie die Japaner, Koreaner, Thailänder und ein unzertrennliches Pärchen, zu dem eine Italienerin und ein argentinischer Musiker gehören, der in der Vorstellungsrunde verkündete, dass er gerne Liebe mache. Ich war überrascht, wie viele Leute keine Hausaufgaben gemacht hatten oder irgendwelche Zettel abgaben, die sie in der Metro geschrieben hatten. Die Lehrerin explodierte und nannte uns Lügner und nichtsnutziges Pack. Sie stampfte durch die Klasse und las denen die Leviten, die bereits schon einmal gefehlt hatten. Offenbar schreiben sich manche nur deshalb ein, um ein Studentenvisum zu bekommen. Dann kommen sie oder bleiben zu Hause, strengen sich an oder geben auf und starren einfach bloß aus dem Fenster. Wenn mich nicht alles täuscht, wollte sie diese Leute mit ihrer Standpauke abschrecken. Niemand konnte es ihr heute recht machen, nicht einmal die sanfte hübsche Jugoslawin, die niemanden hat, mit dem sie sich zusammentun kann. Ich zuckte zusammen, als die Lehrerin sie anbrüllte.

Zwischendurch stellte sie uns eine Reihe von Wahr- oder Falsch-Fragen zum *passé composé*. Bei der letzten Frage waren alle der Meinung, sie sei wahr, und als ich das Gegenteil behauptete, lief sie quer durch den Raum, hob meine Hand und sagte: »Bravo. Er ist der Einzige im Raum, der nicht schläft. Er ist der Einzige, der es begriffen hat!«

Ich spürte den Hass meiner Mitschüler und ließ mich in meinen Sitz sinken. Andererseits bin ich auch der Einzige, der seine Hausaufgabe auf der Schreibmaschine getippt und mit einer Büroklammer versehen abgegeben hat. Sie hatte uns zu einfachen Sätzen geraten, aber ich hatte mich nicht daran gehalten. Warum »Ich ging mit einem Freund ins Geschäft« sagen, wenn ich, ganz ohne Wörterbuch, sagen kann: »Ich besuchte mit meinem Patenonkel und einem kleinen Äffchen den Schlachthof.«?

7. September 1998
Paris

Heute bekamen wir eine neue Schülerin, eine Marokkanerin, die eindeutig die Beste im Kurs ist. Sie beantwortete flüssig und sicher eine Frage nach der anderen, bis die Lehrerin sie ruhigstellte und sagte: »Wir machen das hier nicht, damit Sie sich in Szene setzen können. Der Kurs ist für Leute, die die Sprache *nicht* beherrschen.«

Später, als ich meine Hausaufgabe abgab, nahm die Lehrerin den Stapel Papier und sagte vor der gesamten Klasse zu mir: »Was ist das, ein Kriminalroman?«

Unterdessen habe ich die gestrige Aufgabe mit der Bemerkung *Ausgezeichnet* auf der letzten Seite zurückbekommen. Es bedeutet mir sehr viel, weil ich eine Menge Zeit darin investiert habe.

10. September 1998
Paris

Ich werde aus dieser Frau einfach nicht schlau. Heute kam sie in den Unterricht und entschuldigte sich dafür, dass sie unsere Hausaufgabe nicht korrigiert habe. In der Hoffnung, wir würden es ihr verzeihen, hatte sie einen Schokoladenkuchen und eine Rolle Papiertücher mitgebracht. »Bitte, seien Sie nicht schüchtern. Greifen Sie zu!«

Zwanzig Minuten lang war sie freundlich und witzig, doch dann verlor sie die Geduld. In der heutigen Stunde ging es um das Futur. Wir bekamen eine Aufgabe, und während wir schrieben, ging die Lehrerin von Tisch zu Tisch und brüllte uns an. Als sie zu mir kam, sah sie auf mein Blatt Papier, beugte sich herab und machte sich mit ihrem Radiergummi über meine Fehler her, wobei sie in ihrem besten Englisch sagte. »Ich hasse Sie.« Später buchstabierte ich ein Wort falsch, und sie sagte es noch einmal. Es war der letzte Beitrag der Stunde, und ich stand als der Blödmann da. Ein schreckliches Gefühl. Ich bin derjenige, der allen anderen erlaubt, den Raum zu verlassen und zu denken, *Nun, zum Glück bin ich nicht er.*

11. September 1998
Paris
Im Kurs hackte die Lehrerin auf der ehemaligen Flugbegleiterin aus Hongkong, anschließend auf Yasser und zuletzt auf der jungen hübschen Jugoslawin herum. Etwa nach der Hälfte der Stunde bat sie uns, unsere Hausaufgaben hervorzunehmen, und als ich mein getipptes Blatt aus dem Ordner nahm, schnappte sie es mir aus der Hand, hielt es über den Kopf und rief: »Wenn ich eine schriftliche Hausaufgabe aufgebe, erwarte ich, dass Sie sie *in Ihrem Hausheft* machen. Wie oft muss ich Ihnen das noch sagen?«

Ich wies darauf hin, dass ich die Aufgabe auch in mein Hausheft gemacht hatte. Mit Bleistift. Ich hätte sie nur noch einmal abgetippt, weil ich gedacht hatte, wir müssten sie vielleicht abgeben.

Das wäre die Gelegenheit gewesen, sich zu entschuldigen. Stattdessen sagte sie nur: »Oh.«

Später teilten wir uns in Gruppen auf, um das Futur zu üben. Ich war in einer Gruppe mit Anna aus Polen, die als Au-pair in einer Familie mit drei verzogenen Blagen arbeitet, und der ehemaligen Flugbegleiterin, die zum ersten Mal einen Sprachkurs macht und kein Wort von dem versteht, was die Lehrerin sagt.

13. September 1998
La Bagotière
Ich habe das ganze Wochenende an meinen Hausaufgaben gesessen. Die Lehrerin möchte einen Text über die Zukunft, etwas in der Art von »Eines Tages werde ich reich und berühmt sein«. Aber das ist Kinderkram. Stattdessen schrieb ich: »Eines Tages werde ich sehr alt sein und in einem Pflegeheim leben. Ohne Zähne, kahlköpfig und verschrumpelt werde ich jede

Nacht dreimal wach werden und mithilfe einer Pflegerin zur Toilette gehen. Ich werde nur noch Haferschleim essen und einmal im Monat in lauwarmem, trübem Wasser baden. Ich werde meine langen gelben Zehennägel betrachten. Ich werde keinen Besuch bekommen, weil alle meine Freunde unter der Erde liegen werden. Wenn ich alt bin, werde ich auf meinem Bett liegen und die Decke anstarren. Aus dem Nebenzimmer werde ich hören, wie meine uralte Französischlehrerin Kreidestücke gegen die Wand wirft. Ich werde rufen: ›Stopp. Das reicht!‹, und sie wird meine Aussprache bemängeln.«

14. September 1998
Paris
Die Lehrerin warf heute viel mit Kreide durch die Gegend, aber nicht nach mir. Wir haben eine neue Schülerin, ein deutsches Au-pair, und ich frage mich, was sie denken muss, wenn sie sieht, wie Leute angebrüllt und mit Kreide beworfen werden. Wir bekamen unsere letzte Hausaufgabe zurück, und obwohl ich sprachlich keine Fehler gemacht hatte, war sie dennoch nicht damit zufrieden. Ich hatte beispielsweise geschrieben: »Sie werden sich die ganze Zeit beklagen, Tag und Nacht.« Sie hatte wütend in Rot danebengeschrieben: »Entweder das eine oder das andere. Sie brauchen nicht beides.«

15. September 1998
Paris
Heute war die Lehrerin sanft wie ein Lamm. Sie knöpfte sich niemanden vor, und für kurze Zeit entspannten sich alle.
Für Donnerstag müssen wir einen Comic lesen und alle Slang-Ausdrücke heraussuchen.

17. September 1998
Paris

Heute hatten wir zwei neue Schüler im Kurs, einen Indonesier, der gerne reist, und eine fünfzigjährige Amerikanerin namens Janet, die auf die Frage nach ihrem Beruf antwortete: »*Je suis* a hairdresser.« Sie beantwortete fast alle Fragen auf Englisch, und auch wenn die Lehrerin sie heute damit durchkommen ließ, wird sie es morgen vermutlich doppelt zu spüren bekommen. Heute lernten wir die Zeitform, mit der man Leute herumkommandiert.

18. September 1998
Paris

Heute erschien zum Unterricht eine Vertretungskraft, eine leger gekleidete Frau, die uns ihren Namen nicht verraten wollte. Sie fragte nach unseren Hausaufgaben, und gerade als wir es ihr erklärten, kam die Lehrerin herein und entschuldigte sich für ihr Zuspätkommen. Sie sagte zu der Vertretung etwas wie »Sie können jetzt gehen«, aber die Frau hatte nicht die Absicht zu verschwinden, und die beiden gerieten sich in die Haare.

»Sie sind zu spät gekommen«, sagte die Vertretung. »Die Regel lautet, dass nach fünfzehn Minuten jemand anderes den Unterricht übernimmt.«

Unsere Lehrerin sagte, sie habe die Stunde vorbereitet, aber die Vertretung unterbrach sie und sagte: »Zu spät ist zu spät.«

Sie stritten sich noch eine Weile, bis unsere Lehrerin aufgab, aus dem Raum stürmte und uns ein schönes Wochenende wünschte. Es war lustig, ihr dabei zuzusehen, wie sie sich mit jemandem zankte, der sich wehren konnte.

In der Stunde ging es um den Imperativ, die Zeitform, mit der man Befehle erteilt. Zu Demonstrationszwecken machte sie mich zu ihrem Sklaven und befahl mir, jeden im Raum bis auf sie zu küssen.

Später sollten wir eine Liste mit Vorschriften für Französischschüler aufstellen – du musst deine Hausaufgaben machen, du darfst nicht im Unterricht träumen etc. Ich hob meine Hand. »Du musst den Kreidestücken ausweichen, die die Lehrerin wirft.«

Die Vertretungskraft schien verwirrt. »Aber nein, die Lehrerin wirft keine Kreidestücke.«

»Unsere schon«, sagte der Koreaner neben mir.

»Wann?«, fragte die Vertretung.

»Ständig«, sagte ich.

Die Thailänderin in der ersten Reihe drehte sich um und zischte mich an. Nach der Stunde kamen sie und die Polin Anna zu mir, beide wütend und überzeugt, unsere Lehrerin werde nun gefeuert.

Ich versuchte zu erklären, wenn die Lehrerin wegen mir gefeuert würde, könnte ich genauso gut die Vertretungskraft feuern lassen, weil sie mich gezwungen hatte, alle zu küssen, aber ich verhaspelte mich hoffnungslos.

Anna sagte, sie habe viele nette Lehrerinnen gehabt, aber nie viel bei ihnen gelernt. Die strengen seien die besten, sagte sie, und die Thailänderin stimmte ihr zu.

Ich kam mir wie ein Vollidiot vor, und noch schlimmer wurde es, als die Australierin mir sagte, ich sei der Liebling der Lehrerin. Ich fragte sie, wie sie darauf komme, und sie sagte: »Weil sie dir gesagt hat, sie würde dich hassen.«

21. September 1998
Paris
Die Lehrerin ist zurück, und die Polen und Koreaner atmeten erleichtert auf. Auch ich war glücklich, bis sie uns gleich drei

Hausaufgaben aufgab, zusätzlich zu den zwei Aufgaben, die sie uns zuvor gegeben hatte. Ich habe bereits Stunden daran gesessen und muss immer noch einen Aufsatz über einen amerikanischen Feiertag schreiben. Es ist eine Mordsarbeit, da ich alle Wörter zur Sicherheit im Wörterbuch nachschlage.

25. September 1998
Paris
Heute war die Lehrerin ein echter Besen. Am Dienstag haben wir einen neuen Schüler bekommen, einen Israeli. Er redet viel im Unterricht, und heute knöpfte sie ihn sich vor. »Das ist keine Privatveranstaltung. Warum überlegen Sie nicht, bevor Sie Ihren Mund öffnen?«

Doch er machte einfach weiter, nicht im Geringsten beeindruckt.

Die Lehrerin warf jede Menge Kreidestücke und sagte einmal zu mir: »Diese Klasse zu unterrichten, ist wie jeden Tag in der Woche ein Kind per Kaiserschnitt zu bekommen.«

Später fragte sie als Teil einer Übungsaufgabe jeden Einzelnen von uns: »Haben Sie Angst vor mir?«

Der Israeli sagte: »Ich habe nicht die geringste Angst vor Ihnen.«

Ich sagte in etwa das genaue Gegenteil, und sie sagte ein Wort, das ich nicht mitbekam. Es war nicht *Feigling*; die Vokabel kenne ich. Sie benutzte ein mir unbekanntes Wort und fügte hinzu: »Jeden Tag sitzen Sie da und zittern.«

27. September 1998
Paris
Ich kaufte heute nichts auf dem Flohmarkt, bestaunte aber an einem Stand einen menschlichen Schädel aus dem sechsten Jahrhundert. Er ruht auf einem Podest, der Kopf eines Kindes,

von feinen Linien durchzogen, ganz und gar erlesen. Die Frau, die ihn verkaufte, nannte den Preis, $6 000. Das schien mir übertrieben, aber andererseits, wie legt man den Preis für einen Totenschädel fest? Wie es aussieht, könnte ich entweder einen anständigen Gebrauchtwagen oder den Schädel eines Kindes kaufen. Er ist zweimal so teuer wie Hughs Computer und kostet halb so viel wie eine Hysterektomie.

28. September 1998
Paris
Heute unterhielt ich mich nach dem Unterricht mit Anna aus Polen. Sie arbeitet als Au-pair und erzählte mir, dass ihre Arbeitgeberin momentan im Krankenhaus sei. Die Frau sei im sechsten Monat schwanger und habe erst jetzt erfahren, dass die Beine des Fötus bloß fünf Zentimeter lang sind. »Das bedeutet«, sagte Anna, »dass er sein Leben lang im Rollstuhl geschoben werden muss, und das ist in Paris sehr schwierig.«

Aufgrund der Nachricht hat die Frau sich zu einem Schwangerschaftsabbruch entschlossen. Das ist interessant, da ich nicht glaube, dass ein so später Abbruch in den Vereinigten Staaten möglich wäre. Ich bin sicher, es gibt immer mildernde Umstände, aber ich glaube nicht, dass kurze Beine ein akzeptabler Grund wären. Oder doch?

29. September 1998
Paris
Heute war die letzte Stunde vor den einwöchigen Ferien, und die Lehrerin hatte einen Kuchen gebacken und eine kleine Party organisiert. Anna brachte Brot und Käse mit, die Deutsche hatte Kartoffelsalat gemacht und die Japanerin steuerte Algencracker bei. Viele Leute kamen gar nicht, und weil wir so wenige waren, setzten wir uns in einen Kreis und stellten der

Lehrerin persönliche Fragen. Es war komisch, sie mit vollem Mund reden zu sehen. Anschließend zog sie ihre Zigaretten hervor und bot jedem eine an. Ich zündete eine von meinen eigenen an, und sie sagte, Mentholzigaretten seien billig, wobei Manuela mir die Vokabel erklärte. Sie redete über amerikanische Überheblichkeit und Puritanismus und fragte, warum meine Leute sich so sehr für das Sexualleben unseres Präsidenten interessierten. Die anderen schalteten sich ebenfalls ein, und alle schienen sie zu sagen: »Genau, du, was ist dein Problem?«

2. Oktober 1998
Paris

Heute Morgen hat Hugh sich beim Käseschneiden ein Stück von der Fingerkuppe abgeschnitten. Das klingt wie ein Satz aus dem Unterricht, aber es ist wahr. Er fürchtete, ohnmächtig zu werden; ich hatte eine Heidenangst, jemanden am Telefon um Hilfe zu bitten. Wenige Häuser von unserer Wohnung entfernt gibt es einen kleinen arabischen Lebensmittelladen, und während er seine Hand mit einem Tuch verband, rannte ich nach unten, um Pflaster zu kaufen, wobei mir unterwegs einfiel, dass ich nicht die leiseste Ahnung hatte, wie das französische Wort hieß. Ich hatte letztes Jahr in der Normandie versucht, welches in einer Apotheke zu kaufen, aber mein Französisch reichte nicht einmal dazu aus, es zu beschreiben. Zuletzt hatte ich ein Bild gemalt, und die Verkäuferin hatte es sich angesehen und etwas geantwortet, das vermutlich hieß: »Das hier ist eine Apotheke. Wir verkaufen keine Surfbretter.« Es war tatsächlich ein miserables Bild. Mein nächster Versuch war schon besser gewesen und hatte einem fliegenden Teppich geähnelt. Zuletzt hatte ich es aufgegeben und mir überlegt, meine Blasen würden auch von allein heilen.

Heute Morgen konnte ich im Laden auf Französisch sagen: »Mein Freund hat sich in den Finger geschnitten und ich suche nach einem kleinen Stück Gummi.« Der Satz wird am Ende etwas vage, aber es klappte. Der Mann gab mir ein Päckchen Pflaster für $4, und beim Hinausgehen bemerkte ich, dass alles in dem Geschäft $4 kostete: ein Dose Tomaten, eine Packung Reis, eine Flasche Waschmittel – alles der gleiche Preis.

Zu Hause war ich froh, dass Hugh noch bei Bewusstsein war, und als ich wiederholte, was ich im Geschäft gesagt hatte, verbesserte er mich. Anscheinend hat er sich nicht »in den Finger geschnitten«, sondern »*von sich* den Finger geschnitten«.

Er klebte ein Pflaster auf den Finger, reinigte das blutige Messer und machte weiter mit der Vorbereitung des Mittagessens, während ich von der Tür aus zusah und hoffte, er würde sich noch einmal schneiden, damit ich mit dem reflexiven Verb »von sich schneiden« *und* dem richtigen Wort für Pflaster ins Geschäft zurückkehren könnte.

8. Oktober 1998
Paris

Ich muss für meinen Kurs zwei Aufgaben erledigen, und obwohl ich es mir leichtmachen könnte, ist es mir wichtiger, Spaß an der Sache zu haben. Bei einer der Aufgaben geht es darum, Einladungen anzunehmen oder abzulehnen. Wenn Natalie von Henri gefragt wird, ob sie mit ihm um den See joggen möchte, könnte sie sagen: »Mit Vergnügen!« Stattdessen lasse ich sie sagen: »Na, das ist mal was anderes. Ich schnalle nur schnell mein Bein an, und wir können loslegen!«

Seit das neue Semester begonnen hat, gefällt mir die Lehrerin viel besser. Der Kurs ist kleiner, und die Teilnehmer sind etwas älter. Es ist eine gute Gruppe. Ich mag den italienischen Anwalt, der keine Angst hat zuzugeben, wenn er etwas nicht verstanden hat. Der Kolumbianer muss sich einiges anhören, aber er ist es selber schuld, weil er nie seine Hausaufgaben macht.

9. Oktober 1998
Paris

Nach dem Unterricht ging ich mit Amy in ein Zoogeschäft an der Rive Droite, wo wir ein Zwerghängebauchschwein für $300 sahen. Es war so groß wie eine Hauskatze und pinkelte gerade eine große Pfütze in seinen Käfig. Amy kann nicht verstehen, warum ich das Tier nicht gleich mitgenommen habe. Sie war wütend und sagte immer wieder: »Es ist nicht teuer«, als ob das der einzige Grund ist, der einen Menschen davon abhält, ein Schwein zu kaufen und es in seiner Wohnung im zweiten Stock zu halten. Ich versuchte, es mir als Haustier vorzustellen, sah aber immer nur, wie es mit seinen scharfen Hufen meinen schönen Boden zerkratzte.

10. Oktober 1998
Paris

Gerade als Amy mir und Hugh erzählte, sie habe noch nie jemanden in Paris »Entschuldigen Sie« sagen hören, wurde sie am Knie von einer Cola-Dose getroffen, und der Junge, der sie geworfen hatte, entschuldigte sich auf Französisch bei ihr.

12. Oktober 1998
Paris

Heute streiken die Pariser Oberschüler. Mehrere Zehntausend marschierten über den Boulevard vor der Schule, und wir konnten den ganzen Nachmittag ihre Sprechchöre hören. Die Jugendlichen unterstützen mit ihrem Marsch die Lehrer, die vor einigen Wochen auf die Straße gegangen waren. Ich weiß nicht genau, warum, aber jemand hat mir erzählt, dass die Regierung einige Lehrerstellen kürzen wollte. Auf dem Nachhauseweg von meinem Kurs war ich von Teenagern umringt, die Botschaften auf ihre Gesichter geschrieben hatten. Sie stellten sich Leuten in den Weg, die Geschäfte betreten wollten, und beschimpften deren Inhaber, weil sie ihre Läden nicht aus Solidarität schlossen.

13. Oktober 1998
Paris
Heute nannte die Lehrerin mich einen Sadisten. Ich wollte erwidern, das sei, als würde ein Esel den anderen Langohr schimpfen, brachte aber nur so etwas zustande wie »Ein Esel sagt zum anderen Esel, ›Du bist ein Esel.‹«

16. Oktober 1998
Paris
Heute fiel mir auf, dass unsere Lehrerin eine neue Brille trug. Das führte zu einer Erklärung des Unterschieds zwischen *nouveau* und *neuf*. *Nouveau* ist für einen selbst neu, während *neuf* fabrikneu bedeutet. Ich erledigte einen Teil meiner Hausaufgaben im Zug, muss aber noch einen Text über die Unterschiede zwischen New York und Paris abtippen. Wir lernen gerade, Dinge miteinander zu vergleichen, also zu sagen, dass jemand kleiner ist als der Nachbar, intelligenter als ihr Bruder, genauso hässlich wie ihr Vater. Ich habe nicht mehr so große Angst vor der Schule wie noch vor einem Monat, aber ich muss mich gehörig ins Zeug legen, wenn ich während meiner Lesetour in Amerika nicht den Anschluss verlieren will.

22. Oktober 1998
Paris
Gestern gab es weitere Schülerdemonstrationen. Weil die Oberschüler mehr Lehrer wollen, müssen sie gelegentlich Autos umkippen und Telefonzellen zerstören. Nach dem Unterricht setzte ich mich eine Weile in den Jardin du Luxembourg und las *Mama Black Widow*, einen Roman von Iceberg Slim. Bei mir hat jedes Buch gewonnen, in dem die Wörter *preziös* und *hungriges Kackloch* auf der gleichen Seite vorkommen.

23. Oktober 1998
Paris
Eine gute Sache an der Schule ist, dass sie den Freitag wieder zu einem besonderen Tag gemacht hat. Jetzt habe ich das Gefühl, nach fünf Abenden mit Hausaufgaben Grund zum Feiern zu haben. Gestern bekamen wir die Aufgabe, etwas über einen Film zu schreiben. Ich wählte *Nashville* von Robert Altman und arbeitete sechs Stunden lang an einer Seite. Die Artikel treiben mich in den Wahnsinn – oder Wörter wie *Drifter*, deren französische Entsprechung »jemand, der ohne Ziel durch die Gegend reist« lautet.

Unterdessen haben wir heute einen Test geschrieben, der Multiple-Choice-Fragen und eine Höraufgabe umfasste. Er war schon schwer genug, und die Lehrerin machte ihn noch schwerer, indem sie mit einer brennenden Zigarette durch den Raum lief, die so gut roch, dass ich mich kaum konzentrieren konnte. Der Hörtest war entmutigend, insofern eine zwölfjährige Französin ihn spielend geschafft hätte. Andererseits habe ich zuletzt einen vor zwanzig Jahren an der Kent State gemacht. Nachdem wir fertig waren, lud die Lehrerin uns alle auf einen Kaffee in die Cafeteria ein. Alle rauchten, und es war schön, außerhalb des Klassenraums zusammenzusitzen.

23. November 1998
San Luis Obispo, Kalifornien

Um halb sechs heute früh kam der SuperShuttle, um mich von Ronnies Apartment zum Flughafen nach San Francisco zu bringen. Es saßen noch drei weitere Passagiere im Wagen, aber außer dem Fahrer, der Talk Radio hörte, war nur ich wach. Es ging um Entführungen durch Außerirdische, und der Gast, ein Mann namens Dr. Reed, behauptete, auf einem Campingplatz entführt worden zu sein. Er dürfe den genauen Ort auf Geheiß seines Anwalts nicht nennen, da dies seinem Fall schaden könne.

»Das verstehe ich nicht«, sagte ich. »Verklagt er die Außerirdischen oder den Campingplatz?«

»Ich denke, den Campingplatz«, sagte der Fahrer. »Wahrscheinlich ist es nicht das erste Mal, dass so etwas passiert ist. Sie hätten Warnschilder aufstellen sollen.«

Von einem Mann, der für vier Menschenleben verantwortlich ist, möchte man so etwas nicht hören.

»Der Grund, warum die Sendung um fünf Uhr früh läuft, ist, dass keine normalen Leute zuhören sollen«, sagte er. »Die wollen nicht, dass wir es wissen.«

Alkohol und Telefonieren gehen nicht zusammen. Samstagabend telefonierte ich vom Heathman Hotel in Portland mit Paris. Ich rechnete damit, es würde etwa $30 kosten, aber ich hatte seit Wochen nicht mit Hugh gesprochen. Es war spät, und ich war betrunken und fühlte mich einsam. Ich hatte nur noch eine vage Erinnerung an das Gespräch, als man mir am nächsten Morgen eine Rechnung über $156 präsentierte. Ich versuche immer noch, mich zu erinnern, worüber wir geredet haben, aber mir fällt nichts ein, außer dass Dennis (die Katze) viel frisst.

27. November 1998
Phoenix

Teds Freund James lieh mir ein Kochbuch mit dem Titel *Die kaiserliche Küche Chinas*, und ich las darin, als wäre es eine Sammlung von Kurzgeschichten mit großartigen Titeln. »Einhundert Vögel erweisen dem Phoenix die Ehre« stach besonders hervor, aber unübertroffen war »Affenköpfe auf einer Pinie«. In Frankreich blättere ich häufig durch Rezepte auf der Suche nach Wörtern, die ich vielleicht gebrauchen kann. Auf diese Weise habe ich die Verben für »köcheln« und »klein hacken« gelernt. *Die kaiserliche Küche* war auf Englisch, aber ich habe das Gefühl, dennoch einiges gelernt zu haben. Das Buch enthielt Anweisungen wie »Die Lippen zweimal mit kaltem Wasser abspülen« oder »Entfernen Sie den Penis und zerteilen Sie ihn in mundfertige Stücke«. Abgesehen von den Bildern im Kopf war es verstörend, über solche Dinge in der Befehlsform zu lesen. »Brühen Sie die Vagina ab und entfernen Sie die restlichen Haare«, zum Beispiel.

Als Literatur war *Die kaiserliche Küche* herausragend, aber als Anweisung für die Küche enthielt es einige zu große Lücken. Die Vorstellung eines Homosexuellen von einem mundfertigen Penis unterscheidet sich zweifellos dramatisch von der, sagen wir, eines orthodoxen Rabbiners. In dieser Hinsicht ist es zu ungenau. Bei der Stelle »Die Kamelzehe attraktiv arrangieren« war mein erster Gedanke, *Wie?* Kamelzehen sehen nicht einmal an einem Kamel attraktiv aus. Wo bekommt man überhaupt solche Zutaten? Und wenn man keine Kamelzehe finden kann, geht auch eine Eselszehe? Haben Esel überhaupt Zehen? Und was ist ein akzeptabler Ersatz für eine Vagina? Es ist frustrierend, aber das gefiel mir an *Die kaiserliche Küche Chinas*. Es brachte mich zum Nachdenken.

4. Dezember 1998
Paris
Nach fünf Wochen Abwesenheit war ich heute wieder im Französischkurs, und die Lehrerin gab mir einen Kuss.

10. Dezember 1998
Paris
Als Hausaufgabe muss ich den Brief eines Mannes an seine Frau schreiben. Die beiden stehen kurz vor der Scheidung – die Idee der Lehrerin, eine sehr gute, wie ich finde.

Heute lasen wir im Unterricht einen Text über die gesellschaftlichen Veränderungen in Frankreich. Die Lehrerin ist empört über ein neues Programm, das Wohn- und Lebensgemeinschaften die gleichen steuerlichen Vorteile gewähren soll wie verheirateten Paaren. Singles zahlen in Frankreich sehr hohe Steuern, da die Regierung Ehen und die Geburt von Kindern fördern will. Der neue Plan sollte ursprünglich schwule Paare rechtlich den verheirateten Paaren gleichstellen, aber die Regierung hat es aus Angst, dies könne als stillschweigendes Gutheißen von Homosexualität verstanden werden, auf alle unter einem Dach wohnenden Zweiergemeinschaften ausgedehnt: Mitbewohner, eine Mutter und ihre erwachsene Tochter. Nach Ansicht der Lehrerin ist das feige.

12. Dezember 1998
Paris
Die Arbeitslosen streiken – zumindest habe ich es so aus dem Radio verstanden. Die Lehrerin erklärte, da sie keinen Job hätten, könnten sie ihm auch nicht fernbleiben. Stattdessen protestieren sie und fordern einen Weihnachtsbonus zu ihrem Arbeitslosengeld. Sie steht auf ihrer Seite und sagt, es sei unfair, Kinder dafür zu bestrafen, dass ihre Eltern ohne Arbeit sind.

Der Informationsschalter im Louvre wird ebenfalls bestreikt, und die Angestellten fordern bessere Arbeitsbedingungen. Meinen sie damit, die Öffentlichkeit sollte so gut informiert sein, dass die Leute sie nicht mit Fragen belästigen?

13. Dezember 1998
Paris
Beim Spaziergang gestern Abend begegnete ich Richard, der in einer großen Wohnung am linken Seine-Ufer mit Blick auf den Fluss lebt. Wir redeten etwa eine halbe Stunde lang, und er erzählte mir von einer befreundeten Journalistin, die jede Woche für $60 Zeitschriften an einem Kiosk nahe des Café de Flore kauft. Kürzlich war sie mit einem befreundeten Fotografen dort, der nachsehen wollte, ob eins seiner Bilder in der jüngsten Ausgabe der italienischen *Vogue* abgedruckt worden war. Als er durch das Heft blätterte, sagte der Zeitungsverkäufer in der typischen Pariser Art: »Wir sind keine Leihbücherei.«

Die Journalistin sagte, sie werde die Zeitschrift kaufen, und als sie ihr Portemonnaie hervorzog, sagte der Verkäufer: »Lassen Sie sich doch von einem Nigger in den Arsch ficken.«

Vieles von dem, was hier passiert, ist mir einfach unbegreiflich.

14. Dezember 1998
Paris
Als Hausaufgabe müssen wir etwas über traditionelle Geschenke in unseren Heimatländern schreiben. Ich weiß nicht so recht, was ich damit anfangen soll. Im Unterricht haben wir einen Text gelesen, dann hat die Lehrerin gefragt, wie Blumen in Japan eingepackt werden, und anschließend erzählte sie, dass die griechische Großmutter ihres Mannes einem Neugeborenen in den Mund gespuckt hat.

15. Dezember 1998
Paris
Gestern hielt die Lehrerin meinen Aufsatz über den gesellschaftlichen Wandel in den 1960ern in die Höhe und nannte ihn »ein bemerkenswertes Dokument«. Der Text enthielt jede Menge Grammatikfehler, aber ich hatte Extrapunkte für den Aufbau bekommen. Heute habe ich meinen Text über Sitten und Gebräuche abgegeben. Ich habe darin geschrieben, in Amerika sei es Brauch, dass am Vorabend der Hochzeit die Eltern des Bräutigams ihm zwei Finger abschneiden und sie neben dem Parkplatz vergraben. Der Bräutigam habe acht Stunden Zeit, sie zu finden, und wenn ihm das gelingt, heißt das, dass die Ehe halten wird.

22. Dezember 1998
Paris
Heute war die letzte Unterrichtsstunde bis zum Beginn des neuen Semesters im Januar. Wir schenkten der Lehrerin ein Feuerzeug mit Gravur und eine Stange Zigaretten, für die ich von allen Geld eingesammelt hatte. Sie schien sich über beides zu freuen. Die Stunde war anstrengend, und wir machten fünfzehn Minuten früher Schluss, um Kuchen zu essen. Im Raum herrschte eine schöne, festliche Atmosphäre, bis die Studentin aus Hongkong die Lehrerin auf Englisch fragte: »Wieso haben Sie mich durchfallen lassen? Warum nur mich und sonst niemanden?«

Ich persönlich mag die Studentin, wenn auch nur, weil sie so schlecht ist. Sie erscheint gelegentlich zum Unterricht oder macht ihre Hausaufgaben, aber nur, wenn sie Lust dazu hat. Ihr Französisch klingt nicht viel anders als ihr Kantonesisch, und solange sie da war, war ich nie der Schlechteste.

24. Dezember 1998
Paris

Als wir heute früh im Taxi zum Bahnhof saßen, drehte sich mein Vater zu mir und sagte: »Frag den Fahrer, ob es heute den ganzen Tag regnen wird.«

Ich glaube nicht, dass er sich für die Antwort interessierte. Er wollte einfach nur herausfinden, ob ich den Mann auf Französisch fragen konnte, auch wenn er das gar nicht beurteilen kann. Er spricht kein Wort Französisch, aber das hindert ihn nicht daran, mich zu kritisieren.

»Er sagt, ja, es regnet heute den ganzen Tag«, sagte ich.

Mein Vater nickte. »Der Regen kommt von Westen. In Frankreich kommt Regen immer von Westen.«

Das werden acht lange Tage.

31. Dezember 1998
Paris

Gestern Abend, kurz nach dem Essen, fing der Kopf meines Vaters Feuer. Er hatte sich nahe an die Kerze gebeugt, um einen Kratzer auf der Tischplatte zu untersuchen, und Sekunden später bemerkte ich die Flammen, die sich wie eine funkelnde Krone um seinen Skalp zogen. Er sah aus wie ein glücklicher König, zufrieden, dass in seinem Land alles gut war. Als er bemerkte, was passierte, war Gretchen auch schon mit einer Stoffserviette zur Stelle. Dad zog sich ins Bad zurück und untersuchte den Schaden zehn Minuten lang mit einem Handspiegel. Heute Vormittag haben wir ihm einen Hut gekauft.

1999

1. Januar 1999
Paris
Dad saß gestern beim Abendessen mit dem Flugticket in der Hemdtasche. Außerdem hatte er einen Zettel eingesteckt, auf dem die geschätzten Taxikosten zum Charles de Gaulle und das Trinkgeld für den Fahrer notiert waren. Er trug ein Hemd mit Schulterklappen, einen Schal, einen Sweater und eine Windjacke. Auf dem Kopf hatte er einen Hut. Der arme Kerl war mehr als abreisebereit und hätte am liebsten die Nacht am Flughafen verbracht – nicht in einem Hotel, sondern wartend auf einer Bank. Es ist nicht so, dass er Frankreich nicht leiden kann. Ich denke, er vermisst einfach nur den Fernseher.

4. Januar 1999
Paris
Heute begann der Unterricht, und wir haben zwei neue Schüler. Die eine ist eine schwangere Chinesin, die mit einem Franzosen verheiratet ist und ihr Kind Beyond nennen möchte, und der andere ein Deutscher, den die Liebe nach Paris verschlagen hat. Der Rest von uns stellte sich vor, und dann erzählten wir von unseren Weihnachtsferien. Ich sagte, meine halbe Familie habe mich für sechzehn Tage besucht, und meine Klassenkameraden holten hörbar tief Luft. Dann sagte ich, ich hätte neun Stangen Zigaretten bekommen, und kurz vor dem Rückflug habe mein Vater sich den Kopf versengt.

Als Nächstes war Milton an der Reihe, der sich an Silvester betrank, hinknallte und sich dabei das Gesicht aufschürfte. Als die Polin Anna dran war, sagte die Lehrerin, sie sei bestimmt auch betrunken gewesen, obwohl sie es bestritt. Die Lehrerin hat es mit Polen und Alkohol.

7. Januar 1999
Paris
Im Unterricht lernen wir das *gérondif*, das benutzt wird, wenn jemand zwei Dinge gleichzeitig tut. Als Teil unserer Hausaufgaben sollten wir sechs Sätze aufschreiben wie »Sie sang, während sie staubsaugte.« Es war eine banale und langweilige Aufgabe, bis mir das *Medizinische Taschenwörterbuch* in die Hände fiel, das Amy mir zu Weihnachten geschenkt hat. Das Buch enthält jede Menge großartiger Sätze, alles von »Fühlen Sie sich paranoid?« bis »Haben Sie einen ungewöhnlichen Ausfluss festgestellt?« Ich verbrachte lange Zeit damit, mir Sätze für meine Hausaufgabe auszudenken. Mein Lieblingssatz war: »›Ist irgendein anderer Gegenstand in Ihren Anus eingeführt worden?‹ Der Arzt stellte die Frage, während er den verletzten Schließmuskel untersuchte.«

Die Lehrerin sammelte unsere Aufgaben am Ende der Stunde ein und warf wie üblich einen kurzen Blick auf meine Seiten. In solchen Situationen weiß man nie, was passiert. Grammatisch ist mein Text fehlerfrei, aber irgendetwas sagt mir, dass ich über das Ziel hinausgeschossen bin.

14. Januar 1999
Paris
Die Lehrerin war äußerst unzufrieden mit der Hausaufgabe vom Vortag und kam in die Klasse, als wäre es ein Boxring. Wenn sie wütend ist, kann niemand es ihr recht machen. Erst

in der letzten halben Stunde wurde sie etwas zugänglicher. Wir hatten uns eine Reihe von Sätzen auf Band angehört und sollten sie jeweils einem Bild zuordnen. Ein Junge rief beispielsweise: »Wir haben gewonnen!«, und wir ordneten den Satz einem Bild zu, auf dem ein Junge triumphierend die Arme in die Höhe hebt. Dies brachte sie irgendwie dazu, uns zu erklären, in Griechenland zeige man die Zahl fünf dadurch an, dass man sich die flache Hand mit der Handfläche nach innen vors Gesicht hält. Die nach außen gedrehte Handfläche bedeutet dagegen: »Verpiss dich.«

Sowohl in Griechenland als auch in der Türkei bedeute ein Kopfnicken Nein, genauso wie die Augen zu schließen. Sie und ihre Freundin seien einmal in Istanbul gewesen und hätten einfach kein Zimmer finden können. Um Mitternacht seien sie schließlich in ein Hotel gegangen und hätten nach einem Zimmer gefragt. Der Portier hätte genickt, und sie hätten erleichtert ihr Gepäck hereingeschafft. Zuletzt, sagte sie, habe der Mann sie auf dem Dach schlafen lassen.

Mit der Zeit verbessert sich die Laune der Lehrerin, allerdings muss man ihr den Weg ebnen. Heute dachte ich mehrere Male, sie hätte es geschafft, doch dann kam Ralf mit einer Frage zu Dingen, die wir schon vor Monaten durchgenommen hatten. Dann schrieb sie wild etwas an die Tafel, drehte sich um und sagte: »Haben Sie es *jetzt* verstanden?«

Ralph blinzelte mit den Augen, überlegte einen Moment und sagte dann, »Nein«, und damit war die Sache gelaufen. Zweimal ermahnte sie Luis, den Mund zu halten, und ich bekam sie zu hören, als wir in einem Comic bestimmen sollten, aus welcher sozialen Klasse die Personen stammten. Ich sagte, ich glaubte, aus der Arbeiterklasse. Als sie nachfragte, warum, wies ich auf die Jesus-Schneekugel auf dem Fernseher hin.

»Das zeigt, wie wenig Sie wissen«, sagte die Lehrerin. »Das französische Proletariat würde sein Heim niemals mit religiöser Ikonografie schmücken.« Zumindest vermute ich, dass sie das sagte.

»Na gut«, sagte ich. »Sie sind aus der Unterschicht.«

Im nächsten Moment fiel sie über mich her und sagte, sie wolle derartige Ausdrücke nicht mehr in ihrem Unterricht hören. Erst vor einigen Tagen hatte sie uns drei verschiedene Ausdrücke für »furzen« und dazu noch die Redewendung »Fick dich ins Knie, du Arschloch« beigebracht, aber »Unterschicht« war tabu?

Meine Mitschüler begannen zu raten. Waren sie aus der Mittelklasse? Oder Rentner?

»Nein!«, brüllte die Lehrerin. »Himmelherrgott, sie sind aus der Arbeiterklasse.«

Ich hatte das bereits vor zwanzig Minuten gesagt, aber vermutlich hatte sie das abgebügelt, weil ich die Schneekugel erwähnt hatte. Es war einfach einer dieser Tage.

18. Januar 1999
Paris
Heute hatte unsere Lehrerin wieder schlechte Laune. Sie bezeichnete mich als Frauenfeind, weil ich in einem Aufsatz über mein Traumhaus geschrieben hatte, jeden Abend, nach Sonnenuntergang, würde ich überlegen, ob ich mit einer meiner dreihundert Frauen oder einem Kamel ins Bett gehen würde. Später sagte sie mir auf Englisch, dass sie mich hasse. Ich hatte *falloir* im Konjunktiv statt im *imparfait* benutzt, es gewissermaßen also verdient.

20. Januar 1999
Paris

Heute erklärte uns die Lehrerin, ein reifer Camembert müsse die Konsistenz einer menschlichen Augenbraue haben. Sie warf das einfach so in den Raum. Schon die ganze Woche sollen wir zu Hause Radio hören und dann im Unterricht darüber berichten. Luis sprach die mehr als vierzig Leichen an, die im Kosovo gefunden worden waren, und die Lehrerin hörte zu und sagte dann: »So, und jetzt sagen Sie mir, was noch Schlimmeres passiert ist.«

22. Januar 1999
Paris

Wenn man in Paris in den Waschsalon will, muss man eine Woche vorher damit anfangen, Kleingeld zu sammeln. Das sollte eigentlich nicht schwer sein, aber die Kassiererinnen und Kassierer hier tun so, als dürfe in ihre Kassen nur Geld hineingehen. In New York sieht man Schilder mit der Aufschrift *Wechseln nur bei Einkauf*, aber hier müsste es einfach nur heißen *Kein Wechseln*. Immer wird man gedrängt, den exakten Betrag zu zahlen. Wenn etwas, sagen wir, 185 Francs kostet, und man will mit einem 200-Franc-Schein zahlen, rümpft die Person an der Kasse die Nase und sagt: »Ach? Sie haben hundertfünfundachtzig nicht passend?«

Beim Lebensmittelhändler haben mir schon mehrmals Kassiererinnen gesagt: »Habe ich da nicht kleinere Scheine in Ihrer Brieftasche gesehen?« Vor ein paar Tagen hat mir eine mein Portemonnaie einfach aus der Hand gerissen und sich genommen, was sie wollte. Obendrein sitzen die Leute meistens an der Kasse, anstatt zu stehen. Sie helfen einem auch nicht beim Einpacken der Waren wie in den Staaten, und alles wird eingescannt und nicht mit der Hand in die Kasse eingegeben.

Ihre einzige Aufgabe ist es, Wechselgeld herauszugeben, und ebendas machen sie nicht.

24. Januar 1999
Paris

Es ist 21.30 Uhr, und ich bin den ganzen Tag noch nicht vor der Tür gewesen. Vor elfeinhalb Stunden habe ich mit meinen Hausaufgaben begonnen, und ein Ende ist nicht in Sicht. Jedes Wort wird im Wörterbuch nachgeschlagen, jede Verbform überprüft, und das alles dauert ewig. Ich muss noch acht Fragen beantworten, drei Kommentare abgeben und eine Geschichte zu Ende schreiben.

25. Januar 1999
Paris

Ich habe insgesamt siebzehn Stunden an meinen Hausaufgaben gesessen. Der schwierigste Teil war eine Geschichte, deren Anfang uns die Lehrerin diktiert hatte und die wir weiterschreiben sollten. Ihr Anfang ging folgendermaßen: »Um Mitternacht beschloss ich, die Party zu verlassen und zwanzig Minuten zu Fuß zum Bahnhof zu gehen, um ein Taxi zu nehmen. Es war dunkel, und die Straßen waren menschenleer. Ich war nervös und hastete voran, als ich hinter mir einen Wagen mit ausgeschalteten Scheinwerfern sich nähern hörte.«

Meine Fortsetzung lautete: »Der Kofferraum war überraschend bequem. Es gab ein Kissen und eine Wolldecke. Der Boden war mit Teppich ausgelegt und roch nach Pizza. Ja, es war dunkel, aber relativ geräumig. Während ich dort lag, dachte ich immer wieder über mein Leben vor der Zeit im Kofferraum nach. Ich war auf dem Weg zum Bahnhof gewesen, als der Wagen hinter mir angehalten hatte. Es war dunkel gewesen, aber dennoch hatte ich gesehen, dass der Fahrer gut aussehend und elegant gekleidet gewesen war. Er hatte meine Nervosität gespürt und gesagt: ›Na, komm schon, wie wär's mit einem Lächeln.‹«

In meiner Geschichte verbringt sie zweiundzwanzig Jahre in dem Kofferraum und verliebt sich unsterblich in den Mann, der sie darin eingesperrt hat. Zuletzt duzen sie sich durch ein kleines Loch, und alles ist großartig, bis er den Wagen einfach mit ihr im Kofferraum am Flughafen stehen lässt. Wegen unerlaubten Parkens gibt es einen saftigen Strafzettel, und als sie dafür aufkommen muss, weint sie.

26. Januar 1999
Paris
Bevor ich heute Nachmittag die Wohnung verließ, klopfte eine Frau an die Tür und fragte, ob ich ihren Teppich kaufen wolle. Ich weiß nicht, ob sie im Haus wohnt oder von der Straße hereingekommen ist, aber meine Antwort war die gleiche. Ich bin kein großer Teppichfreund, aber statt langer Erklärungen sagte ich einfach nur Nein und beeilte mich, zum Unterricht zu kommen, wo die Lehrerin meine Geschichte, wie sie im Kofferraum eingesperrt ist, laut vorlas. Ihr Vortrag war gut, aber zwischendurch unterbrach sie mehrmals und nannte mich einen Frauenfeind.

»Nein«, korrigierte ich sie, »ich bin kein Frauenfeind, sondern ein Menschenfeind. Ich hasse alle gleichermaßen.«

28. Januar 1999
Paris
Heute Nachmittag kaufte ich eine Kinokarte für den Film *E-m@il für Dich,* der hier *Vouz Avez un Message* heißt. Ich musste wohl etwas falsch ausgesprochen haben, denn der Typ an der Kasse machte eine Bemerkung zu seinen Kollegen und

alle lachten. Als er mir mein Wechselgeld rüberschob, sagte er: »Touristen zahlen einen Aufschlag.«

Hätte er gesagt, Amerikaner zahlten einen Aufschlag, hätte ich ihn darauf hingewiesen, dass amerikanische Filme sein Kino am Laufen hielten. So aber sagte ich nichts und fraß den Rest des Tages meinen Zorn in mich hinein.

11. Februar 1999
Paris
Heute Morgen stand ein sehr kleiner Mann vor der Tür und benutzte ein Verb, das ich nicht kannte. Sein Gesicht war schwarz verschmiert, genau wie seine Hände. *Kohle?*, überlegte ich. Zum Glück war Hugh zu Hause und erklärte, das Verb bedeute »auskehren«. Der Mann sagte, laut gesetzlicher Vorschrift müssten unsere Kamine und Ofenrohre einmal im Jahr gekehrt werden, und dann kletterte er zuerst auf die Küchentheke und weiter auf den Kühlschrank. Dort steckte er seine Hand in ein Ofenrohr und förderte eine Handvoll Ruß zutage und sagte, wir sollten es aus Versicherungsgründen reinigen lassen.

Oben hatte der Mann nur braune Stumpen im Mund, aber die unteren Zähne waren weiß und ebenmäßig. Er war so klein, dass er mir gerade bis zur Schulter reichte. Nachdem wir ihm den Auftrag erteilt hatten, ging der kleine Mann und wurde von seinem Kompagnon ersetzt, der jung und gut aussehend war. Er trug einen einteiligen Monteuranzug über der Kleidung, wie die Automechaniker, der am Hinterteil aufgerissen war. Wie bei seinem Chef waren auch seine Hände schwarz und sein Gesicht rußverschmiert. Ich war hin und weg und fragte ihn, ob er auch die Kamine reinigen könne. Während er arbeitete, machte ich meine Hausaufgaben, wobei ich hin und wieder aufsah, um eine Frage zu stellen oder zu beantworten. Ob ich wüsste, fragte er, dass das Wort »auskehren« auch eine sexuelle Praktik bezeichne?

»Ach was?«, sagte ich. »Wie interessant.«

Wir redeten über seine Leidenschaft für Fußball und Katzen und seinen Hass auf die Engländer. Umgerechnet mussten wir $130 bezahlen, aber jetzt kann ich im Kamin Feuer machen.

26. Februar 1999
Paris
Heute war die letzte Unterrichtsstunde. Im nächsten Monat reist die Lehrerin nach Brasilien, und danach muss sie mehrere Monate im Büro arbeiten. Zum Abschied gab sie mehreren Schülern einen Kuss, aber ich verschwand rechtzeitig durch die Tür. Ich hätte mich gerne bei ihr bedankt, aber seit mein Artikel (»Ich ein Tag sprechen hübsch«) im *Esquire* erschien, ist alles anders. Ich wünschte, ich hätte ihn nie veröffentlicht. Als ich ihn schrieb, stand ich dazu, aber jetzt haben sich die Dinge geändert. Sie ist immer noch launisch, aber ich glaube, sie ist eine gute Lehrerin. Leider erkenne ich das erst jetzt.

13. März 1999
Reston, Virginia
Heute Abend habe ich zum ersten Mal seit sieben Monaten einige Episoden von *Cops* gesehen. Sie gehörten nicht zu den besten, aber zumindest kannte ich sie noch nicht. Das Hotel gestern in Alabama hatte achtunddreißig Sender, darunter Animal Planet Network, wo die Sendung *Wildlife Emergency* lief, eine Art *Emergency Room* für verletzte Tiere. In der ersten Episode ging es um einen Adler, der vermutlich eine Bleivergiftung hatte. »Katie, ich möchte, dass Sie ihm Blut abnehmen und den Burschen so schnell wie möglich röntgen.«

Ich dachte, *Nun gut, es ist ein Adler. Er ist auf Briefmarken und Münzen, da kann man verstehen, dass sie bis zum Äußersten gehen.* Als Nächstes kam ein Opossum mit einem gebrochenen Kiefer, und wieder ließen die Ärzte nichts unversucht. Ich fragte mich, warum sie das Tier nicht einfach einschläferten, aber dann wäre es eine andere Sendung – *Der Gnadentod* vielleicht oder *Wenn Tiere sterben.*

Später sah ich noch eine Folge der britischen Serie *Vets in Practice*, in der es um die Abenteuer von vier attraktiven Tierärzten geht. Pete musste sich einem Papagei mit einem eingewachsenen Zehennagel widmen, dann folgte ein Schnitt auf Brian, der seinen Arm bis zum Ellbogen im Arschloch einer Kuh hatte und kurz über die Beziehung zu seiner Freundin redete. Wir sahen Ellen, die kürzlich einer Gans beide Flügel amputiert hatte und das Tier jetzt wieder an ihre Artgenossen gewöhnte. »Ich mache mir Sorgen um Denise«, sagte sie. »Ich habe Angst, dass die anderen sie nicht akzeptieren werden.«

Dann kam eine Werbepause, und der Sprecher sagte: »Sehen Sie gleich, wie Allison eine Katze und ihre Jungen von Flöhen befreit.«

23. März 1999
Chicago

Ich habe seit achtundvierzig Stunden keinen Drink mehr gehabt. Das ist kein Zufall, sondern eine gezielte Anstrengung, noch dazu eine sehr schwierige. Ich müsste es genauer überprüfen, aber ich bin mir ziemlich sicher, in den vergangenen achtzehn Jahren jeden Abend betrunken gewesen zu sein. Gestern am Flughafen fühlte ich mich nicht gerade gut, aber ich war stolz auf mich. Lange Zeit habe ich angenommen, jeder könne mir ansehen, dass ich Alkoholiker bin – selbst Fremde, die Flugbegleiterin, der ich meinen Boarding Pass hinhalte, oder der Zeitungsverkäufer am Kiosk. Wenn man mir mein Trinken im Gesicht ansieht, zeigt es dann irgendwann auch, dass ich es nicht mehr tue?

24. März 1999
Chicago

Gestern Abend lag ich wieder im Bett und konnte nicht einschlafen. Es war mein dritter Abend ohne Alkohol, und ich versuchte, mich zu erinnern, was so toll daran ist, nüchtern zu sein. Eine Sache ist, dass ich abends durch Paris spazieren kann. Hugh und ich waren einmal abends einen Kaffee trinken, und an Silvester bin ich schwankend zum Pont Neuf gelaufen, aber ansonsten war ich immer zu betrunken gewesen. Ich kann weder geradeaus laufen noch größere Strecken gehen, weil ich nach sieben Bier und zwei Scotch etwa nach jedem dritten Block zur Toilette muss. Ein großer Vorteil ist also, dass ich häufiger ausgehen kann. Ich befürchte allerdings, dass ich es noch öder finden werde, als zu Hause zu sitzen.

4. April 1999
Paris

Gestern Nachmittag kaufte ich beim Lebensmittelhändler ein halbes Kaninchen, ohne darüber nachzudenken, dass Ostern ist. Es ist ein bisschen so, als würde man an Weihnachten Rentier essen oder Gründervater am 4. Juli. Mein halbes Kaninchen war vorverpackt. Es war in Teile zerlegt und lag in einer Styroporschale, so wie ein geviertelter Brathähnchen. Während Hugh kochte, war ich nicht im Haus und registrierte erst später, dass ein halbes Kaninchen tatsächlich ein *halbes* Kaninchen bedeutet. Ich legte mir gerade nach, als ich den halben Kopf des Kaninchens im Profil am Boden des Topfes liegen sah.

Sie mussten ihn genau längs in der Mitte durchgeschnitten haben. Ich untersuchte die Hirnhälfte des Tieres und überlegte, für welche Gedanken sie wohl zuständig gewesen war. War es die Hälfte, die es instinktiv davor gewarnt hatte, vor Hunden wegzulaufen, oder die Hälfte mit Kindheitserinnerungen und dem Groll gegen andere Kaninchen? Ich stupste es mit der Gabel an, registrierte, dass ich es zufällig hätte essen können, und war drauf und dran, Vegetarier zu werden.

6. April 1999
Paris
Das Unvermeidliche ist geschehen, genau wie ich es vorhergesehen habe. Meine Französischlehrerin hat Andy beim *Esquire* in einem Fax mitgeteilt, dass mein Artikel bei der Alliance Française wie eine Bombe eingeschlagen hat.

»Vielleicht meint sie das positiv«, sagte Hugh.

Ich nehme mir vor, nicht darüber nachzudenken, und schaffe es, die Sache bis zu fünfzehn Sekunden aus meinem Kopf zu verdrängen. In meiner Geschichte habe ich nichts über ihre Klugheit und ihre Fähigkeiten als Lehrerin gesagt. Dafür muss ich mich entschuldigen, für meine Faulheit.

8. April 1999
La Bagotière
Wegen der Bombardierung serbischer Ziele gibt es viel mehr antiamerikanische Graffiti in Paris. Gestern auf dem Weg zum Bahnhof sah ich auf einer Mauer die Aufschrift *USA = GROS CONS* (»große Arschlöcher«), und vor einigen Tagen las ich in der Metro *FUCK OF US*. Ich liebe diese grammatischen Fehler. »Es heißt, fuck *off*, und vielen Dank auch.«

17. April 1999
Paris

Hugh und ich verbrachten das Wochenende in der Normandie, während seine Mutter Joan in Paris auf die Katze aufpasste. Vor unserer Abfahrt hatte sie eine Flasche Wein gekauft, und ich hatte sie gewarnt, sich einen vernünftigen Korkenzieher zu besorgen, weil Hughs nichts taugte. Wenn ich ihn benutze, drücke ich jedes Mal den Korken in die Flasche.

Heute Nachmittag kehrte ich nach Paris zurück, und wenig später erschien Joan mit einer Tüte voller Lebensmittel und einem neuen Korkenzieher, der Sorte mit den zwei Hebeln. »Oh Mann, du hattest recht mit Hughs Korkenzieher«, sagte sie. »Das Ding funktioniert überhaupt nicht.« Als ich ihr sagte, sie hätte genau den gleichen Korkenzieher gekauft, runzelte sie die Stirn. »Wovon redest du?«

Sie öffnete die Schublade neben dem Kühlschrank und zog eine handtellergroße Plastikscheibe mit einer kurzen Muffe hervor. »Ich dachte, *dies* sei Hughs Korkenzieher«, sagte sie. »Der Aufsatz passt genau auf den Flaschenhals, aber als ich ihn in Pfeilrichtung drehen wollte, ist nichts passiert.«

Für mich war es einer dieser Momente des Erwachsenendaseins, an dem man sich entscheiden muss. Zuckt man mit den Schultern und sagt: »Ich komme mit dem Ding auch nie zurecht«, oder klärt man die Frau darüber auf, dass sie das ganze Wochenende über versucht hat, eine Weinflasche mit dem abgebrochenen Drehknopf der Spülmaschine zu öffnen?

30. April 1999
Paris

Heute Abend klopfte ein Mann an unsere Wohnungstür und sagte: »Guten Tag, ich bin gerade aus dem Gefängnis entlassen worden, darf ich hereinkommen?«

Ich bin mir nicht sicher, ob er gesetzlich dazu verpflichtet war, sich auf diese Weise vorzustellen, oder ob er das freiwillig tat. So oder so war es eine Aufrichtigkeit, die zu nichts führte.

»Hugh!«, rief ich. »Da möchte dich jemand sprechen.«

Der Exsträfling wollte eine Reihe von Magic-Marker-Zeichnungen in kleinen Papprahmen verkaufen. Es waren geometrische Kritzeleien, mit denen man sich die Zeit vertreibt, wenn man mit einem Verwandten oder auch dem Bewährungshelfer telefoniert. Als Hugh dem Typen sagte, wir hätten kein Interesse, wurde er feindselig. »Ihr seid alle gleich«, fauchte er. »Ihr denkt, nur weil jemand im Knast war, ist er es nicht wert, in die Wohnung gelassen zu werden.«

Er warf uns eine Reihe Wörter an den Kopf, die ich erst kürzlich gelernt habe, und hämmerte dann gegen die Tür der Nachbarin und beschimpfte sie ebenso. Dies ist das dritte Mal in diesem Monat, dass jemand ins Haus kommt und an der Tür klopft. In New York ist das ständig vorgekommen, aber dort hat es mir nichts ausgemacht, weil ich die Leute spielend abwimmeln konnte. In der letzten Woche hatte ich Besuch von zwei katholischen Nonnen, die Geld sammelten, wobei ich nur hoffen kann, dass es für neue Kittel war, und einige Tage darauf stand eine kleine ältere Frau vor der Tür, die mir ihre Bademattte verkaufen wollte. »Sehen Sie«, sagte sie, »sie ist trocken und sauber. Ideal für die Füße!«

8. Mai 1999
London, England

Beim Abendessen fragte ich leichtfertigerweise, ob es irgendetwas gebe, was Steve an Vanessa nicht ausstehen könne. Es war als Scherz gemeint, aber Steve nahm die Frage ernst. Er beklagte sich, dass sie nie den Deckel auf Flaschen schraube, und als ich dachte, das war's, schob er noch eine ganze Liste hinterher. Vanessa versuchte, sich zu verteidigen, und als es immer unangenehmer wurde, sagte ich, Steve solle die Klappe halten.

»Was soll ich tun?«

Ich erfuhr, dass man in England »Put a sock in it« sagte. Der Ausdruck stammt aus dem Anfang des Jahrhunderts. Grammofone hatten keinen Lautstärkeregler, und um die Musik leiser zu machen, steckte man einen Socken in den Schalltrichter. Außerdem erfuhr ich, dass es bei der BBC eine Redakteurin namens Jonquil Panting gibt.

Warum sieht man so selten eine Frau mit Hörgerät?

17. Mai 1999
Berlin, Deutschland
Auf dem Air-France-Flug von Paris saß auf der anderen Seite des Gangs der fetteste Mensch, dem ich in meinem Leben begegnet bin. Er war Deutscher und trug ein T-Shirt und eine kurze Hose mit Gummizug. Man brachte ihm ein Verlängerungsstück für den Sicherheitsgurt, und als er sich hinsetzte, drückte sein Bauch gegen den hochgeklappten Tisch. Der Mann hatte den Platz zum Gang, während sein Freund am Fenster saß. Um überhaupt hineinzupassen, musste er beide Armlehnen hochklappen. Die eine Hälfte machte seinem Freund den Platz streitig, und die andere wurde wiederholt von den Essens- und Getränketrolleys gerammt, die nur mit Mühe an ihm vorbeikamen. Als das Frühstück serviert wurde, musste sein Tablett auf den Tisch des Freundes gestellt werden. Der dicke Mann aß alles auf und bat noch um zwei weitere Brötchen. Ich trank nur meinen Kaffee, und obwohl ich die Augen des Mannes auf meinem Essen ruhen spürte und kein

Problem damit hatte, es ihm zu überlassen, wusste ich nicht, wie ich es ihm anbieten sollte, ohne zu sagen: »He, Sie sind so dick, warum essen Sie das nicht auch noch?«

18. Mai 1999
Köln, Deutschland
Harry Rowohlt, der mein Buch ins Deutsche übersetzt hat und mit mir auf der Tour liest, erzählte mir, wenn jemand neben ihm im Bus oder im Restaurant mit dem Handy telefoniere, beuge er sich zu ihm und rufe: »Komm zurück ins Bett, mir ist kalt.«

19. Mai 1999
Köln
Gestern um fünf kam eine Frau, um ein Foto von mir zu machen. Sie war Ende fünfzig, und da sie kaum Englisch sprach, unterhielten wir uns auf Französisch. Während unseres Treffens erfuhr ich, dass ihr Mann kürzlich an Lungenkrebs gestorben war und dass sie dankbar war, keine Kinder zu haben. Sie sagte, ihre Mutter sei über neunzig und seit Kurzem inkontinent.

Nachdem wir fertig waren, verabschiedete ich mich und ging zu dem Supermarkt, an dem ich zuvor schon vorbeigekommen war. Man muss kein Französisch können, um sich in einem französischen Lebensmittelgeschäft zurechtzufinden. Viele Wörter sind für einen Engländer verständlich, sodass es nicht sehr wahrscheinlich ist, dass man Katzenfutter mit Thunfisch verwechselt. In Deutschland jedoch ist das nicht so leicht. Ich stand vor dem Seifenregal, als sich eine junge Frau näherte, die den Einkaufswagen mit dem Kinn schob. Sie war Mitte zwanzig und attraktiv. Das Erste, was mir an ihr auffiel, war ihr dichtes, schulterlanges Haar. Dann bemerkte ich, dass sie keine Arme hatte. Es sah nicht so aus, als hätte sie sie durch einen Unfall verloren, zumindest nicht in jüngerer Zeit. Ihre selbstsichere Art deutete darauf hin, dass sie ohne Arme geboren worden war.

Im Regal neben mir standen Haarshampoos. Die junge Frau blieb davor stehen, und nachdem sie sich umgeschaut hatte, zog sie einen Schuh aus und griff mit ihrem bloßen Fuß ins Regal. Er befand sich in der Höhe meines Brustkorbs, aber sie schien keinerlei Problem zu haben, die Plastikflasche zu greifen und in ihren Wagen zu legen. Ich sah nicht, wie sie für ihre Einkäufe an der Kasse bezahlte, aber ich kann mir vorstellen, dass sie genauso geschickt ihr Portemonnaie öffnete und der Kassiererin Scheine und Münzen in die Hand drückte.

Am Frühstücksbüfett im Hotel sah ich etwas, das aussah wie ein Teller mit platten Fleischklopsen. Ich fragte Gerd danach, und er sagte: »Ich glaube, bei euch würde man kleine Hamburger dazu sagen.«

Jedes Mal, wenn wir ins Restaurant gehen, finde ich etwas in meinem Essen. Montagabend war es ein Stück Silberfolie, und heute war es ein Gummiband. Solange es kein Glas oder eine Heftzwecke ist, macht mir das nichts aus. Ich frage mich nur, was es morgen sein könnte.

20. Mai 1999
Stuttgart, Deutschland

Gestern regnete es, und wir alle kauften Schirme. Meiner ist braun und mit kleinen Blumen bedruckt, die Tini als Edelweiß identifizierte. Ich hatte miese Laune, aber beim Mittagessen legte sich das und ich genoss die Gesellschaft meiner beiden Gastgeber. Gemeinsam spazierten wir durch die Altstadt, wo ein Mann mit zwei Stöcken Tricks mit einem Fußball vorführte.

Später, im Restaurant, sah ich einen leeren Rollstuhl neben einem Tisch für zwei. Es war ein merkwürdiger Anblick. Entweder war jemand nicht strikt darauf angewiesen, oder einer der beiden wollte eine kleine Abwechslung. Nachdem wir gegangen waren, kamen wir an einer Bronzestatue des Mannes vorbei, der den Bunsenbrenner erfunden hat.

18. Juni 1999
Paris
Heute sah ich einen einarmigen Zwerg, der ein Skateboard trug. Seit neunzig Tagen habe ich keinen Alkohol mehr getrunken.

19. Juni 1999
Paris
Abe hat auf dem Rückflug von Osteuropa nach San Diego einen Zwischenstopp in Paris eingelegt. Wir waren im Zoo und sahen uns die Affen an, als er von einem kürzlichen Ausbruch von E. coli in Rumänien erzählte. Mehrere Hundert Menschen seien erkrankt, und die Regierung habe einen Vertreter zu Nachforschungen entsandt. Als Verursacher der Infektion wurde zuletzt ein Bäcker ausgemacht, der seine Brote und Backwaren mit menschlichen Exkrementen verunreinigt hatte, die er in einem Plastikeimer in seinem Kühlraum aufbewahrte.

»Ich verstehe nur nicht«, sagte Abe, »warum er seinen Scheiße-Eimer im Kühlraum stehen hatte. Ich meine, hatte er Angst, sie könnte schlecht werden?«

22. Juni 1999
Paris
Meine Freundin Barb behauptet, als Ted Bundy nach dem Motiv für seine zahlreichen Morde befragt wurde, habe er gesagt: »Na ja, es gibt *so viele* Menschen.«

7. Juli 1999
La Bagotière
Geneviève passt für eine Woche auf ihre Enkelin Edwidge auf. Das Mädchen ist zwei Jahre alt und hat eine neue Puppe, einen Barbie-Klon, der spricht, wenn man ihm auf den Bauch drückt. Das Band ist sehr kurz, deshalb spricht die Puppe sehr schnell. »Hallo, ich heiße Linette. Magst du mein Kleid? Ich möchte mit dir spielen!«

Vor einem Jahr hätte ich nichts davon verstanden, aber jetzt verstehen Linette und ich uns bestens. Grundsätzlich spreche ich in der Normandie viel mehr Französisch als in Paris. Smalltalk ist auf dem Land viel wichtiger, sodass ich jeden Augenblick bereit sein muss. Heute habe ich mit dem Metzger darüber debattiert, ob er sich einen neuen Wagen kaufen soll. Später habe ich mich auf dem Markt mit Annie über Batterien unterhalten. Nur die Bäckersfrau ist offiziell von meiner Liste gestrichen. Ich mochte die alte, die mit dem Silberblick, aber ihre Nachfolgerin ist mir zu ungeduldig. Heute Nachmittag stöberte ich in der Truhe nach einem Eis am Stiel, als sie hinter ihrer Verkaufstheke hervorkam und mich streng anfuhr: »He, *ich* bin diejenige, die sich darum kümmert.«

Ich entschuldigte mich, und sie zeigte auf ein Schild über der sargähnlichen Kühltruhe. »Die Leute machen es selbst und lassen die Klappe auf, und dann ist das Eis ruiniert und ich kann es wegschmeißen.«

Was Rüffel angeht, habe ich schon Schlimmeres zu hören bekommen. Sie ist einfach nie besonders nett zu mir gewesen.

17. Juli 1999
La Bagotière
Irgendwer rief mich an, um mir zu sagen, John Kennedy sei mit dem Flugzeug vor der Küste von Martha's Vineyard abgestürzt.

Wir redeten eine Weile miteinander, und ich wollte die ganze Zeit fragen: »Wer *spricht* da?« Es war eine Französin, aber ich konnte die Stimme einfach nicht zuordnen. Zuerst dachte ich, sie hätte *Ted* Kennedy gesagt. Dann dämmerte mir, dass sie John gesagt hatte, und ich musste mich hinsetzen. Er schien mir immer ein so anständiger Kerl, ein durch und durch guter Mensch mit ausgezeichneten Manieren. Ich habe ihn ein paarmal in New York gesehen, einmal auf dem Fahrrad, und dann noch einmal in einem Restaurant in SoHo, an einem Tisch im Freien. Ein Wagen mit einem Nummernschild aus New Jersey hielt an, und die Frau am Steuer schickte ihre Tochter los, ein Autogramm zu holen. »Sag ihm, wie gut er aussieht«, sagte die Mutter.

Der Zug von Paris war rappelvoll. Ein junger Mann auf der anderen Seite des Gangs schlief und hielt beide Plätze besetzt, und als ein Mann über sechzig ihn ermahnte, sagte der Junge: »Ach, halten Sie doch einfach den Mund.«

25. Juli 1999
La Bagotière
Ein Musterdialog aus meinem Buch *Slowenisch: Wort für Wort*:

> *Godspod Skak:* Kako gre?
> *Sara:* Dobro, hvala.
> *Natakar:* Oprosti, je to tvoja denarnica?
> *Sara:* Prosim?

Witzigerweise heißt das kürzeste Kapitel im Buch »Warum Slowenisch lernen?«

30. Juli 1999
Ljubljana, Slowenien

Hugh und ich haben den gestrigen Nachmittag in der Innenstadt von Ljubljana verbracht, und nach dreieinhalb Stunden war ich so versessen darauf, Geld auszugeben, dass ich überlegte, eine Versicherung abzuschließen. Wenn ich gezwungen gewesen wäre, für jemanden ein Geschenk zu kaufen, hätte ich mich zwischen einem in den USA hergestellten Notizbuch mit einem Pony auf dem Umschlag und diesen fleischfarbenen Pads, mit denen Brillenträger ihre Nase vor Druckstellen schützen, entscheiden müssen.

Am Ende des Nachmittags hatte ich zwei Pflaumen und eine Pizza gekauft, die mit Dosenerbsen, Mais und Kartoffelwürfeln belegt war. Auf der englischsprachigen Speisekarte wurden sie als *vagatables* bezeichnet. Ich glaube, sie meinten, *Macedonian vagatables*.

31. Juli 1999
Ljubljana, Slowenien

Gestern Abend beim Essen erwähnte Nancy einen Diplomaten namens Outerbridge Horsey VI. Nachher lobte ich Yassa, die Haushälterin, für ihr Englisch. Sie ist vielleicht Ende vierzig, und sie wurde rot und sagte: »Nein, ich glaube, ich spreche wie ein Neger.«

4. August 1999
Paris

In Venedig ließ ich mir in einem kleinen Salon nicht weit von unserem Hotel die Haare schneiden. Der Friseur sprach kein Englisch, und weil ich meinen Sprachführer im Zimmer vergessen hatte, nickten wir uns nur zu, und ich ermunterte ihn offenbar, beherzt ans Werk zu gehen. Das Ergebnis ist eine harte, mausbraune Kuppe, die mir wie ein Helm, den jemand aus einiger Entfernung geworfen hat, auf dem Kopf sitzt. Auf der Straße wollte ich das Haar auflockern, aber es funktionierte nicht, sodass ich bis nach dem Essen so durch die Gegend laufen musste. Wir aßen in einem Restaurant im Freien, das man uns empfohlen hatte. Neben uns saß eine deutsche Familie – ein Mann, seine Frau und ihre Tochter, die um die dreißig sein musste. Als wir eintrafen, hatten sie gerade ihre Mahlzeit beendet und neue Getränke bestellt. Der Mann zündete sich eine Zigarette an und ließ dann ohne jede Scham oder Verlegenheit einen fahren. Zehn Minuten später machte er es noch einmal. Die Leute am Nebentisch fingen an zu lachen und sahen zu uns herüber, weil sie glaubten, Hugh oder ich wären es gewesen. Es waren Amerikaner, und obwohl es ein Leichtes gewesen wäre, sie aufzuklären, ist es doch immer so, dass es an dem hängen bleibt, der es anspricht.

8. August 1999
La Bagotière

Ich habe einen Brief von meinem Vater bekommen und festgestellt, dass es erst der zweite ist, den er mir je geschrieben hat. Zur Unterbrechung meines Französischunterrichts schreibt er: »Ich glaube, du musst dein Studium auf einer offiziellen, streng reglementierten Basis fortführen. *BLEIB DRAN!!!* Jede sichere Beherrschung einer Sprache ist eine Auszeichnung. Alles andere ist nicht rührend, sondern armselig.« Weiterhin schlägt er vor, bei meinen nächsten Lesungen in Deutschland abwechselnd aus meinem Buch und der Bibel vorzulesen, »vis-à-vis Noah und der Arche, und achte auf die Reaktionen aus dem Publikum – ha!« Im nächsten Abschnitt rät er mir, ich solle in Athen lesen. »In dem alten Freilufttheater gleich am Fuß der Akropolis, dem

Odeon des Herodes Atticus aus dem zweiten Jahrhundert vor Christus!!!«

Weil er so selten schreibt, wusste ich bislang gar nicht, dass er ein so großer Fan von Ausrufezeichen ist.

21. September 1999
Paris

Zur Feier meines sechsten Monats ohne Drink gingen wir mit Ronnie ins Le Parc aux Cerfs. Am Nebentisch saß eine Schottin, die im Verlauf des Abends mit uns ins Gespräch kam. Wie wir erfuhren, war sie Psychologin und zu einer Art Trainingsseminar in Paris. Ich würde sie nicht als betrunken bezeichnen, aber sie war zumindest angeheitert und sagte viele seltsame Dinge. Beispielsweise wollte sie von Hugh wissen, ob ich wunderbar zu lieben sei, was keine Frage ist, die man von jemand Fremdem erwartet, oder überhaupt von jemandem.

24. September 1999
Paris

Ronnie war müde und wollte sich hinlegen, sodass ich sie zu ihrer Wohnung brachte und weiter zu La Maison du Chocolat lief, um ein Geschenk für die G.s zu kaufen. Im Geschäft waren nicht viele Leute, und die Verkäuferin tat so, als würde sie mich wiedererkennen. Als ich anschließend die Straße zur Metrostation überquerte, stolz auf meine an diesem Tag angewandten Französischkenntnisse und rundum zufrieden mit mir selbst, erlebte ich einen dieser ekstatischen Glücksmomente, die aus einem winzigen Anlass entstehen und einen dankbar machen, nie Selbstmord verübt zu haben. Genau in diesem Moment flog mir eine Mücke ins Auge, eine ziemlich große. Ich hielt mein Gesicht vor die Scheibe eines geparkten Wagens und versuchte, sie zu entdecken, aber die Reflexion war zu schwach.

Nicht weit entfernt standen zwei Teenager auf dem Bürgersteig und verkauften Feuerzeuge, um Geld für einen Klassenausflug zu sammeln. Man konnte die Feuerzeuge auch als Flaschenöffner benutzen. In Amerika würden Kinder nie so etwas auf der Straße verkaufen. Sie müssten sich mit harmlosen Dingen wie Schokoriegeln begnügen.

Ich sagte zu einem der Mädchen, ich hätte etwas im Auge, und sie zog einen kleinen Handspiegel aus ihrer Handtasche und hielt ihn in die Höhe. Ich krempelte meinen Hemdsärmel auf und erwischte die Mücke schließlich mit der feuchten, umgeschlagenen Kante. Es war so lieb von ihr, den Spiegel für mich zu halten. Ich kaufte ein Feuerzeug für deutlich mehr als den geforderten Preis, und sie sagte, ich sei *très gentil*.

3. Oktober 1999
Paris

Vor einem Jahr hätte ich Hugh angefleht, mit mir ins Elektrogeschäft zu gehen, aber inzwischen komme ich gut alleine klar. Beim ersten meiner zwei heutigen Besuche sagte ich auf Französisch zu dem Angestellten: »Guten Tag. Manchmal ist meine Kleidung verknittert. Ich habe mir eine Anti-Knitter-Maschine gekauft, und jetzt brauche ich einen Tisch. Haben Sie so etwas?«

Der Mann sagte: »Ein Bügelbrett?«

»Genau das!«

Ein paar Stunden später war ich wieder da. »Guten Tag. Manchmal trinke ich Tee im Hotel. Jetzt suche ich nach so einem kleinen Stock, mit dem man Wasser kochen kann.« Er nannte mir das französische Wort für »Tauchsieder«, aber ich habe es bereits wieder vergessen. Das Gerät, das ich gekauft habe, steckt in einem Etui und hält hoffentlich länger als das, das ich im Frühjahr in Deutschland gekauft habe.

4. Oktober 1999
Zürich, Schweiz

Gestern Abend nach der Lesung gingen Gerd und Tini mit mir zum Essen in die Kronenhalle, wo wir unter dem Picasso saßen. Ich bestellte ein Wiener Schnitzel, das riesig war. Der Kellner servierte die eine Hälfte, und als ich bereit für die zweite war, wärmte er sie auf dem Rechaud, das er neben den Tisch geschoben hatte, wieder auf. Der Schweizer Tom Jones aß ein paar Meter von uns entfernt und kam nach Auskunft unseres Kellners frisch aus dem »Beauty Center«. Er war Ende sechzig und hatte gebräunte Haut, ein geliftetes Gesicht und Haarimplantate. Seine Begleiterin war in den Zwanzigern, was nichts Neues sei, wie man mir sagte.

Während des Essens erfuhr ich, dass es Gerd nach deutschem Recht untersagt ist, mein Buch weiter unter dem Titel *Nackt* zu verkaufen. Offenbar gibt es bereits ein Buch mit diesem Titel, und der Autor hat den Verlag auf die Zahlung von 40 000 Mark verklagt, was sehr interessant ist. In den Vereinigten Staaten könnte ich mein Buch *Vom Winde verweht* nennen, aber nicht hier. Der Titel wird also künftig *David Sedaris Nackt* heißen. Na bitte.

9. Oktober 1999
Paris

Gestern in Düsseldorf erzählte Harry mir den folgenden Witz: Außerirdische landen auf der Erde und öffnen bei einem Deutschen den Schädel. Darin finden sie ein einziges Gewirr aus Kabeln und Chips. Es ist viel zu kompliziert, sodass sie den Schädel wieder schließen und den eines Österreichers öffnen, der viel simpler ist und lediglich einen dünnen Draht enthält, der quer durch den Schädel verläuft. Sie durchtrennen ihn, und dem Österreicher fallen beide Ohren ab.

Harry ist erschreckend direkt. Beim Mittagessen fragte ich ihn, was er am Morgen gemacht habe. »Zuerst habe ich geschissen«, sagte er. »Dann habe ich ein Stuhlzäpfchen gegen meine Hämorriden eingeschoben, und dann habe ich nackig ein paar Anrufe erledigt.«

Während er alle diese Dinge getan hatte, war ich nach unten in einen Raum gegangen, den ich für den Frühstücksraum des Hotels hielt. Er sah anders aus als die übrigen Frühstücksräume in dieser Woche. Statt vieler Tische gab es nur einen einzigen langen Tisch, und die fünf daran sitzenden Leute waren alle salopp gekleidet, einige noch in ihren Bademänteln. Sie schreckten leicht auf, als ich eintrat und mich setzte. »Für mich bitte nur einen Kaffee«, flötete ich.

Der Älteste der fünf, ein Mann in den Fünfzigern, sagte etwas auf Deutsch, und als ich erwiderte, dass ich ihn nicht verstand, ging er aus dem Raum und kam mit einem jungen Mädchen wieder, die mir erklärte, der Essensraum sei eine Etage tiefer. Anscheinend befand ich mich in der Küche des Hotelbesitzers.

12. Oktober 1999
New York

Vor meinem Abflug von Paris begegnete ich im Flur dem Griechen aus der Wohnung von gegenüber, und zum zweiten Mal in dieser Woche sagte er: »*Bonsoir, madame.*« Beim ersten Mal hatte ich geglaubt, er hätte sich vertan, aber offenbar war dem nicht so.

18. Oktober 1999
Pittsburgh, Pennsylvania

Bevor ich von Boston weiterflog, ging ich Tiffany in ihrer Wohnung in Somerville besuchen. Beim letzten Mal hatte die

Wohnung noch ganz normal ausgesehen, aber jetzt wirkt sie unbewohnt, als hätte der Vormieter ein paar der größeren Möbelstücke mitgenommen und den Rest dagelassen. Es war schmutzig, überall stapelte sich der Müll, und im Teppich waren ausgetretene Kippen. Es würde eine gute Woche dauern, gründlich sauber zu machen, und selbst dann würde es wie eine Absteige aussehen. An mehreren Stellen war die Tapete abgerissen und die Wand in verschiedenen Farben bemalt – ein blauer Flecken hier, ein gelber dort. Als ich ging, erzählte sie mir, dass man bei ihr Gebärmutterkrebs festgestellt habe und dass sie bald operiert werde. Sie ließ es so klingen, als handle es sich um eine leichte Unannehmlichkeit, etwas, das kaum der Rede wert sei.

22. Oktober 1999
Nashville
Beim Signieren nach der gestrigen Lesung traf ich eine Frau namens Franda, eine Kombination aus den Vornamen ihrer Eltern, Francis und Brenda.

24. Oktober 1999
Davis, Kalifornien
Bittet man Paul, etwas nicht zu tun, treibt er es in bis dahin für undenkbar gehaltene Höhen. Amy beispielsweise macht es rasend, wenn Leute Kleingeld in ihrer Wohnung herumliegen lassen. Als Paul bei ihr zu Besuch war, sagte sie etwas in dieser Richtung, und bevor er ging, verstreute er Pennys, Fünfer- und Zehnermünzen im Wert von $20 auf dem Boden. Zur Krönung beschmierte er sämtliche Türknäufe mit Zahnpasta und pinkelte ein paar Tropfen auf ihr Bett.

25. Oktober 1999
Seattle, Washington

Eine Volontärin holte mich im Hotel ab und brachte mich zum Flughafen von Sacramento. Sie war dick, grauhaarig und vermutlich über sechzig, und sie roch nach Shampoo. Nach dem Tod ihres Mannes vor fünf Jahren war sie in die Stadt gezogen, um näher bei ihrer Adoptivtochter zu sein, die im Rollstuhl sitzt. Die Frau hatte gerade begonnen, mir von der Krankheit ihrer Tochter zu erzählen, als plötzlich Zehntausende Tomaten vor uns auf der Straße lagen. »Da ist ein Gemüsetransporter umgekippt«, sagte sie und kehrte zu ihrem ursprünglichen Thema zurück. Die Frau redete gern, und ich hörte ihr gerne zu. Alles war großartig, bis wir am Flughafen ankamen, der kürzlich umgebaut worden war. Nachdem wir ihn zweimal umrundet hatten, hielt sie vor Terminal A. Am Gebäude waren Hinweisschilder für American und United angebracht, aber keines für Alaska Air, mit der ich fliegen sollte. »Ich bin mir nicht sicher, ob wir hier richtig sind«, sagte ich.

Seufzend öffnete sie den Kofferraum. »Hören Sie«, sagte sie und klang plötzlich müde. »Viele Gesellschaften fliegen nach Seattle. Ich bin sicher, Sie finden einen Anschluss.«

Sie sagte das, als würde ich von Stadt zu Stadt reisen und mein Ticket jeweils am Schalter kaufen.

Da hatte ich mir die ganze Zeit ihre Geschichten angehört, und jetzt ließ sie mich einfach so stehen? Nachdem sie gefahren war, fragte ich einen Gepäckträger, wo Alaska Air sei.

»Sehen Sie die Fahne dort drüben?«, fragte er und zeigte in die Ferne.

Das tat ich. Sie war ungefähr so groß wie auf einer Briefmarke, also ewig weit entfernt.

»Alaska Air liegt zwei Gebäude dahinter«, sagte der Gepäckträger.

Ich verfluchte die Frau, während ich mit meinem schweren Koffer zum Terminal latschte, und verfluchte sie noch einmal, als ich mich bei meiner Ankunft in einer langen, sich keinen Zentimeter bewegenden Schlange anstellte. Obendrein verfluchte ich sogar ihre Adoptivtochter, die mit dem Rollstuhl und der unheilbaren Krankheit.

26. Oktober 1999
Ashland, Oregon
In Seattle rückte ich das Sofa in meinem Zimmer von der Wand, um eine Stehlampe auszustöpseln, und entdeckte einen halben Joint auf dem Teppich. Vor einem Jahr hätte ich ihn geraucht. Pot ist immer noch eine unglaubliche Versuchung für mich, aber ich habe damit zur gleichen Zeit aufgehört wie mit dem Alkohol. Welchen Sinn sollte es sonst auch haben? Ich befühlte den Joint, hielt ihn mir unter die Nase und legte ihn für jemand anderen zurück auf den Boden.

6. November 1999
San Diego, Kalifornien
Man kann zu Fuß von den Vereinigten Staaten die Grenze nach Mexiko überqueren, aber in umgekehrter Richtung muss man seine Staatsbürgerschaft nachweisen und als Nichtamerikaner Papiere vorlegen. Abe und ich ließen den Wagen in San Diego stehen, und sobald wir die Grenze nach Tijuana überquert hatten, wurden wir von Kindern mit Pappbechern in der Hand umschwärmt. Sie hielten sie nicht wie andere Bettler aufrecht, sondern zur Seite, als wollten sie den Inhalt ausgießen. Während wir die Straße entlangliefen, wurden wir von allen Seiten angesprochen. »Ficki-Ficki?« »Junge Mädchen. Achtzehn, neunzehn, zwanzig. Was ihr wollt.« »Taxi?« »He,

Kumpel, ich hab da was.« »Party machen?« »He, ihr, bevor ihr euch betrinkt, probiert das hier!«

Entlang des Bürgersteigs standen zahllose Prostituierte, junge Frauen zumeist, in billigen, unvorteilhaften Miniröcken. Alle hatten die gleiche Achtzigerjahre-Frisur, Ponyfransen in der Stirn und die Haare hinten und an den Seiten schulterlang. Sie trugen Schulterpolster, und ihre Schuhe brachen mir fast das Herz. Sie lächelten uns an, aber die Männer übernahmen das Reden. »Ficki-Ficki?« Ich glaube, man ging ins nächstbeste Hotel.

Auf dem Weg zum Restaurant wollte Abe sich an einem Obst- und Gemüsestand etwas kaufen. Das gesamte Angebot war verfault. Es stank, aber der Händler war überaus freundlich. Wir gingen in eine Kathedrale, die mit Neonröhren beleuchtet wurde. Der Boden war mit Linoleum ausgelegt, und in einem kleinen Alkoven konnte ich die Hitze von hundert brennenden Kerzen spüren. Mir war noch nie aufgefallen, dass Kerzen Wärme abgeben, vielleicht, weil ich kein Katholik bin.

17. November 1999
Paris

Ich ging zu der türkischen Schneiderin in der Rue Monge, um meine Hosen kürzen zu lassen.

> *Ich:* Guten Tag. Ich habe zwei Hosen gekauft, die mir zu lang sind.
> *Sie:* Sie müssen wachsen.
> *Ich:* Haha. Dafür ist es zu spät.
> *Sie:* Möchten Sie sie anprobieren?
> *Ich:* Ja bitte. Warum nicht!

Ich ging in die Umkleidekabine und zog meine Hose aus. Die Frau arbeitete gerade mit einer Dampfbürste, und jedes Mal, wenn sie sie betätigte, wehte ein Luftschwall die Vorhänge auseinander.

Ich: Hoppla! Hoppla! Hoppla!

24. November 1999
Paris

Man weiß nie, wann man jemandem begegnet, der an Engel glaubt. »Oh, sie existieren tatsächlich«, sagt er. »Ich habe sie gesehen!«

Die Leute in Frankreich mögen vernünftiger sein, aber in den Vereinigten Staaten hört man es ständig. Irgendwer behauptet, mit Engeln zu leben. Sie schwören, einen auf dem Rücksitz ihres Wagens zu haben. Wenn man in Amerika Teufel sieht, sperren sie dich ein, aber wer Engel sieht, wird ins Frühstücksfernsehen eingeladen.

2000

8. Januar 2000
Paris
In der Post waren zwei Ausgaben eines schwulen Lifestyle-Magazins, dessen Gründer auf einen Beitrag von mir hofft. Die Zeitschrift ist nicht mein Ding, aber ich hatte großen Spaß bei der Lektüre der Briefe an den Herausgeber, die höchst erstaunlich sind, wenn man das Wort *schwul* durch *weiß* ersetzt.

Lieber Hero,

ich bin ein Weißer aus Kansas, und Ihr scharfes Magazin war eine echte Wohltat für mich. Endlich eine Zeitschrift für Leute, die stolz sind, weiß zu sein, und wissen wollen, was andere Weiße umtreibt. Gut zu wissen, dass man nicht allein ist. Weiße haben vieles erreicht, aber wir haben noch einen weiten Weg vor uns. Noch gibt es keine weiße Parade in meiner Stadt, aber bis dahin werde ich feste die Daumen drücken und weiterhin Ihre großartige weiße Zeitschrift lesen!

22. Februar 2000
Paris
Gestern Abend sah ich einen düsteren Dokumentarfilm von Luis Buñuel mit dem Titel *Land ohne Brot*. Er wurde 1932

gedreht und handelte von einem entlegenen spanischen Bergdorf. Gezeigt wurde eine traditionelle Hochzeitsfeier, bei der der frisch vermählte Ehemann, auf einem Pferd reitend, einem Hahn, der mit den Füßen an einem Seil aufgehängt war, den Kopf abreißen musste. Fast alle in dem Film liefen barfuß und schliefen in ihren Kleidern. Familien lebten in einem Raum und verdienten ihren kargen Unterhalt mit dem Verkauf von Honig, produziert von jähzornigen Bienen, die einen Esel zu Tode stachen. In dem Film war auch eine Bergziege zu sehen, die den Halt verliert und in die Tiefe stürzt.

Ich wünschte, ich könnte in der Zeit zurückreisen und diesen Menschen Schuhe und Betten und Säcke voll Reis bringen.

23. Februar 2000
Paris

Gestern Abend betrachtete ich zum ersten Mal seit drei oder vier Jahren meinen geöffneten Mund im Spiegel. Der Vorteil, ihn geschlossen zu halten, besteht darin, meine Zähne so aussehen zu lassen, wie ich mir das vorstelle. Ich wusste bereits, dass es übel um sie stand. Allerdings war ich nicht auf die vielen Lücken vorbereitet. Nach Auskunft meines neuen französischen Zahnarztes, haben sich meine unteren Zähne verschoben und dadurch die oberen zur Seite gedrückt. Als ich meinen Mund vor dem Spiegel aufmachte, stellte ich fest, dass mein Gebiss wie das eines Esels aussieht. Ich sehe aus wie ein Halloweenkürbis, wie ein Paradebeispiel für ein Kind, das eine kieferorthopädische Behandlung braucht. Farblich sind sie nicht ganz so schäbig, wie ich befürchtet hatte, was zumindest ein kleiner Trost ist.

Wenn ich aus dem Fenster neben dem Esstisch schaue, sehe ich einen Rollstuhl an den Zaun gekettet, der den Hof vom Nachbargebäude abtrennt.

24. Februar 2000
Paris
Gestern Abend lief auf BBC eine Sendung über ein geplantes Gesetz, das sexuelle Diskriminierung unterbinden soll. Ich kam in die Wohnung, als der Reporter ein Mitglied eines exklusiven Männerclubs interviewte, an dessen Eingangstür ein Schild mit dem Hinweis KEINE HUNDE UND FRAUEN hängt.

»Nun«, sagte der Mann. »Es mag nicht genehm sein, aber solche Dinge passieren. Ich komme beispielsweise gerade aus einem Restaurant, in dem die Benutzung von Mobiltelefonen untersagt war!«

9. März 2000
Paris
Gestern Abend um neun sah ich in einem Kino in Les Halles den Film *Der talentierte Mr Ripley*, und heute früh um neun lag ich mit einer Kanüle im Arm auf einer Krankenhaustrage. Um acht war noch alles in Ordnung, und dann, zack, ein Nierenstein. Hugh ist in der Normandie, also musste ich ganz allein ein Krankenhaus suchen. Ich sah im Telefonbuch nach, und nachdem ich mich für eins entschieden hatte, schnappte ich mir das Wörterbuch. Bisher hatte ich immer geglaubt, das französische Wort für Niere sei *rognon*, aber das ist die Bezeichnung für tierische Nieren. Die menschliche Niere ist *le rein*. Außerdem hatte ich immer das Wort für *Fels* anstatt für *Stein* benutzt, aber in diesem Fall brauche ich einfach nur *calcul* zu sagen.

Während der Fahrt in der Metro dachte ich ernsthaft darüber nach, ohnmächtig zu werden oder zumindest so zu tun. Menschen wären mir zu Hilfe gekommen. Man hätte sich um mich gekümmert. Bei den höllischen Schmerzen jedoch hätte ich unmöglich eine Ohnmacht vortäuschen können.

Die Schmerzmittel, die sie mir im Krankenhaus gaben, waren himmlisch und wurden per Tropf verabreicht. Sie wirkten auf der Stelle, als würde man einen Hahn abdrehen. Seit ich mit dem Trinken aufgehört habe, war ich nicht mehr bedröhnt. Seit 353 Tagen bin ich vom Aufwachen bis zum Schlafengehen der Gleiche gewesen. Die Infusion erinnerte mich daran, was ich an Drogen so schätze. Sie erinnerte mich auch daran, dass ich, wenn ich auf Drogen bin, immer noch mehr möchte.

15. März 2000
Paris
Hugh brachte mir aus New York ein Geschenk mit. Ich hatte auf eine Stange Zigaretten gehofft, aber stattdessen ist es ein iMac-Computer, der gleiche, den auch Amy hat, aber meiner ist blau statt orange. Ich versuchte, dankbar auszusehen, aber tatsächlich fällt es mir schwer, mich dafür zu begeistern. Es scheint unausweichlich, dass irgendwann alle einen Computer haben werden, aber ich hatte gehofft, das möglichst lange hinauszuschieben. Hugh zeigte mir, wie man ihn ein- und ausschaltet, aber das reichte als Einweisung für den ersten Tag.

24. März 2000
Paris
Hugh und ich gingen mit meiner französischen Agentin Michelle Lapautre, ihrem Mann René und Mavis Gallant,

den ich im vergangenen Herbst durch Steven kennengelernt habe, essen. Ich ging nicht davon aus, dass sie sich an mich erinnern würde, aber das tat sie. Sie wusste sogar noch, worüber wir geredet hatten. Im Laufe des Abends fragte sie mich nach Hughs Mutter und ihrer Beziehung zu dem Mann, mit dem sie einige Jahre zuvor in Paris gewesen war, der Typ, der glücklich war, wenn er im Hotel sitzen und CNN gucken konnte. »Er klang furchtbar«, sagte Mavis. »Oh, wie ich solche Leute *hasse*. Machen Sie es kurz und sagen Sie mir, wie sie ihn losgeworden ist. Hat sie ihm einen Brief geschrieben? Hat sie es ihm direkt ins Gesicht gesagt? Nun sagen Sie schon!«

25. März 2000
Paris
Hugh druckte meine Pariser Krankenhausgeschichte aus. Ich mag den Computerdruck nicht, aber ich denke, ich werde mich daran gewöhnen, so wie ich mich an das Laptop gewöhne, das er mir geschenkt hat. Es ist so anders. Wenn einem an der Schreibmaschine nichts mehr einfällt, steht man auf und macht die Badewanne sauber. Am Computer scrollt man durch die Liste der Schriftarten oder macht kleine Kästchen mit den Rahmenzeichen. Es macht mir ein bisschen Angst, es zu sagen, aber ich glaube, ich werde mein Laptop unterwegs vermissen. Plötzlich kann ich nachvollziehen, warum alle Welt seit fünfzehn Jahren davon redet.

26. März 2000
New York
Auf dem Flug von Paris nach New York hörte ich einen Mann sagen: »Als Erstes werde ich mir zu Hause ein Supersize-Getränk bestellen. Ab sofort gibt's bei mir nur noch Literbecher!« Er sagte, er sei in Paris die ganze Zeit durstig gewesen, und obwohl

ich nie darüber nachgedacht habe, für jemanden, der es gewohnt ist, mit einem mülleimergroßen Becher mit Eis und Limo in der Gegend herumzurennen, muss es verdammt schwer sein, ein paar Wochen in Europa zu verbringen.

30. März 2000
New York
Ich traf Kent Simon zum Essen. Das Putnam-Verlagsbüro ist im Saatchi-Gebäude untergebracht, und während er noch ein Telefongespräch führte, wartete ich im Empfangsbereich. Kurz darauf erschienen drei Mexikaner, jeder mit einem großen Essenstablett in der Hand. Eine junge Frau wurde über Funk angepiept, und einige Minuten später stand sie vor den dreien und sagte: »Habt ihr den Thunfischsalat mitgebracht?«

Sie sprach sehr schnell, und ich sah an den Gesichtern der Mexikaner, dass sie nicht die leiseste Ahnung hatten, worum es ging. Sie alle hatten den gleichen ungläubigen blöden Ausdruck, den ich die halbe Zeit in Paris habe. Es war klar, dass sie kein Wort verstanden, und im Gegenzug redete die Frau noch schneller. »Okay, Leute, wie wär's, wenn ihr euch in Konferenzsaal B niederlasst.«

Die drei Männer rührten sich nicht, was sie so verstand, dass sie keine Lust hatten aufzustehen. »Oh, Leute, bitte, ich habe jede Menge zu tun.«

Die Männer schienen nicht zu wissen, dass sie sich in einem Verlagsbüro befanden. Die Bestsellerliste der *New York Times* an der Wand bedeutete ihnen nichts, und auch in dem Punkt stimmte ich völlig mit ihnen überein.

6. April 2000
Key West

So wie ich es sehe, gibt es mindestens vier verschiedene Key Wests. Eins besteht aus Leuten mit Zahnfleischerkrankungen und Papageien auf der Schulter. Das zweite ist schwul; das dritte sind junge Leute mit Tattoos und das vierte die Touristen. Ich sah mir dieses gruselige Key West gestern Nachmittag an, als ich auf der Suche nach einem Korrekturband die Duvall Street entlanglief. Jeder zweite Laden verkaufte T-Shirts. Die schlimmsten Sprüche waren:

Furz-Urlaub in Key West

Meine [Tante/Oma/Eltern/etc.] haben mir dieses T-Shirt mitgebracht, weil [Er/Sie] mich lieb[t/en]

Maul halten und Angeln

Scheiße ist, wenn der Furz was wiegt

Gott erschuf Adam und Eva, nicht Adam und Edgar

Auf der Arche war auch kein Platz für Homos

Delfine sind schwule Haie

Warum zur Highschool gehen, wenn man high zur Schule gehen kann

Wenn Arschlöcher fliegen könnten, wäre das hier ein Flughafen!

Sag Nein Zu Drogen, Außer Sie Gucken Niedlich

Trockene Haut? Kostenlose Handcreme [mit einem Pfeil zum Schritt]

Habe den Verstand verloren ... und suche ihn noch!

Echte Kerle Brauchen Kein Viagra

Alles Schlampen, außer Mama

Idealgewicht einer Schwiegermutter – 5kg mit der Urne

Ich Fühl Mich Krank – Ich Glaub, Ich Hab Montag

Einfach Mal Fresse Halten!

Fick Dich

23. April 2000
New York

Amy und ich liefen in der Nähe ihrer Wohnung die Charles Street entlang, als wir an zwei Teenagern vorbeikamen, die einen Briefkasten mit Graffiti bemalten. Wie alle anderen, die ich beim Beschmieren öffentlichen Eigentums gesehen habe, waren sie weiß und entstammten der Mittelschicht. Ich glaube nicht, dass Schwarze das noch machen. Man schiebt es ihnen nur in die Schuhe. Einer der Jungen sagte Hallo, und als ich ihn finster anschaute, fügte er hinzu: »Gefällt's Ihnen nicht? Na, Sie können mir einen blasen.«

Ich sagte nichts dazu, was mich für den Rest des Abends ärgerte. Ich bezweifle, dass ich sie irgendwie von ihrem Tun hätte abbringen können, aber ich wünschte dennoch, ich hätte es versucht. Und dann wünschte ich, ich hätte sie abgeknallt.

29. April 2000
Paris

Beim Dinner im Restaurant beobachtete ich, wie ein aggressives amerikanisches Pärchen eine Gruppe Franzosen aufforderte, ihre Zigaretten auszumachen. Wenn Touristen nach dem Nichtraucherbereich fragen, nimmt der Kellner oft einfach nur den Aschenbecher vom Tisch und sagt: »Voilà!«

Heute Abend zuckte der Kellner bloß mit den Schultern, sodass die Amerikaner selbst für frische Luft sorgen mussten. Ihr Auftreten wurde dadurch noch unverschämter, dass sie ihre Nachbarn auf Englisch herumkommandierten und ihnen vorhielten: »Wir möchten hier essen« und »Wissen Sie nicht, dass Rauchen ungesund ist?«

Nachdem Leute wie sie mich aus den Vereinigten Staaten vertrieben haben, sah ich mit Freuden zu, wie das amerikanische

Pärchen hinter einer dichten blauen Rauchwand verschwand. Man kann nicht einfach in ein fremdes Land einmarschieren und allen anderen vorschreiben, was sie tun sollen – selbst die Marines müssen ein wenig Diplomatie anwenden.

8. Mai 2000
Paris

1976 brachte Dawn Erickson mir bei, um Glück zu haben, müsse man am Ersten jeden Monats »Rabbit, rabbit« sagen. Es müssen die ersten beiden Worte an diesem Tag überhaupt sein, und man muss es laut sagen, sonst funktioniert's nicht. Ich bin nie besonders abergläubisch gewesen, aber seit damals habe ich immer darauf geachtet, ihrem Beispiel zu folgen. Alles, was ich habe, kann auf dieses »Rabbit, rabbit« zurückgeführt werden, einschließlich Hugh, der selbst damit anfing, kurz nachdem wir uns kennenlernten. Das ist mir eine große Hilfe, weil er sich Daten gut merken kann und immer der Erste ist, der morgens aufwacht. Er sagt »Rabbit, rabbit«, und ich wiederhole es und schlafe wieder ein, zuversichtlich, dass mir in den kommenden dreißig Tagen nichts passieren kann. Wenn er nicht da ist, hinterlasse ich Notizzettel im Bett und auf dem Spiegel im Bad, die mich daran erinnern, dass wir den Ersten haben. Normalerweise funktioniert das, aber wenn nicht, werde ich vom Pech verfolgt und renne den ganzen Monat lang Bussen hinterher und kratze Hundescheiße von meinen Schuhen.

Am 31. März war ich bei Amy in New York. Sie hat ein Zwergkaninchen namens Tattle Tail, das ein Kaninchenklo benutzt und frei in der Wohnung herumläuft und mit Vergnügen die Telefon- und Fernsehkabel durchknabbert. Sein Futterplatz ist im Schlafzimmer, umringt von Dutzenden Bildern und Spielzeug, die man als Kaninchenbesitzer von den

Leuten bekommt. Ich ging logischerweise davon aus, an der Glücksfront für den kommenden Monat sei alles in Ordnung, aber als ich um sieben Uhr früh wach wurde, weil Tattle Tail an meinen Lidern knabberte, waren meine ersten Worte nicht »Rabbit, rabbit«, sondern »Verschwinde, du Mistvieh!«

Deshalb die Nierensteine.

15. Mai 2000
Paris

Gestern Abend rief ich Lisa an. Bob nahm an einem anderen Apparat ebenfalls ab, und eine Zeit lang unterhielt ich mich mit beiden, bevor er seine Pasteten aus dem Ofen holen musste. Nachdem er aufgelegt hatte, erzählte Lisa mir, tags zuvor hätte sie aus Versehen eine Binde mit in die Waschmaschine und anschließend auch in den Trockner gesteckt. Als Bob die Wäsche herausholte, hielt er sie hoch und sagte: »Die müssen nicht gesondert gewaschen werden, oder?«

Lisa sagte, sie glaube nicht, und Bob fragte, warum sie nur eins in die Wäsche getan habe. »Ich habe überall nach dem anderen gesucht.«

»Dem anderen?«, fragte Lisa.

»Schulterpolster«, sagte Bob. »Davon reden wir doch, oder?«

Er drückte ihr die aufgequollene saubere Binde, die immer noch warm war, in die Hand, und sie legte sie in die Wäscheschublade, bis er aus dem Zimmer war. Dann warf sie sie in den Mülleimer.

7. Juni 2000
Raleigh
Gestern Abend testete ich meinen »Stadion-Kumpel« und fand heraus, dass man lieber nichts mit einem externen Katheter zu tun haben möchte, es sei denn, man liegt ans Bett gefesselt im Krankenhaus. Der Hinweis, das Schamhaar nach hinten zu schieben, müsste deutlich größer geschrieben werden, und den Klebstreifen sollte man zuerst an etwas weniger Empfindlichem als einem menschlichen Penis ausprobieren. Ich bin nicht sicher, ob ich den Schmerz beim Entfernen angemessen beschreiben kann. Ich weiß nur, als ich das Teil schließlich in den Müll warf, klebten an dem Urinalkondom mehrere Schichten meiner Haut. Dann war da noch der Beutel selbst, der mit einem Ventil verschlossen wird. Nach der Leerung des Beutels muss es, genau wie der Penis, geschüttelt werden, was dazu führte, dass ich Urinspritzer auf meine Socken und Hosenaufschläge bekam.

Ein weiterer Nachteil ist, dass der Stadion-Kumpel stinkt. Bei einem Footballspiel mag es andere Gerüche geben, die das überdecken, aber in einem heißen Buchladen gibt es nur den Geruch von Papier, der nicht stark genug ist. Heute Abend werde ich darauf verzichten, aber in der kommenden Woche will ich es noch einmal probieren. Es ist bequem, sich einfach in die Hose pinkeln zu können, aber nichts rechtfertigt den Schmerz, wenn man das Teil am Ende des Abends entfernt.

15. Juni 2000
La Jolla, Kalifornien
Am Flughafen wurde ich von meiner Betreuerin Patty abgeholt, die zweiundfünfzig ist und spielend als Mann durchgehen könnte, der sich als Frau verkleidet hat. Das männliche Aussehen liegt vor allem an dem nachlässig aufgetragenen Basis-

Make-up, aber auch an ihrer Frisur und ihrer Haltung. Patty raucht, trinkt und rollte sich aus dem Dope, den sie gestern im Baseballstadion auf dem Boden gefunden hatte, eine Tüte. Sie hat acht Katzen und lebte mit einer Mitbewohnerin zusammen, die mit dem Komposthaufen im Garten Schlangen anlockt. »Nicht ohne Grund macht man aus den Viechern Gürtel und Portemonnaies«, sagte sie. »Die sind scheißzäh. Haben Sie schon einmal versucht, einer Klapperschlange mit einem Spaten den Kopf abzuhacken?«

Patty verkauft nebenbei Immobilien und wird ständig wegen Lappalien verklagt. Letztes Jahr wurde sie von einem Kunden, der bekannt dafür ist, die Leute zu bescheißen, auf $200 000 Schadensersatz verklagt, weil er einen Zehennagel von ihr auf dem Teppich entdeckt hatte. »Können Sie sich das vorstellen?«, sagte sie.

Immobilienmakler dürfen nicht mehr damit werben, dass sich ein Haus fußläufig in der Nähe einer Schule befindet – das wäre unfair gegenüber kinderlosen Paaren. *Familienzimmer* ist ein Affront gegenüber Singles, und *Master Bedroom* klingt zu sehr nach Sklaverei. Sie ist eine großartige Erzählerin, und ich hörte gerne ihren Geschichten über ihre zwanzig Jahre als Barkeeperin, ihre zwei Ehen und ihre Auseinandersetzungen mit Leuten zu, die ihr das Rauchen verbieten wollen. Was für ein Glück, eine Begleiterin zu haben, die frei über ihren Drogenkonsum spricht. Ich bin fasziniert. Patty geht zu sechzig Baseballspielen im Jahr.

28. Juni 2000
Boston
Das Beste an Boston ist Sally Carpenter. Keine Begleiterin hat mich jemals so zum Lachen gebracht wie sie. Gestern Nachmittag fuhren wir nach Somerville und gingen mit Tiffany

essen. Vor Kurzem hat Sally den Fehler gemacht, mit einer jüngeren Frau Walden Pond zu besuchen. »Man sollte niemals in Begleitung einer Frau in den Zwanzigern einen Badeanzug tragen«, sagte sie. »Meine letzten Ferien waren auf Sanibel Island, wo alle über neunzig waren. Zuerst dachte ich, sie würden alle am Strand nach Muscheln suchen, aber dann stellte ich fest, dass sie wegen Osteoporose so gebeugt liefen! Mein Gott, es war herrlich.«

8. Juli 2000
La Bagotière
Nachdem ich fast den ganzen Tag an meiner neuen Story gekürzt und gefeilt hatte, machte ich nachmittags meinen Spaziergang, bewaffnet mit zwei Seiten der einfachsten Wörter, die ich finden konnte: *ruiner* – »ruinieren«; *triompher* – »triumphieren«. Am Abend zuvor hatte Hugh mich zum Spaß aufgefordert, zwei oder drei vorgegebene Wörter in einem Satz zu benutzen: »Der Nörgler kroch zum Informationsschalter.« »Stört die Lesbe dich?« Das war eine gute Übung, und ich musste nur zweimal passen. Momentan verfolge ich zwei Selbstlern-Kampagnen gleichzeitig, die sich glücklicherweise ergänzen. Auf meinen Spaziergängen lerne ich neue Vokabeln, und wenn ich mit dem Fahrrad unterwegs bin, spreche ich auf Französisch mit mir selbst, wobei ich oft so tue, als wäre ich in einer dieser Talkshows über alles und jedes, die stundenlang im Fernsehen laufen.

Gestern Abend gab David (Rakoff) eine bescheidene Kostprobe seines journalistischen Könnens, indem er einen Reporter in einem fiktiven Interview spielte. »So, Sie haben Juden bei sich auf dem Dachboden versteckt?«, sagte er. »Und wo, bitte, haben Sie Ihren ganzen Plunder untergebracht?«

9. Juli 2000
Paris
Gestern Abend nach dem Essen gingen David und ich auf einen Drink in die Lobby des Hôtel Costes. Er schreibt gerade über die Fashion Week und dachte, es sei eine gute Idee, bei dem einen oder anderen Gespräch etwas aufzuschnappen. Die Bar bzw. die diversen Bars umschließen das Restaurant im Innenhof, und während wir von einer zur nächsten gingen, wurde mir bewusst, dass ich noch nie im Leben unter so vielen gut aussehenden Menschen gewesen war. Es gab nicht eine Ausnahme. Wie David feststellte, kamen einem die kürzlich erschienen Anzeigen von Prada und Gucci wie Dokumentationsmaterial dieser Veranstaltung vor. Das hier war eine Genpool-Zusammenkunft, eine Arche der Schönheit. Ich kam mir hässlich und fehl am Platze vor, sodass wir hinüber in die Tuilerien gingen und mit Luftgewehren auf Ballons schossen, wobei wir die Ballons als unsere körperlichen Mängel betrachteten. Ich gewann eine Spielzeugpistole und ein Kartenspiel, David ein Modellflugzeug. Anschließend spazierten wir noch eine Weile durch die Gegend. Ich durfte nach Hause gehen, aber er musste zurück zum Hotel und noch einmal durch die Lobby.

13. Juli 2000
Paris
Schon die ganze Woche über imitiert David eine Engländerin, die Mitherausgeberin von *Harper's Bazaar* ist. Ich kenne sie nicht, aber es ist ein betuchter, selbstzufriedener Akzent, der ziemlich überzeugend klingt. Jeden Tag merkt er sich einen anderen Gesprächsausschnitt, den er mir wieder und wieder vorsagen muss. Der von gestern ging ungefähr so: »›Selbstverständlich hat Yves mir auch im letzten Jahr etwas aus seiner Kollektion angeboten. Er dachte, das Hochzeitskleid wäre

etwas für mich, aber ich mochte den Smoking viel lieber, einfach brillant. Ich meine, die Linie! Ungefähr so!‹ Sie streckt ihre Hände aus und bewegt sie auf und ab, als würde sie damit den Abfalleimer in meinem Büro streicheln. ›Und ich weiß noch, dass ich zu Jean Paul sagte – den ich verehre, weil mein Mann auch John Paul heißt –, ich sagte: ›So ein Schnitt könnte eine ganze Armee aufbauen, nicht wahr?‹«

Die Geschichten sind deshalb so lustig, weil sie ohne Hand und Fuß sind. Der Schnitt »könnte eine ganze Armee aufbauen«. Was soll das überhaupt heißen?

14. Juli 2000
Paris

Gestern Nachmittag aßen Rakoff und ich im Le Petit Saint Benoît zu Mittag. Für ihn war es das erste Mal und für mich das letzte. Einmal, als ich mit Steven da war, waren sie höflich, aber bei allen anderen Malen fühlte ich mich durch das Personal gedrängt und schikaniert. Gestern wurden wir von einer schwarzhaarigen Frau in den Dreißigern bedient, die Rakoff die Schuld gab, als sie den Tisch verrückte und ihn gegen ihren Schuh stieß. Wir saßen an der Wand, sodass beim Gehen sieben Leute für uns aufstehen mussten. Sie nutzen jeden Zentimeter aus, und wenn der Laden voll ist, kommt man sich vor wie im Flugzeug. Die Rechnung betrug 185 Francs, und als Rakoff 205 Francs auf das Tablett legte, bekam die Kellnerin einen Anfall und beharrte darauf, er hätte zu viel bezahlt.

»Der Rest«, sagte er, »der Rest ist ... na ja, für Sie.« Er musste sich entschuldigen, Trinkgeld gegeben zu haben, und praktisch um Vergebung bitten.

9. August 2000
La Bagotière

Gestern Abend rief ich Dad an, und er sagte: »Wenn du Fahrrad fährst, dann hoffentlich eins mit einem großen, breiten Sattel, anderenfalls bekommst du Hodenkrebs wie Lance Armstrong.« Ich sagte, ich hätte nicht vor, in den kommenden zwanzig Jahren hundertfünfzig Kilometer am Tag zu fahren, und er sagte mir, das sei egal. »Ich möchte, dass du morgen losgehst und dir einen hübschen breiten Sattel kaufst, verdammt noch mal, und wo du einmal dabei bist, solltest du eine Prostatauntersuchung machen.«

Er sagte das, als hätte das Fahrradgeschäft einen Vollzeit-Onkologen eingestellt. Wir unterhielten uns etwa vierzig Minuten lang, und zum Schluss hielt er seine übliche Wahlkampfrede für die Republikaner. »Spiel nicht den Oberschlauen und tu so, als wüsstest du über alles Bescheid. Du hast nicht die leiseste Ahnung, was in diesem Land vor sich geht, also tu mir einen Gefallen und stimme für Bush.«

Dad sagte, Al Gore werde sein Vermögen mit 55 Prozent besteuern und uns alles wegnehmen. Er weigert sich zu sterben, während die Demokraten das Land regieren. Es ist eine Frage des Prinzips. Er fragte dies und jenes, und als ich ihm erzählte, mein Buch sei auf Platz zwei der *New-York-Times*-Bestsellerliste gewesen, sagte er: »Nun, im Augenblick ist es weit davon entfernt. Ich glaube, im *Wall Street Journal* steht es auf Platz neun oder zehn.«

Ich glaube, ich habe mit diesem Buch seine Gefühle verletzt. Jedes Mal, wenn das Gespräch darauf kommt, wechselt er das Thema und fängt von den Republikanern an.

10. August 2000
La Bagotière
Ich habe mit dem neuen Stück angefangen, im vollen Bewusstsein, dass alles, was ich bisher geschrieben habe, nächste Woche gestrichen wird. Jedes Mal, wenn ich nichts zu sagen habe, lasse ich zwei Personen aneinander vorbeireden. Gestern Abend musste ich an eine Passage in *Tod eines Handlungsreisenden* denken, die mir schon immer gut gefallen hat. Biff sagt, er möchte ins Sportartikelgeschäft einsteigen, und sein Vater unterbricht ihn und sagt, »Sportartikel! Du legst sie alle aufs Kreuz« oder irgendetwas in dieser Richtung. Jedes Mal, wenn Biff einen Satz anfängt, fährt sein Vater dazwischen, um ihm Mut zu machen, doch es klingt einfach nur kläglich.

12. August 2000
La Bagotière
Es ist beängstigend, aber wenn ich Fahrrad fahre, denke ich an all die vielen Leute, die zu faul sind, sich zu bewegen. Ich bin genau die Sorte Mensch geworden, die ich hasse. Schon die kleinste Anstrengung macht mich selbstgerecht, und ich beschließe, alle anderen sollten genauso leiden wie ich. Sollte ich je aufhören zu rauchen, wäre ich vermutlich ein Monstrum.

14. August 2000
La Bagotière
Hugh fuhr nach Ségrie-Fontaine zu Jocelyn, die das Gerücht gehört hat, ich sei geistig behindert. Es wird von einer Frau aus Taillebois verbreitet, die gesehen hat, wie ich »Bilder angeschaut und mit mir selbst geredet habe«. »*Il n'est pas normal*«, sagt sie.

Was sie für Bilder hält, sind tatsächlich meine Karteikarten, und ich führe auch keine Streitgespräche mit den kleinen Dämonen auf meinen Schultern, sondern frage mich nur französische Vokabeln ab. Die Frau sagt, ich sei nicht gefährlich, was vermutlich positiv ist. Anscheinend gehöre ich zu der Sorte Behinderter, die ein paar Stunden durch die Gegend streunen, aber stets alleine nach Hause zurückfinden. »Er grüßt jedes Mal«, berichtete die Frau. »Aber trotzdem ist er nicht normal.«

Ich faste seit zwei Wochen, und auch wenn sich mein Bauch etwas schmaler anfühlt, scheint es so, als hätte ich vor allem in der Stirn an Gewicht verloren. Sie ist zum Zerreißen gespannt. Ich vermute, der Gewichtsverlust kommt von der ständigen mentalen Anspannung, ans Essen zu denken. Gestern fuhr ich zwei Stunden mit dem Rad bis hinter La Forêt-Auvray. Sie haben dort einen hübschen Dorfplatz vor der Kirche, wo ich mich hinsetzte, um eine Zigarette zu rauchen. Eine Gruppe Engländer kam gerade aus einem Restaurant, und ich hörte zu, wie sie Pläne für den kommenden Vormittag schmiedeten. Eine Frau schien sich besser in der Gegend auszukennen als die anderen und wiederholte immer wieder, ein Ausflug nach Caen würde »bestens ins Tagesprogramm« passen. Sie benutzte den Ausdruck »bestens ins Tagesprogramm passen« mindestens ein Dutzend Mal. Es war eine der Situationen, in denen einen die anderen automatisch für einen Franzosen halten und man nach Belieben zuhören kann, während sie ganz unbefangen daherreden. Unterwegs wurde ich von zahlreichen Radfahrern überholt, von denen keiner meinen Gruß erwiderte. Das ist in gewisser Weise erleichternd, weil ich so in Zukunft darauf verzichten kann.

19. August 2000
Alghero, Sardinien
Mein Verdacht, die vier Sterne neben dem Namen des Hotels Carlos V könnten bloße Dekoration sein, hat sich bestätigt. Wir haben ein großes Zimmer mit Fliesenboden, klinischen Deckenleuchten, einer Duschkabine aus Plastik und einem an der Wand befestigten Fernseher. Immerhin hat das Zimmer eine Klimaanlage, und von der Hotelterrasse aus hat man einen hübschen Blick auf den großen Pool und das Meer. Heute früh gingen wir hinunter in den Frühstücksraum und versuchten unser Glück mit dem Kaffeeautomaten. Die Milch scheint eine optische Täuschung zu sein. Sie fließt aus einer Düse, verschwindet aber, sobald sie auf den Kaffee trifft. Beim Hinausgehen sahen wir, wie die Italiener mit ihren Tassen zur Bar schlurften, wo man offenbar einen echten *caffè latte* bekommt.

Als Dario uns in die Innenstadt von Alghero fuhr, sagte Hugh: »Oh, sieht genauso aus wie Mogadischu.« Da ich noch nie in Mogadischu gewesen bin, erinnert es mich eher an Utah, aber mit Strand. Manuela und Dario wohnen im Haus seiner Eltern im Nachbarort. Ein kastenförmiges, einstöckiges Gebäude in einem Olivenhain. Es gibt Grün, aber alles in der blassen Farbe von Salbei. Ich bin an die Mauern und Hecken in Frankreich gewöhnt, und die hiesige Landschaft kommt mir schäbig vor. Sie ist trocken und staubig und voller Dinge, die einem gefährlich werden können. Nachts laufen Rudel wilder Schäferhunde durch die Gegend, und es gibt Eidechsen und Schlangen. Selbst die Vögel scheinen in reizbarer Stimmung zu sein.

Gestern Nachmittag gingen wir mit Manuela zum Strand, wo es gerammelt voll war. Die vielen Leute machten mir nichts aus. Es gefiel mir sogar, gegen so viele Leiber gedrückt zu werden. Die Frauen hinter uns, alle über fünfzig und mit dunkler, ledriger Haut, redeten ohne Pause, und ich vermute, sie zogen über jemanden her. Wenn Leute Italienisch reden, stelle ich mir immer vor, sie tratschen miteinander oder besprechen die Details eines spannenden Rennens. Viele Frauen trugen Bikinis, aber keine war oben ohne. Viele Männer hatten winzige Badehosen an. Das Wasser war warm *(L'aqua era calda)* und man konnte bis auf den Grund sehen. Ich schwamm mit Hugh jenseits der Boote hinaus, aber nach sechzig Metern wurde mir schwindlig und übel. Ich vertrage das Auf und Ab der Wellen nicht.

Wir gingen gegen halb fünf an den Strand und blieben ungefähr drei Stunden dort. An der Snackbar trainierte ich mein Italienisch. »Zwei Flaschen Wasser«, sagte ich, und als der Mann sie brachte, sah ich, dass sie im Tetra Pak verkauft werden. Wir hatten uns vor der Reise ordentlich mit einem Sprachkurs abgemüht, aber jetzt scheint alles vergebens gewesen zu sein. Heute Morgen beim Ausleihen eines Fahrrads konnte ich *la domicilia* und *la firma* sagen. Es ist ein Zehngangrad mit einfachem Lenker, und es gefällt mir sehr. Nachdem wir bezahlt hatten, gingen Hugh, Dario und ich auf dem Markt etwas einkaufen. Unterwegs stellten wir fest, dass das Licht an meinem Fahrrad nicht funktioniert, und Hugh schärfte mir mindestens fünfzehn Mal ein, ich müsse es zurückbringen und reparieren lassen.

Als er zum sechzehnten Mal davon anfing, sagte ich: »Okay, es reicht jetzt.« Das heißt nicht unbedingt »Halt den Mund« – na ja, vielleicht auch doch. Ich ging zurück zum Fahrradgeschäft und benutzte das Wort *torcia*. Der Junge war sehr freundlich und reparierte das Licht, sodass es jetzt nicht mehr ausgeschaltet werden kann. Während er damit beschäftigt war, wollte ich etwas sagen, eine Frage stellen oder einen Kommentar abgeben, aber zu all dem fehlten mir die Worte. Das erinnerte mich an meine erste Zeit in Frankreich, als ich nacheinander auf alle Gegenstände im Raum zeigen musste. Zumindest sind meine paar Wörter Italienisch besser als gar nichts.

20. August 2000
Alghero
Gestern Nachmittag saß ich in einem Klubsessel und bekam eine braune Stirn. Heute werde ich versuchen, Rücken und Brust zu bräunen. Ich habe eine Haut wie ein französisches Hähnchen und falle überall auf. Die Leute um mich herum sind unglaublich braun. Sie kommen am Morgen und rösten sich bis abends um sechs, wobei sie hin und wieder eine Pause machen und im Wasser auf und ab hüpfen. Ich habe noch niemanden gesehen, der Sonnencreme benutzt. Ebenso wenig habe ich jemanden mit einem Sonnenbrand gesehen. Ich vermute, es liegt an ihrer Haut. Mein bisschen Bräune wird in einigen Tagen anfangen zu pellen, und das einzige Souvenir meiner Reise werden die Kratzer und Schrammen von meinem gestrigen Sturz mit dem Fahrrad sein.

Nach einer Meldung des *Herald Tribune* sind gestern mehrere Millionen Italiener aus den Ferien zurückgekehrt. Heute Nachmittag wirkte Alghero etwas weniger voll, aber keineswegs leer. Ich sollte einen Ort zum Mittagessen suchen, und nachdem ich eine Weile mit dem Rad in der Gegend herumgefahren war, entschied ich mich für das Restaurant Mazzini. Es war nichts Schickes. Auf dem Fernseher in der Ecke liefen synchronisierte amerikanische Soaps. Die Leute beschweren sich immer, die Franzosen seien unhöflich, aber ich empfinde die Italiener als viel schroffer als die Pariser. Die Hotelangestellten sind nett, aber das Personal in den Geschäften und Cafés war durch die Bank hochnäsig.

Unsere Kellnerin schien es als Höchststrafe zu empfinden, uns zu bedienen, bis wir feststellten, dass sie die anderen Gäste genauso behandelte. Sie war um die zwanzig und sehr hübsch. Am Nebentisch machten sich drei Arbeiter über große Teller Spaghetti mit Muscheln her, gefolgt von riesigen Fleischstücken vom Grill. Ich bestellte ein Antipasto mit Meeresfrüchten und als Hauptgericht etwas, das ich für Spaghetti mit Tintenfisch hielt. Zumindest klang *Pulpa* für mich nach Tintenfisch. Ich glaube, die Kellnerin machte einen Fehler, denn sie brachte mir einen Teller Spaghetti mit roter Soße und Krebsen. Es waren kleine Krebse, etwa so groß wie eine Fünfzig-Cent-Münze, und sie waren in der Mitte durchgehackt. Normalerweise isst man Krebse nicht ganz, und diese hatten zudem eine harte Schale. Ich vermute, sie sollten lediglich der Soße Geschmack geben.

Hugh versuchte, einige der winzigen Scheren aufzuknacken, aber es war zu viel Aufwand für das bisschen Fleisch. Dennoch war das Essen gut. Während einer Folge von *Reich und Schön* kam eine Gruppe Matrosen herein, gefolgt von einem Händchen haltenden jungen Paar, das offenbar Urlaub machte. Wir waren die einzigen Amerikaner im Restaurant, abgesehen von den Leuten im Fernsehen.

24. August 2000
Paris

Gestern Morgen beobachteten Hugh und ich einen Italiener, der mit seinem Hund, einem gelben Labrador mit wunden Zitzen, im Meer schwimmen ging. Er war gerade aus dem Wasser gekommen und stand auf den Felsen, als ein zweiter Mann ihn offenbar darauf ansprach, dass Hunde am Strand nicht erlaubt seien. Die beiden Männer stritten eine Weile, dann zog der zweite Mann ab und kam zehn Minuten später mit einer Papierolle wieder. Ich vermute, es war die Stadtverordnung. Er entrollte sie, aber der erste Mann blieb unbeeindruckt, und sie debattierten eine geschlagene halbe Stunde. Was mich verblüffte, war die Hartnäckigkeit des zweiten Mannes. Ich weiß nicht, was genau er sich erhoffte, aber er war fest entschlossen, es zu bekommen.

29. August 2000
La Bagotière
Auf der Suche nach einem Fahrrad gingen Hugh und ich zum Super Sport in Flers. Der Laden befindet sich in einem hässlichen Industriepark am Rand der Stadt. Das Licht war grell und fiel auf ein Regal nach dem anderen voller billiger Sweatshirts und hässlicher Trainingsanzüge aus Nylon. Das Angebot an Fahrrädern war dürftig, und hätte ich mehr Geduld gehabt, wären wir gegangen und hätten es in einem Geschäft in der Stadt versucht. Es war allerdings Montag, und alle anderen hatten geschlossen. Ich wollte unbedingt sofort eins haben, und nachdem ich ein Raleigh 5-Gang ausprobiert hatte (wobei Neuware den Laden nicht verlassen durfte und ich lediglich wie ein Zirkusbär den Gang auf und ab fahren durfte), entschied ich mich zuletzt für ein Gitane 7-Gang mit Standardlenker. Es war nicht teuer, $300, aber beim Verlassen des Geschäfts hatte ich das Gefühl, mein altes Rad zu verraten. Mit neuen Reifen und Bremsklötzen wäre es wieder ein Top-Rad gewesen. Die sogenannten Verbesserungen der neueren Modelle sind nichts als der Versuch der Hersteller, Geld einzusparen. Die aktuellen Schutzbleche und Pedale sind aus Plastik, genau wie die Zahnräder und Luftpumpen. Bei einem Brand würde mein neues Rad zu einem Klumpen zerschmelzen. Es hat ein Vorder- und Rücklicht, aber ich gehe nicht davon aus, dass sie lange halten. Sattel und Lenker sind so leicht verstellbar, dass sie sich bei der leisesten Erschütterung lösen, und ich befürchte, ab sofort

ständig ein Werkzeugset dabeihaben zu müssen. Noch bevor ich aus Flers hinaus war, war bereits die Kette abgesprungen, und ich glaube, es wird noch einige Zeit dauern, bis ich mit der Gangschaltung zurechtkomme. Ich will das Rad nicht schlechtreden. Ich denke, ich fühle mich einfach nur schuldig.

Vor den Kassen von Super Sport standen lange Schlangen. Familien kauften Kleidung für den Schulanfang, und alle paar Minuten musste die Kassiererin ihren Posten verlassen und an einer anderen Kasse das Telefon abnehmen. Ich musste zur Toilette, und während Hugh mit dem Wagen nach Hause fuhr, radelte ich zu einem McDonald's am anderen Ende des Industriegebiets. Ich war in Paris ein paar Mal bei McDonald's gewesen, aber nachdem ich zum zweiten Mal von der Aushilfe an der Theke ausgelacht worden war, hatte ich es drangegeben. Vermutlich hatte ich etwas Falsches gesagt, aber für meine Begriffe ist Big Mac ein amerikanischer Ausdruck und sollte auch so ausgesprochen werden. Im McDonald's von Flers bestellte ich einen Filterkaffee, den man in Frankreich nur selten findet. Es war fünf Uhr nachmittags, der Laden praktisch leer, und das Mädchen hinter der Theke war ausgesprochen freundlich. Sie hatten den McDonald's Maxi Best Special im Angebot: ein Royal Cheese, große Pommes und ein Getränk freier Wahl für 37 Francs – etwas über $5 –, was in Amerika teuer wäre. Im McDonald's von Flers hingen Exemplare der Lokalzeitung an Bambusstöcken.

Hinter Glas waren die neuesten Spielzeuge ausgestellt, aber es gab keine Aschenbecher. Wer rauchen wollte, musste nach draußen auf den Spielplatz gehen. Am Ende der Rutsche saß ein Ehepaar mit seinen zwei halbwüchsigen Teenagern, alle mit einer Zigarette in der Hand. Nach einigen Minuten brachte das Mädchen an der Theke ihre Bestellung nach draußen.

In Amerika muss man an der Kasse warten, aber in Flers bringen sie einem die Bestellung gerne an den Tisch. Die Familie bekam ihre Maxi Best Specials, und ich sah ihnen zu, wie sie ihre Zigaretten aufrauchten. Der Industriepark leerte sich, und hinter dem Zaun fuhren die Leute nach der Arbeit im Wagen nach Hause.

Ich weiß, nach den gängigen Vorstellungen sollte ich in Frankreich vor winzigen Espressotassen sitzen, Tag für Tag im selben Café, bis der Besitzer zu mir an den Tisch kommt, mir die Hand schüttelt und fragt, wie es mir geht. Aber ich hätte nicht glücklicher sein können als in diesem hässlichen kleinen McDonald's. Ich hatte den Kaffee, den ich wollte, und musste auch nicht fürchten, von der Bedienung ignoriert zu werden. Ich zahlte sofort und musste nicht lange um die Rechnung bitten. Und ich konnte einem Kleinkind zusehen, wie es die Rutsche hinuntersauste und in einem Haufen Kippen landete. Ich glaube, der McDonald's in Flers könnte mein Lieblingslokal werden.

8. Oktober 2000
Paris

Steven Barclay erzählte mir, das Haus, in dem sich unsere Wohnung befindet, war ursprünglich die Adresse von Sylvia Beachs Buchladen Shakespeare and Company. Hugh sah es auf dem Computer nach und fand Bilder, die sie und verschiedene literarische Berühmtheiten vor dem Ladenlokal zeigen, in dem nun ein Friseursalon ist. Ich habe mich nie besonders für diese Truppe interessiert, aber es ist schon beeindruckend, dass James Joyce betrunken bei uns im Treppenhaus gestanden und vermutlich sogar auf den Boden gepinkelt hat. Hugh meint, wir könnten Kapital daraus schlagen und unsere Wohnung unter dem Namen Finnegans Sleep vermieten.

12. Oktober 2000
New York

Nach allgemeiner Auffassung habe ich zu viel abgenommen. Für mich war es ein allmählicher Prozess, aber für diejenigen, die mich längere Zeit nicht gesehen haben, ist der Unterschied drastisch. Menschen, die von meiner Diät nichts wissen, werden vermutlich glauben, ich sei entweder an Aids oder Krebs erkrankt – was ein ziemlich einleuchtender Grund für einen großen Gewichtsverlust ist. Andy konnte mir nicht in die Augen sehen. Fast so, als sei ich durch einen Unfall entstellt und jeder versuche, darüber hinwegzusehen. Es ist ganz und gar nicht die Reaktion, die ich erwartet habe.

Ich ging zu Little, Brown und redete mit H., der mich über das neue Buch von Kevyn Aucoin informierte. Neulich habe er kurz vor seinem Auftritt bei Barnes & Noble angerufen und gesagt, er brauche einen Bodyguard. Er sei nicht eingebildet und sage solche Dinge in vollem Ernst. Der Personenschutz sei notwendig geworden, falls die NRA sich für eine Bemerkung, die er in einem Interview mit *Time Out* gemacht hatte, rächen wollte. Tatsächlich müsse man damit rechnen, dass die National Rifle Association einen Auftragskiller auf Chers Visagisten ansetze; seine politischen Ansichten seien zu radikal, und früher oder später würden die Republikaner ihn zum Schweigen bringen müssen. H. wies die Bitte um einen Bodyguard ab, sodass Kevyn selbst einen anheuerte. Nächste Woche besuche er seine Heimatstadt in Louisiana und habe Little, Brown gebeten, die symbolische Verleihung der Stadtschlüssel an ihn zu arrangieren. Die Auszeichnung habe wenig Sinn, wenn man von sich aus darum bitte, aber H. habe dennoch die entsprechende Bitte an den Bürgermeister gerichtet. Gestern Abend hatte Kevyn von fünf bis neun einen Termin bei

Bendel und beschloss, gegen acht zu erscheinen. Ich liebe die Geschichten über diesen Mann.

16. Oktober 2000
Philadelphia
Auf der Waage im Hotel wiege ich 59 Kilo. Als ich mich das letzte Mal gewogen habe, lag ich bei 71 Kilo, aber das war vor meinem Umzug nach Frankreich. 59 Kilo ist zu wenig. Das ist ein Hänflingsgewicht. 64 Kilo wären okay, aber mit einem flachen Bauch und einer 76-cm-Taille. Geht das?

20. Oktober 2000
Springfield, Missouri
Springfield muss die deprimierendste Stadt der Vereinigten Staaten sein. Die Fahrt vom Flughafen zum Hotel war furchtbar, und von hier zur Hammons Hall wurde es auch nicht viel besser. Die Landschaft ist flach und zugepflastert mit verwaisten Ladenzeilen und den Filialen großer Ketten, umgeben von leeren Parkplätzen. Von meinem Fenster aus sehe ich auf einen Big Kmart (sind die nicht alle groß?), einen Walmart, eine ALDI-Filiale, eine AutoZone-Filiale, ein Donut Connection, ein Master Wang's Chinarestaurant, ein Western Sizzlin' und ein Git'n'Go. Die meisten Städte haben solche Malls, aber hier kämpft selbst der McDonald's ums Überleben. Man hat den Eindruck, die Leute würden sofort hier wegziehen, wenn sie bloß ihre Häuser verkaufen und sich dazu aufraffen könnten, ihre Sachen zu packen.

Branson, Missouri, liegt 72 Kilometer in südlicher Richtung, und es wird reichlich Werbung dafür gemacht. Die Stadt strebt danach, das neue Zentrum der Country Music zu werden, und entlang der Straßen von Springfield drängen sich die Plakatwände für das Osmond Family Theater, das Grand Mansion, das Grand Palace, Bonniebrook Park, das Shepherd of the Hills Outdoor Theater, das Dixie Stampede und das Dewey Short Visitors Center. Ich habe mich dazu entschlossen, meine paar freien Tage in Chicago zu verbringen, hätte aber auch nichts dagegen, mir in Branson eines der beiden Musicals über das Leben Jesus anzusehen. Dann könnte ich Andy Williams und Jeff Foxworthy im Grand Palace sehen und anschließend im Buckingham's Restaurant and Oasis essen gehen. Andererseits …

Nachdem Mittwoch meine Uhr stehen geblieben war, ging ich gestern über die Straße in die traurigste Mall Amerikas. Die Hälfte der Geschäfte war geschlossen, und im Springbrunnen war kein Wasser. Der Gastronomiebereich war bis auf Granny's Fudgery verschwunden, ein Holzkarren, umringt von ein paar winzigen Tischen. Ich vermute, mit der Mall ging es abwärts, seit sie den Walmart hereinholten. Alles, was man in Bill's Card Shop und The Record Bin kaufen konnte, fand man auch hier, wo der Kunde weniger zahlte und alles auf einen Schlag kaufen konnte. Ich war zuvor erst ein einziges Mal in einem Walmart gewesen und war schockiert, wie hässlich der Laden war, selbst gemessen an amerikanischen Standards. Ein riesiger Haufen Müll, der durch die vielen grellen Schilder und Sonderangebote noch chaotischer wirkte. Der Walmart gestern war noch schlimmer als der erste, aber die Angestellten waren unglaublich freundlich. Vielleicht ist das normal, aber ich glaube, nach meinen zwei Jahren in Europa wirkte es auf mich noch befremdlicher. Bei Leclerc oder irgendeinem anderen französischen Megamarkt würde man niemals so bedient.

Die Frau in der Schmuckabteilung ersetzte die Batterie und schien tatsächlich bekümmert, als meine Uhr immer noch nicht lief. »Was können wir da machen?«, sagte sie. »Haben Sie die

Uhr hier oder in irgendeinem anderen Walmart gekauft? Vielleicht kann ich Ihnen den Kaufpreis erstatten.«

Es kam mir seltsam vor, dass sie annahm, ich hätte meine Uhr bei Walmart gekauft, aber vermutlich lag sie mit ihren Annahmen meistens richtig. Der Laden ist grässlich, aber die Leute sind wirklich nett, sogar die Kunden. Ich kaufte außerdem noch einen Schnellhefter, Eukalyptusdrops und ein Erkältungsspray namens Zicam, das mir Megans Vater empfohlen hatte. Ich sprühte es mir in die Nase, und in Sekunden war sie frei.

Aus dem ein oder anderen Grund hatte ich ein First-Class-Ticket für den Flug von Cleveland nach St. Louis und von dort weiter nach Springfield. Ich habe mir noch nie etwas aus der ersten Klasse gemacht, aber gestern war ich erkältet und genoss es. Es war angenehm, in einem breiten, komfortablen Sitz zu sitzen und die ganze Reihe für sich alleine zu haben. Die Stewardess kam zu mir, kaum dass ich an Bord war, und servierte den Tee in einer echten Tasse. Passagiere der Touristenklasse taxierten mich und nuschelten kurze Kommentare wie »Ich glaube, ich muss weiter nach hinten zu den armen Leuten.«

Auf dem ersten Flug waren wir zu fünft in der ersten Klasse. Auf dem Weiterflug waren wir zu viert, darunter ein großer Mann in einem braunen Anzug und Cowboystiefeln. Kurz nach dem Start drehte ich mich zu ihm und sah, dass er sich die Zehennägel schnitt. Nicht einfach so, sondern er widmete sich einer ausführlichen Pediküre, einschließlich fünfzehnminütigen Nagelfeilens und anschließender Nagelpolitur. Er verbrachte praktisch den gesamten Flug damit, und als die Maschine landete, war der Boden zu seinen Füßen mit einer dünnen Staubschicht überzogen und voller Nagelreste.

Wegen meines Schnupfens verstopften meine Ohren bei der Landung in St. Louis. Es war ein eigenartiges Gefühl, und ich verbrachte die anderthalb Stunden meines Zwischenaufenthalts damit, angestrengt auf die Boarding-Durchsagen zu achten. Es war, als hätte ich ein Kissen auf dem Kopf. Im Flughafen von St. Louis gibt es große Glaskabinen für Raucher, und die Aschenbecher werden regelmäßig geleert.

30. Oktober 2000
San Francisco
Weil ich bei Bob und Lisa im Haus nicht rauchen durfte, stellten wir einen Nähtisch auf die Veranda, an dem ich sitzen und arbeiten konnte. Gestern stand ich früh auf und hatte gerade meine erste Tasse Kaffee getrunken, als ich feststellte, dass die Tür zugefallen war und ich mich selbst ausgesperrt hatte. Es war 7.30 Uhr, und ich war sicher, Bob würde in einigen Minuten herunterkommen und den Hund vor die Tür lassen. Chessie, ihre Border-Collie-Hündin, erschien gegen acht, und wir sahen uns durch die Glasscheibe an. Ich hoffte, sie würde aus Neid anfangen zu bellen, aber bis auf ein kurzes Janken blieb sie still. Es war frisch, aber nicht kalt, und ich trug ein Sweatshirt und eine schwarze Jacke, die Lisas Schwiegermutter ihr tags zuvor geschickt hatte.

Von der hirnrissigen Idee ausgehend, die Tür sei an irgendeine Art Timer angeschlossen, stand ich alle fünf Minuten vom Tisch auf und versuchte, sie zu öffnen. Für die Nachbarn musste es so aussehen, als versuchte ich, ins Haus einzubrechen und gleichzeitig darüber zu schreiben, und ich befürchtete, jemand könne die Polizei rufen. Ich wartete bis halb neun, dann sprang ich an der Seite von der Veranda, ging ums Haus herum und klingelte an der Haustür. Bob öffnete im Bademantel, und ich war dankbar, dass ich bei ihm und Lisa zu

Besuch war. Jeder andere in meiner Familie hätte das Läuten ignoriert und darauf gehofft, wer auch immer vor der Tür stand würde schließlich aufgeben und verschwinden.

9. November 2000
Greencastle, Indiana

Gestern nach dem Abendessen rief ich Dad an. Er fragte mich nach meinem Besuch bei Tiffany, und ich versuchte, das Positive zu sehen. Sie war gestern ziemlich aufgekratzt, wirkte aber ansonsten einigermaßen aufgeräumt. Ich frage mich nur, wie sie in einem solchen Dreck leben kann. Mehrmals während meines Besuchs bezeichnete sie sich als arm, was ich deprimierend fand. Die meisten Leute würden sagen, sie seien pleite. Das Wort drückt einen vorübergehenden Rückschlag aus. *Arm* hingegen vermittelt einen Dauerzustand. Sie hält Armut für romantisch und behauptet, rundum glücklich zu sein. Letzte Woche fand sie einen gefrorenen Truthahn in einer Mülltonne. Ich kann verstehen, wenn jemand ihn für Schießübungen mitnimmt, aber sie nahm ihn mit und aß ihn. Was für eine traurige Vorstellung, jemand aus meiner Familie würde einen Truthahn aus dem Müll klauben und ihn verzehren.

Tiffany hat überall Deckenleuchten und kümmert sich nicht darum, wie grell das Licht ist. Wenn sie aufwacht, schaltet sie als Erstes den Fernseher ein. Schon früh am Morgen raucht sie die ersten Joints, und dann telefoniert sie und versucht, kleinere Jobs aufzutreiben. Dienstag durfte sie ein paar Bretter für einen widerlichen Antiquitätenhändler abbeizen.

Wir unterhielten uns darüber, sich einen festen Job, vielleicht sogar mit Sozialleistungen zu besorgen, aber ich vermute, sie wird irgendeine Ausrede finden, es nicht zu tun. Tiffany ist nicht faul, aber sie tut sich schwer damit, anderer Leute Erwartungen zu erfüllen. An den Abenden kam Robert vorbei, und die beiden saßen auf dem Sofa, zappten sich durch die Programme und diskutierten alles ausführlich. Mir gefiel Robert. Er scheint sie aufrichtig zu mögen und ist ein guter Zuhörer.

Dienstagnachmittag weinte sie bei einer Geschichte, die sie mir bereits ein Jahr zuvor erzählt hatte. Sie weint überhaupt viel, und jede ihrer Geschichten endet gewöhnlich mit einer Aufzählung der Dinge, die sie aus eigenem Antrieb tut. »Ich stehe morgens auf. Verstehst du? Ich komme aus dem Bett.« Das sind kleine Erfolge, aber vermutlich die einzigen, die sie hat.

10. November 2000
Chicago
Die Fernsehschirme im Flughafen von Indianapolis zeigten an, dass Bush mit 210 Stimmen vorn lag, wobei ein Wahlbezirk noch neu ausgezählt werden musste. Wer hätte gedacht, dass die Präsidentschaftswahlen zuletzt von der Zahl der Besucher eines Kinos abhängen würden? Heute Abend könnte die Entscheidung fallen, aber ich bezweifle es.

Ich mochte den Star Market in Somerville und war überrascht, dass Tiffany lieber im Tante-Emma-Laden an der Ecke einkauft, der viel teurer ist. Selbst mit einer Kaffeekanne würde sie Geld sparen, aber stattdessen brüht sie jede Tasse einzeln auf. Ich hatte immer geglaubt, Dad würde Leuten mit wenig Einkommen beibringen, wie man günstig einkauft. Er versteht sich auf Coupons und den Einkauf größerer Mengen, aber wenn man kein Geld hat und deprimiert ist, kann man sich vermutlich wenig für einen Fünf-Kilo-Beutel Pinto-Bohnen begeistern. Ich selbst habe mit Bedacht eingekauft, als ich von der Hand in den Mund lebte, aber andererseits war ich auch nie klinisch depressiv. Ich denke viel über meine Unterhaltungen mit Tiffany nach, und es ist frustrierend. Schon bei der leisesten Kritik flippt sie aus, sodass ich zuletzt gar nichts mehr sagte. Vermutlich ist es nur gut so, weil die wenigsten Leute Rat hören wollen.

19. November 2000
New York
Nach der Landung in Denver rannte ich zur Raucherlounge, wo ich eine Frau sah, die eifrig an einer Kippe zog und gleichzeitig ein Kleinkind im Rollstuhl vor sich herschob. Allein mit einem Kind in der Raucherlounge zu erscheinen bringt einem vorwurfsvolle Blicke ein, aber bei einem Kleinkind im Rollstuhl riskiert man, gelyncht zu werden. Oh, Mann, die Frau hatte Nerven.

14. Dezember 2000
Paris
Offenbar habe ich kein Aids. Meine französische Bank hat meine Blutwerte erhalten und meine Hypothek bewilligt, und auch wenn ich es noch nicht schwarz auf weiß habe, gehe ich davon aus, dass ich negativ bin. Das ist eine bedeutende Neuigkeit, da ich seit fünfzehn Jahren beinahe wie selbstverständlich davon ausgegangen bin, ich sei infiziert. Jedes Mal, wenn ich nachts schwitze, eine Entzündung oder Fieber bekomme, denke ich, das war's jetzt. Der Gedanke hat mich zwar nicht beherrscht, aber er war immer da. Klingt vielleicht albern, aber es wird einige Zeit dauern, sich daran zu gewöhnen. Nicht, dass ich enttäuscht wäre; ich muss mir nur erst überlegen, was ich ab jetzt machen soll, bevor der Krebs ausbricht.

Sophie und Philippe holten mich im Taxi ab und fuhren mit mir zu einem Fernsehstudio in einem hässlichen Vorort. Es ging um eine Sendung des Kabelkanals *Paris Première*, die von einem gut aussehenden Moderator geleitet wurde, der an einem Pult stand und seinen Text vom Blatt statt vom Monitor ablas. Man hatte mir angeboten, Englisch zu sprechen, aber ich zog die Sache auf Französisch durch.

Mein Auftritt dauerte fünf Minuten und ging rasch vorüber. Anschließend wurde ich abgeschminkt und verfolgte auf den Monitoren, wie der Moderator einen Anfall bekam und einen Kameramann anbrüllte. Irgendetwas lag am falschen Platz, und als es ein zweites Mal passierte, tobte er noch mehr. Das war wirklich lustig. Mein Interview um sieben Uhr wurde gestrichen, sodass ich nach meinem TV-Auftritt mit Sophie ins Büro ging, dreißig Bücher signierte und nach Hause fuhr.

Der Supreme Court hat offenbar zugunsten von Bush entschieden und Al Gore gestern Abend seine Niederlage eingestanden. Ich musste Dad wegen irgendeiner Sache anrufen, doch dann wurde das Gespräch gruselig, als er von den Wahlen anfing. Er ist immer Republikaner gewesen, aber es machte mich traurig, als er anfing, Rush Limbaugh zu zitieren und auf das zu schimpfen, was er »die liberalen Mainstream-Medien« nannte. Die Zeitungen sind immer schuld. Die Konservativen sagen die Wahrheit. Alle anderen lügen. Dad schäumte vor Wut, wie Gore versucht habe, den Wahlsieg an sich zu reißen. »Ich war so außer mir, dass ich nicht schlafen konnte«, sagte er.

Gestern Abend war Hugh mit Leslie essen und hat $130 für eine Backkartoffel in Folie bezahlt. Dazu gab es einen Teelöffel Kaviar und außerdem einen Teller Borscht und ein winziges Dessert, aber das Hauptgericht war eine Kartoffel für 35 Cent. Hugh war geschockt über den Preis und versuchte, sich damit zu rechtfertigen, dass Leslie ihn in der Vergangenheit oft zum Essen eingeladen habe. So hätte er über die Jahre viel Geld gespart und jetzt eben etwas mehr ausgegeben. Nun gut, aber für eine Kartoffel? »Und ich saß neben Yves Saint Laurent«, sagte er. Doch auch das rechtfertigte nicht die $130, und er wusste es. Obendrein hatte Yves Saint Laurent nach zehn Minuten den Kellner gerufen und sich einen anderen Tisch geben lassen. In der vergangenen Woche hat Hugh die Wohnung von Diane Johnson gestrichen, und die Kartoffel entsprach dem Arbeitslohn von zwei Tagen.

2001

13. Januar 2001
Paris
Gestern fiel mir bei Shoppi ein Mann auf, der eine gehäkelte Narrenkappe und eine Schlagjeans mit Spitzenborte trug. Als ich ihn das erste Mal sah, stand er vor der Fischtheke und schob einen Kinderwagen vor sich her. Im ersten Moment hielt ich ihn für einen Spinner, aber dann sagte ich mir, es ist einfach nur ein Vater, vielleicht ein Musiker. An den Waagen für Obst und Gemüse wollte ich einen Blick auf das Kind werfen und stellte fest, dass es sich um eine Puppe handelte. Sie hatte weiße Haut, war ungefähr sechzig Zentimeter groß und trug eine Daunenjacke mit Kapuze. Das war kein Säugling mehr, sondern ein kleines Mädchen mit verfilzten blonden Haaren, die offenbar mit Seife gewaschen worden waren. Amy und ich standen hinter dem Mann in der Schlange und hörten zu, wie er sich mit ihr unterhielt. »Hallo«, sagte er, und dann, mit einer höheren Stimme: »Ich brauche Handschuhe.«

Es sei seine Tochter, die da rede, erklärte er. »Ihr ist kalt, aber das geht heute Abend allen so.«

Der Mann sagte, er und Michael Jackson seien Väter, und das sei weitaus schwerer, als es aussehe. Er küsste die Puppe auf den Kopf und erklärte mir, Mobiltelefone hätten die Stimmungslage der Welt verbessert. In den Sechzigerjahren seien alle furchtbar ernst gewesen, aber jetzt, dank der Technik, würden die Menschen lockerer. Die Puppe beklagte sich über die lange Warterei, und er tröstete sie und sagte, sie wären bald zu Hause. Der Mann kaufte zwei ganze Forellen und vier Tetra Pak Orangensaft. Er war sehr freundlich zur Kassiererin, und sie zu ihm, und beide wünschten einander ein frohes neues Jahr.

Gestern Abend erzählte ich die Geschichte Manuela, die mir vorwarf, ich hätte das Ganze erfunden. Dann erzählte ich ihr von Natalies Vater, der seinen Hund mit einem Stock totgeprügelt hatte. Hugh konnte das bestätigen, was zuletzt auch die Geschichte mit der Puppe glaubwürdiger machte. Außerdem hatte ich Amy als Zeugin.

22. Januar 2001
Paris

Gestern waren wir zum Dinner bei Peggy, zusammen mit Armistead und einem amerikanischen Maler namens Richard. Steven hatte mir von ihm erzählt, aber bei mir fiel der Groschen erst, als er erwähnte, er hätte den Nachlass der surrealistischen Malerin Leonor Fini geerbt. Im Laufe des Abends kamen wir auf eine Cellistin namens Dorothy aus San Francisco zu sprechen. »Oh, ich würde so gerne ihr Haus sehen«, sagte Peggy. »Sie hat eine Glatze.«

Ich liebe ihre Art, um die Ecke zu denken. Später erzählte sie, wie sie und ihre beste Freundin Flicka in ihren Zwanzigern mit zwei Cousins aus Samoa ausgegangen waren. Ihr Partner hieß Ziki Fuapopo, und in ihrer Geschichte kamen seine Mutter, ein Haufen Kokain und eine Gruppe Männer in Lava-Lavas vor.

21. März 2001
New York
Seit zwei Jahren habe ich keinen Tropfen Alkohol mehr angerührt. Von Amy bekam ich zur Feier des Tages eine Badezimmerwaage, auf der ich ohne Schuhe 60 Kilo wiege. Neulich in Greencastle wog ich noch 65 Kilo, also kann eine der Waagen nicht stimmen. Hugh will mir sein Geschenk heute Abend geben, wenn er nach Hause kommt, und vielleicht gönne ich mir heute Abend noch ein Stück Kuchen. Es ist fast besser, nicht groß davon zu reden, da eine Feier der eigenen Abstinenz furchtbar kindisch wirkt. »Ich weiß, ich werde eine Teeparty veranstalten und alle meine unsichtbaren Freunde einladen!«

10. April 2001
San Francisco
Nach der gestrigen Lesung gingen Ronnie, Blair und ich mit einer Intensivkrankenschwester, die gerade an zwei Romanen schreibt, essen. Sie erzählte mir, dass in 80 Prozent aller Einbrüche der Täter einen Haufen auf dem Bett hinterlässt. Wenn nicht aufs Bett, scheißt er auf den Teppich oder den Esszimmertisch. Ein letztes *Leck mich* an den Hausbesitzer, auch wenn es mir furchtbar umständlich erscheint. Es ist schon schwer genug, auf einer fremden Toilette zu machen, geschweige denn auf eine Matratze oder einen Teppich, warum also die ganze Anstrengung? Halten die Einbrecher ihre Notdurft zurück, oder können sie auf Kommando kacken? Ist das ein Trick, den man im Gefängnis lernt?

30. April 2001
Paris

An der Eingangstür eines Restaurants sah ich ein Schild mit der Aufschrift DINNERS, LUNCHS, RECEPTIONS

Es ist schwer, das Wort *lunches* ohne das *e* zu sagen: *lunchs*.

Die Stadtverwaltung von Paris setzt ihre Werbekampagne aus dem letzten Jahr fort. Sie soll die Leute dazu bewegen, den Kot ihrer Hunde aufzuheben, und der Slogan auf den Plakaten lautet: SIE HABEN GUTEN GRUND, ES NICHT AUFZUHEBEN: ANDERE MACHEN DAS SCHON FÜR SIE. Auf einem Plakat ist ein Kind zu sehen, das auf dem Rasen sitzt und eine Plätzchenform in einen Haufen drückt, der gut von einer Deutschen Dogge stammen könnte. Mein Lieblingsplakat zeigt einen blinden Mann, der sechs ordentliche Würste auf seinem Stock aufgespießt hat. Scheiße ist nicht sehr fotogen, und der Hundekot sieht aus wie die Grillwürstchen, die in einem der vielen griechischen Restaurants unweit der Place Saint-Michel serviert werden.

3. Mai 2001
Paris

Ich wurde von einem Deutschen interviewt, der für eine Art deutsche Ausgabe des *Ladies' Home Journal* schreibt. Er war ein korpulenter Mann mit weißen Zähnen und Brille, und er trug ein Button-down-Hemd und eine neue Levis. Er erzählte mir, seine Schwester sei klinisch depressiv und habe während eines mehrere Monate langen Klinikaufenthalts *Nackt* gelesen. Nachdem sie es zu Ende gelesen hätte, habe sie es einer Mitpatientin geliehen, und diese habe es wiederum an jemand anderen weitergegeben. Offenbar hebe das Buch die Stimmung der Leute, und deshalb werde es inzwischen offiziell von der

Klinik zur Lektüre empfohlen. Ich weiß nicht, ob ich das glauben soll, aber es ist äußerst schmeichelhaft, dass mein Buch in einer deutschen Nervenklinik herumgereicht wird.

5. Mai 2001
La Bagotière

Bis gestern haben wir in einem Bett geschlafen, das zum Inventar des Hauses gehörte und sich anfühlte, als wäre die Matratze mit Mäusespeck gefüllt. Sobald man sich hinlegte, rollte man in die Mitte und hing durch bis zum Boden. Morgens wachte man mit dem Gefühl auf, als habe jemand mit einem Stock auf einen eingeprügelt. Schon lange hatte ich gedrängt, ein neues Bett zu kaufen, bis Hugh endlich zustimmte. Wir fuhren zu Lepage in Flers, einem hässlichen Gebäude mit Aluminiumfassade, vollgestopft mit genauso hässlichen Möbeln. Unser Verkäufer war ein kleiner Mann mit blonden Haaren, der uns in den ersten Stock führte und uns die unterschiedlichen Ausstellungsstücke zeigte. »*Allez-y*«, sagte er.

Die Betten hatten alle Plastikmatten am Fußende, damit man sich darauflegen konnte, ohne die Matratze zu beschmutzen. Hugh ging von einem zum nächsten und legte sich darauf, als hätte man ihn zum Schlafen in sein Zimmer geschickt. Zuletzt entschied er sich für die härteste, und als wir nach unten zur Kasse gingen, fragte der Verkäufer neugierig, ob wir beide uns auf einen gesunden Schlaf freuten. Das war ungewöhnlich, da es sich um eine persönliche Frage handelte.

»Sie beide« implizierte, dass wir vielleicht in einem Bett schliefen, und er hatte es in einem verschlagenen Ton gesagt. Ich habe nichts gegen persönliche Fragen, aber Hugh schon, und anstatt zu antworten, ging er zu einem mit Kunstleder bezogenen Fußhocker, der aussah wie ein zur Hälfte eingefallener Medizinball. »Ah ja«, sagte der Verkäufer.

Die Matratze und der Sprungrahmen waren im Angebot und kosteten $800. Wir vereinbarten einen Liefertermin, und als ich meine Kreditkarte herüberreichte, fiel mir der strenge Körpergeruch des Verkäufers auf. Es schockiert mich immer, wenn jemand streng riecht und einen Anzug trägt. Um 17.30 Uhr wurde die Matraze geliefert, und wir freuten uns den ganzen Abend über aufs Schlafengehen. Hugh legte sich um Mitternacht hin und schlief wie ein Murmeltier. Ich ging um eins ins Bett und lag mehrere Stunden wach, mit dem Gefühl, als läge ich auf einem Streifen Bürgersteig. Die Matratze ist für mich zu hart, und morgens wachte ich mit einem schmerzenden Kiefer auf, nachdem ich geträumt hatte, ein Wagen hätte mich
angefahren.

12. Mai 2001
Atlantic Beach
In Dads Haus trinkt man seinen Kaffee aus einem Becher mit dem Konterfei von Rush Limbaugh. Auf dem Weg zur Küche kommt man an einer Dankeskarte von George Bush und Dick Cheney vorbei, die sich in den Armen halten. Dad wollte mit mir zum Strand fahren, aber ich konnte einfach nicht. »Wieso denn das nicht?«, fragte er. Ich sah auf seinen Honda Civic, die Sitze voller Hundehaare und auf dem Kotflügel ein Aufkleber mit der Aufschrift AL GORE IST EIN RISIKOFAKTOR.

Ich fuhr mit ihm bis zu Paul und duckte mich tief in den Sitz. Er fährt inzwischen wie ein alter Mann, und ich hatte schon befürchtet, wir könnten Tage bis zum Motel unterwegs sein. Auf der Fahrt von seinem Haus bis zu Paul fuhr er nie schneller als vierzig Stundenkilometer.

17. Mai 2001
Paris

Ich habe einen langen, konfusen Brief von einer Deutschen bekommen, der mit den Worten beginnt: »Lieber Mr Sedaris, mich in Englisch an Sie wenden zu müssen macht mich zu einem Gänseblümchen! Ein schlimmer Ausgangspunkt für mich. Im Übrigen – ich habe nichts, das ich Ihnen im Gegenzug zum Geschenk machen könnte – bin ich eine Bittstellerin, punktum.«

Ich bin mir nicht sicher, was sie von mir will, aber sie schreibt von den *WeihnachtsLand-Tagebüchern* und *Frohe Weihnacht allen Bekannten und Verwandten!!!* und bezeichnet Letztere als »eine ätzende, doppelbödige, kontroverse, feinfühlige Story, bei der wir uns vor Lachen gruseln«.

27. Mai 2001
La Bagotière

Auf dem Weg nach Flers überfuhr ich mit dem Rad eine rote Ampel und hörte hinter mir jemanden hupen. Dann hupte es ein zweites und drittes Mal, und als ich mich umdrehte, sah ich einen Streifenwagen mit drei Polizisten, zwei vorne und einer hinten. Man sieht das hier häufig, und es kommt mir stets merkwürdig vor. Der Fahrer brüllte: »He, die Ampel ist rot«, worauf ich vom Rad stieg und es auf den Bürgersteig schob, als hätte er gesagt: »Hier ist die Metzgerei, nach der Sie gefragt haben.« Ich konnte den plumpen, dämlichen Ausdruck auf meinem Gesicht praktisch fühlen, und ich stand einfach nur da und starrte durch das Fenster auf das Fleisch im Laden, bis sie weitergefahren waren.

30. Mai 2001
Paris

Einer meiner gestrigen Interviewpartner schenkte mir ein Schweizer Taschenmesser. Es war eine zierliche blonde Frau aus Zürich, die bei ihrem Eintreffen über die Hitze klagte. *Klagen* ist vielleicht ein zu strenges Wort. Sie gab einen Kommentar dazu ab, genau wie die Schweizerin, die mich zuvor interviewt hatte.

Beide Journalistinnen fanden Paris langweilig und fragten, was ich von Zürich hielte. Ich erzählte der zweiten Frau, mir gefiele der Supermarkt im Flughafen, und sie sagte: »Ja, sonntags fahren wir alle zum Flughafen.«

Und Paris ist langweilig?

Ich hatte gedacht, der Laden sei für Reisende, die auf dem Weg nach Hause ein paar Lebensmittel einkaufen wollten, aber tatsächlich ist es ein Weg, das Schweizer Ladenschlussgesetz zu umgehen, das Geschäften vorschreibt, von Samstagnachmittag bis Montagmorgen geschlossen zu bleiben. Das Gesetz gilt überall mit Ausnahme des Flughafens, deshalb haben sie im Terminal von Swiss Air diesen riesigen Supermarkt gebaut. »Das ist *der* Ort, wo man sonntags hinmuss«, sagte die Frau.

Ich bekam einen Brief von einer in Paris lebenden Amerikanerin, die schrieb, sie habe mein Interview im *Minneapolis Star Tribune* gelesen. »Ich habe die feste Absicht«, schrieb sie, »Ihr Buch zu lesen, denn auch ich hatte einmal gehofft, ›ich ein Tag sprechen hübsch‹.« Es ist immer seltsam, wenn Leute einen Buchtitel in eine Schlagzeile oder einen Satz einbauen, ganz besonders diesen Titel. Sie schrieb über ihre zweijährige Tochter und den bevorstehenden Umzug und kam dann endlich zum Punkt. »Der Grund für diesen Brief sind Ihre

Äußerungen zum Rauchen. Wegen Ihnen und anderer Leute mit ähnlichen Ansichten können Menschen wie ich nicht mehr in Pariser Restaurants essen (außer bei McDonald's). Ich hoffe, Sie werden niemals Opfer einer durch Rauchen verursachten Krankheit oder müssen jemanden mit einer solchen Krankheit pflegen, denn glauben Sie mir, ›sprechen hübsch‹ ist dann keine Option.«

Der Brief hatte keinen Absender, deshalb kann ich ihr auch nicht antworten.

5. Juni 2001
Cleveland, Ohio
Am Flughafen wurde ich von Marilyn abgeholt, einer Witwe, die nach Anfang siebzig aussieht. Es war kalt, und sie trug einen eleganten Filzmantel und nicht weniger als vierzehn Armreifen. Marilyn hat eine wilde graue Mähne und trägt eine dieser Architektenbrillen mit runden Gläsern und breitem Rand. Als ich sagte, ich wolle eine Stunde vor Beginn der Lesung am Buchladen sein, schüttelte sie den Kopf und sagte, das sei nicht nötig. »Ich bringe Sie eine Viertelstunde vorher hin. Da haben Sie mehr als genug Zeit.«

Ich habe noch nie in einer Buchhandlung in Cleveland gelesen und wusste nicht, was auf mich zukam, deshalb war ich einverstanden. Um 18.45 Uhr trafen wir bei Joseph-Beth ein. Als wir auf den überfüllten Parkplatz fuhren, meinte Marilyn, irgendwo in der Nachbarschaft werde wohl eine Party gefeiert. »Dann stellen die Leute hier unerlaubterweise ihre Wagen ab.«

Beim Betreten des Ladens legte sie die Hand vors Gesicht und sagte: »Oh, mein Gott, heute muss ein Sonderverkauf laufen.« Susan, die Managerin, zählte vierhundert Zuhörer. Ich signierte zwanzig Minuten vor der Lesung und drei Stunden nachher, und am Ende gaben mir die Manager ein T-Shirt. Auf der Rückfahrt zum Hotel sagte Marilyn, es sei hübsch gewesen, dass zufällig so viele Menschen im Laden gewesen wären.

10. Juni 2001
Chicago
Ich bin immer noch nicht überzeugt von einer Fliege und frage ständig Leute nach ihrer Meinung. »Was meinen Sie, ja oder nein?«

Ich hatte Angst, wie ein schrulliger Onkel auszusehen, und war erleichtert, als eine Frau bei Borders sagte, ich sähe damit aus wie ein schüchterner Gelehrter. Dadurch gestärkt ging ich zu Barbara's Bookstore, wo ein junger Mann sie als »das Augenbrauenpiercing der Republikaner« bezeichnete. Das sollte die Sache ein für allemal entschieden haben.

12. Juni 2001
Iowa City
Das Beste, was man über das Iowa City Sheraton sagen kann, ist, dass es mit der Fast-Food-Kette T.J. Cinnamons verbunden ist. In meinem Zimmer sind Haare und Kotspritzer in der Toilettenschüssel, in der Badewanne steht noch das Wasser von gestern Abend und selbst der Hotelkuli schreibt nicht. Zum Kaffee auf dem Zimmer gibt es nur veganen Kaffeeweißer, das Mobiliar ist fleckig und im Schrank hängt ein einziger Bügel. Gestern Nachmittag herrschten draußen 40 °C. In der Lobby und im Hotelrestaurant, die beide keine Klimaanlage haben, war es mindestens genauso heiß. Alles in allem das deprimierendste Hotel seit dem Holiday Inn in Portland, Maine.

13. Juni 2001
San Francisco
Auf dem Weg zur Buchhandlung fragte ich meinen Begleiter Frank, was er von meiner Fliege halte. Er zögerte einen Moment und sagte dann: »Eine Fliege verrät, dass ihr Träger keinen mehr hochkriegt.«

25. Juni 2001
Paris
Während ich unterwegs war, waren Hugh, Manuela und Dario auf Francks Überraschungsparty zu seinem vierzigsten Geburtstag. Unter den Gästen war auch eine intellektuelle Mutter dreier Kinder, die erklärte, sie hasse den Zoo im Jardin des Plantes, weil es grausam sei, die Tiere in so kleinen Käfigen zu halten. Sie ereiferte sich furchtbar, und am Ende des Abends ging sie zu ihrem Wagen und ließ den Golden Retriever heraus, der die letzten sechs Stunden im Kofferraum verbracht hatte.

13. Juli 2001
Tübingen, Deutschland
Tübingen ist meine neue Lieblingsstadt in Deutschland, und das Schöne ist, ich habe überhaupt nicht damit gerechnet. Es ist eine Universitätsstadt, aber die Altstadt ist bezaubernd, lauter Häuser mit spitzen Dächern und durchzogen von vielen kleinen Flüssen. Hier zu leben wäre unzweifelhaft langweilig, aber es ist hübsch anzuschauen. Wir sind gestern Nachmittag angekommen. Die Zugfahrt dauerte drei Stunden, und in Stuttgart mussten wir umsteigen. Im ersten Zug saßen wir im Raucherabteil und redeten über die Lesung tags zuvor in Nürnberg. »Das Paar gestern Abend ist mir wirklich auf den Nerven herumgetrampelt«, sagte Tini. Ich liebe ihr Englisch.

Es ist grammatikalisch nicht so korrekt wie Gerds, aber dafür viel charmanter.

Auf der Fahrt nach Tübingen kamen wir an einem Schornstein vorbei, auf dem das Wort *Schwanz* stand.

16. Juli 2001
Paris

Beim Essen diskutierte Tini mit uns den bevorstehenden Umzug ihrer Freunde nach New York. Es sind zwei Reporter, die von Hamburg in die West 68th Street ziehen. Hugh sagte, der Umzug werde nicht einfach, besonders wenn sie rauchten, und Tini sagte: »Nein, sie haben das Rauchen hinter sich.« Es klang so, als hätte man ihnen bei der Geburt eine bestimmte Anzahl von Zigaretten zugeteilt. Irgendwann war dieser Vorrat aufgebraucht, und jetzt hatten sie es hinter sich.

Gestern Abend rief ich Lisa an. Alle loben ihren Garten, und als sie Dad davon erzählte, sagte er, Gretchen habe ebenfalls viel im Garten gearbeitet. Lisa wandte ein, Gretchens Garten bestünde hauptsächlich aus Wildblumen, und Dad erwiderte: »Ja, nun, du bist du, und Gretchen ist ungemein kreativ.« Sie erzählte ihm, mein Buch sei auf Platz eins der *New-York-Times*-Bestsellerliste, und er sagte: »Na ja, es ist ganz bestimmt nicht die Nummer eins im *Wall Street Journal*.«

21. Juli 2001
La Bagotière

Wir fuhren in der ersten Klasse von Paris nach Briouze, und auch wenn es nichts Besonderes war, befürchte ich, es gibt jetzt kein Zurück mehr. In den größeren Zügen merkt man den Unterschied, aber in den kleinen Lokalzügen bekommt man für den höheren Fahrpreis nicht viel. Die Abteile sind vielleicht weniger überlaufen, aber das war's auch schon. Ich hatte einen Platz zum Gang, und mir schräg gegenüber saß der hässlichste Mensch, dem ich seit Langem begegnet bin. Er war klein, hatte einen Bart und sein vernarbtes Gesicht war von tiefen Furchen durchzogen. Ein Gesicht wie aus einem Western. Er stieg in Ville Dieu aus, und ein älterer Herr in einem Dreiteiler setzte sich auf seinen Platz.

In der ersten Klasse verlässt man sich darauf, dass die Mitreisenden einen in seinem Selbstgefühl bestätigen. Man blickt stolz in die Runde und sagt sich, dass man unter seinesgleichen ist. Der Mann im Dreiteiler gab mir das Gefühl, in der ersten Klasse richtig zu sein, während der Goldgräber mich deprimiert hatte. Dann kam mir der deprimierende Gedanke, meinerseits deprimierend auf den Herrn im Anzug zu wirken. Letztlich stand ich auf und ging in die zweite Klasse, wo die stehenden Fahrgäste mir böse Blicke zuwarfen.

22. Juli 2001
La Bagotière

Hugh ist stolz, wenn er Gemüse aus dem eigenen Garten auf den Tisch bringen kann, deshalb gab es gestern Abend zum Steak seltsam geformte Kartoffeln und frittierte Zucchinistreifen. Außerdem machte er einen 1-2-3-4-Kuchen, der aus einer Tasse Butter, zwei Tassen Zucker, drei Tassen Mehl und vier Eiern gebacken wird. Ich aß die Hälfte davon, was allein 113 Gramm Butter entspricht.

Wir haben einige CDs aus Paris mitgebracht, und zum Essen legte ich Joni Mitchells *Hejira* auf. Sie ist vor fünfundzwanzig Jahren erschienen, als ich bei Mom und Dad im Keller lebte. Damals in Raleigh habe ich sie mindestens tausendmal gehört und mir vorgestellt, auch ich wäre ein liebeswunder Reisender, der der nächsten glücklosen Beziehung entgegen- oder vor ihr davonlief. Das Problem zu der Zeit war nur, dass ich noch nie eine Beziehung gehabt hatte. Normalerweise spielte ich immer wieder das gleiche Stück, aber dies war eine der wenigen Platten, die man von Anfang bis Ende hören und sich bei jedem Song einen anderen Geliebten vorstellen konnte.

Hejira war die falsche CD zum Essen, da Hugh ebenfalls mit ihr groß geworden war. Wir saßen am Tisch und sagten kein Wort, bis die CD durchgelaufen war. Für mich ist das Ironische daran, dass in gewisser Weise alle meine Träume als Neunzehnjähriger wahr geworden sind. Ich mache nichts anderes, als von einem Ort zum nächsten zu reisen und aus Hotelfenstern zu blicken.

Was fehlt, und was die Vorstellung so unglaublich romantisch machte, war die Unbeständigkeit, die endlose Reihe von Boyfriends, die mit dem nächstbesten durchbrannten, sobald man sich umdrehte. Über solche Dinge schreibt man Songs, nicht über Zucchinistreifen und einen perfekt gelungenen 1-2-3-4-Kuchen im Kühlschrank. In dieser Hinsicht bin ich eine genauso große Enttäuschung für den neunzehnjährigen Hugh, der fünfundzwanzig Jahre später mir gegenüber am Tisch sitzt und mir gnädigerweise erlaubt, nach »Song for Sharon« die Replay-Taste zu drücken.

31. Juli 2001
Paris

Gestern Nachmittag stand unsere Nachbarin wieder vor der Tür und beschwerte sich über den Lärm. Hugh schlug die Wand hinter dem Regal ab, und ich wachste im Schlafzimmer den Boden. Ich bekam von der ganzen Sache nichts mit, was gut ist, da sie vielleicht vergisst, wie ich aussehe. Die Frau arbeitet zu Hause und wollte wissen, wann der Krach aufhöre. Sie wollte den genauen Zeitpunkt, also sagte Hugh, er sei um vier Uhr fertig. Sie sagte, Bauunternehmer sollten Schilder aufhängen, denen ganz genau zu entnehmen sei, an welchem Datum der Lärm beginnen würde und an welchem er vorbei sei – eine großartige Idee, die nur nie realisiert werden wird. Uns hatte man gesagt, die Arbeiten in unserer Wohnung dauerten bis April, und inzwischen haben wir beinahe August.

Dann fing die Frau an, sich über das Haus gegenüber zu beschweren, doch Hugh unterbrach sie und sagte, sie gehe ihm mindestens so sehr auf die Nerven, wie der Lärm ihr auf die Nerven gehe. Er will es nicht zugeben, aber ich vermute, er hat ihr die Tür vor der Nase zugeschlagen. Vor ein paar Monaten, als die Badewanne installiert wurde, hatten wir Besuch vom Nachbarn von der anderen Seite, einem Mann in den Vierzigern. Er beschwerte sich über den Lärm und sagte, er komme erst nach Mitternacht von der Arbeit zurück und könne nicht mit dunklen Ringen unter den Augen am Arbeitsplatz erscheinen.

Hugh fragte, was er beruflich mache, und der Typ sagte mit geschwellter Brust, er verkaufe Eintrittskarten im Kino. Er wollte, dass der Klempner bis zum frühen Nachmittag leise arbeitete – vielleicht Staub wischte oder Ähnliches –, und erst gegen drei mit dem Krach begänne. Jeder hat einen genauen Plan, außer den Arbeitern, die kommen und gehen, wie sie gerade Lust haben.

Gestern Abend schaltete ich den Fernseher ein und war begeistert, eine Folge von *Cops* zu finden, die hier unter dem rückübersetzten Titel *Es ist den Umweg wert* läuft. Sie ist auf Französisch synchronisiert, aber im Hintergrund kann man zwischendurch englische Satzfetzen hören: »He claims«; »The suspect«; »Knucklehead«.

In der ersten Episode ging es um eine lange, wilde Verfolgungsjagd auf einem kalifornischen Freeway. Der Fahrer hatte einen nackten Oberkörper, und man sah, dass er mächtig stolz auf sein schulterlanges, durchgestuftes blondes Haar war. Als er aus dem Wagen gezerrt wurde, kämmte er es als Erstes mit den Fingern nach hinten und flauschte es dann vorsichtig auf. Er war wie einer dieser Typen, die in Atlantic Beach herumhängen, und ich fragte mich, was die Franzosen von ihm halten mochten. Was glaubten sie, wie bei uns die Kriminellen aussahen? Bei der nächsten Verfolgungsjagd saßen Mexikaner am Steuer, aber da es sich um Jugendliche handelte, waren ihre Gesichter verpixelt.

In meiner Lieblingsepisode ging es um einen Trucker, der einen einteiligen Frauenbadeanzug mit Leopardenmuster trug. Offenbar hatte man ihm sein Portemonnaie gestohlen, aber ich verstand die Details nicht. Ich hoffe, *Cops* läuft jeden Abend und die Franzosen entwickeln irgendwann ihre eigenen Folgen. Wer sind hierzulande die Kriminellen? Ich habe nicht die leiseste Ahnung.

1. August 2001
Paris

Gestern Abend sah ich auf Arte einen Teil einer Dokumentation über eine jugendliche Straßengang in irgendeiner afrikanischen Stadt. Die Jungen lebten in einem Unterschlupf aus Pappkarton und verbrachten die meiste Zeit damit, Klebstoff zu schnüffeln und nach Dingen Ausschau zu halten, die sie stehlen konnten. Einmal boten sie einer Prostituierten Schutz an, und als sie ablehnte, drohten sie ihr, sie zu töten. Sie waren bloß halbwüchsige Kinder, aber es waren viele, und das verlieh ihrer Drohung einiges Gewicht. Hugh und ich wollten zu einer Zehn-Uhr-Vorführung ins Kino, und während wir die Rue des Écoles entlangliefen, stellte ich mir vor, ich würde die Jungs-Gang in ein Restaurant einladen. »Wohin ihr wollt«, würde ich sagen.

Ich stellte mir vor, wie sie sich den Bauch vollschlugen, und dann sah ich vor mir, wie sie das Besteck und die Salz- und Pfefferstreuer mitgehen ließen. Im Kino war es heiß, und als der Film anfing, stellte ich fest, dass ich ihn bereits vor zwei Jahren gesehen hatte. Es war Ernst Lubitschs *Sein oder Nichtsein*, mit Jack Benny und Carole Lombard als polnisches Schauspielerpaar. Nach fünfzehn Minuten wird Warschau bombardiert, und wieder kam ich mir verwöhnt und verzogen vor. Eigentlich sollte ich mich über unser neues Apartment freuen, aber ich kann nicht anders, als mich für den schicken Herd und die brandneue Waschmaschine samt Trockner schuldig zu fühlen. Wir sitzen rum wie Menschen in einer Zeitschrift – aber keine Zeitschrift, die ich je abonnieren würde.

7. August 2001
Paris
Auf der Fahrt nach Florent stieg ein Mann in die U-Bahn und sagte, er sei arbeitslos und brauche Geld. Er war groß und in schlechter Verfassung, mit fettigen Haaren und einem Schnitt wie Sir Lancelot. Auf der Rückfahrt kroch ein anderer Mann, schmaler und noch abgerissener, auf Händen und Knien durch den Mittelgang. Alle paar Meter blieb er stehen, faltete die Hände zum Gebet und sagte: »Bitte? Oh, bitte helfen Sie mir.«

Es kommt sehr selten vor, dass Bettler in der Metro einen direkt ansprechen. Normalerweise steigen sie ins Abteil, halten eine kurze Ansprache und gehen dann mit ausgestreckten Händen durch den Wagen. Der kriechende Mann flehte eine Frau an, und als sie sich wegdrehte, ließ er die obere Gebisshälfte aus dem Mund ploppen und zeigte, dass er noch armseliger war, als er aussah. Dann kroch er zu mir, und nachdem ich ihm zehn Franc gegeben hatte, fragte er, ob er auch meinen Stift haben könne. Den kleinen Muji Ballpoint aus Aluminium, den ich immer in meinem Notizblock habe. Er sagte, er brauche ihn für einen Brief an seine Frau, und als ich ablehnte, sah er mich hasserfüllt an.

9. August 2001
Paris

Neulich ging ich abends ins Action Écoles, um mir *Stardust Memories* anzusehen. Es regnete, und gerade als ich die kleine Markise erreichte, fragte eine attraktive junge Frau mich, ob sie sich meinen Schirm ausleihen könne. Sie sagte, sie müsse etwas aus ihrem Wagen holen und wäre sofort wieder da. Es schien unhöflich, Nein zu sagen, deshalb gab ich ihr den Schirm und dachte, ich würde ihn nie wiedersehen. Die Schlange war nur kurz, und nachdem ich mein Ticket gekauft hatte, wartete ich vor dem Eingang. Menschen liefen die Straße auf und ab, und ich stellte fest, dass ich komplett vergessen hatte, wie die junge Frau ausgesehen hatte. Ich könnte morgen an ihr vorbeilaufen, ohne zu ahnen, dass sie die Person war, die meinen $70-Schirm geklaut hatte.

Ich wartete fünf Minuten und wollte schon aufgeben, als sie mit einer Tüte in der Hand ins Kino stürzte und sagte: »Tausend Dank, das war sehr nett von Ihnen.« Im Kino setzte ich mich auf einen Platz an der Wand. In der Mitte der Reihe saßen drei Amerikaner, die keinerlei Anstalten machten, als ich vorbeiwollte. Ich meine, sie zogen nicht einmal ihre Beine ein. Gerade so, als existierte ich nicht. Ich stehe immer auf, wenn jemand vorbeiwill, und gehe deshalb davon aus, dass andere das auch machen. Kurz vor Beginn des Films setzte sich ein großer Mann direkt vor mich. Ich musste mich die ganze Zeit nach links beugen, um die Leinwand zu sehen, und nach zwei Stunden hatte ich mir offenbar einen Nackenmuskel verspannt. Es fühlte sich an, als hätte man auf mich geschossen und die

Kugel sei genau unter meinem linken Schulterblatt ausgetreten. Schuld daran sind die drei Amerikaner, die mich nicht durchgelassen haben. Wären sie kooperativer gewesen, hätte ich woanders gesessen und mir diesen Schmerz erspart. Und es tut wirklich verdammt weh.

12. August 2001
Edinburgh, Schottland
Der RER schlich zum Flughafen de Gaulle und blieb zwanzig Minuten bei Aerogate 1 stehen, sodass wir unseren Nachmittagsflug nach Edinburgh verpassten. Ich kann mich nicht erinnern, wann ich das letzte Mal einen Flug verpasst habe, und es dauerte eine Weile, den Schock zu überwinden. Für den Rest des Nachmittags dachte ich, *Wären wir doch nur früher aus dem Haus gegangen. Hätten wir doch nur ein Taxi genommen.* Es hilft immer sehr, dass Hugh solche Sachen noch viel härter treffen als mich. Er sagte sich, na fein, dann bleibe ich eben zu Hause, und es kostete mich einige Mühe, ihn umzustimmen. Ein anderer Flug ging um neun, und die Frau am Schalter gab mir das letzte Ticket.

Hugh wurde auf die Standby-Liste gesetzt und versprach, sich nie wieder zu beklagen, sollte er noch einen Platz an Bord bekommen. Das waren seine Worte: *nie wieder.* Ich setzte ein kleines Dokument auf, und er unterschrieb es. Jetzt habe ich es schriftlich. »Wenn ich, Hugh Hamrick, einen Platz auf dem Flug heute Abend bekomme, werde ich mich nie wieder beschweren.« Er bekam seinen Platz, und ich zog alle fünf Minuten den Vertrag heraus und freute mich diebisch.

Die Maschine war klein. Unsere Flugbegleiterin hieß Daisy und servierte uns ein gefrorenes Dinner, das aus einer Platte Fleisch und irgendeiner gelierten Reispampe bestand. Wenn ich *gefroren* sage, meine ich nicht »aufgetaut« oder »erhitzt«, sondern *gefroren*. Hughs Reispampe war ein einziger Eisklotz, und mein Fleisch war mit feinen Eiskristallen überzogen. Ich konnte mich nach Herzenslust beschweren, aber ihm blieb nach der Unterzeichnung des Vertrags nichts anderes übrig, als zu lächeln und an seinem steinharten Brownie zu knabbern.

13. August 2001
Perth, Schottland

Auf Empfehlung der BBC besuchten wir eine Küstenstadt namens North Berwick, einen kleinen Ort mit einem breiten Strand, von dem aus man auf ein paar zerklüftete Inseln eine halbe Meile draußen im Meer blickte. Ich nenne es das Meer, aber nach Hughs Ansicht war es der Firth of Forth, eine Bucht. North Berwick wurde in unserem Reiseführer wegen seiner ansehnlichen öffentlichen Toiletten erwähnt, in denen es Blumen und kleine Schilder mit der Aufforderung gab, das Örtchen sauber zu halten. Zu Mittag aßen wir im Butter Cup Café.

Am Nebentisch saßen zwei weißhaarige Frauen, von denen eine blind war und einen Faltstock dabeihatte. Die blinde Frau redete sehr viel, während ihre gelangweilte Freundin auf die Straße sah und sagte, sie sollten besser aufbrechen, bevor es zu regnen anfinge. »Oh, mir macht der Regen nichts aus«, sagte die blinde Frau. »Wenn ich mich vom Wetter aufhalten ließe, würde ich nirgends hinkommen.« Sie knöpfte ihren Mantel zu und machte es sich dann auf ihrem Platz bequem, um in aller Ruhe ihren Tee zu trinken.

Als unser Essen gebracht wurde und wir gerade anfangen wollten, beschloss die blinde Frau, es sei Zeit aufzubrechen. Sie erhob sich von ihrem Stuhl, nahm ihre Handtasche und furzte Hugh ins Gesicht. Es klang wie ein kleiner Fanfarenstoß, und für den Rest des Tages redeten wir über nichts anderes.

17. August 2001
Paris

Gestern sah ich vor dem Kino einen Albino-Japaner. Ein Mann Ende zwanzig, dessen Haare und Haut weiß wie ein Wattebausch waren. Vielleicht lag es an der hellen Haut, aber seine Zähne sahen ziemlich gelb aus. Außerdem standen sie krumm und schief. Auf der Wange hatte er einen Ausschlag und auf dem Arm ein halbes Dutzend Tattoos. Der arme Kerl sah wirklich schlimm aus. Es war halb fünf nachmittags, und ich war im Saint-Germain-des-Prés, um mir im Rahmen ihrer Cassavetes-Reihe *Wege der Liebe* anzusehen.

Seine Filme sind oft zu lang und streckenweise langweilig. Wenn Gena Rowlands auf der Leinwand erscheint, bin ich im siebten Himmel, aber wenn sie nicht mitspielt, sitze ich im Dunkeln und denke über andere Dinge nach – zum Beispiel über Albino-Japaner.

Ich bin jetzt seit drei Jahren hier, traue mich aber immer noch nicht, Fremde auf der Straße um Feuer zu bitten. Mich bitten ständig Leute darum, aber ich bekomme es einfach nicht hin. Genauso wenig kann ich in einen Fnac gehen und nach einer bestimmten CD fragen. Stattdessen stöbere ich in den Regalen, ohne recht zu wissen, unter welchem Genre ich überhaupt suchen soll. In französischen Musikshops sind die CDs nach seltsamen Rubriken sortiert, von denen viele das Wort *schwarz* enthalten. Ich glaube, es gibt sogar eine eigene Abteilung mit dem Titel Black Rage. Von Fnac aus ging ich zur Gare Montparnasse, um den 96er-Bus zu nehmen. Ich hätte auch nach Hause laufen können, aber ich fand, es sei mal was anderes, ohne Gepäck zum Bahnhof zu gehen.

18. August 2001
Paris

Als ich heute Morgen in die Küche kam, saß eine Taube auf dem Schrank über der Spüle. Auf den Simsen der umliegenden Häuser brüten Dutzende von ihnen, und ich war überrascht, dass nicht schon früher eine in die Wohnung geflogen war. Ich weiß nicht, wie lange die Taube schon dort saß und was sie die ganze Zeit allein gemacht hatte. Gestern Abend hatte ich etwas Couscous auf der Küchentheke verschüttet, aber er lag immer noch da, sodass die Taube noch keine Gelegenheit gehabt haben konnte, ihn aufzupicken. Ich bin kein Experte, aber ich gehe davon aus, Tauben mögen Couscous.

Gestern war ich bei einem amerikanischen Fotografen namens Anthony. Er ist seit siebzehn Jahren in Paris, und seine Freundin hat vor Kurzem ein Kind bekommen, wodurch sich sein Leben verändert hat. »Jetzt ist alles anders«, sagte er. »Wenn du Single bist, hast du vielleicht eine Affäre und deine Freundin lässt dich sitzen. Das ist schmerzhaft, aber dann gehst du eben raus und suchst dir eine neue.«

Ich würde meinen, bei einer Affäre hat die betrogene Person ein Anrecht auf das Wort *schmerzhaft*, aber ich sagte nichts. Anthony hat viel in Russland gearbeitet und hatte früher eine Wohnung in Moskau. »Die russischen Frauen machen dich fertig«, sagte er. Er bemüht sich, ein guter Familienvater zu sein, aber ich habe wenig Hoffnung, dass es funktioniert.

12. September 2001
Paris

Gestern Abend sah ich im Fernsehen, wie Menschen aus den Fenstern des World Trade Center sprangen. Ich sah, wie die Türme in sich zusammenfielen, sah das brennende Pentagon und dann sah ich die aus den Fenstern des World Trade Centers springenden Menschen. Aus den Fenstern in der Küche, in meinem Arbeitszimmer und im Wohnzimmer sah ich überall Nachbarn, die die gleichen Bilder sahen, die Fernbedienung in der einen und ein Telefon in der anderen Hand. Ich hatte das Gefühl, die ganze Welt säße vor dem Fernseher. Auch einen Tag danach will das alles nicht richtig in meinen Kopf. Was mich am meisten mitnimmt, sind die gekaperten Flugzeuge. Ich kann mir nicht vorstellen, wie es sich anfühlen muss zu begreifen, dass die Maschine irgendwo *einschlagen* wird. Man wird nicht in Afghanistan landen oder auf irgendeinem Rollfeld als Geisel gehalten werden; man wird in drei Sekunden sterben. Das Beängstigende ist, dass alles so genial und perfekt geplant war. Wer hat das gemacht?

Patsy und ich trafen uns um sechs im Café an der Place Saint-Sulpice. Sie hatte CNN gesehen und sagte mir, als Amerikaner im Ausland sollten wir uns unauffällig verhalten und in der Öffentlichkeit möglichst kein Englisch reden. Das ist eine Standardwarnung, die das Auswärtige Amt in jeder Krisensituation herausgibt. Die Polizei hat einen Teil des Marais-Viertels abgesperrt und kontrolliert jeden Fußgänger, der hineinwill. Flüge nach New York mussten zum Charles de Gaulle zurückkehren, und ich weiß nicht, wann der Flugverkehr wiederaufgenommen wird. Sämtliche amerikanischen Flughäfen sind geschlossen, genau wie die Brücken und Tunnel nach Manhattan. Ich habe versucht, Amy anzurufen, aber das Telefonnetz war überlastet. Sie steht erst nach Mittag auf, deshalb nehme ich an, dass sie okay ist. Steven rief mich um Mitternacht an, um mir mitzuteilen, dass es Rakoff und Sarah gut geht, genauso Art Spiegelman. Im

Fernsehen sagt Giuliani, es könnte bis zu zehntausend Opfer geben. Im Radio wird das Ereignis mit dem D-Day verglichen. Bush nannte es »einen Angriff auf die Freiheit«, während Chirac sehr viel treffender von einem Angriff auf die Zivilisation sprach.

14. September 2001
Paris

Gestern Abend nahmen wir an der Gedenkmesse in der Amerikanischen Kirche in der Nähe des Musée d'Orsay teil. Anders als die Messe in der Amerikanischen Kathedrale am Mittwoch, war dies ein ausgewachsenes Medienereignis, an dem Präsident Chirac, Premierminister Jospin und der Bürgermeister von Paris teilnahmen. Ich war noch nie in einem Raum mit einem Präsidenten, und es gefiel mir, wie er immer wieder eine Pause machte und Blickkontakt zum Publikum aufnahm. Die Kirche ist nicht sehr groß, und die Hälfte der Bankreihen war mit Schildern mit der Aufschrift PARLAMENT, HOHE WÜRDENTRÄGER und DIPLOMATISCHES CORPS reserviert. Da es sich um die Amerikanische Kirche handelte, war ich davon ausgegangen, die Messe wäre auf Englisch, aber abgesehen von einigen kurzen Bemerkungen zu Beginn wurde nur französisch gesprochen.

Wir hörten kurze, fünfminütige Gebete von einem protestantischen Priester, dem Großrabbiner von Paris und einem muslimischen Geistlichen mit einem seltsam um den Kopf gewickelten grauen Haarkranz. Der Chor sang, die Feier war beendet, und gerade als die Würdenträger zur Tür hinausgingen, stimmte jemand in den hinteren Reihen »God Bless America« an. Seine Landsleute fielen mit ein, darunter auch Jessye Norman, die ihre Hand auf ihr Herz legte und sang, als wäre sie eine ganz normale erschütterte Frau und keine Operndiva. Das Witzige an »God Bless America« ist, dass von einer bestimmten Stelle an kein Mensch mehr den Text weiß.

Es folgt ein allgemeines Gemurmel von »Steh ihr bei und führe sie« bis »Von den Bergen zu den Prärien«. Dann kommt der Teil mit den Ozeanen weiß vor Gischt, was irgendwie seltsam für ein patriotisches Lied ist. Der eigentliche Knüller aber war das Ende, als alle »Meine Heimat, meine süße Heimat« sangen. Denn was auch immer Paris sein mag, es ist *nicht* unsere Heimat, sondern bloß die Stadt, in der wir wohnen und arbeiten. Wie konnten wir das vergessen?

24. September 2001
Amsterdam
Vorgestern gab es eine Explosion in einer Chemiefabrik in Toulouse. Patsy erzählte es mir am Telefon, und genau wie in der letzten Woche schalteten wir unsere Fernseher ein und unterhielten uns, während wir zwischen den Kanälen hin und her zappten. Es wurden neunundzwanzig Tote und mehrere Hundert Verletzte gemeldet. Im Umkreis von mehreren Kilometern waren die Scheiben zerborsten. Eine Frau lag auf dem Bürgersteig und schrie. Männer wischten sich mit den Ärmeln ihrer Sakkos das Blut aus dem Gesicht. Zuerst wurde vermutet, dass es sich um einen Bombenanschlag handelte, aber nach etwa einer Stunde ging man von menschlichem Versagen aus, was eine große Erleichterung war. Die Sache ist die, dass alle mit so etwas gerechnet hatten. Jeder wartet nur auf den nächsten großen Zwischenfall. Gestern Morgen klingelte das Telefon, und ich hörte Hugh sagen: »Oh, mein Gott. Das kann nicht wahr sein. Wann?«

Ich saß am Schreibtisch und rechnete mit dem Schlimmsten, als er die Hand auf den Hörer legte und sagte, Leslie sei ein Stück vom Zahn abgebrochen.

28. September 2001
Paris

Gestern Abend rief Don an. Ich glaube, er macht sich vorher immer eine Liste mit Themen und notiert sich dazu einzelne Punkte. *Haffmans. Mehrere Faxe geschickt. Keine Antwort.* Alles Unerwartete scheint ihn aus der Bahn zu werfen, und es ist anstrengend, ihm zuzuhören, wie er sich zu rechtfertigen versucht.

»Amsterdam, richtig. Das erinnert mich an, oh, wie hieß doch gleich die Schauspielerin in dem Film, in dem sie und dieser Typ ins Wasser gestoßen werden und so weiter. Es war … nein, vielleicht war es auch Venedig, oder sie haben nur in Amsterdam gedreht, weil mit den Italienern alles so schwierig ist. Aber Amsterdam, das erinnert mich an, oh, das war dieser große alte Mann irgendwo da oben in … ich glaube, es war Grönland und er ging irgendwie verschollen und, nun, aufgrund des Wetters und so weiter war da diese Sache mit, also, er hatte diese Krankheit und musste sich den Fuß abschneiden, genau das, was gerade mit Bradbury und seiner Diabetes passiert. Sie haben nicht den ganzen Fuß abgenommen, aber einen Teil davon, und, oh, es waren wirklich ein paar harte Wochen.«

2. Oktober 2001
New York

Ich rief Amy um vier Uhr nachmittags Pariser Zeit an und bekam sie endlich an den Apparat. Sie erzählte mir, wenige Tage nach dem Einsturz des World Trade Centers sei sie an der Upper East Side zu einer Probe gegangen. Die Züge seien schneller gefahren, als sie vermutet hatte, deshalb sei sie früher da gewesen und hätte noch eine halbe Stunde Zeit gehabt. Auf der Madison Avenue gibt es eine Gucci-Boutique, und obwohl sie nie viel für Gucci übrig gehabt hätte, sei sie hineingegangen und habe sich umgesehen. Die Verkäuferin sei aufdringlich gewesen, und binnen zehn Minuten habe Amy in sehr hohen High Heels dagestanden. Sie seien unbequem gewesen, und als sie sie auszog, habe sie einen Blutfleck im Schuh entdeckt. Feuchtes Blut. Ihr Blut.

Beim Anprobieren der Schuhe war ein Bläschen geplatzt, aber anstatt es als Missgeschick zu verbuchen, hatte die Verkäuferin Amy erklärt, sie müsse die Schuhe nun kaufen, für stolze $500.

Ich kann es Amy nicht übel nehmen, dass sie nachgab, weil ich es genauso gemacht hätte. Sie habe die Schuhe gekauft, die ihr von vornherein nicht gefallen hätten, und als sie den Laden verlassen habe, seien ihr zwei Hippies entgegengekommen. Sie meine diese neue Sorte Hippies, die die Globalisierung ablehnten und noch selbstgerechter seien als die alten. Das Paar sei an ihr vorbeigegangen, und einer von ihnen habe gehässig gesagt: »Die Welt ist aus den Fugen, also lasst uns shoppen gehen.«

Danach sei sie sich oberflächlich *und* ausgenutzt vorgekommen und habe in einem Deli nach einer braunen Papiertüte gefragt. Sie habe die Schuhe in die Tüte gesteckt, den Originalkarton und die Gucci-Tasche in den nächsten Mülleimer geworfen und sei zu ihrer Probe gegangen. Die Blutflecken habe sie inzwischen mit einem Eiswürfel entfernt, aber sie könne die Schuhe nicht mehr zurückgeben, weil sie den Kassenbon mit weggeschmissen habe. Die Welt sei aus den Fugen, und sie habe nun dieses Paar Schuhe im Schrank.

6. Oktober 2001
Paris
Ein Unbekannter hinterließ auf dem Anrufbeantworter die Nachricht, er kenne jemanden, der ebenfalls versucht habe, zu »sprechen hübsch«. »Mein Freund wollte sagen, er sei müde,

aber stattdessen sagte er: ›Ich bin prüde‹! Haha! Weiterhin viel Erfolg!«

Ich hätte mir nie träumen lassen, jemand würde diesen Buchtitel in einem Satz verarbeiten wollen, aber ich denke, ich hätte damit rechnen müssen. Das Gleiche ist auch mit *Nackt* passiert: »Ich habe meiner Freundin gesagt, wenn sie mir zum Geburtstag eine Freude machen wolle, dann *Nackt*. Haha!« oder »Ich habe *Nackt* gelesen – ich meine natürlich das Buch!« Der gestrige Anrufer rief vom Flughafen aus an und entschuldigte sich, sich nicht früher gemeldet zu haben.

7. Oktober 2001
Paris
Die französischen Meteorologen streiken, sodass niemand weiß, wie das Wetter morgen wird. Die Wetterfrösche im Fernsehen halten die Stellung, können aber keine Vorhersagen machen. Anstatt zu sagen, wie das Wetter morgen sein könnte, diskutieren sie das Wetter von heute und sagen Dinge wie: »Nun, wie Sie sehen, hatten wir einige Niederschläge.« Ein Wetterbericht für Leute, die in einem fensterlosen Raum eingesperrt sind.

8. Oktober 2001
Paris
Wenn ich mich vor dem neu eingerichteten Weltgerichtshof für Dummheit und Dekadenz verantworten muss, werde ich gestehen müssen, dass ich bei Ausbruch des Krieges in einer Gil-Sander-Boutique in Paris stand und mit einer Frau in einem halb langen Prada-Strickmantel mit dem Fellkragen eines abgetriebenen Lammfötus redete. Ein amerikanischer Verlag hatte die gesammelten Schnappschüsse von Dennis Hopper publiziert, und wir waren von Leslie zur Buchpräsentation eingeladen worden. Als die ersten Bomben auf Bagdad fielen,

schritt der Ehrengast die Treppe zum ersten Stock hinauf, und Lauren Bacall, die eine faustgroße, mit Edelsteinen besetzte Haarspange trug, deren Steine die Botschaft *I love Paris* bildeten, verkündete die Nachricht.

10. Oktober 2001
Paris
Die Nachrichten werden mit jedem Tag besorgniserregender. Ich kann froh sein, Hugh zu haben, der das Ganze ruhig und logisch betrachtet. Gestern Abend vor dem Schlafengehen sagte er: »Warum machst du dir solche Sorgen? Der Typ ist am Ende. Er kann nicht mal mehr aus seiner Höhle raus.« Ich dachte, wie seltsam das noch vor einem Jahr geklungen hätte. »Er kann nicht mal mehr aus seiner Höhle raus.« Welchen Menschen hätte ich mir darunter vorgestellt? Wer lebt schon in einer Höhle?

Erstmals aufgeschreckt wurde ich durch Bin Ladens Fernsehansprache. Sie war natürlich nicht live, sondern eine Botschaft, die er, nun ja, in seiner Höhle aufgezeichnet hatte. Die Sprache war sehr barock, und ich hätte darüber gelacht, hätte er nicht die völlige Zerstörung meines Landes gefordert. Die Botschaft war sowohl inhaltlich als auch sprachlich kaum zu ertragen. »Amerika hat Angst«, sagte er. »Von Norden nach Süden. Von Osten nach Westen.«

Warum sagte er nicht einfach, dass ganz Amerika Angst hatte?

Sein Aufruf zum Heiligen Krieg wurde gestern Abend von einer aufgezeichneten Botschaft seines al-Quaida-Netzwerks untermauert. Ein Sprecher sagte, man werde weitere Flugzeuge kapern. Ich glaube nicht unbedingt daran, dass es ihnen noch einmal gelingen wird, aber mit jeder öffentlichen Verlautbarung spornen sie ihre Gefolgsleute an.

Es ist wirklich entmutigend, die Menschen dicht gedrängt in den schmalen Straßen zu sehen, ihre Fäuste in den Himmel gereckt und unseren Tod fordernd. Ich hatte ein ungutes Gefühl, bis ich mit Paul gesprochen hatte. »Hör zu«, sagte er, »die Leute, die vor dem einstürzenden World Trade Center davonrennen, essen mit Messer und Gabel. Sie tragen Schuhe, verstehst du? Also, wir haben uns weiterentwickelt. Wir haben Fortschritte gemacht, während sie in der Scheiße sitzen und sich abrackern. Nun gut, sie haben uns drangekriegt. Wir waren nachlässig, und sie haben es uns gezeigt. Dumm gelaufen, aber das wird nicht wieder vorkommen.« So ist Paul. Sie sollten ihn im Fernsehen auftreten lassen.

Heute Nachmittag haben wir uns in einem Geschäft auf dem Boulevard Raspail Sofabetten angesehen. Ich überlegte gerade, ob es ein bestimmtes Modell eventuell in einer kleineren Größe gäbe, als die Verkäuferin mich unterbrach und fragte, ob ich Engländer sei. Ich sagte, ich sei Amerikaner, woraufhin sie zwanzig Minuten lang wie ein Wasserfall auf mich einredete. »Sie müssen mit diesen Bombardierungen aufhören«, sagte sie, »weil sie die Leute nur noch wütender machen und wir nicht wissen, was sie als Nächstes tun werden. Sie könnten unser Trinkwasser vergiften, und was dann? Man dreht den Hahn auf und ist tot, oder vielleicht sprengen sie auch unsere Atomkraftwerke in die Luft, und was dann? Dann ist es vorbei mit allem, vorbei mit der ganzen Welt, und, ja doch, was sie getan haben, war schrecklich, aber Sie reizen sie nur noch mehr. Sie sind verrückt, die Israelis sind verrückt, und wenn sie sich zu Ende bekriegt haben, wird der Sieger über uns herfallen. Sie werden Land und Wasser vergiften, und überall wird Chaos und Aufruhr herrschen, und wir werden alle sterben!«

Ich konnte ihre Ängste verstehen, aber ist das eine Art, ein Sofabett zu verkaufen?

17. Oktober 2001
New York
Zweifellos gibt es hier jede Menge Flaggen. Die erste war so groß wie ein Tischset und wehte am Taxi, in das ich am JFK einstieg. Der Fahrer war Pole und sagte, »die Sache« hätte allen Ausländern das Leben erschwert. »Ich nenne es eine Sache«, sagte er, »weil ich das eigentliche Wort nicht in den Mund nehmen möchte. Genauso wenig sage ich seinen Namen, weil er für mich keinen hat, sondern bloß ein feiger kleiner Dreckskerl ist.« Er sagte, selbst Hitler sei in manchen Dingen ein Gentleman gewesen. Er habe klar gesagt, er werde einen Krieg anfangen, und genau das habe er getan. »Aber dieser Feigling hat keinerlei Warnung gegeben. Dieser Scheißkerl.«

Ich sah Flaggenaufkleber auf dem Heck und Flaggen an den Wagenantennen, und als wir in die Stadt kamen, sah ich sie überall, vor allem in den Schaufenstern der Geschäfte. Oft sind es Flaggenposter mit der Aufschrift *WIR STEHEN VEREINT* oder *WIR LASSEN UNS NICHT UNTERKRIEGEN*. Hätte ich von den Ereignissen des 11. September nichts gewusst, hätte ich vermutlich geglaubt, es handle sich um eine Art Nationalfeiertag. Von selbst wäre mir das Fehlen des World Trade Centers gar nicht aufgefallen. Ich spazierte einige Male in Richtung Süden, sah mir die entsprechende Stelle aber nur deshalb an, weil es nicht mehr da war. Auf meinem Weg nach Downtown überquerte ich den Union Square, aber die Gedenkschreine sind bis auf ein paar Bilder und Zeichnungen verschwunden. Hauptsächlich wirkt alles deutlich ruhiger als sonst. Wenn jemand laut wird oder seine Freude offen zeigt, starren die Leute ihn einen Moment an, pressen die Lippen aufeinander und wenden sich ab.

18. Oktober 2001
New York

Gestern erzählte mir der Taxifahrer, durch die Lüftungsrohre des Weißen Hauses sei Anthrax ins Gebäude geblasen worden und habe dreihundert Menschen infiziert. Er sagte es mit großer Überzeugungskraft und behauptete, es im Radio gehört zu haben, aber es hat sich als falsch erwiesen. An meinem Fernseher im Hotel ist der Lautstärkeregler defekt. Sobald ich ins Zimmer kam, schaltete ich wie alle anderen auf der Etage CNN ein und hörte die Nachrichtensprecherin brüllen, in Washington gebe es dreißig Infektionsfälle. Sie erwähnte das Büro von Tom Daschle, sagte aber nichts über das Weiße Haus. Ich betrachte diese Anthrax-Geschichte relativ gelassen. Ja doch, es ist schlimm, aber für mich kommt dafür nur irgendein amerikanischer Wirrkopf infrage. Für einen Terroranschlag ist es nicht effektiv genug, es sei denn, man will damit nur Panik verbreiten. Ich wollte mir vor dem Schlafengehen noch die Nachrichten anschauen, aber es war einfach zu laut.

Ich bin inzwischen so verwöhnt, dass ich schlechte Laune bekam, als Air France mir auf meinem gestrigen Flug kein Upgrade für die erste Klasse geben wollte. Steven hatte mit meinen Vielflieger-Meilen einen Platz in der ersten Klasse bekommen, aber mir sagte die Frau am Schalter, das sei »heute leider nicht möglich«. Die Maschine war nur zur Hälfte besetzt, und ich saß ganz allein auf einem Eckplatz neben drei freien Sitzen im Mittelgang. Vor dem Start verließ ein französisches Paar die ihnen zugewiesenen Plätze und setzte sich in meine Reihe, den Platz neben mir frei lassend. Kurz darauf erschien der Inhaber des Gangplatzes auf der anderen Seite, und das Paar musste eins aufrücken, sodass unsere Reihe die einzige voll besetzte Reihe im ganzen Flugzeug war. Ich kochte. Dann lehnte der Mann vor mir seinen Sitz nach hinten, und ich hatte noch ganze fünfzehn Zentimeter Platz. Ich konnte nicht einmal eine Zeitschrift lesen. Als Film wurde *Cats & Dogs* gezeigt, aber ich konnte mich nicht vorbeugen und meinen Kopfhörer schnappen, sondern hockte bloß da und hasste die Franzosen.

Ronnie rief gestern Abend an, um mir zu berichten, ich sei bei einer Frage in *Jeopardy* vorgekommen, und die Antwort sei »er hat die *WeihnachtsLand-Tagebücher* geschrieben« gewesen. Ich weiß nicht, zu welcher Rubrik die Frage gehörte. Sie erzählte mir, eine Woche nach dem Attentat hätten die Mitglieder der örtlichen Handelskammer die Geschäfte in ihrer Straße besucht und die Besitzer aufgefordert, ein Poster der Flagge mit der Aufschrift WIR BETRAUERN UNSERE OPFER aufzuhängen. Ronnie hatte dem zugestimmt, und ein paar Tage später seien die gleichen Leute bei ihr erschienen und wollten, dass sie ein Schild mit der Aufschrift HASSFREIE ZONE aufhänge.

Sie sagte, sie würde lieber darauf verzichten, woraufhin sie wütend wurden und ebenjenen Geist verrieten, für den sie auf ihrem Schild warben. »Alle anderen machen es auch«, sagten sie. »Sie haben doch auch die Flagge im Fenster, wo ist da das Problem?«

Das Problem, erklärte sie, sei, dass das Schild einfach nur dumm sei. »Was ist«, sagte sie, »wenn ein rachsüchtiger Mensch das Schild sieht und sagt: ›Hoppla, hier kann ich keine Schuhe kaufen. Das ist eine hassfreie Zone‹?«

Wenn das tatsächlich funktionierte, würde sie Schilder mit der Aufschrift DIEBSTAHLFREIE ZONE oder SPONTANKAUFZONE aufhängen. Alle übrigen Geschäftsinhaber auf ihrer Straße haben das neue Schild aufgehängt und betrachten Ronnies Geschäft nun als Anlaufstelle für Querulanten.

19. Oktober 2001
New York
Uptown sind die Fahnen viel größer. Auf der 5th Avenue sind sie so groß wie ein Footballfeld. Geht man die Straße entlang, bläst irgendwer auf der Trompete »The Star-Spangled Banner«, während auf der anderen Straßenseite jemand auf einem dieser Ölfässer aus der Karibik »America the Beautiful« spielt. Nur die Touristen fehlen, die sie sonst umringen. Die Stadt ist nicht unbedingt leer, aber die meisten Leute auf der Straße haben geschäftlich zu tun. Die Geschäfte spüren die Flaute, und sobald man einen Laden betritt, fallen die Verkäufer über einen her. Dinge zu kaufen, die man weder braucht noch haben will, ist zu einer patriotischen Pflicht geworden, deshalb ging ich zu Barneys und kaufte eine Krawatte.

20. Oktober 2001
Wilkes-Barre, Pennsylvania
Womit bei Wilkes-Barre anfangen? Mein Hotel befindet sich am zentralen Platz, der mit einem Heer elektrischer Fahnen geschmückt ist. Dazwischen eingestreut sind herkömmliche Stofffahnen so groß wie Badetücher. Sie hängen an Drähten, Laternenpfählen und einem großen Metallgerüst, bestückt mit Dutzenden Lautsprechern, aus denen unablässig patriotische Lieder und Märsche dröhnen. Als ich ankam, lief gerade »The Battle Hymn of the Republic«, gefolgt von »God Bless America«, »America the Beautiful« und, seltsamerweise, »Dixie«. Danach kamen einige Märsche, darunter auch das Lied, mit dem der Präsident empfangen wird, und eine Nummer, die ich aus der Kaffeewerbung kannte. Dann war das Band durch und fing mit »The Battle Hymn of the Republic« wieder von vorn an. Als Hotelgast kommt man sich vor wie in einem ideologischen Schulungszentrum.

»Unser Bürgermeister hat den Verstand verloren«, sagen alle. »Er ist komplett durchgedreht.« In Wilkes-Barre werden um sechs die Bürgersteige hochgeklappt. Die Musik läuft trotzdem weiter, auch ohne Zuhörer.

23. Oktober 2001
Allentown, Pennsylvania
Zu meinem gestrigen Programm gehörte ein Treffen mit hiesigen College-Studenten. Normalerweise versuche ich, daran vorbeizukommen, aber letztlich war es dennoch ein unterhaltsamer Nachmittag, was vor allem an ihrem Lehrer lag, einem bärtigen Achtundvierzigjährigen namens Alec. Er hatte mich vom Flughafen abgeholt, und nach der Lesung gingen wir mit einigen seiner Kollegen essen. Ein Dozent für katholische Religion war auch dabei, der uns erzählte, im achtzehnten Jahrhundert hätte die katholische Kirche einmal einen Hund heiliggesprochen. Alec fragte, ob es der St. Bernhardshund gewesen sei, und auch wenn es ein platter Witz war, hatte ich lange nicht mehr so laut gelacht.

31. Oktober 2001
Cincinnati, Ohio
Auf CNN verfolgte ich eine Diskussion über Amerika nach dem 11. September. Auf dem Podium saß auch die Herausgeberin von *Good Housekeeping*, die als Ausdruck unseres neuen Ernsts das Dach des traditionellen Lebkuchenhauses auf dem Cover der Dezemberausgabe mit einem Sternenbanner drapiert hatte. Diese Art Bullshit ist inzwischen typisch für CNN. Ich sah die Frau und dachte nur, *Verdammt, verschwinde von meinem Bildschirm.*

In *All Things Considered* ging es um einen Mann aus Kentucky, der von der katholischen Kirche offiziell als Eremit anerkannt ist. In dem Beitrag klang das so, als wäre das Eremitendasein ein ganz normaler Beruf, so wie Buchhalter oder Ingenieur. »Sagen Sie«, fragte Linda Wertheimer eine mit der Erzdiözese Kentucky in Verbindung stehende Frau, »gibt es Richtlinien für Eremiten? Leben Ihre Eremiten in Nachbarschaft zueinander?« Die Frau sagte, viele ihrer Eremiten gingen Teilzeitbeschäftigungen nach, etwa als Weber, was genauso altertümlich klang. »Glauben Sie, das Eremitentum ist auf dem Vormarsch?«, fragte Linda Wertheimer.

»Oh, definitiv«, sagte die Frau. »Ganz bestimmt jetzt.«

1. November 2001
Dearborn, Michigan
Ich hatte den Abend über frei und ging ins Multiplexkino gegenüber vom Hotel, um mir *Joy Ride* anzuschauen. Außer mir war nur noch eine dicke Frau im Kino, die aussah wie eine Hexe. Sie war mir schon zuvor in der Lobby aufgefallen, und als ich ihren spitzen schwarzen Hut sah, hatte ich gedacht, *Die sitzt gleich garantiert vor mir.* Und genau so war's, sie setzte sich genau vor mich, obwohl es noch Hunderte freie Plätze gab. »Verdammte … Hexe«, flüsterte ich.

2. November 2001
Dearborn
Gestern telefonierte ich mit Amy. Sie hatte kurz zuvor mit Tiffany gesprochen, die mit ihrem Freund Zoff hat. Er kann es nicht ab, wenn sie in seinem Beisein im Bad pinkelt, und vor ein paar Tagen saß sie stöhnend auf der Toilette und ließ ein Stück Seife in die Schüssel fallen. Er dachte, sie hätte geschissen, woraufhin ihr harmloser Scherz sich zu einem handfesten

Krach entwickelte. Tiffany stellt sich auf den Standpunkt, er habe genau die Freundin, die er verdiene, weil er nie mit ihr essen gehe. Es gehört zu ihrem neuen Selbstverständnis, arm zu sein, und zeigt, wie sie sich die Dinge zurechtbiegt. Tiffanys Armut ist ehrlich empfunden, aber ich fürchte, ihre Ehrlichkeit gilt nicht für ihren Freund. Irgendwann hat sie entschieden, dass es einen direkten Zusammenhang zwischen Geld und Manieren gibt und dass eine Freundin ohne Einkommen im Beisein ihres Partners scheißt, während eine Frau mit Geld es sich leisten kann, die Tür zu schließen. Als arme Person hat sie sich entschieden, zu Osama bin Laden zu halten, den sie für eine Art Robin Hood des Nahen Ostens hält.

Sie und Paul hatten eine hitzige Auseinandersetzung, als er mit Turban und falschem Bart einen Nachbarn besuchte. Sie warf ihm vor, respektlos zu sein, und er nannte sie eine Nutte.

20. November 2001
New York

Im Restaurant Provence in der Prince Street führte uns der Kellner in die Küche, um uns ihren preisgekrönten Beitrag bei der kürzlich veranstalteten New York Restaurant Show zu zeigen. Es ging um das Thema Tragödie, und der Küchenchef hatte ein Modell der Überreste des World Trade Centers einschließlich dreier Feuerwehrleute kreiert. Die Skulptur bestand aus Tierfett und Zuckerguss und war der Inbegriff schlechten Geschmacks. »Letzte Woche sah sie besser aus«, bemerkte der Kellner. »Seit zwei Tagen schmilzt das Fett und einige Wände sind eingestürzt.«

22. November 2001
New York
Vorgestern hat der Präsident einen Truthahn namens Liberty begnadigt. Beide waren auf der Titelseite der *Times* zu sehen, der Präsident strahlend, der Truthahn unbeteiligt. Irgendetwas sagt mir, als Chris oder Becky wäre er an Thanksgiving verspeist worden. Nun landete er anstatt auf dem Tisch in einem Streichelzoo.

Gestern Abend gingen Hugh und ich in den Central Park, um zuzusehen, wie die riesigen Ballons für die Thanksgiving-Parade aufgeblasen wurden. In den Dreißigerjahren ließ Macy's sie anschließend fliegen und setzte eine Belohnung für die Finder aus. Eine hübsche Idee, aber im Jahr darauf hatten die Ballons alle Einschusslöcher, weil arme Leute sie mit Gewehren vom Himmel holten. Früher konnte man nahe herangehen, aber inzwischen sperren sie die Straßen aus Sicherheitsgründen oder aus Angst vor gerichtlichen Klagen ab. Wir gingen so nah ran, wie wir konnten, aber es war nicht besonders aufregend.

23. November 2001
New York
Dad rief gestern Abend an. »Du hast fürchterlich ausgesehen.« Er hatte meinen Auftritt bei David Letterman gesehen und war sauer, weil ich keine Krawatte getragen hatte. »Ich hab's dir hundertmal gesagt. Verdammt, ich habe dir sogar mehrere Krawatten gegeben, aber du willst einfach nicht hören.« Meine Schuhe hatten ihn genauso enttäuscht. »Herr Jesus, was hast du da oben nur gemacht? Ein Mensch ohne jede Persönlichkeit.« Nach Dads Überzeugung verbessert eine Krawatte jedes gesprochene Wort und hebt es sprachlich auf ungeahnte Höhen. Mit meinen braunen Schuhen und meiner englischen

Strickkrawatte hatte ich einfach nur gewöhnlich, blass und langweilig ausgesehen. »Mein Gott, ich hätte dich am liebsten durchgeschüttelt.«

25. November 2001
Paris

Im Radio hörte ich einen Bericht darüber, dass die an paranoider Schizophrenie leidenden Menschen in New York große Probleme hätten, mit den Ereignissen des 11. September zurechtzukommen. Also eine dieser vielen Meldungen, auf die ein normaler Mensch auch von selbst gekommen wäre. Der Reporter sprach mit zahlreichen Patienten einer Therapieeinrichtung, die alle überzeugt waren, die Flugzeuganschläge hätten ihnen persönlich gegolten. Die Lösung ist wie immer Beratung, Beratung, Beratung.

13. Dezember 2001
Paris

Am Freitag sollten wir die ersten Euromünzen erhalten, die in kleinen Tütchen im Wert von 100 Francs von den Postämtern und der französischen Zentralbank ausgegeben werden. Ich sage »sollten«, weil sowohl die Angestellten der Post als auch der Zentralbank für Freitagmorgen einen Streik angekündigt haben. Offenbar haben sie mit der Einführung des Euro bereits so viel Arbeit gehabt, dass sie nun erst einmal eine Gehaltserhöhung brauchen. Außerdem stehen in diesem Jahr Wahlen an, sodass die Streikenden noch entschlossener sind als sonst. Alle wollen sie vor Amtsantritt der neuen Regierung ihre Schäfchen ins Trockene bringen.

17. Dezember 2001
Budapest, Ungarn

Der *Eyewitness Travel Guide* beschreibt Budapest als ein funkelndes Juwel – »das Paris des Ostens«. Bei näherer Betrachtung jedoch ist das Buch voller Fehler. Es behauptet zum Beispiel, die Stadt würde in den Wintermonaten lediglich zweieinhalb Stunden Sonne bekommen, und erhöht die Zahl in den Monaten Juni, Juli und August auf immerhin acht Stunden. Ich hatte mich darauf eingestellt, dass es um zehn Uhr vormittags dunkel würde, aber tatsächlich blieb es bis vier Uhr nachmittags hell. Vermutlich wollten sie sagen, dass die Stadt jeden Abend in eine zweieinhalbwöchige Dunkelheit versinkt. Die Nächte kommen einem unglaublich lang vor, was zum Teil an der Kälte liegt, vor allem aber an der miserablen Beleuchtung. Alles, was in unserem Reiseführer kein Foto hat, verschwindet mit der untergehenden Sonne.

Es ist so, als würde es im ganzen Land keine Farbe und keine Glühbirnen mehr geben. Wenn die Menschen aus ihren Miethäusern kommen – von deren Fassaden der Putz in großen Flächen abbröckelt –, blicken wir in düstere, fleckige Treppenhäuser. In Budapest wird mit Braunkohle geheizt, und alles ist mit Ruß überzogen. Man möchte die ganze Stadt am liebsten in eine Badewanne stecken und mit einer Drahtbürste schrubben.

Ich hatte die Bewertung unseres Hotels für einen weiteren Druckfehler gehalten, bis ich feststellte, dass sie auf unterschiedlichen Kriterien beruhte. Ich glaube, in Ungarn bekommt man einen Stern für elektrischen Strom, einen für beheizte Räume, einen für fließendes Wasser und so weiter. Den vierten Stern hatte das Astoria für sein Kabelfernsehen bekommen. Sie machten Werbung mit vierzig Programmen, verschwiegen aber, dass auf dreiundzwanzig davon derselbe Sender lief. Die

Fassade des Hotels ist eingerüstet, und von unseren Zimmern aus blickt man auf eine schäbige enge Seitenstraße. Das Einzige, was wirklich hervorragend funktioniert, ist der Heizkessel im Keller. Draußen herrschen Minustemperaturen, während es bei uns im Zimmer so heiß ist, dass wir auf dem Nachttisch Hähnchen grillen könnten. Im Hotel gibt es eine größere Reisegruppe Franzosen, und ich hörte eine Frau sagen, ihre Hände seien so geschwollen, dass ihre Ringe nicht mehr auf die Finger passten.

21. Dezember 2001
Paris
Gretchens Flugzeug hatte eine Stunde Verspätung und landete zusammen mit drei weiteren Flügen aus den USA auf dem Charles de Gaulle. Es dauerte eine Weile, bis sie durch die Passkontrolle war, und währenddessen vertrieb ich mir die Zeit damit zu beobachten, wie andere Reisende von ihren Familien willkommen geheißen wurden. Neben mir war eine amerikanische Familie, die Englisch sprach und dann in fließendes Französisch wechselte, wobei die Kids das umgangssprachliche *quoi* an ihre Sätze anhängten. Ich stellte mir vor, dass sie bereits längere Zeit hier lebten und jemanden aus der Familie abholten, der zum College-Studium in die Staaten zurückgekehrt war.

Als die jungen Leute durch den Ausgang kamen, eilten die Eltern ihnen entgegen, die meisten von ihnen weinend. Die anschließenden Umarmungen und Küsse waren normal, aber die Tränen hatten mit dem 11. September zu tun.

»Ich bin ja so ... so froh, dass du wieder da bist«, sagte eine Frau.

Ihr Sohn war aus Houston zurückgekommen. »Also, ich bin ... auch froh«, sagte er verlegen.

Gestern Abend rief Don an und kam mitten im Gespräch nicht mehr auf meinen Namen. »Pietsch sagte also, ›Ich weiß nicht, ob wir ... ob wir ... ob wir ... Sedaris die Audiorechte *und* die zehn Prozent geben können.‹«

Ich dachte, er hätte das Problem viel einfacher durch die Verwendung des Personalpronomens lösen können, da es in der strittigen Frage doch vermutlich um die Person ging, mit der er telefonierte. Normalerweise helfe ich ihm, wenn ihm die Namen anderer Leute entfallen, aber meinen eigenen Namen zu sagen kam mir merkwürdig vor. »O Gott«, sagte er, »das wird heute ein anstrengender Tag.«

29. Dezember 2001
Paris

Hugh hatte einen verspäteten Geburtstagskuchen mit den Kerzen gebacken, die Patty uns zu Weihnachten geschenkt hat. Als er mich aufforderte, mir etwas zu wünschen, lehnte ich mich auf meinem Stuhl zurück und dachte, ich hätte mir schon früher Gedanken darüber machen sollen. Eine Möglichkeit war eine Wohnung in London, aber zuletzt wünschte ich mir das genaue Gegenteil, nämlich nichts. In den vergangenen Jahren bin ich immer mehr dem Luxus verfallen. Früher war ich glücklich, wenn ich mit einem neuen Buch aus der Bücherei im Pfannkuchenhaus saß, und heute verbringe ich meine Zeit damit, alle möglichen Dinge zu kaufen und Kreuzworträtsel zu lösen. Zwischen zwanzig und Anfang dreißig konnte ich meine Oberflächlichkeit verbergen, aber jetzt steht sie in fetten Lettern auf meinen Einkaufstüten. An meinem fünfundvierzigsten Geburtstag sah ich über den Tisch hinweg die Theaterregisseurin Mary Zimmerman an und dachte, *So wäre ich auch gerne.* Und zwar am liebsten sofort. Aber erst musste noch das Päckchen mit den parfümierten Seifen ausgepackt werden.

Gretchen wollte mit ihrer Freundin Patty ins Naturkundemuseum, und ich ging in den kleinen Zoo im Jardin des Plantes. Ich war seit Jahren nicht mehr dort gewesen, und es war genau der richtige Tag für einen Besuch. Im Reptilienhaus sah ich zwei kleine Kinder im Rollstuhl. Beide trugen eine Brille und wurden von ihren Vätern geschoben. Krokodile dösten auf dem Betonufer ihres Geheges, und im Wasser trieben ein paar tote Kakerlaken. Überhaupt sah ich gestern im Zoo viele Tiere, die gar nicht dorthin gehörten und nur des Futters wegen da waren, vor allem Vögel und Insekten. Die Wärter hatten gerade die Geier gefüttert und etwas in den Käfig gelegt, das aussah wie ein mittelgroßer Hund, den man mit einem Beil in zwei Hälften zerlegt hatte. Ich hätte gedacht, Geier seien ständig hungrig, aber anstatt zu essen, starrten sie bloß in Richtung der Raubkatzen, wo ein Mann mit Hut einen Marmorklotz bearbeitete. Man begegnet im Zoo häufig Leuten, die zeichnen oder malen, aber ich hatte noch nie jemanden gesehen, der mit Hammer und Meißel an einer Skulptur arbeitete.

2002

3. Januar 2002
Paris
Ich hatte Susan Sontag immer für zierlich, beinahe zerbrechlich gehalten, aber als ich neben ihr am Tisch saß, fiel mir auf, dass ihre Handgelenke fast genauso dick wie ihre Knöchel waren. Sie war groß und kräftig, und ihr Markenzeichen, die weiße Haarsträhne, war wie das restliche Haar schwarz gefärbt. Steven hatte die Personen am Tisch verteilt und mich als eine Art Witz neben sie gesetzt. Wir redeten ein oder zwei Minuten privat miteinander, aber die meiste Zeit über debattierten alle miteinander über Themen, die von Henry James bis zu einem fünfundneunzigjährigen polnischen Dichter reichten, von dem ich noch nie gehört hatte. Ich war auf das Schlimmste vorbereitet, aber abgesehen von einigen Zeichen deutlicher Langeweile, verhielt Susan Sontag sich nicht unbedingt warmherzig, aber zumindest wohlgesittet. Sie sagte, sie könne unmöglich den Käse von ihrem Essteller essen, aber das war das einzige Beispiel von Pingeligkeit. Ihre unverhohlene Feindseligkeit bekam allerdings eine Engländerin namens Hillary zu spüren, die aussah wie Candice Bergen. »Ich komme gerade aus Libyen zurück«, sagte sie, »und habe festgestellt, dass es uns sehr viel besser geht als dem Rest der Welt.«

Susan Sontag sagte, sie habe das an jedem Tag ihres Lebens »festgestellt«, aber der Seitenhieb blieb unbeantwortet.

»Ich meine, wirklich«, fuhr Hillary fort, »es gibt dort Orte, an denen man nicht einmal eine Aspirintablette auftreiben kann!«

Susan Sontag sagte, Ja, wir alle bräuchten Aspirin.

Zur Tischrunde gehörten Diane Johnson und ihr Mann John, Paolo, Susan Sontags italienischer Übersetzer, Steven, Hugh, James Ivory und Ismail Merchant. James und Ismail verfilmen *Le Divorce* von Diane Johnson, und die Filmarbeiten beginnen Anfang März. Ismael saß zu meiner Rechten und war die Liebenswürdigkeit in Person. Nach dem Nachtisch ging er mit uns ein Stück die Straße hinauf und zeigte uns seine riesige Wohnung. Er gab jedem das Gefühl, originell und interessant zu sein, während James Ivory sich geschäftsmäßiger gab. Diane und ihr Mann sind lebhaft und aufgeschlossen, aber dennoch fühlte ich mich die meiste Zeit über unwohl. *Unwohl* soll heißen, dass ich mir alle Mühe gab, den Mund zu halten.

4. Januar 2002
Paris

Don rief mich in einer geschäftlichen Sache an, verlor allerdings den Faden, als er mir alles Gute zum neuen Jahr wünschte. Er redete über den Vertrag für das neue Buch, und im nächsten Satz saß er mit Ray Bradbury und Zero Mostel im Taxi. »Er hatte ein Apartment auf der Zweiundsiebzigsten und wollte mir seine ... die Leinwand, auf die er Dinge gemacht ... Dinge gemalt hatte. Also, er wollte mir ... seine Gemälde zeigen.«

7. Januar 2002
Paris

In Raleigh lagen 30 Zentimeter Schnee, und die Straße meines Bruders war eingeschneit. Er lebt am Ende eines Hügels, und von überall her kamen die Leute mit ihren selten benutzten Schlitten und Rodelgeräten. Dad kam am späten Vormittag vorbei und warnte Paul, er solle es nicht übertreiben. »Du bist jetzt dick und musst vorsichtig sein«, sagte er. »Du könntest dich verletzen.«

Er sagte es so, wie man zu einem Senior »Du bist jetzt alt« sagt, als sei Pauls Zustand unumkehrbar. Um es ihm zu zeigen, probierte Paul ein Kunststück und renkte sich prompt die Schulter aus. Da er nun nicht mehr fahren kann, sitzt er im Haus und futtert Kekse und wird noch dicker.

Jeder Tag fühlt sich gleich an, was zum Teil daran liegt, dass jeder Tag gleich aussieht. Auch gestern war es wieder kalt und wolkenverhangen, der Himmel so flach und grau wie ein 5-Cent-Stück. Wir wollten in die Normandie fahren, aber der Autoverleih in Argentan hatte keine Wagen mehr. Ohne Auto zu fahren bedeutet, dass Hugh die ganze Woche über schlechte Laune hat und alle fünfzehn Minuten droht, das Haus zu verkaufen und zurück nach New York zu gehen. Wir hatten uns beide darauf gefreut, aber ich kann die Enttäuschung deutlich besser verkraften als er. Gerade eben habe ich dabei zugesehen, wie er eine ganze Packung Kaffee in die Espressokanne kippte. Das Pulver verteilte sich auf der Arbeitsplatte, und als ich fragte, was er da mache, wischte er es mit der Hand auf den Boden und sagte bloß: »Kaffee kochen.«

23. Januar 2002
Paris
Montagabend hatten wir Mieterversammlung, die im Friseursalon im Erdgeschoss unseres Hauses stattfand. Hugh hatte im letzten Frühjahr schon einmal an einer teilgenommen, aber für mich war es das erste Mal. Die Wohnungsbesitzer, insgesamt

sieben, setzten sich im Halbkreis einem Architekten und unserer tüchtigen Hausverwalterin gegenüber, einer dünnen Frau Anfang fünfzig, die alles im Haus managt und beinahe jeden, der etwas sagen wollte, mit dem Ausruf »*C'est normal, c'est normal*« unterbrach.

Was nicht normal war, bekam für etwa dreißig bis fünfundvierzig Sekunden ihre ungeteilte Aufmerksamkeit. Das Hauptanliegen war eine Abstimmung über die Erneuerung des Dachs. Zwei Angebote waren eingeholt worden, und der Architekt riet dazu, das kostspieligere Angebot zu nehmen, da uns das günstigere Angebot auf lange Sicht mehr kosten würde. Madame S. forderte eine Ausbesserung ihrer Stützmauer, die durch das undichte Dach feucht und schadhaft geworden sei. »Ich habe es mit meinem Mann abgesprochen«, sagte sie.

Ich weiß nicht genau, wie lange ihr Mann schon tot ist, aber Madame S. erwähnte ihn mindestens ein Dutzend Mal, meist in Verbindung mit einer Vorhersage. »Ich habe ihm erzählt ...«, »Er sagte mir ...« Mittendrin zog sie ein Probierglas mit einem kleinen Klumpen Kalzium hervor, den sie aus ihrem Abfluss gefischt hatte und nun wie ein Beweisstück durch die Luft schwenkte.

»*C'est normal, madame*«, sagte die Verwalterin. »*C'est normal.*«

Auch wenn alle höflich blieben, spürte ich, dass die Nachbarn schon seit Langem Madame S. überdrüssig geworden sind. Das Lächeln auf ihren Gesichtern verschwand, sobald sie den Mund aufmachte. Die Verwalterin blätterte in ihren Notizen. Der Architekt kritzelte etwas an den Rand des Gebäudeplans. Unter anderem beschwerte sie sich, dass die Mieter im zweiten Stock von Haus Nr. 98 auf dem Boulevard Saint-Germain eine Party gefeiert hätten. »Dieser Lärm! Und die Musik!«

»*C'est normal*«, sagte die Verwalterin.

Von allen Wohnparteien war mir das Paar, dem die winzige Wohnung auf der Zwischenetage zwischen dem Parterre und dem ersten Stock gehört, am sympathischsten. Ihr Dach ist undicht, aber ihr größtes Problem ist ihr Mieter, der seit Monaten keine Miete mehr bezahlt hat. »Ach, der«, sagten alle. »Der ist verrückt.« Der Mann hatte honigblondes Haar und sprach mit einem Akzent, den ich nicht zuordnen konnte. Er war etwa Ende sechzig, aber sein Gesicht war glatt und machte einen überraschten Eindruck. »Nun, wir *wissen*, dass er verrückt ist«, sagte er. »Wir wünschten nur, wir hätten es früher gewusst.«

Die Sitzung wurde fortgeführt, und kurz vor Schluss legte die Verwalterin ihre Unterlagen beiseite. »Wer hat im Kamin Feuer gemacht?«, fragte sie. Die Informantin war natürlich Madame S. gewesen, die passenderweise ihr Kalziumgläschen noch einmal genauer untersuchte. Wie die Verwalterin uns erklärte, sei offenes Feuer in Paris untersagt. Die Leute hielten sich nicht daran, aber offenbar nicht *ihre* Leute. Wenn es nur darum gegangen wäre, Madame S. zu ersticken, wäre sie sofort dafür gewesen, aber vor dem Gesetz wäre die Verwalterin für jeden Todesfall verantwortlich. Unsere Alternativen sind, den Kamin so nachzurüsten, dass wir ihn mit Holzkohle befeuern können, oder das Gebäude abzureißen und ganz neu aufzubauen. Ich verließ die Versammlung mit hochrotem Kopf. Ich hatte mich gerade wegen des Kamins für diese Wohnung entschieden, und wenn wir ihn nicht benutzen dürfen, können wir genauso gut umziehen.

An der Metrostation Odeon sah ich ein Kleinkind in seinem Tragekorb neben einem Aschenbecher und einem kleinen Schild mit der Aufschrift *AIDEZ MOI SVP*. Die Mutter stand oben am Ende der Treppe und sah alle paar Minuten nach, ob sie schon etwas Geld verdient hatte.

26. Januar 2002
Florenz, Italien

Ich: Was wünschst du dir zum Geburtstag?
Hugh: Dass ich zu Madame S.s Beerdigung gehen kann.

28. Januar 2002
Florenz
In Florenz riecht es oft nach Toast.

30. Januar 2002
Paris
Die Fahrt von unserem Hotel in Florenz bis zu unserer Wohnung in Paris dauerte zwölf Stunden. Hugh und ich standen um vier Uhr früh auf und standen um 16.50 Uhr endlich vor unserer Wohnungstür.

Das erste Problem war der Nebel. Wir hatten um 7.15 Uhr unser Flugzeug bestiegen und standen dann anderthalb Stunden auf dem Rollfeld und durften zuhören, wie der Typ hinter uns seine Frau anfauchte. *Anfauchte* ist noch gelinde gesagt. Tatsächlich brüllte er sie an: »Um Gottes willen, halt endlich den Mund!« Er war ein Amerikaner in den Siebzigern, groß und bärtig, mit fettigem Haar und einem schwarzen Barett. »Ich kann es nicht mehr hören, also halt endlich den Mund. Einverstanden? Kein Wort mehr.« Das Boarding hatte ihn in schlechte Laune versetzt, und die wurde noch schlimmer, als sie einen Bus schickten und wir zum Terminal zurückmussten.

Wie die meisten Mitreisenden, hatte das amerikanische Paar einen Anschlussflug von Paris. Um zehn gab es noch Hoffnung, sie könnten es schaffen, aber nach Mittag konnten sie ihren Anschlussflug vergessen. Während Hugh und ich uns mit einem kanadischen Lehrer unterhielten, lief der bärtige Mann im Wartebereich auf und ab und beschwerte sich lautstark bei jedem, der ihm zuhörte. Seine Frau saß alleine in ihren Nerz gehüllt, und nach einer Weile hörte ich auf, sie zu bedauern. Man wird nicht einfach über Nacht zu einem ausgemachten Arschloch. Dazu braucht es jahrelange Übung, Jahre, die sie zweifellos gekränkt in anderen, größeren Warteräumen mit Telefonzellen und Zeitschriftenständern verbracht hatte. Gegen eins durften wir wieder an Bord, und erneut fing ihr Mann an herumzuschreien. Als ein Mann mit Brille sich irrtümlich auf den Platz am Fenster setzte, brüllte er: »Man könnte meinen, der hat noch nie in einem verdammten Flieger gesessen.« Er brüllte, als seine Frau ihre Handtasche unter den Sitz schieben wollte, und er brüllte, als ein dicker Mann seinen Mantel ins Gepäckfach stopfte. »He«, sagte er, »wie wär's mit Abstand?«

»Entschuldigen Sie, bitte?«

»Sie rücken uns auf die Pelle, verdammt noch mal.«

»Ich wollte nur –«

»Bullshit, Sie zwängen sich gegen meine Frau. Machen Sie Platz.«

Der dicke Mann war ebenfalls Amerikaner, glatt rasiert und mit Goldrandbrille. »Sie, Sir«, sagte er, »sind ein hässlicher Amerikaner.«

»Verpissen Sie sich«, sagte der Bärtige.

»Ein sehr hässlicher Amerikaner.«

Der dicke Mann legte seinen Selbsthilferatgeber auf seinen Platz und rief nach der Flugbegleiterin. »Entschuldigen Sie, Miss«, sagte er, »aber könnten Sie bitte diesen Mann hier im Auge behalten.«

»Ach, leck mich am Arsch«, sagte der Bärtige unwirsch.

Einige Minuten gab er Ruhe, aber als der Pilot eine Gepäckkontrolle ankündigte, ging es wieder los. Einige Passagiere waren verloren gegangen, und wir konnten erst starten, wenn ihr Gepäck nicht mehr an Bord war. Das bedeutete, dass das gesamte Gepäck ausgeladen und auf dem Rollfeld ausgebreitet werden musste. Jeweils zwanzig Leute durften das Flugzeug verlassen, ihre Koffer identifizieren und zurück an Bord gehen. Die ganze Prozedur dauerte über eine Stunde, und wir hoben erst um 14.15 Uhr ab, als sich das Ganze bereits zu einer schwarzen Komödie entwickelt hatte. Der bärtige Mann wurde nach seinem dritten Glas Champagner umgänglicher und schlief kurz darauf ein. Nachdem sie ihr Kreuzworträtsel beendet hatte, legte seine Frau ihren Kopf an seine Schulter und kaute leise, um ihn nicht zu wecken, an ihrem Stift.

8. Februar 2002
Paris
Gestern Nachmittag rief Yosef an und fragte, ob ich Zeit gefunden hätte, sein Drehbuch zu lesen. Ich sagte Nein, und er sagte: »Nun, ich habe Ihr Buch gelesen, und ich finde es grässlich.« Er empfand mein Lachen als Aufforderung weiterzumachen und erging sich in einer detaillierten Kritik von *Fuselfieber*.

Mich kümmerte das nicht, da das Buch beinahe zehn Jahre alt ist und ich es inzwischen selbst nicht mehr mag. Obendrein ist es in gewisser Weise aufregend, jemanden zu kennen, der so unverblümt redet. Ich hörte ihm zu und war mir sicher, würde mir sein Drehbuch missfallen, würde ich das nie zugeben. Die Direktheit wird immer einseitig bleiben.

9. Februar 2002
Paris

Ich traf Yosef am Viaduc des Arts, und wir fuhren mit dem Zug zu seinen Pferdeställen im Bois de Boulogne. Bevor ich aus dem Haus ging, hatte ich mir vorgenommen, interessanter zu sein, aber als wir die Metrostation erreichten, spürte ich, dass es mir nicht gelungen war und es sich jetzt auch nicht mehr ändern ließ. Er ist ein netter Kerl, aber ich wusste einfach nicht mehr, worüber Freunde sich unterhalten. »Was gab's gestern zum Abendessen?«, fragte ich. »Hat Ihr Hund gut geschlafen?«

Er stellte einige Fragen auf Französisch und schwenkte dann um auf Englisch und sagte: »Ich hab ganz vergessen. So ist es leichter für Sie.« Ich wollte sagen, Französisch wäre okay, hatte aber das Gefühl, ihn damit nur noch mehr in Verlegenheit zu bringen. »Was gibt's heute zum Abendessen?«, fragte ich. »Wird Ihr Hund lange aufbleiben?«

Die Stallungen waren weitläufig und in verschiedene Bereiche unterteilt. In einem Gebäude zeigte ein Lehrer einer Gruppe junger Frauen, wie man ein Hufeisen anbringt. Immer wieder sagte er zu seinen Schülerinnen »*Décontractez*«, was »entspannen Sie sich« bedeutet. Yosef sagte, es sei das in jeder Unterhaltung über Sport am häufigsten gebrauchte Wort. Er sagte, die Franzosen hätten sowohl die Faulheit als auch den Glauben erfunden, Regeln wären dazu da, gebrochen zu werden, und ich überlegte, ob er das sagte, weil er selbst Schweizer ist.

Wir liefen im Regen über das matschige Gelände und gingen dann auf eine Tasse Kaffee ins Stallcafé, einen großen, traurigen Raum und beinahe menschenleer. Durch eine Glaswand konnten wir junge Mädchen beobachten, die auf ihren Pferden im Kreis ritten. Während wir im Café saßen, erzählte Yosef mir, wie er einmal in München ein Fahrrad gestohlen hatte. Das war die zweite Diebstahlgeschichte, die er mir erzählte, und wieder tat er so, als hätte er nur vernünftig gehandelt. »Überall um mich herum fuhren die Leute Fahrrad und amüsierten sich, und ich dachte, *Warum ich nicht auch?*« Er sagte, er habe das Rad zurückgeben wollen, aber dann habe die Polizei ihn angehalten, noch bevor er den Park verlassen konnte. »Es war«, sagte er, »ein einziges Fiasko.«

Auf der Rückfahrt im Zug fragte Yosef, welches Tier ich sein wollte, wenn ich ganz plötzlich in eine Zeichentrickfigur verwandelt würde. Ich verstand die Frage nicht ganz, und er nannte als Beispiel, dass er selbst gerne ein Bär wäre. »Manchmal bin ich knuddelig wie ein Panda«, sagte er, »aber Vorsicht, wenn ich schlechte Laune habe!« Ich versuchte, ihn mir als Zeichentrickbär mit Regenmantel und gelben Turnschuhen vorzustellen, und beschloss, mit seinen roten Haaren und seinem Hang zum Stehlen würde er sich viel besser als Fuchs eignen.

»Na, kommen Sie«, sagte er. »Was sind Sie?« Ich hatte mir noch nie groß Gedanken darüber gemacht, aber vermutlich wäre ich eine Ameise. Als Hugh und ich in unsere neue Wohnung zogen, schleppte ich alles bis auf die Möbel und lief täglich sechs- bis siebenmal zwischen der alten und der neuen Wohnung hin und her. Wenn ich mir unseren gesamten Kram vorstellte, schien das Ganze aussichtslos, deshalb dachte ich nie über das hinaus, was ich gerade transportierte. Bücher, Schuhe, Töpfe und Pfannen, der Fernseher: Ich war wie eine Ameise, die nach und nach ein Stück Brot wegschafft.

Yosef schien unzufrieden mit meiner Antwort und verkündete, ich wäre wahrscheinlich eine Auster. »Manchmal sehen Sie mich an, und ich habe nicht die leiseste Ahnung, woran Sie denken.«

»Wie wollen Sie überhaupt wissen, dass eine Auster Sie ansieht?«, fragte ich. »Soweit ich weiß, haben sie nicht einmal Augen, oder?«

»Ach«, sagte Yosef, »Sie wissen schon, was ich meine.«
Ich empfand es irgendwie beleidigend, mit einer Auster verglichen zu werden. Stattdessen wollte ich mich noch einmal für die Ameise starkmachen, ließ es aber dann bleiben. Er lud mich auf ein Stück Pastete bei sich zu Hause ein, aber ich lehnte ab. »Ich habe wahnsinnig viel zu tun«, sagte ich. Zu Hause legte ich mich in die Badewanne und zählte die Stunden, bis Hugh zurückkehrte.

Beim Kaffee hatte Yosef mir das Wort *beauf* beigebracht, eine Kurzform von *beau-frère*. Es bedeutet »Schwager«, aber in der Kurzform schwingt etwas von Überdruss mit. Ein *beauf branchée* ist ein Schwager, der sich fälschlicherweise für hip hält.

12. Februar 2002
Paris

Samstagnacht um drei stritt sich auf der Straße vor unserem Haus ein amerikanisches Pärchen. Ich schätze, sie waren beide Ende zwanzig und betrunken. Offenbar war dem Mädchen in einer Bar die Jacke geklaut worden.

Sie: Ich hab dir doch gesagt, du sollst drauf aufpassen.
Er: Darum geht's nicht.
Sie: Dann vergiss es. Ich kann mir einen neuen Pass besorgen.
Er: Ich werd's aber nicht vergessen. *Ich* nicht.
Sie: Du bist nur wütend, weil du sie mir geschenkt hast.
Er: He, darum *geht's* doch überhaupt nicht. Ja, ich habe sie dir geschenkt. Und sie stand dir verdammt gut, aber darum *geht's* nicht.
Sie: Oh, bitte.

Er: Der Punkt ist, dass du nur dumm dastandest und dich von den Leuten hast auslachen lassen.
Sie: Sie haben nicht gelacht.
Er: Und *ob*. Du hast diesen Scheiß erzählt und dich auslachen lassen, weil – *(Er packte sie mit beiden Händen an der Schulter und klatschte sie nach jedem Wort gegen die Hauswand.)* – du *(klatsch)* kein *(klatsch)* bisschen *(klatsch)* Selbst- *(klatsch)* achtung *(klatsch)* hast *(klatsch)*.

Sobald sie sich einigermaßen gefangen hatten, fingen sie wieder von vorn an, als wäre es eine Szene aus einem Theaterstück.

Sie: Ich habe dir doch gesagt, du sollst drauf aufpassen ...

2. März 2002
Paris
Als Dankeschön, weil wir ihr beim Einbau eines Warmwasserboilers geholfen hatten, lud Peggy uns zum Essen ins Hotel Bristol ein, wo ich etwas über Schäume erfuhr. Peggy zufolge ist das der neue Trend. Der Sud wird zu einer kräftigen Brühe reduziert und dann schaumig aufgeschlagen. Ich hatte eine Fois-Gras-Suppe, die aussah, als hätte jemand daraufgepinkelt. Hugh hatte Seeigel, wobei man die Gehäuse ausgenommen und sie mit etwas gefüllt hatte, das aussah wie schmutziger Badeschaum. Das Problem mit Schaum ist, abgesehen von dem hässlichen Aussehen, seine Textur. Anders als, sagen wir, bei einer Mousse, spürt man wenig am Gaumen. Der Geschmack war da, aber ich vermisste das Gewicht einer vollen Gabel. Ich vermisste das Kauen. Und mir fiel auf, sollte der Trend sich fortsetzen, könnte man nie sicher sein, ob der Koch einem nicht auf den Teller gespuckt hatte. Im Café Marly

sind einige Gerichte aufgeschäumt und andere nicht. Hugh bestellte den Schweinskopf, bei dem Schnauze und Ohr klar zu erkennen waren, rundum mit Gemüse garniert.

5. März 2002
Paris
Ich sah im Kino *The Honey Pot*, einen Film mit Rex Harrison und einer sehr jungen Maggie Smith aus dem Jahr 1967. Schon damals, erst Anfang dreißig und mit glattem Gesicht, hatte sie die Augen eines Mannes. Sie hat lange Wimpern, aber ihre Augen scheinen sich in Männerdingen auszukennen. Maggie Smiths Augen wissen, wie man sich rasiert.

9. März 2002
La Bagotière
Little, Brown hat einen Umschlag mit Briefen an mich weitergeleitet, und nachdem ich sie gelesen hatte, fiel mir auf, dass alle etwas von mir wollten. Zu den Absendern gehörten:
ein College-Student, der einen Aufsatz über die Leserschaft von Zeitschriften schrieb. »Ich stehe unter Zeitdruck, deshalb antworten Sie mir doch bitte so schnell wie möglich per E-Mail!«
ein Mann aus Cleveland, der einen schwulen Reiseführer geschrieben hat und sich von mir Hilfe dabei erhofft, einen Agenten zu finden.
eine Menschenrechtsgruppe aus Indianapolis, an deren Protestmarsch ich teilnehmen soll. »Ihr Agent sagt, Sie hätten keine Zeit, aber ich glaube, das stimmt nicht.«
eine Schauspielgruppe aus Seattle, die von mir einen Text möchte, wie das Theater mein Leben verändert hat.
drei Highschool-Schüler aus Nashville, die einen Bestseller lesen müssen und sich mit Fragen wie »Haben Sie noch weitere

Bücher geschrieben?« oder »Wo nehmen Sie die Ideen für Ihre Bücher her?« an den Autor wenden sollen.

eine Frau aus Deutschland, die an einer Dissertation über die Bedeutung von Tagebüchern in der amerikanischen Gegenwartsliteratur schreibt. Auch sie steht unter Termindruck und bittet mich, sie dienstags, mittwochs oder donnerstags abends anzurufen und es mehrmals zu versuchen, bis ich sie erwische.

ein schwuler Chor, der mich um einige Erinnerungsstücke zur Versteigerung bei der kommenden Benefizveranstaltung *Life is a Cabaret* bittet.

13. März 2002
Paris

Hugh und Manuela verkleiden das Arbeitszimmer eines bekannten Schauspielers mit Holz. Gestern fragten sie ihn, welche Teppichfarbe er gewählt habe, und er antwortete, »*Tête-de-nègre*«. Übersetzt heißt das »Negerkopf«, und er gebrauchte den Ausdruck mehrere Male. Im Nebenraum brachte ein Schwarzer Fußleisten an, und als Hugh sagte, er solle nicht so laut reden, erwiderte der Schauspieler: »Das ist kein rassistischer Ausdruck – das ist eine Farbe. Da können Sie jeden fragen.«

21. März 2002
Paris

Ich habe mich erneut im Polyarthritis-Zentrum im 19. Arrondissement vorgestellt und mich für Freiwilligendienste angeboten. Ich hoffe, dadurch mein Französisch zu verbessern, aber gestern habe ich nichts Komplizierteres als Guten Tag und Auf Wiedersehen gesagt. Die zugesagten neuen Regale sind noch nicht eingetroffen. Anstatt also Akten zu sortieren, machte ich sauber und brachte den Müll nach draußen. Ich wischte den Boden und putzte die Fenster und kam mir nach einer Weile vor wie eine ausländische Putzkraft, der die Leute lächelnd sagen: »Ich geh Ihnen gleich aus dem Weg.« Nicht, dass es mir etwas ausmachte. Es ist nur nicht das, was ich erwartet hatte.

30. März 2002
New York

Am Mittwoch sind Milton Berle, Billy Wilder und Dudley Moore gestorben. Die Zeitungen brachten lange, wohlwollende Nachrufe, den herzlichsten für Billy Wilder. Ich las seinen Nachruf in der gestrigen Ausgabe der *Times* auf dem Weg zu Amy. Den für Milton Berle in der *Tribune* las ich in der Schlange vor dem Delta Check-in-Schalter. Beim gestrigen Flug war ich überrascht, wie viele Familien mit Kindern erster Klasse flogen. Das Paar vor mir hatte zwei halbwüchsige Kinder, die sich über die lange Wartezeit beschwerten. »Das ist ja wie an der Bushaltestelle«, sagte das Mädchen. »Genau wie in Barcelona.«

6. April 2002
Raleigh

Auf dem Flughafen von Austin werden die Zeitschriften *Swank*, *Busty*, *Playboy* und *High Society* unter der Rubrik »Kenner« geführt. Der *New Yorker* hingegen findet sich unter »Allgemeininteresse«. Einige Stunden später sah ich im Flughafen von Dallas ein Schild, das mit 50 Prozent Nachlass auf patriotische T-Shirts warb. Das entspricht ziemlich genau der Stimmung im Land. Es ist Zeit für die Steuererklärung, und den Leuten geht auf, dass Nationalstolz Geld kostet.

Ich war auf dem Weiterflug nach Raleigh und bemerkte in der Toilette, wie alt ich aussah. Das Licht war ziemlich grell, und ich prüfte mein Gesicht und pinkelte gleichzeitig den ganzen Boden voll. Es musste ein guter halber Liter gewesen sein, und als das Flugzeug sich zur Seite neigte, lief ein kleiner See in Richtung Tür. Panisch versuchte ich, ihn zuerst mit Toilettenpapier und dann mit Papierhandtüchern aufzuwischen. Es gab keine Spülung und ich musste alles in den Mülleimer werfen, der bereits randvoll war. Da stand ich also, ein pissegetränktes Papiertuch in der Hand, und sah sehr, sehr alt aus.

18. April 2002
Houston, Texas
Das Lancester wird als »älteres, komfortables Hotel im Herzen des lebhaften Theaterdistrikts« beschrieben. Bei meiner gestrigen Ankunft wurde ich von einem Pagen begrüßt, der meinen Koffer nehmen wollte. »Oh, lassen Sie nur«, sagte ich. »Das geht schon.«

Er war ein Schwarzer in den Sechzigern, mit grauem Haar und einem buschigen Bart. »Sind Sie sicher?«, fragte er. »Es ist ganz unverbindlich.«

An der Rezeption checkte ich mich ein. Der Manager und der Portier stellten sich vor, dann gaben sie dem Pagen den Schlüssel, und er sagte, er müsse mich zu meinem Zimmer begleiten. »Ich muss Ihnen ein paar Dinge zeigen«, sagte er, »sonst wissen Sie vielleicht nicht, wie es funktioniert.« Er zeigte mir das Restaurant im Erdgeschoss, das mit einem großen Schild mit der Aufschrift *RESTAURANT* gekennzeichnet war. »Das ist das Restaurant«, sagte er, »und eine Treppe hoch befindet sich das sogenannte Mezzanin.« In der Zwischenzeit hatte er mir den Koffer abgenommen und rollte ihn in den Aufzug. »Sie sind auf neun«, sagte er. »Wir brauchen bloß hier den Knopf zu drücken.«

Ich stellte mir vor, mein Zimmer sei mit einer hochkomplizierten Sicherheitstechnik ausgerüstet, aber es war bloß ein stinknormales Schloss. Der Page öffnete die Tür und zeigte auf den Schrank. »Da drinnen befindet sich Ihr Fernseher«, sagte er, »und er läuft über eine Fernbedienung. Sie haben einen Wecker, ein Faxgerät und ein Badezimmer.« Hätte ich mein Leben in einem finsteren Wald verbracht, wäre seine kleine Ansprache vielleicht hilfreich gewesen. »*Mein* Badezimmer? Für *mich*? Ganz *allein*? Was ist ein Fernseher?«

So lief seine Mini-Führung auf Erpressung hinaus. Man kann einem Pagen kein Trinkgeld verweigern, deshalb gab ich ihm $5 und fühlte mich, als hätte man mich schamlos ausgenutzt.

19. April 2002
Los Angeles

Beim Kofferpacken vor der Abreise aus Houston spürte ich eine wachsende Angst vor dem Pagen, den ich inzwischen hasste. Er würde unten auf mich warten, und während ich meine Sachen zusammenpackte, überlegte ich mir alle möglichen Dinge, die ich ihm sagen würde, wenn er mir unweigerlich meinen Koffer zu entwinden versuchte. »Sir, Nein«, würde ich sagen. »Ich sagte *Nein*.« Sollte er ihn trotzdem nehmen, würde ich ihn einfach ohne Trinkgeld stehen lassen und sagen: »Sehen Sie, ich habe Ihnen gesagt, Sie brauchen mir nicht zu helfen.«

Eine Viertelstunde vor dem Checkout brachte ich die Schreibmaschine hinunter in die Lobby. Sie hatten mir eine Selectric statt einer Wheelwriter gegeben, und sie wog eine Tonne. »Oh, das war doch nicht nötig«, sagte der Mann an der Rezeption. »Wir hätten Larry hinaufgeschickt, sie zu holen.«

Der Page, der vermutlich Larry hieß, kam hinzu und schimpfte mich aus. »Also, das ist nicht in Ordnung«, sagte er. »Mr Sedaris, wenn sie fertig sind, hole ich Ihren Koffer. Meine Güte, die schwere Schreibmaschine ganz alleine zu tragen.«

Ich sagte, ich bräuchte keine Hilfe, und er zog beleidigt ab. Um elf war ein Wagen bestellt, und während ich vor dem Hotel wartete, kam er zu mir und schwärmte von seiner Stadt. »Houston ist wunderbar, aber das Beste sind die Menschen hier«, sagte er. »Die freundlichsten Leute der Welt.« Er sagte, er sei einmal in New York gewesen und habe mit einem Fremden ein Gespräch führen wollen. »Der Typ sagte, ›Hören Sie, ich kenne Sie nicht und ich will Sie auch nicht kennenlernen, also verschwinden Sie.‹« Larry schüttelte den Kopf. »Das geht überhaupt nicht, wissen Sie, denn ich bin aus Texas. Ich liebe ein freundliches Lächeln.«

Der Wagen fuhr vor, und er riss mir den Koffer aus der Hand. »Bitte«, beharrte ich, »ich kann das alleine.« Der Fahrer öffnete die hintere Tür, doch Larry rannte um den Wagen herum, öffnete die Tür auf der anderen Seite und sagte: »Auf dieser Seite steigt der Fahrgast ein.« Ich wünschte, sagen zu können, ich hätte ihm nichts gegeben, aber natürlich knickte ich ein und hasste ihn umso mehr dafür.

20. April 2002
Escondido, Kalifornien
Laut der Werbepostkarte des Hauses besitzt das Rancho Bernardo einen meisterschaftstauglichen 18-Loch-Golfplatz, zwei preisgekrönte Restaurants, zwölf Tennisplätze, einen Wellnessbereich mit umfassendem Service und ein Fitnessstudio. »Der attraktive Außenpool und die Gärten im Innenhof sind mit zahlreichen antiken Brunnen aus Italien und Spanien akzentuiert. Gäste des Rancho Bernardo Inn genießen Wärme,

Geschmack und Stil eines gediegenen Landhauses.« Mein Zimmer ist sehr angenehm und hat einen Privatbalkon, von dem man auf einen der vielen Wunschbrunnen blickt, die dem Personal als Orientierungspunkte dienen. »Biegen Sie am Wunschbrunnen links ab«, sagt der Portier, oder »Laufen Sie am Wunschbrunnen vorbei.«

Gestern Nachmittag inspizierte ich meinen Wunschbrunnen, in dem ich lauter funkelnde Münzen zu finden hoffte, doch dann schwammen nur ein Bic-Kugelschreiber und ein Golf-Tee darin.

22. April 2002
Eugene, Oregon
Das gestrige Highlight war mein Besuch im Waschsalon. In der Nähe der Uni gibt es einen Waschsalon mit angeschlossenem Solarium und einer Espressobar, und auf dem Weg dorthin kam ich an einem großen Antiquitätenladen vorbei, in dem sich wie üblich niemand aufhielt. Ich ging hinein, und eine ältere Verkäuferin folgte mir von Raum zu Raum, während ich so tat, als bewunderte ich die Bierkrüge und Erinnerungsstücke an die Weltausstellung. Mein Lieblingsobjekt war eine Lampe mit einem Sockel aus Büchern. Man sieht so etwas häufiger, aber normalerweise handelt es sich bei den Büchern immer um Klassiker: in Leder gebundene Ausgaben von Platon oder Mark Twain. Hier jedoch waren es das *Amerikanische Arzneimittelverzeichnis*, *Bugles and a Tiger*, *Managementpolitik und Unternehmensstrategie* und *Slimnastics*. Ich notierte mir die Titel der Bücher, während die Verkäuferin zurück zur Kasse lief und ihrer Kollegin sagte: »Na ja, zumindest schreibt er etwas auf. Das ist immer ein gutes Zeichen.«

26. April 2002
Portland

Gestern Nachmittag ging ich nach dem Spaziergang mit Lisa zur Toilette, und als ich zurück ins Zimmer kam, lief im Fernsehen eine Geiselnahme. »Ich bin immer ehrlich zu dir gewesen«, sagte ein Mann. »Nimm mich an ihrer Stelle.« Der Killer hielt eine Pistole an den Hals einer Frau. »Zurück, oder sie ist tot!«, rief er. »Ich mein's ernst.«

Lisa hatte es ganze zehn Minuten ohne laufenden Fernseher im Hotelzimmer ausgehalten. Es war fünf Uhr nachmittags, und sie lag im Schlafanzug im Bett. »Ich liebe Portland«, sagte sie, als ich fragte, was sie da mache. »Kennst du die Serie?«

Lisa hat in ihrem Leben so viele Filme dieser Art gesehen, dass sie sagen kann, wie es weitergeht. Die Frau des Killers versuchte, ihn zu beruhigen, und gestand, dass sie schwanger sei. »Das stimmt«, sagte Lisa. »Aber das Kind ist nicht von ihm.« Sekunden später stellte sich heraus, dass sie recht hatte. Der Vater des Kindes war der Bruder des Killers.

»In dem Moment, wo er die Waffe abgibt, knallen sie ihn ab«, prophezeite Lisa. Ich dachte, *Auf gar keinen Fall, der Typ sieht viel zu gut aus, um zu sterben.* Aber in dem Moment, als er die Pistole herüberreichte, schlug eine Kugel durch das Wagenfenster und traf ihn am Hals.

»Das ist immer so«, sagte Lisa. Ich dachte, sie würde die Werbung auf die gleiche Weise betrachten und etwa sagen, »Diese Flecken verschwinden gleich«, aber die Werbeclips sind zu vorhersehbar und interessieren sie deshalb nicht.

Gestern Vormittag, nachdem der Flieger eine Dreiviertelstunde in Minneapolis auf der Rollbahn gestanden hatte, verkündete der Pilot, die Flugzeit nach Portland werde dreieinhalb Stunden betragen. Zum ersten Mal seit Beginn meiner Lesetour hatte ich das Gefühl, unmöglich so lange warten zu können. Was den Flug so unerträglich machte, war die Aufregung, Lisa zu sehen. Wir landeten um 14.30 Uhr, und sie saß mit ihrem Rollkoffer am Gepäckband und wartete geduldig auf mich.

Am Nachmittag spazierten wir durch die Innenstadt. »Kann ich dich etwas fragen?«, sagte Lisa. »Wie oft haben Hugh und du Sex?« Ein Mann blieb an der Bordsteinkante stehen und sah nach links und rechts, und ich wartete, bis er die Straße sicher überquert hatte, bevor ich antwortete. Ich fragte mich, ob andere Geschwister im mittleren Alter sich auch über solche Dinge unterhielten. Natürlich wäre es mir nie in den Sinn gekommen, ihr keine Antwort zu geben. Später am Abend, als wir im Bett lagen, kamen wir noch einmal darauf zu sprechen.

27. April 2002
Seattle
Normalerweise versuche ich, im Hotelzimmer Ordnung zu halten, aber bei Lisa brannten nach wenigen Minuten sämtliche Lampen und der Fernseher lief. Auf dem Beistelltisch stapelten sich alle möglichen Dinge, und sie saß auf dem Sofa und verfolgte einen Fernsehfilm, während sie gleichzeitig ein Blatt mit Algebraproblemen studierte. Sie belegt einen Mathe-Kurs an der Forsyth Tech und hat aktuell einen Durchschnitt von 102,7 Punkten. Als ich sie fragte, wie sie über die maximalen 100 Punkte käme, tippte sie sich mit dem Bleistift an die Stirn und sagte, »Bonuspunkte«.

Lisa kann fernsehen und dabei jedwede andere Aufgabe erledigen. Als ich gestern Vormittag meine Sachen packte, sah sie sich *Matlock* an. »Könnte es sein«, fragte Andy Griffith den Angeklagten, »dass Sie den Aktenkoffer gekauft und ihn Coach William untergeschoben haben?«

»Ist er nicht wunderbar?«, fragte Lisa.

1. Mai 2002
San Francisco

Vor seiner Lesung bei Books Inc. auf der Market Street spazierten Ronnie, Rakoff und ich nachmittags durch die Stadt. Wir tranken einen Kaffee und gingen dann zum Castro Theater, um dort die Toilette zu benutzen. Die Türen waren noch geschlossen, aber der Typ an der Abendkasse war so freundlich und sagte, wir dürften hineingehen. Ronnie hatte Ende der Siebziger im Castro gearbeitet und führte uns durchs Gebäude, als ein Saaldiener auf uns zutrat und fragte, ob er uns helfen könne. Der Mann war um die fünfzig und trug Anzug und Krawatte. Um seinen Hals hing eine klotzige Kunstperlenkette. Er hatte ein Piercing im Ohr, und seine Sanftmütigkeit deutete auf eine leichte Lernschwäche hin. Wir gingen zur Toilette, und auf dem Weg nach draußen fing er uns in der Lobby ab.

»Einfach wunderbar, nicht wahr?«, sagte er. »Ich liebe dieses Haus. Für mich ist es wie ein zweites Zuhause.« Ronnie sprach ihn auf seinen Akzent an, und wir erfuhren, dass er aus Asheboro, North Carolina, stammte. »Aber ich war auf der NC State, und ich liebe die Broughton High School. Und Sanderson. Ich habe von beiden die Jahrbücher.« Er hielt zwei Finger in die Luft. »In Broughton war dieses Mädchen, Barbara Mooney – ich werde das nie vergessen –, die nicht Cheerleader-Kapitänin werden durfte und kurzerhand sagte, ›Dann wechsle ich eben auf eine andere Schule‹, und sie ging nach Sanderson und wurde dort die Kapitänin. Werd ich nie vergessen. Sie hat in einem Bekleidungsgeschäft gearbeitet.«

Der Asheboro-Akzent ist noch gedehnter als der in Raleigh. »Dann wechsle ich eben auf eine andere Schu-ule.« Der Mann schien jedes Kino in North Carolina zu kennen und erzählte, welche geschlossen und welche renoviert worden waren, als würde er uns von ehemaligen Schulfreunden berichten. »Das Piedmont in Hendersonville gibt's nicht mehr, aber das Carolina in Waynesboro haben sie fantastisch renoviert. Und kennen Sie noch das State Theater in Charlotte? Die Stadt mag ich überhaupt nicht, aber ich habe eine Zeit lang dort gearbeitet, als Jeanette Tucker die Chefin war. Dann hat sie geheiratet und, ich werd's nie vergessen, zu mir gesagt, ›Mein Mann ist versetzt worden, aber mich kriegen keine zehn Pferde zu den Hinterwäldlern nach Hickory.‹ Werd ich nie vergessen. Zuletzt ist sie natürlich doch mitgegangen, die gute Jeanette Tucker.«

Wir redeten noch den ganzen Abend über diesen Mann. Rakoff hatte sein Hirn auf Aufnahme geschaltet und blieb alle paar Minuten stehen und sagte, »Sie hat in einem Bekleidungsgeschäft gearbeitet«, oder »Ich bin 1988 hierhergezogen und wär vor Angst fast gestorben.« Wir fragten uns, wo der Saaldiener wohnte und ob seine Eltern noch lebten. Es muss furchtbar gewesen sein, als Schwuler in Asheboro aufzuwachsen, und wir versuchten, uns vorzustellen, wie es sich für ihn angefühlt haben muss, in eine Stadt zu kommen, wo man Perlenketten tragen durfte.

3. Mai 2002
New York

Der dümmste jemals in New York gesprochene Satz lautet: »Ich glaube, ich werde meine neuen Schuhe anziehen.« Ich hatte mein Hotel gestern um zehn verlassen, und als ich sieben Stunden später zurückkehrte, sahen meine Füße aus, als hätte ich sie in einen Häcksler gesteckt. Meine Socken waren blutverklebt, und ich hatte gerade genügend Zeit, mir frische Sachen anzuziehen und ein Hemd zu bügeln, bevor ich zur

Party auf der BookExpo-America musste und dort noch einmal dreieinhalb Stunden herumstand. Jetzt sind sie rot und geschwollen und sehen aus wie Roastbeef.

22. Mai 2002
Barcelona, Spanien
Wie gingen zum Essen in ein Tapas-Restaurant auf halbem Weg zwischen hier und dem Stadtzentrum. Ständig wurden neue Speisen an den Tisch gebracht, die vom Erhabenen ins Lächerliche umschlugen: Tintenfisch mit Rote Bete gefolgt von Gänseleber-Eiscreme und wilden Erdbeeren mit einem Klacks Rosmarinschaum. Ich saß gegenüber von Heidi und neben einer Frau namens Amanda, die aus New York stammte und mit dem Cirque du Soleil unterwegs war. Mit siebzehn ist ein Stück von ihr an einem Off-Broadway-Theater aufgeführt worden. Sie hat ein paar Kurzgeschichten beim *New York Times Magazine* unterbringen können und scheint zu den Leuten zu gehören, denen alles wie von selbst gelingt. Obendrein sieht sie auch noch aus wie vierzehn. Amandas Bruder betreibt ein privates Yogastudio in SoHo. »Oh, mein Gott«, sagte Heidi. »Ihr Bruder ist *Eddie*? *Der* Eddie?«

Eine typische New Yorker Unterhaltung. Man kam auf Berühmtheiten und anschließend auf Restaurants zu sprechen. Heidi hat früher in der MercBar gearbeitet, wo der Grundsatz galt, »Keine Anzüge nach 22.00 Uhr.« Punkt zehn mussten die Angestellten alle Typen von der Wall Street vor die Tür setzen, die als nicht cool genug galten. Einmal hatte es eine Schlägerei gegeben, bei der dem Türsteher die Nase abgebissen worden war. »Sie fanden sie im Rinnstein und konnten sie Gott sei Dank wieder annähen«, sagte Heidi.

2. Juni 2002
Dublin, Irland
Während wir im Bus darauf warteten, in den Flieger gelassen zu werden, sahen wir, wie die Maschine sich auf die Rollbahn entleerte. Sie waren dabei, den Abwassertank zu leeren, und hatten versehentlich das Ventil aufgedreht, bevor der Schlauch angeschlossen war. »Sehen Sie«, sagte jemand. Der Mann war Ire und klang wie der Kobold aus der Lucky-Charms-Werbung. »Sehen Sie, da.«

Alle drehten sich zur Seite und sahen menschliche Fäkalien und gebrauchtes Toilettenpapier aus dem Flugzeug auf die Startbahn plätschern. Augenblicke später sahen wir, wie die Gepäckabfertiger unsere Koffer in die fließende Kloake stellten. »Heilige Mutter Gottes«, sagte der Ire. Ein Mann vom Wartungspersonal rief unserem Busfahrer etwas zu, woraufhin er um das Flugzeug herumfuhr und uns die Sicht versperrt war.

Wenn es das schon gewesen wäre, hätte ich noch drüber lachen können. »Ein bisschen Scheiße am Koffer, was soll's.« Bedauerlicherweise kam aber noch mehr. Nachdem wir eingestiegen waren, mussten wir eine Stunde lang auf dem Rollfeld warten und landeten erst nach zehn in Dublin. Dann dauerte es noch einmal eine Stunde, bis unser Gepäck, pitschnass vom irischen Regen, auf dem Gepäckkarussell erschien. Positiv hingegen war, dass der Regen einen Teil der Scheiße abgewaschen hatte, also sollte ich mich auch hier nicht beklagen.

5. Juni 2002
Ballycotton, Irland
Es war meine Idee, nach Cork zu fahren, der meinem Reiseführer nach zweitgrößten Stadt Irlands. Ich weiß nicht, wie unser Stadtteil hieß, aber überall kamen einem Teenagermütter aus Fast-Food-Restaurants entgegen. Bei Hillybilly's Fried

Chicken hatten viele der Mütter Nasenringe. Sie waren um die sechzehn, pummelig, und die meisten wurden von ihren Müttern begleitet. Nicht anders war es bei Wimpy und Supermac, wo drei Generationen auf dem Bürgersteig standen und sich Fast-Food-Tüten teilten. Die Geschäfte in diesem Stadtviertel boten ausschließlich alltagstaugliche Dinge wie Outfits für 22 Euro, Handtaschen für 6 Euro und elektrische Woks für 9,99 Euro an. Wir aßen in einem Sandwich-Shop zu Mittag, spazierten eine Weile in der Gegend herum und fuhren dann nach Midleton, dem Sitz der Jameson-Brennerei. Ich wollte eigentlich nur den Geschenke-Shop besuchen und war enttäuscht, als Hugh mit zwei Tickets für die Besichtigungstour ankam, die mit einem fünfzehnminütigen Film mit dem Titel »Wasser des Lebens, Fluss der Zeit« begann. Der Erzähler beschrieb Irland als »ein Land von atmenberaubender Schönheit« und erläuterte anschließend den Destillationsprozess, den die Iren von den Parfümherstellern aus dem Orient lernten.

Er ging auf die Tragödie der Prohibition ein und machte den schottischen Whisky bei jeder Gelegenheit herunter. Anders als irischer Whisky durchläuft der schottische nur zwei Destillationsvorgänge. Natürlich wird der Alkohol vor der Destillation in der Brennblase gefiltert, aber in dem Film klang es so, als enthielte eine normale Flasche Scotch ein paar gebrauchte Pflaster und mindestens eine Zigarettenkippe.

Nach dem Einführungsfilm zeigte uns eine junge Frau um die zwanzig die Brennerei. Zu unserer Gruppe gehörten etwa dreißig Leute, darunter Dänen, Engländer und drei deutsche Motorradfahrer in Lederkluft, die Rollkoffer hinter sich herzogen. Die Frau erklärte uns die einzelnen Stationen des Brennprozesses und führte uns zuletzt zur Bar, wo wir unsere abgerissenen Tickets gegen eine Whiskyprobe eintauschen konnten.

Anschließend kehrten wir zum Tee in unser Hotel zurück. Dabei lauschten wir einem Paar am Nebentisch. »Nun, er ist ein bisschen affektiert, nicht wahr?«, sagte die Frau. »Der Akzent, die Kleidung, das alles ist, nun, affektiert. Ein netter Mann, aber unglaublich affektiert.« Sie musste das Wort mindestens dreißig Mal gesagt haben.

13. Juni 2002
London

Wir haben einen Hypothekenmakler namens Marcus Paisley engagiert, einen Mann, den wir selbstredend wegen seines Namens gewählt haben. Hugh telefonierte gestern Morgen mit ihm, und danach stellten wir uns alle möglichen weiteren Gespräche mit ihm vor. »Ich glaube, hier ein Muster zu erkennen, Paisley, und das gefällt mir nicht.«

Der Notar heißt Marco, und er und Marie Cécile schicken sich gegenseitig Faxe und E-Mails, lange, komplizierte Dokumente, bei denen ich mir noch nicht einmal den Anschein gebe, als würde ich sie lesen. Wenn das alles hinter uns ist, darf Hugh rechtens von »seinem« Londoner Apartment sprechen. Der Kauf einer Wohnung mag zwar meine Idee gewesen sein, aber er hat die ganze Arbeit erledigt.

Dad hat eine Wohnung an Enrique, einen von Pauls Angestellten, und an seine Mutter vermietet, die letztes Jahr am Ende des Sommers aus Mexiko kam. Sie ist Anfang sechzig und wurde kürzlich wegen Depressionen in eine Klinik eingeliefert. Dort geht es ihr in vielerlei Hinsicht besser, aber es ist schwer, sich einzugewöhnen, wenn man keine Freunde hat und die Sprache nicht spricht. Dad befand, ihr Problem sei ein geringes Selbstwertgefühl. Mit einer Arbeit hätte sie das Gefühl, gebraucht zu werden, also heuerte er sie an, Farbe abzukratzen. Es war bloß ein Zwei-Stunden-Job für ganze $16, aber bereits nach zehn Minuten riss er ihr den Spachtel aus der Hand. »So macht man das!«, brüllte er. »Verstanden?« Als sie es immer noch falsch machte, fuhr er sie noch lauter an: »Oh, lassen Sie nur. Das ist zwecklos.«

Danach war sie noch depressiver als vorher, Paul zufolge genau die Art, wie das Lou-Sedaris-Programm zur Steigerung des Selbstwertgefühls funktioniert. »Sie sind eine dicke fette Null, also kratzen Sie hier mal die Farbe ab.« Ein Ausländer lernt die Sätze »Können Sie denn gar nichts richtig machen?«, »Was Sie auch anfassen, geht daneben« und »Soll das ein Witz sein? Für so was bezahl ich Sie nicht.«

20. Juni 2002
Paris

Gestern schlug ich das *Pariscope* auf, und da stand es: *Planet der Affen* lief im Action Écoles. »Das Original«, wie es in der Anzeige hieß. »Das einzig wahre.« Als der Film damals herauskam, sah ich ihn siebzehn Mal. Zwischendurch habe ich ihn im Fernsehen und auf Video gesehen, aber das zählt nicht wirklich. Als ich ihn gestern auf der Großleinwand sah, musste ich über die Raumschiffcomputer lachen, große klotzige Dinger mit mechanischen Anzeigen und Schalthebeln. Die Schlafkapseln waren mir damals futuristisch vorgekommen, aber jetzt wirkten sie wie Requisiten aus einer alten Gameshow. Bevor Charlton Heston sich in den Tiefschlaf versetzen lässt, drückt er seine Zigarre aus und steckt sie sich in die Tasche. Später, beim Durchqueren der Wüste, zündet er sie wieder an, und ich dachte, was für ein Genuss es gewesen sein muss, wieder zu rauchen, auch wenn sie inzwischen schal geworden war. Einige Augenblicke später entdeckt sein Crewmitglied pflanzliches Leben, und nach einer kurzen Untersuchung wirft

Charlton Heston seine Zigarre zu Boden und tritt sie mit seinem Stiefel aus.

Also, das ist unglaubwürdig, dachte ich. *Warum sollte er seine einzige Zigarre wegwerfen?* Später überlegte ich, warum er nicht seine silbernen Zahnfüllungen als Beweis nimmt, dass er von einem anderen Planeten kommt. Sobald er den Mund aufmachte, sah man sie aufblinken, und doch werden sie mit keinem Wort erwähnt. Mir fielen eine ganze Reihe solcher kleinen Ungereimtheiten auf, aber das ist auch nicht anders zu erwarten, wenn man einen Film zum achtzehnten Mal sieht.

21. Juni 2002
Paris

Peggy Knickerbocker ist in der Stadt, und gestern Nachmittag besuchte ich mit ihr die Ausstellung »Malerei von Ärzten« in der École de Médicine. Es war der letzte Tag, und mehrere der Kardiologen waren mit den Preisen heruntergegangen. »Bitte beachten Sie«, sagte der Galeriedirektor. »Zwanzig Prozent Nachlass!« Ich hatte ein hohes künstlerisches Niveau erwartet, aber es erinnerte eher an eine Ausstellung von Gefängniskunst oder an Bilder von psychisch Kranken. Einzige Ausnahme waren mehrere Stillleben, die ausdrucksstark, stimmungsvoll und technisch sehr versiert waren. »Ach, die«, sagte der Galeriedirektor. »Die sind von der Frau eines Arztes.«

Nach dem Besuch der medizinischen Fakultät gingen wir in den Zoo im Jardin des Plantes und bestaunten die Arschlöcher der Strauße. Sie sind sehr kompliziert und haben etwas, das aussieht wie eine sich einrollende Zunge. Wenn Peggy und ich zusammen sind, entdecken wir immer irgendwelche interessanten Arschlöcher. Bei ihrem letzten Besuch waren es die von preisgekrönten Kühen. Gestern waren es zuerst Strauße und nachher

Affen. »Wenn meins so aussähe, würde ich mich erschießen«, sagte Peggy. »Ganz im Ernst.«

26. Juni 2002
Paris
Irgendwann Anfang dieser Woche hörte Paul auf, den Artikel im *Esquire* als Hommage zu betrachten, und begann, ihn stattdessen als eine fünfseitige Werbeanzeige für sich zu verstehen. Vielleicht bin ich auch selbst dran schuld. Er arbeitet an einer Website, und ich erwähnte letzten Monat ihm gegenüber, vielleicht könnten sie seine Adresse in der Spalte neben meinem Namen im Autorenverzeichnis des Hefts abdrucken. Mir war nicht bewusst, dass er lediglich bestimmte Produkte verkaufen wollte: T-Shirts, Baseballkappen und neuerdings Grillsauce.

Als ich ihm sagte, es gebe in dieser Ausgabe kein Autorenverzeichnis, fragte er, ob sie die Adresse seiner Website nicht auf die Fotos drucken könnten. Andy sagte, das ginge nicht, woraufhin Paul anrief und mich bat, die Webadresse in die Geschichte selbst einzuarbeiten. Er versteht nicht den Unterschied zwischen einer Erzählung und einem Werbetext, und ich hatte einige Mühe, es ihm zu erklären. Zuletzt griff ich auf ein anderes Beispiel zurück. »Das ist wie mit der Geschichte von Dr. Povlitch«, sagte ich. »Hätte es nicht seltsam ausgesehen, wenn es geheißen hätte, ›Nach dem Unfall ging meine Mutter mit mir zu Dr. Povlitch (siehe www.drpovlitch.com oder www.reissdichzusammen.com), der eine Wurzelkanalbehandlung vorschlug‹?«

Paul schwieg.

»Klingt das nicht merkwürdig?«, fragte ich.

»Nein.«

Nach unserem Gespräch rief Dad an. »He«, sagte er, »warum willst du Pauls Webadresse nicht in deiner Geschichte haben?«

Bis zum Abend war ich Staatsfeind Nummer eins, der Fiesling, der Korinthenkacker, der seinem Bruder diese winzige Gefälligkeit verweigerte.

8. Juli 2002
La Bagotière

Hugh und Leslie sind heute früh nach Paris gefahren. Ich sollte eigentlich mitfahren, entschied mich aber in letzter Minute dagegen, weil ich momentan schlecht verreisen kann. Zuerst einmal kann ich meine Spinnen nicht allein lassen. Samstag habe ich damit begonnen, Clifton zu füttern, der über der Küchenspüle lebt. Er ist so groß wie eine Perle, und ich möchte, dass er noch weiterwächst. Gestern fraß er zwei Fliegen und eine Motte. Für die Fliegen brauchte er jeweils drei Stunden, bei der Motte weiß ich es nicht. Er war noch mit ihr zugange, als ich ins Bett ging. Heute Morgen hing ihr hohler Körper wie eine Vogelscheuche am Rand des Spinnennetzes. »Gute Arbeit, Clifton«, sagte ich.

Ich liebe den Moment, wenn er merkt, dass seine Beute zu entkommen versucht. Ihre Flügel bringen das Netz zum Vibrieren, und er kommt aus seiner Höhle geschossen, um zu sehen, was er gefangen hat. Vor einigen Tagen warf ich eine Biene hinein. Clifton kam angerannt, sah den Fang und flitzte zurück in seine Ecke, als wolle er sagen, *Verdammt, das kann ich nicht fressen. Weißt du denn gar nichts?*

Bei Motten und Fliegen sieht es anders aus. Über sie fällt er unversehens her und lähmt sie mit einem Biss in den Rücken, den Bauch oder in die Stirn. Sobald sie sich nicht mehr bewegen können, saugt er sie bei lebendigem Leib aus und wirft die leeren Hüllen auf den Müll. Clifton füttere ich seit Samstag, Coretta Scott kam gestern Nachmittag hinzu. Die Fliegen sind leicht zu fangen, besonders die alten und behäbigen. Tagsüber klatschen sie gegen die Fensterscheiben, und abends sitzen sie schlafend an der Zimmerdecke. Für die Motte tut es mir ein bisschen leid, aber wen kümmern schon die Fliegen?

9. Juli 2002
La Bagotière
Gestern blieb Clifton den ganzen Tag über zusammengekrümmt in seiner Kammer, vermutlich, weil er sich den Magen verdorben hatte. Er hatte drei Dinge verspeist, die größer als er selbst waren, deshalb ging ich davon aus, dass er vorerst genug hatte, und konzentrierte mich auf Coretta Scott und Jerry, eine neue Spinne, die ihr Netz im Fenster zwischen dem Herd und dem Bad gespannt hat. Es waren wenig Fliegen unterwegs, aber ich fing trotzdem drei Exemplare. Gestern Abend entdeckte ich eine neue Spinnenkolonie an der Decke im Wohnzimmer. Ihre Netze sind kompliziert und ausufernd und erinnern an das neue Kunstmuseum in Milwaukee. Insgesamt sind es vier Spinnen, und gegen Mitternacht drehten sie durch und hüpften ohne erkennbaren Grund wild durch die Gegend. Das Licht der Tischlampe unter ihnen warf ihre Schatten riesengroß an die Decke. Ich fing für jede eine Motte und sah dann nach Clifton, der verschwunden war. Sein Netz ist bis auf die Überreste toter Tiere leer, und ich frage mich, ob er auf der Suche nach einem Weibchen ist, um sich zu paaren.

11. Juli 2002
La Bagotière
Hugh ist aus Paris zurück, und ich war froh, ihn wiederzusehen. Allein ist einem das Haus bei Nacht nicht geheuer, und man fürchtet sich wie in Kindertagen. Zunächst einmal krabbeln überall Kreaturen umher, Insekten und Nagetiere. Vermutlich liegt irgendwo auch eine eingerollte Schlange. Und

dann ist da die Welt draußen, die verzweifelt versucht, ins Haus zu kommen. Wenn man allein im Bett liegt, kann man im Hof Tiere hören – irgendetwas ist da draußen vor der Schlafzimmertür, irgendetwas wirft eine Mülltonne um. Dienstagabend machte ich den Fehler, vor dem Schlafengehen zu lesen. Es handelt sich um die Erinnerungen eines forensischen Pathologen, sodass ich zu allem Überfluss Bilder von Skelettresten und Knochen mit Fetzen vom Sargfutter vor Augen hatte. Dann fiel mir ein, dass ich womöglich die Tür zur Melkkammer nicht abgeschlossen hatte, aber ich hatte zu große Angst davor, aufzustehen und nachzusehen. Alles in allem eine entsetzliche Nacht.

In meinen Fingerspitzen spüre ich noch das Kribbeln gefangener Fliegen. Es ist, als würde man eine lebendige, willensstarke Rosine in der Hand halten. Coretta Scotts Netz ist ramponiert und voller Löcher. Beutetiere bleiben nicht mehr darin hängen. Ich denke immer, sie wird es flicken oder sich ein neues bauen, aber nichts dergleichen. Jerry, die Spinne im Fenster, erleidet ein ähnliches Schicksal. Ich warf eine Fliege in sein Netz, doch sie strampelte sich frei. Ich versuchte es wieder und wieder, bis sie zuletzt bewusstlos wurde. In dem Augenblick dachte ich, *Was machst du hier eigentlich?* Als sie wieder zu sich kam, warf ich sie der neuen, riesigen Spinne unter der Wohnzimmerdecke zum Fraß vor. Sie machte sich ohne zu zögern über sie her, und ich kam mir vor wie jemand, der in einem Film über den Holocaust mit den Nazis sympathisiert. Es ist einfacher, wenn Hugh in der Nähe ist, aber wenn ich alleine bin, habe ich das Gefühl, ich könnte den Verstand verlieren. *Noch eine Fliege fangen*, denke ich. *Nur eine einzige noch!*

14. Juli 2002
La Bagotière
Ein brauner Vogel hat im Blumenkasten vor Granny G.s Schlafzimmer ein Nest gebaut. Sie zeigte mir die Jungen, drei winzige Kreaturen, die aussehen wie Mini-Dinosaurier. Sie schliefen, und sie stupste sie mit einem spitzen Stock. »Sehen Sie nur«, sagte sie, »wie sie die Hälse recken.« Ich habe mir vorgenommen, heute Nachmittag noch einmal mit etwas Futter und einer Pinzette hinüberzugehen.

Zwei meiner neuen Spinnen sind gestorben, aber Coretta Scott hält tapfer durch. Ihr Netz ist voller Farbspäne und toter Mücken, aber sie weigert sich umzuziehen. Ich füttere sie nun schon eine ganze Woche, kann aber nicht feststellen, dass sie größer geworden wäre. Was würde ich nicht für ein gutes Buch über Spinnen geben.

18. Juli 2002
La Bagotière
Gestern Nachmittag besiegte Paula, das große *Tegenaria*-Weibchen in meinem Arbeitszimmer, eine Hummel, die nach kurzer Gegenwehr erkannte, dass die Situation aussichtslos war, und aufgab. Ich hatte sie kurz zuvor im Garten gefangen und fühlte mich anschließend elend. Eine Wespe ist eine Sache, aber Hummeln tun niemandem etwas zuleide. Nachdem Paula sie getötet hatte, sah ich in den Spiegel und erwartete, ein Monster würde mir entgegenblicken. Ich meine, ich fühlte mich tatsächlich verändert und schämte mich, dass ich dieses Ding gefangen und in ihr Netz geworfen hatte. »Schluss jetzt«, sagte ich mir. »Keine Spinnenfütterung mehr.« Dann fuhr ich mit dem Rad nach Flers, kaufte ein Vergrößerungsglas und ein Buch über Insekten und kehrte nach Hause zurück, um die Spinnen zu füttern.

22. Juli 2002
La Bagotière

Es ist so ziemlich das Widerlichste, das ich je im Leben gesehen habe: Gestern Nachmittag warf ich Paula eine besonders große Fliege vor, die ich zuvor in der Küche gefangen hatte. Sie schleppte sie in ihre Höhle, und einige Stunden später sah ich sie mitten in ihrem Netz, umgeben von lauter Maden. Ich kann mir nicht erklären, wie das passieren konnte, denn Maden schlüpfen aus Eiern und nicht aus dem Bauch der Mutter, deren toter Körper von ihnen übersät war. Vielleicht hatte sie nach einem Ort gesucht, wo sie ihre Eier ablegen konnte, und sie waren rascher geschlüpft, als sie gedacht hatte? Nachdem sie die Fliege verspeist hatte, machte Paula sich über die Maden her, die sie aber nicht fraß, sondern eine nach der anderen zum Rand des Netzes brachte und zu Boden fallen ließ. Es war ein ekliger Job, und nach einer Weile gab sie auf.

Als ich nach einem Mittagsschlaf zurück in mein Arbeitszimmer kam, war das ganze Netz voller Ameisen, die die Maden an Paulas Höhle vorbeischleppten und damit in einem Riss in der Tür verschwanden. Gerade so, als hätte sie jede Menge Diener angeheuert, um nach der Party aufzuräumen. Manuela war da, und am späten Nachmittag schaute Geneviève vorbei. Die G.s luden uns auf einen Aperitif ein, und während die anderen sich über dies und das unterhielten, dachte ich an das Netz voller Maden. Dieses schreckliche Geheimnis, das mich von den glücklichen Normalsterblichen trennte, die Erdnüsse knabbern und Witze reißen konnten. Auch auf dem Weg zum Bahnhof wurde ich das Bild nicht los, und als Manuelas Zug kam, war mir kotzübel.

24. Juli 2002
La Bagotière

Am Kreisverkehr in Flers kam ein Junge auf mich zu und fragte nach einer Zigarette. Er war vielleicht acht. »Sie ist für meine Mutter«, sagte er. Ich fragte, wo die Mutter sei, und er zeigte mit dem Daumen über die Schulter. »Zu Hause.«

Später, auf dem Weg nach La Lande-Saint-Siméon, sah ich ein auf die Fahrbahn gesprühtes Hakenkreuz.

Ich habe *An Obedient Father* von Akhil Sharma zu Ende gelesen. Ram, die Hauptfigur des Romans, ist ein korrupter Bürokrat, der seine Tochter als Kind vergewaltigt hat und keine Skrupel hätte, das Gleiche seiner Enkeltochter anzutun. Er ist widerlich und selbstmitleidig, und doch kann man nicht umhin, ihn zu mögen. Hier ein markanter Auszug:

Keinen Erwachsenen kümmerten meine kleinen Gewalttaten. Gewalt war allgegenwärtig. Erwachsene Männer rieben die Zitzen einer Hündin mit Kerosin ein und sahen zu, wie sie sich zu Tode biss. Eine Zeit lang amüsierten sie sich damit, zwei Katzen mit einer Schnur am Schwanz zusammenzubinden, sie über einen Ast zu hängen und Wetten darauf abzuschließen, welches Tier das andere zuerst totgekratzt hätte. Nachdem der Vater eines meiner Freunde seine Frau mit einem Holzscheit auf den Kopf geschlagen hatte, konnte sie nicht mehr richtig sprechen und litt unter epileptischen Anfällen, aber nicht einmal die Frauen des Dorfes, ihre Freundinnen, sahen darin eine unsägliche Grausamkeit. Ihr Leben war so kummervoll, dass sie das Geschehen nicht als die verbrecherische Tat eines Einzelnen, sondern als unpersönliches Schicksal betrachteten wie einen krumm verheilten Knochen.

13. August 2002
La Bagotière

Paul rief am Sonntag an, um mir zu sagen, er und Kathy würden Eltern. Es gab die üblichen Glückwünsche usw., bis sich herausstellte, dass Kathy nach ihren Berechnungen seit etwa fünf Stunden schwanger war. Die meisten Leute warten eine Weile, bevor sie aller Welt erzählen, dass sie ein Kind erwarten. Andy und seine Frau hatten es drei Monate für sich behalten. Paul und Kathy hängten sich in dem Moment ans Telefon, als sie das Resultat ihres Schwangerschaftstests aus der Apotheke erfuhren. Bis neun Uhr früh hatten sie sämtliche Familienmitglieder angerufen, seine und ihre, und stellten bereits eine Liste mit möglichen Namen auf.

Ich blieb Sonntag die ganze Nacht wach und arbeitete in meinem Zimmer unterm Dach. Etwa jede Stunde ging ich nach unten und sah mit einer Taschenlampe in der Melkkammer nach. Um drei Uhr früh entdeckte ich einen Käfer, der unter der Tür hindurchgekrochen war und unter einem Spinnennetz entsorgte Fliegenköpfe fraß. Ich meine, das war seine natürliche Nahrungsquelle. Fliegenköpfe! Um vier Uhr entdeckte ich Gail. Sie gehört zur Familie der Dysderidae und zur Gattung Dysdera. Sie ist ein weibliches Exemplar der Dysdera crocota, eine hellrote, knetgummiartige Spinne, die unter Holzstößen lebt und sich von Asseln ernährt. Ich behielt sie über Nacht und setzte sie gestern Nachmittag im Schuppen aus.

Was Spinnen angeht, habe ich Hughs Geduld ausgereizt. Gestern Morgen fand ich Paulas leere, vertrocknete Hülle auf dem Boden unter ihrem Netz. Es war nicht mehr viel übrig außer den Beinen. Ich bot Hugh an, den Leichnam mit meinem Vergrößerungsglas zu betrachten, aber er schnippte eine Zigarettenkippe in eins meiner Netze und drohte damit, das ganze Zeug zu entfernen, wenn die Dachdecker mit ihrer Arbeit beginnen.

28. August 2002
Paris
Shannon rief an, um mir zu sagen, ich sei auf Platz neun. Damit bin ich seit einem ganzen Jahr auf der Bestsellerliste der *New York Times*. Während sie ganz aufgeregt war und mir gratulierte, war mir die Nachricht irgendwie peinlich, ähnlich wie wenn man zu den letzten Gästen auf einer Party gehört und bemerkt, wie die Gastgeber verstohlen nach der Uhr schauen. In diesem Fall sind die Gastgeber die vielen hochrangigeren Autoren, von deren Büchern lediglich ein paar tausend Exemplare verkauft wurden. Positiv betrachtet, denke ich, dass ich ein noch viel besseres Buch als *Ich ein Tag sprechen hübsch* schreiben kann. Und wenn es ein Misserfolg wird und niemand es kauft, kann ich rundum mit mir zufrieden sein.

31. August 2002
Paris
Zusammen mit einigen Büchern schickte mir Amy eine Stange der neuen Kools. Jahrzehntelang waren die Schachteln weiß mit schlichten grünen Buchstaben. Vor zwei Jahren änderten sie ihr Design und fügten das Bild eines Wasserfalls hinzu, und nun haben sie es noch einmal geändert. Die neue Verpackung ist eisblau. Unter dem Firmenlogo steht »The House of Menthol«. Offenbar wollen sie einem das Rauchen dadurch abgewöhnen, dass sie die Verpackung immer hässlicher machen. Gestern zählte ich meine Bestände und denke, ich werde damit bis Oktober auskommen.

5. Oktober 2002
New York
Seit meiner Rückkehr ist mir aufgefallen, wie oft auf *New York* der Zusatz *die größte Stadt der Welt* folgt. Egal, ob auf Plakatwänden, im Radio oder in Zeitungsanzeigen. »Wo sonst, als in New York, der größten Stadt der Welt?« Auf einem Plakat am Eingang zur U-Bahn in der Prince Street las ich *Wären Sie nicht lieber auf dem Weg nach Chelsea in London?*, was mir geradezu als aufmüpfig erschien. New York hat sich immer als die größte Stadt überhaupt gesehen, umso mehr nach dem 11. September. Wir sind die Größten, *verdammt noch mal*. Wir sind die Größten, *vergesst das nicht*. Man möchte fast schon aus Mitleid zustimmen, aber es fällt dennoch nicht leicht. Um zwei Uhr nachmittags dauert es anderthalb Stunden, um in der größten Stadt der Welt vom Kennedy Flughafen nach SoHo zu gelangen. Zigaretten kosten in der größten Stadt der Welt mittlerweile $7 pro Packung.

Dies ist definitiv nicht das größte Apartment der Welt. Unsere derzeitige Untervermieterin hat einen Hund, und wir glauben, dass sie ihn in der Badewanne wäscht. Täglich. Hugh bog aus einem Kleiderbügel einen Haken und fischte damit ein Haarknäuel in der Größe eines Schrumpfkopfs aus dem Abfluss. Die Flure sind schmutzig. Auf dem Boden in der Küche liegt eine Klimaanlage, und nirgends ist Platz, etwas abzustellen. Das neue Hotel nebenan hat seine Abzugsanlage in unserem ehemaligen Hof installiert, und während wir früher den Verkehrslärm vom West Broadway hörten, hören wir jetzt ein dumpfes, ununterbrochenes Dröhnen. Außerdem haben sie eine Bar im Freien eingerichtet, sodass abends das Dröhnen vom Lärm der Betrunkenen ergänzt wird. Es ist wie eine Party auf dem Rollfeld eines Flughafens.

9. Oktober 2002
New York

Auf dem Weg von der U-Bahn zum Letterman-Studio kamen Hugh und ich an einem Mann vorbei, der um etwas Geld bat. Aufgrund der vielen Touristen wird man in diesem Viertel oft von Bettlern angesprochen, mindestens zweimal pro Block. Als ich den Kopf schüttelte, pöbelte der Mann mich an und sagte, ich sähe furchtbar aus. »Man trägt kein gestreiftes Hemd zu einer solchen Krawatte, Arschloch. Idiot. Und dann diese beschissenen, ausgelatschten Schuhe.« Er war praktisch eine dunkelhäutige Version meines Vaters, der bis auf die Ausdrücke *Arschloch* und *beschissen* zweifellos genau das Gleiche sagen wird.

10. Oktober 2002
Rochester, New York

Ein oder auch mehrere Sniper, ein »Heckenschütze«, ein »Scharfschütze« hat in Washington, D.C., und in Maryland im Laufe der letzten Woche acht Menschen erschossen, was dazu geführt hat, dass Restaurants ihre Außenterrassen geschlossen haben. Die Opfer wurden zufällig ausgewählt: eine Frau an der Tankstelle, ein dreizehnjähriger Junge auf dem Weg zur Schule. An einem der Tatorte wurde eine Tarot-Karte gefunden, sodass sie ihm wohl bald schon einen Namen geben werden – der Tarot-Killer oder etwas in der Art. Wir sollen uns empört zeigen, aber im Grunde ist das ein feuchter Traum der Medien. Nummer eins an den Kinokassen ist in dieser Woche *Roter Drache*, einer der unzähligen Filme in diesem Jahr über einen »brillanten« Serienmörder. Ob Romane, Fernsehsendungen oder prominente FBI-Profiler: Wir lieben Massenmörder und die Leute, die sie umgeben. Ich bin sicher, die Drehbücher für diese Story sind bereits in der Mache, und in neun von zehn

Fällen ist der Killer nicht nur superintelligent, sondern sieht auch noch gut aus.

Beim Bügeln hörte ich das Programm eines lokalen Jazzsenders, das von der weiblichen Entsprechung zu Don Congdon moderiert wurde. »Das war ›I'll Cry Alone‹ von … oh, wie war doch gleich der Name? Er erinnert mich an diesen anderen Zigeunergitarristen, der mit … oh, ihr wisst schon, wen ich meine. Ich werd noch verrückt. Helft mir auf die Sprünge, Leute. Ich weiß, dass ihr wisst, wen ich meine. Er ist tot, und ich glaube, seine Name fängt mit dem Buchstaben J an.«

18. Oktober 2002
Denver, Colorado
Ich wusste gestern gleich, dass mein Sitznachbar anstrengend werden würde. Er war ein großer, zotteliger Mann mit einem zerzausten grauen Bart und einem australischen Buschhut auf dem Kopf. »Ich bin aus Vancouver«, erklärte er der Frau auf dem Sitz vor mir, schon jetzt auf jeden einredend, der ihm zuhörte. »Ich bin Kanadier, wissen Sie, aber ich war gerade eine Woche in Bolivien.«

»Oh«, antwortete die Frau, »Bolivien.« Es klang geradewegs so, als würde sie sagen: »Ich bin ja so froh, dass ich nicht neben Ihnen sitze.«

»Ich arbeite dort«, fuhr der Mann fort. »Ich bin Ingenieur und etwa alle drei Monate dort unten.«

Die Frau setzte sich auf ihren Sitz, und der Mann beugte sich vor, um die Unterhaltung fortzusetzen. »Sie denken vielleicht, es sei gefährlich, aber das stimmt nicht. Ich meine, als Gringo möchte man nicht in Kolumbien sein – da setzt man sein Leben aufs Spiel –, aber in Bolivien mögen sie uns.«

»Na, dann ist ja gut«, sagte die Frau.

»Es hilft natürlich, dass ich ein wenig *español* spreche, aber auch ohne käme ich vermutlich gut zurecht, zumindest in meinem Bereich.«

»Aha.«

»Oben in Kanada lernen wir Französisch, aber in Südamerika kommt man damit nicht weit, das kann ich Ihnen sagen.«

»Liegt es an mir«, sagte die Frau, »oder ist es wirklich noch so früh?«

Der Mann sagte, er sei bereits seit zehn Stunden unterwegs. Sein Flug von La Paz habe Verspätung gehabt, sodass er seinen Anschlussflug verpasst habe, der um sieben Uhr früh ging. Jetzt war es acht Uhr dreißig, und er hatte seinen toten Punkt überwunden.

Die Maschine war nur zur Hälfte besetzt. Zwischen uns war ein freier Platz, und als ich mich hinsetzte, klappte der Mann seine Armlehne hoch, was am Boden dem Aufreißen der Haustür entspricht. »Und wo kommen Sie her?«, fragte er.

Nein, nein, nein, nein, nein, dachte ich. Es ist eine Sache, nach der Landung am Zielort eine Frage zu stellen, aber unter gar keinen Umständen beginnt man einen Flug mit einer Unterhaltung. Ich wollte sagen, *Sie müssen sich einen anderen Platz suchen. Sofort.* Aber dazu bin ich ein zu großer Feigling. Ich konnte lediglich so tun, als wollte ich schlafen, aber selbst davon ließ er sich nicht beeindrucken. »Ich kann im Flugzeug nicht schlafen«, sagte er. »Ich weiß auch nicht, woran's liegt, es geht einfach nicht.«

Als Film wurde *K-19 – Showdown in der Tiefe* gezeigt, mit Harrison Ford als sowjetischer U-Boot-Kommandant. Normalerweise sehe ich mir solche Filme nicht an, aber die Kopfhörer schienen meine einzige Rettung. Mein Nachbar entschied sich, den Film nicht zu sehen oder, besser gesagt, auf den Ton zu verzichten.

Er verfolgte die stumme Version, und alle paar Minuten klopfte er mir auf die Schulter. »Wissen Sie«, sagte er, »ich war in einem russischen U-Boot. Wir hatten mal eins im Hafen von Vancouver, aber Harrison Ford hätte niemals aufrecht darin stehen können, nicht bei seiner Größe. Und eng? Das Ding war winzig. Das stimmt hinten und vorne nicht.«

Ich hatte im Terminal damit begonnen, ein Kreuzworträtsel zu lösen, und wie üblich oben links angefangen. Beim Boarding hatte ich es auf den freien Platz neben mich gelegt, und als ich gegen Ende des Flugs zur Seite sah, hielt der Mann es in Händen. »Da sind Sie aber ganz schön ins Schwitzen gekommen«, sagte er.

Das Donnerstagsrätsel hat mich noch nie ins Schwitzen gebracht, aber ich sagte nur: »Ehrlich gesagt, bin ich noch nicht fertig.«

Kaum hatte ich mich wieder dem Film zugewandt, klopfte er mir erneut auf die Schulter. »Ich glaube, siebzehn senkrecht muss *Gigolo* heißen«, sagte er.

Richtig, und zehn waagerecht ist Halt's Maul, wollte ich sagen. Ich hätte damit leben können, wenn ich wach geworden wäre und er an mir herumgefummelt hätte, aber man vergreift sich schlichtweg nicht am Kreuzworträtsel eines Fremden. Ich war versucht, die Flugbegleiterin zu rufen, aber stattdessen bedankte ich mich natürlich auch noch. »Wenn Sie mir meinen Stift zurückgeben, kann ich's gleich eintragen«, sagte ich.

Einen Augenblick später tippte er mich wieder an, um mir zu sagen, der Film sei vorbei. »Sie starren einen leeren Bildschirm an«, sagte er. »Oh, Mann, Sie müssen erschöpft sein.«

»Und wie«, sagte ich. »Das können Sie sich gar nicht vorstellen.«

19. Oktober 2002
San Francisco
In einem Drogeriemarkt in Denver kaufte ich eine Packung Schreibmaschinenpapier. Die Frau vor mir wollte mit der Kreditkarte zahlen und, als das nicht funktionierte, per Scheck. Hätte sie bar bezahlt, wäre mir nie aufgefallen, dass ihr ein Ohr fehlte. Das heißt, nicht ganz, es war etwas da, allerdings nur ein schmaler Fleischwulst.

21. Oktober 2002
Milwaukee, Wisconsin
Im Flughafen von Denver steht ein Schaukasten mit der Aufschrift WARNUNG VOR MEXIKANISCHEN SOUVENIRS. Darin befanden sich ein Pythongürtel, ein Kaffeebecher aus Elefantenhaut, ein Leopardenfell und zwei ausgestopfte Frösche, die an einer kleinen Bar jeder einen Bierkrug schwingen. Becher, Gürtel und Vorleger stammten von bedrohten Tierarten, aber die sich zuprostenden Frösche irritierten mich. Was war daran auszusetzen?

24. Oktober 2002
New York
Wir waren zum Dinner im Le Pescadeux, einem französischen Restaurant auf der 6th Avenue. Auf der Speisenkarte standen so lächerliche Dinge wie:
Gebratener Thunfisch im Sesamkleid
Pastaöhrchen an Artischockenherzen
Gegrillte Gambas auf Polenta-Geflüster

28. Oktober 2002
New York
Auf der Fahrt nach Greencastle sahen wir Wagenaufkleber mit der Aufschrift *CHARLTON HESTON IST MEIN PRÄSIDENT* und *JESUS LIEBT DICH. ALLE ANDEREN HALTEN DICH FÜR EIN ARSCHLOCH*. Ein Waffengeschäft machte Werbung für ein »Trommelfeuer der kleinen Preise«.

Ein Countrymusic-Sender spielte einen halb gesungenen, halb gesprochenen Song aus der Sicht der amerikanischen Flagge. »Ich wehte stolz in Iwo Jima und in der heißen Wüste von Kuwait, wo immer die Freiheit bedroht ist, wirst du mich finden.« Die Flagge berichtete, wie sie in Streifen gerissen wurde, um als Verband für verwundete Soldaten zu dienen, und erklärte dann, wie weh es tat, wenn die Leute, für deren Schutz sie kämpfte, sie anzündeten und auf ihr herumtrampelten. Wenn man ihr eine Stimme gibt, hat man wenig Lust, längere Zeit mit unserer Flagge zu verbringen.

30. Oktober 2002
New York
Nach seinem Besuch in New York rief Dad bei Lisa an und sagte, er sei krank. »Ich habe die Grippe«, sagte er. »Was soll ich nehmen?« Lisa schlug vor zu warten, bis sie von selbst wieder ging, aber das war ihm zu wenig. »Was ist mit NyQuil?«, fragte er. »Stellt Vicks nicht irgendwas her?« Lisa sagte, wenn es Bob erwische, nähme er manchmal ein Antibiotikum. »Aber ich habe nicht den Eindruck, dass es viel bewirkt«, sagte sie.

Einige Stunden später meldete er sich erneut. Der Tierarzt hatte Sophie, seiner Deutschen Dogge, ein Antibiotikum verschrieben, und da er davon ausging, dass es sich grundsätzlich um das gleiche Präparat handelte, hatte er davon welche genommen. »Ich bin mir nur bei der Dosierung unsicher«, sagte er.

Anschließend rief Lisa mich an. »Unglaublich, oder?« Ich dachte, sie sei so aufgebracht, weil ihr Vater Tiermedizin nahm, doch dann fiel mir ein, mit wem ich redete. »Ich meine, wie soll Sophie wieder gesund werden, wenn Dad ihr die Medikamente wegfuttert? Also, das geht gar nicht.«

5. November 2002
Paris

Steven schickte mir den Artikel aus dem *New York Oberserver* und eine kurze Notiz aus *Publishers Weekly*. Im ersten heißt es, ich sähe aus »wie ein Heinzelmännchen«, dessen Kopf »so gerade über das Pult reicht«. Im zweiten werde ich als »flink« und »winzig« beschrieben, sodass es so klingt, als könne ich in einer leeren Streichholzschachtel schlafen.

16. November 2002
London

Gestern Morgen wachten wir in unserer neuen Wohnung auf und standen wie Kühe auf der Weide, aber jetzt haben wir drei Stühle, von denen ich zwei heute früh auf dem Bermondsey Market erstanden habe. Ein Großteil des Markts befand sich im Freien, und es wurden vor allem kleinere Waren angeboten – Dinge, an denen man vorbeiläuft, ohne sich nachher daran zu erinnern. Ich glaube, ich sah einige Kronleuchter, vielleicht auch einen Sattel.

Der Sicherheitsdienst unserer Apartmentanlage sitzt im Keller. Heute Nachmittag gingen wir hinunter, um uns bei Mr Berry, dem Chef, vorzustellen. Im hauseigenen Newsletter steht, ihm fehle ein Finger und er habe bis zu seiner Pensionierung vor einigen Jahren als Polizist in der Abteilung für kriminalpolizeiliche Ermittlungen gearbeitet.« Wir sind rund um die Uhr besetzt«, sagte er. »Die Tür ist immer offen, also kommen Sie ruhig rein und schütten Sie uns Ihr Herz aus.«

Ich sollte mir eine feste Tageszeitung suchen, aber ich kann mich nicht entscheiden. Steve schlägt den *Guardian* vor, aber ich neige eher zur *Sun*, die gestern auf zwanzig Fotos die Verwandlungen von Michael Jacksons Gesicht dokumentierte. Die *Sun* ist wie der *National Enquirer*, nur dass sie täglich erscheint. Hard News sind Geschichten von Leuten, die beinahe gestorben wären. Um ein Haar hätte sie ein Auto überfahren. Fast wären sie von einem herabfallenden Gegenstand erschlagen worden. Ich höre BBC, aber das reicht nicht. Ich brauche eine Zeitung.

23. November 2002
Paris

In *Six Feet Under* haben Claire und ihre Freundin Pilze genommen. Im Kino und im Fernsehen werden die Wirkungen von Drogen meist falsch beschrieben. Irgendwer zieht an einer Bong und lacht dann stundenlang hysterisch. Oder jemand wirft Acid ein und befindet sich im nächsten Moment unter den Leuten auf dem *Sergeant-Pepper*-Cover. Bei *Six Feet Under* aber kennen sie sich mit Drogen aus, denn nachdem sie die Pilze genommen haben, verkriechen Claire und ihre Freundin sich in ihrem Zimmer, holen die Nähmaschine hervor und stellen sich vor, sie würden im neunzehnten Jahrhundert leben. »Wäre es nicht cool, alles selbst zu machen, und es wäre alles Kunst?« Zuletzt fabriziert sie eine scheußliche Hose mit Steppnähten und kleinen Glöckchen am Saum. Sie schenkt sie ihrer Mutter und möchte am liebsten im Boden versinken, als sie sie am nächsten Tag in dem Teil sieht.

6. Dezember 2002
London
Wir sahen im Kino *Der stille Amerikaner*. Vorher lief eine witzige Smirnoff-Werbung. Zu Beginn steht ein Paar am Fenster, die Frau schluchzt leise, und der Mann steht hilflos und mit schuldbewusstem Blick daneben. Dann sieht man ihn die Treppe hinunterflitzen und etwas auf der Straße aufheben. Ich dachte, es wäre ein Ring, aber als er es der Frau gibt, lächelt sie breit, und man erkennt, dass es ihr fehlender Schneidezahn ist. Der Mann hat ihn ihr im Streit ausgeschlagen, doch jetzt, da er ihn zurückgebracht hat, ist alles wieder gut.

14. Dezember 2002
Paris
Heute Morgen klingelten zwei Männer an der Tür. »Ja«, sagte der eine. »Wir suchen nach Leuten, die Englisch sprechen und uns ein paar Fragen beantworten möchten. Ist Mr Hamrick zu Hause?« Ich verneinte, und sie fragten, ob sie mit mir sprechen könnten.

»Worüber?«

»Über die Zukunft. Wie Sie darüber denken.«

Ich ließ sie herein, weil ich nicht Nein sagen kann. Der eine Mann war um die dreißig und der andere im Rentenalter. Beide waren gut gekleidet und hielten Aktentaschen ohne Griff unterm Arm.

»Mein Kollege tut sich schwer mit den Treppen«, sagte der Jüngere. »Manchmal will sein Bein nicht so richtig.« Anscheinend sollte ich ihnen einen Platz anbieten, aber das hätte es noch schwerer gemacht, sie wieder loszuwerden, also blieben wir stehen.

»Und, wie sehen Sie die Zukunft?«, fragte der jüngere Mann.

Es war eine alberne Frage. Eine Falle. Ich sagte, ich sähe sie zuversichtlich, und wir standen herum und starrten auf unsere Füße. »Ich meine, ja doch«, sagte ich. »Sie wird anders sein als die Vergangenheit, aber, nun denn.«

Der jüngere Mann fragte, ob ich eine Bibel im Haus hätte. Ich sagte Nein, und er fragte, ob ich mit ihm eine Passage aus der Heiligen Schrift lesen wolle.

»Nein danke, lieber nicht.«

»Nun, darf ich Ihnen etwas hierlassen?«, fragte er.

Es stellte sich heraus, dass es Zeugen Jehovas waren. Immer noch besser, als zwei Diebe in der Wohnung zu haben, aber dennoch.

21. Dezember 2002
London

Die BBC berichtet, dass Terroristen den Weihnachtsverkauf stoppen wollen, wahrscheinlich durch ein Bombenattentat. Man weiß nicht, wo oder wann, aber die Bevölkerung ist zu erhöhter Wachsamkeit aufgerufen. Ich bin über die Ankündigung eher verwirrt als verängstigt. Wissen die nicht, dass das Weihnachtsgeschäft praktisch gelaufen ist? Sie hätten *letztes* Wochenende zuschlagen müssen, nicht dieses. Ginge heute eine Bombe hoch, würden sie einzig Maw Hamrick treffen, die noch nichts gekauft hat. »Ich glaube, ich werde für Hugh ein Buch oder ein CD kaufen«, sagte sie. »Oder vielleicht Briefpapier oder etwas für die Wohnung. Glaubst du, er freut sich darüber?« Beinahe hätte ich sie zu einem Paar Pantoffeln überredet, aber Fortnum & Mason hatten keine mehr in seiner Größe. »Dieser Bilderrahmen ist hübsch«, sagte sie, »aber vielleicht doch nicht das Richtige.«

Ich wollte auf der Rückfahrt von Piccadilly Circus noch kurz bei Harrods vorbeischauen, und sie fragte, ob sie mich begleiten dürfe.«»Vielleicht finde ich dort etwas für Hugh, aber es soll natürlich etwas sein, das ihm gefällt. Sonst wäre es witzlos.«

Wir fuhren mit einem Bus der Linie 9 bis Knightsbridge, und als wir ausstiegen, kamen wir an einer am Boden hockenden Bettlerin mit einem Säugling im Arm vorbei. »Das ist so traurig, dass mir die Worte fehlen«, sagte Maw Hamrick. »Hast du die Frau auf der Straße gesehen? Und das arme Kind?« Ich versuchte, ihr zu erklären, dass es sich bei der Frau um eine Roma handelte. »Diese Menschen leben so«, sagte ich, aber es war zu spät, denn das Bild hatte sich bereits bei ihr eingebrannt. Als wir Harrods betraten, war sie erschöpft und niedergedrückt. »Das ist einfach nur lächerlich«, sagte sie. »Ich werde Hugh ein Paar Hausschuhe in Frankreich kaufen. Oder vielleicht kaufe ich ihm ein Hemd.«

Am Montag fahren wir zurück nach Paris, und ich bin sicher, sie wird sich den ganzen Nachmittag über Kirchen ansehen. Am Dienstag wird sie das Gleiche tun, und letztlich wird sie Hugh einen Scheck über $50 schenken.